Jurij A

Acht Jahre in der Gewalt der Lubjanka

Erlebnisbericht

Feuervogel-Verlag

ISBN   3-921148-22-7

INHALTSVERZEICHNIS

DIE GEFÄNGNISSE

Es gibt zahlreiche Bücher, deren Bedeutung über das von ihnen erfaßte Sujet nicht hinausgeht, und Schriftsteller, die nur über sich selbst schreiben. Das Werk *Acht Jahre in der Gewalt der Lubjanka* von J. A. Treguboff gehört nicht zu diesen Arten der Literatur. Obwohl der Autor seine Haft und seine Qualen durch die Prismen seiner persönlichen Erlebnisse beschreibt, zeigt er die Leiden des gesamten Volkes und verwandelt so seine Aufzeichnungen in neue Beweise für den ungebrochenen Willen all jener, die die Befreiung des russischen Volkes vom Kommunismus anstreben.

Jurij Andrejewitsch durchlief sein Leben nicht nur auf dem Hintergrund der sich in unserem Vaterland abspielenden historischen Ereignisse, die verbunden sind mit der gewaltsamen Einpflanzung des Kommunismus und der Überwindung dieser Ideologie, sein Leben hängt auch auf engste Weise mit einer sich in unserer Epoche neu entwickelten revolutionären Strömung zusammen. Nachdem er als junger Mann ins Ausland geraten war, begnügte er sich nicht damit, die schwere Bürde einer heimatlosen Existenz zu ertragen, sondern wurde ein politischer Emigrant, da er sich bereits im Jahr 1934 der revolutionären Organisation NTS (Nationalno Trudowoj Sojus, Bund russischer Solidaristen) anschloß, die damals noch als *Nationaler Bund der Neuen Generation* bezeichnet wurde.

Nicht zufällig hat sich Jurij Andrejewitsch in schwierigen Minuten der Gefängnis- und Lagerqualen an diese bereits weit zurückliegenden Jahre des politischen und ideologischen Suchens erinnert, die erfüllt waren von hitzigen Gesprächen über Rußland und seine Menschen, und dem Herausfinden von Chancen für eine aktive Beteiligung am Kampf für eine bessere Zukunft.

In diesen Jahren wurde die seelische Kraft geboren, die die Mitglieder des Bundes zu einer lebendigen ideologisch-revolutionären Einheit zusammengeschmiedet hat, und für immer das Schicksal des Bundes mit dem Schicksal Rußlands verband. Diese Kraft hat dem Bund insgesamt und auch seinen einzelnen Mitgliedern oftmals geholfen, in ihrem Ringen Hürden zu überwinden, deren Bewältigung ihre Fähigkeiten und Möglichkeiten eigentlich weit überstieg.

So wurde der Bund zu einem aktiven revolutionären Faktor im Kampf um die Freiheit unseres Vaterlandes.

Während der Autor über die Schicksale der Entrechteten und Erniedrigten berichtet, die, organisiert und unverhüllt, von der Staatsmacht geistig und physisch in dem zynischen und seelenlosen System ihrer Straforgane zerbrochen werden, bestätigt er zugleich, daß selbst unter diesen Umständen der Geist der Freiheit hervorgebracht und geschärft wird, und sein Buch wird zu einem Dokument, das den revolutionären Kampf des NTS während der Nachkriegsperiode illustriert.

Zurückblickend kann gesagt werden, daß der Zeitpunkt des Beitritts von Jurij Andrejewitsch zum Bund gewissermaßen symbolträchtig gewesen war. Im Jahr 1934 fand der Dritte Kongreß des Bundes statt, auf dem das Ziel gesetzt wurde, sämtliche Mittel und Anstrengungen auf die innerrussische Front zu konzentrieren, um dort einen revolutionären Untergrund zu schaffen, sowie den Blick der Bundesmitglieder auf Rußland zu fokussieren.

Auf diesem Kongreß trat der erst zwei Monate zuvor aus der Sowjetunion eingereiste Dr. Truschnowitsch auf, ein Mann von außerordentlichen seelischen Qualitäten, der später einer der hervorragendsten Leiter des NTS wurde, bis er im Jahr 1954 von Agenten des kommunistischen Regimes aus Berlin entführt wurde. Er hat in den ersten Wochen seiner Bekanntschaft mit dem Bund die Einheit des Bundes mit Rußland so charakterisiert:

"Im Bund fand ich Halt. Ich sprach russisch mit den Mitgliedern des Bundes, und sie verstanden mich, als ob sie Rußland erst gestern verlassen hätten... Das ist die große Kraft des Bundes. Seine Mitglieder teilen das Leben des russischen Volkes und können sich deshalb mit ihm verständigen, seine Gedanken verstehen und seine seelischen Windungen erfahren... Das ist ein wirkliches Ringen um das russische Volk..."

In diesem Kampf nutzte der Bund jede Möglichkeit zu einer Verbindung mit Rußland. Der bisher so langweilig lautende Programmpunkt "Studien der UdSSR" wurde zu einer lebendigen Aufgabe für alle aktiven Mitglieder des Bundes.

Mit dem Jahr 1934 begann der systematische Ausbau von Wegen und Möglichkeiten, um das freie revolutionäre Wort und revolutionäre Kämpfer nach dem Vaterland zu schleusen.

Nach anstrengenden Vorbereitungen wurden im Jahr 1938 die ersten freiwilligen Kämpfer nach Rußland transferiert. In einer der ersten Gruppen war Georgij S. Okolowitsch, der nach einer vier Monate langen erfolgreichen Reise durch die Sowjetunion in den Westen zurückkehrte. Andere Mitglieder des Bundes blieben in der UdSSR mit der Aufgabe, dort revolutionäre Knospen zu bilden.

Diese Aktionen dauerten an bis zum Beginn des deutsch-sowjetischen Krieges. Es waren die ersten Schritte, um das uns gesetzte Ziel zu erreichen, nicht nur in Gedanken, sondern auch in der Realität mit dem eigenen Volk verbunden zu sein.

Lange wurde auf eine Bestätigung gewartet, ob die Ideen des Bundes dem Volk nahestehen und seine Zustimmung erfahren. Als erste Reaktion auf den heftigen Beschuß mit Flugblättern war am 6. Dezember 1938 eine Meldung von Radio Moskau zu hören, wonach acht *Diversanten* des *Nationalen Bundes der Schaffenden der Neuen Generation* festgenommen worden waren.

Diese Moskauer Jugendlichen waren nicht mit dem ausländischen Zentrum der Organisation verbunden. Sie hatten den Kampf aufgenommen, da sie, und die vielen anderen, über die nicht gesprochen wurde, ihre Ängste überwanden, Zuversicht gewannen und sich im gemeinsamen Kampf für ein freies Rußland mit uns verbanden. Sie sahen, daß wir für das kämpften, von dem sie träumten, und begriffen, daß sie in Rußland und wir im Ausland eine unzerreißbare Einheit bildeten als Teile des für seine Befreiung kämpfenden russischen Volkes. Die Grenzen verwischten, ihre und unsere Hände vereinigten sich in dem gemeinsamen Versprechen: "Stets alles für Rußland zu tun." (15. Nov. 1939, *Für Rußland*, Zeitung des NTS). Später, bereits während des Krieges, wurde in Erfahrung gebracht, daß ein von G. S. Okolowitsch bei seinem Aufenthalt in der UdSSR im Zug zurückgelassener Kalender des Bundes den Grundstein für die Organisation von zwei Gruppen des NTS im Süden Rußlands gelegt hatte.

Der nächste wichtige Schritt des Bundes, in Rußland einzudringen, ist mit den Kriegsjahren verbunden, in denen die Leitung des Bundes zahlreiche Mitglieder auf das von den Deutschen besetzte sowjetische Territorium schickte, von denen nach der Niederlage der deutschen Truppen einzelne Mitglieder und sogar organisierte Zellen dort zurückblieben, um ihren Kampf fortzusetzen.

Die Nachkriegszeit war die schwierigste Periode im Leben des Bundes. Gnadenlos schlug der Feind zu, viele Mitglieder des Bundes wurden verraten, gegen ihren Willen aufgegriffen und nach der Sowjetunion entführt. Dennoch richtete man sich im Jahr 1949 von den schweren Nachkriegsprüfungen wieder auf und ging erneut zu einem revolutionären Angriff auf die kommunistische Macht über. Jetzt hatte der Bund Gewißheit, daß seine Ideen Widerhall in den revolutionären Kräften des Volkes gefunden hatte, der NTS war zu einem unabtrennbaren Faktor des nationalen Befreiungskampfes geworden. Selbst die vom MGB/KGB aufgegriffenen Mitglieder des Bundes trugen nicht wenig zu einer Befestigung der langerhofften zweiseitigen Beziehungen zwischen den innerrussischen und den im Ausland lebenden Freiheitskämpfern bei.

Das Buch von J. A. Treguboff bezeugt diese Verwurzelung des NTS im Leben der Sowjetunion. Nach Kriegsende geriet Jurij Andrejewitsch in tschechische Gefangenschaft, aus der er sich nur für wenige Monate herauswinden und in Freiheit leben konnte, bis er im Herbst 1947 durch Organe des sowjetischen Staatssicherheitsdienstes aus Berlin entführt wurde. In dieser kurzen Zeit gelang es ihm lediglich, eine erste und keineswegs ständige Verbindung zu der Leitung des Bundes herzustellen. Er wußte wenig über den tatsächlichen Zustand der Organisation in den Nachkriegsjahren und erfuhr davon erst durch den Untersuchungsrichter und Häftlinge, die ihm während der Untersuchungshaft, im Transitlager und im Lager von ihren Begegnungen mit Freunden und Mitgliedern des Bundes berichteten. Er erkannte, daß der Bund sein Ringen fortsetzte, und schloß sich erneut diesem Kampf an.

Im Arbeitszimmer des Untersuchungsrichters, der ihn zwang, die aus dem Schrank gefallene Literatur des Bundes aufzuheben, hielt er zum ersten Mal Nachkriegsflugblätter des Bundes in der Hand; in Workuta hörte er von der Existenz der Zeitschrift *Possev*.

Nicht nur in den Lagern, an vielen Orten des Landes wird der Kampf des NTS und der ihm geistig nahestehenden Bewegungen geführt. Durch Herausgabe dieses Berichts will der Verlag Possev alle unterstützen, die, wie der Autor, entgegen den Bemühungen des unmenschlichen und grausamen Systems ihren Kampfgeist für die Freiheit des Volkes bewahrt haben, und als echt russische Menschen die seelenlose Existenz des Kommunismus besiegen werden.

Anmerkungen:

Bevor diese Aufzeichnungen in Buchform erschienen, wurden sie in Fortsetzungen in der Zeitschrift *Possev* abgedruckt, die weltweit allen Mitgliedern und Freunden des Bundes zugänglich gemacht und außerdem auf illegalen Wegen in die Sowjetunion gebracht wurden.

Das Vorwort zu der im Jahr 1957 herausgebrachten russischen Ausgabe dieses Buches wurde von Frau Dr. Jelisaweta Romanowna Mirkowitsch verfaßt. Wir lernten uns im Jahr 1934 in Berlin kennen und haben uns stets absolutes Vertrauen entgegengebracht, auch in den schwierigen Zeiten der Verfolgungen und des Mißtrauens gegenüber dem NTS seitens des nationalsozialistischen Regimes Deutschlands. Nach dem Sturz des Kommunismus nahm Jelisaweta Romanowna ihre Aufgaben in Moskau wahr, wo sie im November 1994 verstarb und ihre letzte Ruhestätte gefunden hat.

Herrn Dr. Truschnowitsch hatte ich bis zu meiner Festnahme nicht kennen gelernt. Seinen Namen hörte ich erstmals im Eichenhainlager, Potma, als in der sowjetischen Presse über seinen *freiwilligen Übertritt* auf die sowjetische Seite berichtet wurde.

Auf Befehl von Chruschtschow und Malenkow sollte im Februar 1954 in Frankfurt am Main ein Anschlag auf G. S. Okolowitsch verübt werden. N. Chochlow, der damit beauftragte Hauptmann des KGB, weigerte sich jedoch, den Tötungsauftrag auszuführen, und nahm statt dessen Kontakt zu Okolowitsch auf.

Vorwort des Verfassers aus dem Jahr 1957

Ihr naht euch wieder, schwankende Gestalten,
Die früh sich einst dem trüben Blick gezeigt.
"Faust", Johann Wolfgang von Goethe

Der Leser wird fragen, weshalb dieses Buch menschlicher Leiden geschrieben wurde? In unserer Zeit ist es sehr schwer, jemanden durch Schilderungen der Schrecken des Lebens in Erstaunen zu versetzen. Außerdem hat die furchtbare Wirklichkeit bereits seit langem die Ausdrucksfähigkeit unseres Sprachschatzes überholt, daher können Worte niemals den ganzen Sinn wiedergeben.

Warum also ist dieses Buch entstanden? Als ich es niederschrieb, bemühte ich mich am wenigsten, an die subjektive Auslegung meiner eigenen Erlebnisse zu denken. Daraus folgt natürlich nicht, daß das subjektive Moment in meinem Buch fehlt, es ist da, und es könnte auch gar nicht fehlen. Aber ich habe versucht, schlicht und einfach zu schreiben und die Ereignisse in der erregenden Folge zu schildern, wie sie auf mich zukamen. Mir scheint, daß alle Erlebnisse, deren Zeuge ich war, für sich selbst sprechen, sie sind lediglich von mir festgehaltene Tropfen aus dem Ozean des Bösen und der Verbrechen in den sowjetischen Lagern. Um der Wahrheit willen muß ich sagen, daß ich niemals bis nach ganz unten gesunken bin und im allgemeinen noch viel Glück hatte. Wer bis auf den tiefsten Leidensgrund hinabgestürzt ist und die Grausamkeit des sowjetischen Lagersystems in ihrem ganzen Umfang erfahren hat, kann die Lager nicht lebend verlassen. Seine Stimme wird niemals und von niemandem, außer von Gott, gehört werden.

Was ich schildere, sind nur blasse Schatten, die die grellen Farben des realen Bösen nur erraten lassen. Viele meiner Freunde, die in den Sowjetlagern zurückgeblieben sind, baten mich, wenn ich in die Freiheit gelange, die Welt zu unterrichten, wovon wir Zeugen waren, und ich habe sie um dasselbe gebeten, denn niemand wußte, wann es ihm beschieden sein würde, den Bereich hinter dem Stacheldraht zu verlassen.

Unser Versprechen ist mir heilig.

Ich habe dieses Buch für jene geschrieben, die sich über das Niveau eines bürgerlichen Egoismus erheben können, für jene, für die das Übel nicht erst mit ihrem persönlichen Betroffensein beginnt, für jene, die bereit sind, gegen das Böse zu kämpfen, zu kämpfen - und zu siegen, denn wer zum Kampf gegen das Böse angetreten ist, ist bereits Sieger, wie allmächtig das Böse auch scheinen mag.

Anmerkungen:
Über vierzig Jahre, nachdem diese Zeilen gedruckt wurden, habe ich dieses Buch wieder zur Hand genommen und möchte es als Ergänzung zu den unterdessen von mir geschriebenen Romanen nach Beendigung der kommunistischen Epoche auch meinen deutschen Lesern zugänglich machen, und all denen widmen, die unter Einsatz ihres Lebens an dem titanischen Kampf zum Sturz der kommunistischen Diktatur in Rußland teilgenommen haben, den Sieg aber nicht erleben durften.

Die russische Ausgabe hatte ich seinerzeit sofort ins Deutsche übersetzt. Diese Fassung wird unverändert übernommen und lediglich mit als Anmerkungen gekennzeichneten oder in Klammern gesetzten Ergänzungen und Erläuterungen versehen.

Allerdings hatte ich damals zum Schutz meiner Mithäftlinge viele Namen abgewandelt, denn ich wollte nicht, daß jemand, der mir sein Herz vielleicht etwas zu weit geöffnet hatte, dadurch zusätzlichen Repressalien ausgesetzt wird. Jetzt aber, nach einer so langen Zeitspanne und unter veränderten, wenn auch noch längst nicht befriedigenden politischen Verhältnissen, habe ich mich bemüht, ihre echten Namen wieder aufleben zu lassen, soweit sie mir noch im Gedächtnis verblieben sind und ich ihre Nennung in diesem Buch verantworten kann.

DIE GEFÄNGNISSE
BERLIN
In der Falle

Die Tür schlug zu. Ich saß in der Falle.

Wie war das geschehen, wie habe ich, ein immerhin erfahrener Konspirateur, zulassen können, überlistet zu werden?

Aber es war nun einmal geschehen.

Ich saß im Keller des Hauses der Grenzkommandantur in Berlin, in Weißensee. Ein gewöhnlicher Keller, grelles Licht, ein mit kalten Tropfen bedecktes Kanalisationsrohr, eine eisenbeschlagene Tür, ein Guckloch ohne Glas, so daß alles zu hören ist, was im Korridor vor sich geht.

Hier befindet sich noch ein menschliches Wesen, ein blasser, hagerer Mann in schmutziger Wäsche, völlig verstört, mit unruhig fliegendem Blick, mager und offensichtlich hungrig.

Er drückt mir mit betrübter Miene feierlich die Hand und stellt sich vor:

"Intendanturoffizier Säbel."

Ein merkwürdiger Name. Mit einem Säbel hat er wirklich keine Ähnlichkeit.

Und dann sah ich noch die auf die Wand gemalten braunroten Buchstaben RCH.

Ich setzte mich auf die hölzerne Bettstelle, und da lief in meinem Gehirn der Film meines früheren Lebens ab.

Die Kindheit, die tiefgläubigen Eltern, hochachtbare Menschen. Das Leben in der Fremde, Schule, Jugend, die bittere Aussicht, sich den Weg aus dem Nichts bahnen zu müssen.

Das Jahr 1933, Fanfaren und Fackeln des Hitlertriumphes...

1934, ein warmer und duftender August in Berlin, der Wendepunkt meines Lebens: Ich werde Mitglied des NTS. Arbeit, Studium, Wirken im Bund. Eine erste Liebe, von der nur zu sagen ist, daß sie mich mein ganzes Leben lang begleitet. Freunde, Kameraden, die kleine und arme, aber so vertraute Kirche in der Nachodstraße. Der Verkauf der Zeitschrift *Für Rußland* an der Kirchentür.

Der Krieg, der Siegeszug Deutschlands durch Europa.

Schließlich der Einmarsch der deutschen Truppen in die Sowjetunion, der 22. Juni 1941.

Gewaltige Begeisterung in den Reihen des NTS, neue Horizonte tun sich auf, und da fällt auf all die Hoffnungen und Erwartungen der düstere Schatten des Amtes Rosenberg, des späteren Ministeriums für die besetzten Ostgebiete.

Durch den NTS klingt der stumme Ruf:

"Rettet, was zu retten ist!"

Später werde ich Angestellter des Ministeriums für die Ostgebiete, wie viele andere.

Die Zerschlagung Deutschlands, der Zerfall der Wlassow-Armee, die Gefangenschaft in der Tschechei. Ich spüre, wie die kalten Fühler der Sowjetorgane nach mir zu tasten beginnen. Ein verzweifelter Salto mortale rettet mich. Wie ein von Scheinwerfern getroffenes Flugzeug warf ich mich plötzlich zur Seite und tauchte in der Dunkelheit unter. Die Fühler des Feindes zuckten hin und her.

Dreimal drohte mir das Verderben, dreimal gelang es mir, den Feind zu überlisten.

Endlich, ich befinde mich in Westberlin, scheint es, daß ich völlig in Sicherheit bin.

Erst hier spüre ich, wie schwach ich physisch und seelisch bin, wie zerquält von den Leiden und Martern der Gefangenschaft.

Das Leben in Westberlin, Unterricht in russischer und deutscher Sprache, den ich Offizieren der alliierten Truppen erteile.

Verräter und Denunzianten.

Wieder kriechen aus dem Dunkel die Fühler des MGB hervor. Ich sehe, wie man mich beobachtet. Ich kurbettiere verzweifelt und führe sie ein ganzes Jahr lang in allen Ehren an der Nase herum. Aber das Netz zieht sich immer enger zusammen, es wird immer schwerer, die Schläge zu parieren, man folgt meinen Spuren Tag und Nacht...

Und nun das, was erst heute geschah, erst vor einer Stunde:

Ich verlasse das Theater, zwei Sowjetoffiziere nähern sich mir. Rundherum ein Ring von Zivilisten. Greifende Finger an meinem rechten Arm, ein Schlag auf den Hinterkopf.

Erst im dahinjagenden Auto komme ich zu mir.

Durchsuchung in der Kommandantur: Man nimmt mir die Krawatte, den Gürtel, die Aktentasche und die Papiere ab.

Ein fürchterlicher Schmerz im Kopf.

Ich werde in den Keller geworfen...

Der Freund Ludwigs von Sachsen

Eine Etage höher unterhalten sich festgenommene deutsche Spekulanten. Irgendwo spielt ein Radio, der rollende, tiefe Alt der Ruslanowa klingt wie ein Trauermarsch von weit her.

Ich schaue auf das Schriftzeichen RCH und beginne allmählich, seine geheimnisvolle Bedeutung zu begreifen.

Immer wieder zieht mein Leben vor mir vorüber. Ich bitte Gott innig, mir meine Sünden, Ihm und meinen Kameraden gegenüber, zu vergeben und mir Kraft und Stärke zu verleihen, die schwerste Prüfung meines Lebens zu bestehen. Und mir ist, als hörte ich die Stimme des Allmächtigen, der von mir nicht nur Reue, sondern auch neue Opfer und neuen Kampf fordert.

Wie grell ist das Licht in der Zelle!

Aufmerksam betrachte ich Säbel. Er steckt in einem schäbigen Anzug, mager ist er, sein Gesicht zeigt Spuren von Schlägen, die Augen zwinkern unruhig, ab und an springt ein grüner Funke in ihnen auf. Er erzählt mir sein Leben, das Leben eines Etappenoffiziers während des Krieges, das nicht besonders sauber und anständig war. Doch jetzt ist er das das verkörperte Leid. Er ist sehr schwach, viel schwächer als ich, und ich errate, daß er oftmals geschlagen wird.

Er fragt mich, wer ich bin, und wie ich hergeraten sei. Ich erkläre ihm etwas in abgebrochenen Sätzen, lasse mich dann auf der Bettstelle nieder und verstumme.

"Graf Ludwig von Sachsen!" höre ich plötzlich über mir. "Ich erwarte Sie heute zum Rasieren!"

Säbel steht unter dem Kupferrohr und spricht hinein, wie in ein Mikrophon. Alles ist zu verstehen. Er bewegt sich.

Das ist aber nur der Anfang.

Säbel bemerkt meinen Blick.

"Wir werden bald siegen!" murmelt er. "Die Sozialdemokraten nehmen nicht täglich, sondern stündlich zu."

Er stemmt seine beiden Hände in die Hüften und schnauft wie ein Samowar.

In der eisenbeschlagenen Tür klirrt der Schlüssel. Auf der Schwelle erscheint unser Aufseher, der Aserbeidschaner Tibor. Er ist halb betrunken und betrachtet Säbel mit einem Basiliskenblick.

"Warum hast du meine Mutter getötet?" schreit Säbel und stürzt auf ihn zu.

Krank und schwach, wie er ist, kann er aber mit dem robusten Bewacher nicht fertig werden.

Säbel fliegt in die Mitte der Zelle, ein Knacken ist zu hören.

Im Korridor ertönen Schritte: Verstärkung für Tibor naht.

Offenbar ist man hier auf derartige Szenen gut vorbereitet. Drei treten ein, einer von ihnen ist hoch gewachsen, in Zivil, vermutlich der Vorgesetzte.

"Er hat meinen Schlüssel zerbrochen!" meldet Tibor.

"Gehen Sie in die dritte Zelle!" befiehlt mir der Lange. "Hände auf den Rücken!"

Die dritte Zelle ist noch schlimmer, halbdunkel, düster. Ich werde eingeschlossen.

Plötzlich sind verzweifelte Klageschreie und dumpfe Schläge zu hören. Säbel schreit durchdringend, wie ein Hase. Die Züchtigung dauert etwa zehn Minuten, aber noch lange führt man mich nicht in die alte Zelle zurück.

Als ich sie endlich betrete, ist es schon tiefe Nacht. Irgendwo kreischt eine letzte Straßenbahn über die Schienen. Säbel liegt auf den kahlen Brettern. Er ist verweint, sein Gesicht ist blutunterlaufen, aber seine Augen haben einen verstehenden Ausdruck. Mit der kläglichen Gebärde eines völlig zermarterten Menschen drückt er meine Hand. Ich versuche, ihn zu beruhigen, sage ihm, es lohne sich nicht, mit dem Kopf gegen die Wand zu rennen, und übersetze ihm sogar das Sprichwort *Mit der Peitsche schlägt man keinen Beilrücken entzwei!* ins Deutsche.

Aber ich muß mich schlafen legen. Erst jetzt merke ich, daß es im Keller sehr kalt ist, und ich habe nichts, womit ich mich zudecken kann. Säbel hüllt sich in eine zerfallene, zerrissene Decke ein. Im Halbschlaf zittere ich die ganze Nacht hindurch.

Endlich beginnt es zu dämmern.

Am Morgen spreche ich mit Tibor über Säbels Zustand.

Säbel selbst murmelt lange etwas von Ultrakurzwellen, die er hören könne...

"Er ist schon seit zwei Monaten dabei, den Verstand zu verlieren, und wird und wird nicht verrückt!" sagt Tibor.

Der Kommandant kommt und äußert tiefsinnig:

"Aber wenn ich den Stock nehme, dann geht es über den Kranken her wie über den Gesunden..."

Ich schweige, was soll man auch dazu sagen? Am dritten Tag wird Säbel fortgebracht, die Hände auf dem Rücken gefesselt.

Die halbzerfallene Decke bleibt mir als Erbe.

Ein Tag folgt dem anderen, anscheinend hat man mich vergessen... Manchmal bringt man jemanden in die benachbarten Zellen, alles, was in ihnen geschieht, ist deutlich zu hören.

Das Essen besteht aus Wasser, in dem einige Kartoffelstückchen schwimmen. Mitunter gibt es 7 bis 8 Gramm Zucker. Die Brotration beträgt eigentlich 300 Gramm, in Wirklichkeit bekommt man aber kaum mehr als die Hälfte, und immer ist das Brot feucht.

Es scheint mir, als flösse Wasser von ihm ab.

Meine Kräfte lassen nach, mein Organismus hat keine Reserven mehr, da die Ernährungslage in Berlin in den Jahren 1946 und 1947 schlecht war. Ich weiß nur eins: ich muß hin- und hergehen, und mich hinsetzen, wenn ich dazu keine Kraft mehr habe.

Das Untersuchungssystem des MGB

Die Untersuchung seitens der Sowjetorgane wird nach einem bestimmten, streng durchdachten System geführt und ist in mehrere Perioden eingeteilt. In der ersten Periode befindet man sich, wenn man gerade in das Untersuchungsgefängnis eingeliefert worden ist oder noch in der Zelle für die Voruntersuchung untergebracht ist. Dieser Zeitraum dauert manchmal auch so lange, bis man seinen Haftbefehl unterschrieben hat. Von dem Moment der Unterschrift an gilt man als offiziell verhafteter Untersuchungsgefangener.

Die erste Periode ist ein Stadium mit leichteren Verhören, aber sie ist fast das wichtigste Haftstadium im Leben des Untersuchungsgefangenen.

In dieser Periode lernen die Untersuchungsorgane einen als Menschen kennen; sie versuchen, sich den Charakter klarzumachen, sie arbeiten Plan und System der Verhörsdurchführung aus und entwerfen den Grundriß des ganzen Falles. Je nach der allseitigen Prüfung der Persönlichkeit wird man in diese oder jene Kategorie eingeteilt und entsprechend so oder anders behandelt.

Gerade durch diese Einteilung erklärt sich das so verschiedene Geschick der Untersuchungsgefangenen.

Zum Beispiel werden bei dem einen physische Maßnahmen der Einwirkung angewandt, bei dem anderen nur seelische Foltern. Foltern werden in dieser oder jener Form bei allen angewendet, in welchem Umfange aber und nach welchem System, das hängt in der Regel von dem Eindruck ab, den man auf die Untersuchungsorgane gemacht hat, und die Tschekisten sind auf ihre *individuelle Einstellung* gegenüber den Untersuchungsgefangenen sehr stolz.

Erst nach den Vorverhören beginnt der Fall wirklich. Man wird verhört, und dabei wächst der Druck des Untersuchungsapparates ununterbrochen - das ist die zweite Periode.

Schließlich kommt der Augenblick heran, in dem alle im vorliegenden Fall zulässigen Mittel angekurbelt werden. Das ist die dritte und schwerste Periode im Leben des Untersuchungsgefangenen. Mit ihr schließt die Untersuchung gewöhnlich ab.

Einige gelangen auch in die vierte Periode, das ist die sogenannte Spezialbearbeitung.

Sie wird verhältnismäßig selten angewendet und nur bei vom Standpunkt des Untersuchungsapparates besonders wichtigen Verbrechern, das heißt, bei Personen, die zweifellos etwas verbergen, was außerdem sehr wichtig ist. In diesem Fall wird der Befehl gegeben, so vorzugehen, daß der Untersuchungshäftling um jeden Preis *zerspalten* wird.

Bei der Anwendung der Spezialbearbeitung gibt es für den Untersuchungsgefangenen fast keine Rettung. Entweder unterschreibt er alles, was man von ihm verlangt, oder er geht an den Foltern zugrunde. Im besten Fall verliert er den Verstand. Selbst, wenn er sich nach der vierten Periode den Untersuchungsrichtern völlig unterwirft, ist er, sofern er am Leben bleibt, nur noch ein lebendiger Leichnam.

Noch eine der leichtesten Maßnahmen der Beeinflussung bei Spezialbearbeitung ist die Überführung des Häftlings in das schreckliche Suchanow-Gefängnis, das sogenannte Spezialobjekt.

Jedoch, das MGB hat noch furchtbarere Orte in Reserve...

Ich selbst habe die vierte Untersuchungsperiode nicht erlebt.

Meine Untersuchung schloß mit der dritten Periode ab, das heißt, mit Verhören unter Folterungen.

Die ersten Fragen:
nach dem NTS, der ROA und General Truchin

Am Morgen des 27. September 1947 findet das erste Verhör statt. Es verhört mich Hauptmann Kasakow, einer der beiden Offiziere, die an meiner Entführung beteiligt waren. Er ist weißblond, seine Backenknochen treten stark hervor. Lächelnd sieht er mich an: "Sehr, sehr haben Sie abgenommen!" sagt er. "Wie werden Sie ernährt?"

Ich zucke mit den Schultern, mein Aussehen muß ihm genügen.

Das Verhör beginnt, und als erstes fragt Kasakow, wen ich kenne. Nach den ersten Namen, die er mir nennt, bin ich überzeugt, daß man mich beobachtet hat. Er prahlt mit überflüssigen Einzelheiten aus dem Leben in meinem Hause und erkundigt sich nach dem NTS, und plötzlich sprudelt er hervor:

"Vergeblich sind Sie nicht von selbst zu uns gekommen, Sie werden ja doch nichts verheimlichen. Sie sind ja ein kluger Mann und wissen, daß es um so besser für Sie ist, je größer Ihr Gewicht im NTS war."

Und nach einigen Sekunden kommt die direkte Frage:

"Sind Sie Mitglied des Exekutivbüros?"

Trotz meiner Schwäche begreife ich sofort, daß er, wenn er eine derartige Frage stellt, in Wirklichkeit nichts weiß.

Das Verhör dauert an. Kasakow will offenbar bei mir den Eindruck erwecken, als sei ich bei den Kommunisten beinahe wie zu Gast, als erwarteten mich gebratene Puten, und als müßte ich auf alles eingehen...

Ich helfe ihm ein wenig und sage, daß ich im Grunde ja nie ein Feind der Sowjetmacht gewesen sei.

In seinen Augen springt ein lüsternes Flämmchen auf.

"Wir werden also mit Ihnen nach Moskau fliegen, und da wird alles gut werden. Merken Sie sich, Jurij Andrejewitsch, daß wir Sie weder erschießen noch aufhängen wollen, das hat mir Moskau ganz offiziell mitgeteilt."

Das gefällt mir gar nicht. Das Verhör ist beendet.

Eines ist sicher: Meine Feinde haben irgendwelche Pläne, mich auf ihre Seite zu ziehen. Dem ersten Verhör entnehme ich, daß ich wahrscheinlich bei der Spionageabwehr geführt werde.

Wieder im Keller, Kälte, Schreie der Geprügelten, Wasser statt Suppe. Tage vergehen, schrecklich langsam. Wenn ich aber auf die drei verstrichenen Wochen zurückblicke, dann erscheinen sie mir wie eine Stunde. Manchmal denke ich an die Freunde. Gewiß, sie haben mich nicht vergessen, aber für mich tun können sie nichts.

Am 16. Oktober werde ich wieder zum Verhör geführt, diesmal in einen anderen Raum. Zwei Zivilisten verhören mich. Jetzt geht es um die ROA, meine Arbeit im Stab von General Truchin und meine Beziehungen zu ihm. Drohungen.

Plötzlich stoßen sie hervor:

"Sie erzählen uns hier so wenig, dabei sind Sie doch ein Verwandter von Truchin!"

Also wissen sie es, denke ich.

Aber weiter gibt es nichts von Belang.

Das dritte Verhör führen Kasakow und ein fetter Mann östlichen Typs, der ein elegantes Seidenhemd trägt. Wie ich später erfuhr, war das Mosenzow, der Untersuchungsrichter für besonders wichtige Fälle bei der Berliner Kommandantur. Er spricht kein Wort und findet an mir offenbar nichts interessant.

Am Morgen des 19. Oktober öffnet sich die Tür.

Ich erhebe mich mühsam. Es treten ein: der Gefängnisdirektor, der Gebäudekommandant, irgendwelche Offiziere und bei ihnen eine recht hübsche Frau von etwa dreißig Jahren, die ihre Lippen verächtlich zusammengepreßt hält. Sie durchsuchen die ganze Zelle, schauen in alle Ecken und Winkel. Ich bin nicht weiter erstaunt, das ist bereits die dritte sogenannte Generaluntersuchung.

Dann heißt es plötzlich:

"Machen Sie sich fertig, mit Sachen!"

Das Gefängnis Hohenschönhausen

Ich bin schnell fertig, da ich gar keine Sachen habe. Ich trete auf den Korridor. Man händigt mir meine bescheidene Aktentasche und den Mantel aus.

Ich bin nicht allein. Aus einer anderen Zelle wird ein schwankender, blasser Mann herausgeführt. Er ist etwa fünfzig Jahre alt, scheint ein Deutscher zu sein. Er trägt eine Brille.

Auf dem Hof wartet ein Wagen. Es ist kalt und feucht.

Ich steige zuerst ein, ein Begleitsoldat mit Gewehr setzt sich neben mich, dann klettert mein Unglücksgefährte herein.

An der Ausfahrt zur Straße stehen auf dem nassen Asphalt des mit abgefallenen gelben Blättern bedeckten Hofes einige Frauen, die gezwungen lächeln und uns zuwinken. Maskerade!

Als ob man erraten müßte, daß Verhaftete transportiert werden?

Das Auto windet sich durch die Straßen. Man will uns verwirren, aber ich kenne die mir so vertraute Stadt Berlin. Wir fahren in Richtung der Frankfurter Allee, die jetzt Stalinallee heißt und die Paradestraße Ostberlins ist. Wir passieren einen Schlagbaum.

Das Auto hält vor einem düsteren Gebäude, Türriegel rasseln.

Ein Gefängnis, der Empfangsraum für Häftlinge, trübes Lampenlicht. Zwischen dem uns empfangenden Tschekisten und unserem Begleiter von der Grenzkommandantur entspinnt sich ein Streit:

"Aufgrund welcher Anweisung soll ich sie in Empfang nehmen?" fragt der Tschekist ärgerlich.

Auch hier hat man etwas durcheinander gebracht, denke ich still, aber ich weiß im voraus, daß man uns aufnehmen wird. Noch nie haben kommunistische Gefängnisse auf ein Opfer verzichtet!

Eine langweilige Befragung beginnt, ich gewöhne mich gleich an die unheilverkündende Atmosphäre dieses Gefängnisses.

Das Gefängnis Hohenschönhausen ist eine frühere Lebensmittelstelle der hitlerschen NSV, einer Organisation, die an die Stelle einer ganzen Legion von Wohlfahrtsvereinigungen getreten war, die im liberalen Deutschland bestanden hatten.

Ich will, etwas vorgreifend, kurz über dieses Gefängnis berichten.

Die großen Zimmer längs den Außenwänden wurden nach der Niederlage Deutschlands in Zellen umgebaut, die fensterlos sind. Den ganzen Tag über brennt elektrisches Licht. Die in Löchern an der Tür angebrachten Lampen sind vergittert (sonst könnte jemand die Lampe entzweischlagen und sich mit den Glasscherben die Pulsadern aufschneiden). In der Tür befindet sich ein Guckloch. Das hier ist schon ein richtiges Gefängnis und man steht unter wachsamer Beobachtung. Alle zwei Minuten schaut das nimmermüde Auge eines Aufsehers in die Zelle hinein.

Man hat das Gefühl, lebendig in eine Gruft versenkt worden zu sein.

Links von der Tür ist die vergitterte Zentralheizung, auf dem Fußboden sieht man Spuren von Kesseln, in denen einmal Essen gekocht wurde. Längs der Außenwand reihen sich die Holzpritschen. Schlafen darf man nur, nachdem das entsprechende Signal ertönt ist. Die Signale zum Frühstück, Mittag- und Abendessen werden mittels einer besonderen Vorrichtung durchgegeben:

Im Korridor erklingt eine seltsam unheilschwangere, zarte und poetische Melodie, die so gar nicht mit diesem Ort harmoniert.

In den Ecken des Hauptkorridors sind Laternen mit roten und grünen Lampen angebracht. Wenn Häftlinge zum Verhör geführt werden, flammt das rote Licht auf. Das bedeutet, daß alle Türen dicht geschlossen sein müssen. Nach den Regeln aller Untersuchungsgefängnisse darf der Häftling mit niemandem zusammenkommen, er darf auch nichts von anderen Insassen des Gefängnisses wissen. Während meiner zweieinhalbjährigen Untersuchungshaft habe ich weder in den Gefängniskorridoren, noch in den Räumen der Untersuchungsrichter einen einzigen Häftling getroffen.

Man kennt nur die, mit denen man in derselben Zelle sitzt.

Beim Eintreffen des Häftlings im Gefängnis wird er durchsucht, diese Leibesvisitation wird im sowjetischen Gefängnisjargon Schmon genannt. Sie dauert sehr lange, mitunter einige Stunden. Man wird splitternackt ausgezogen. Jede Naht sämtlicher Kleidungsstücke wird befühlt, und die Stellen der Bekleidung, die sich nicht ganz durchtasten lassen, werden mit einem Messerchen aufgeschnitten.

Man darf in der Zelle nicht ein einziges Gramm Metall bei sich haben. Beschläge an den Absätzen, Eisenstifte an den Schuhsohlen, Schnallen an den Hosen, alles wird weggenommen.

Weggenommen werden auch Schnürsenkel, Gürtel und Krawatten, so lautet die Vorschrift für die Eskorte, denn der Häftling könnte sich ja erhängen wollen.

Nach der Durchsuchung kommt die unvermeidliche sanitäre Prozedur, der Kopf wird kahlgeschoren. Die Haarschneidemaschine ist stumpf und zwickt unbarmherzig.

Und nun sind wir durchsucht, abgewaschen, kahlgeschoren und haben ein lächerlich-klägliches Aussehen bekommen, und gerade das ist eines der Ziele des sowjetischen Gefängnissystems.

Man muß als Mensch, als sich selbst achtende Persönlichkeit, vollständig abgetötet werden.

Nichts fürchten die Organe so sehr, wie seelische Festigkeit eines Häftlings. Wer sie sich bewahrt hat, ist ihnen am meisten verhaßt. Die MWD-Leute fühlen sich nur inmitten unglücklicher, kläglicher, zerschlagener und seelisch gebrochener Menschen wohl.

Ich und der bejahrte Deutsche, der mit mir zusammen im Auto gefahren wurde, kamen in dieselbe Zelle Nr. 37.

Brandler - eine Wetterfahne

Ich mache mich mit dem Deutschen bekannt und erfahre, daß er Brandler heißt. Er war im Ersten Weltkrieg Offizier der österreichischen Armee gewesen, geriet während der Brussilow-Offensive im Jahr 1916 in russische Gefangenschaft und schloß sich gleich nach der Oktoberrevolution den Bolschewiki an. Er war auch in einem der sogenannten Internationalen Regimenter. Aus einigen Worten, die sich ihm entrangen, schloß ich, daß ihm auch Tschekistenarbeit nicht fremd war, mit der er sich irgendwo in Turkestan befaßt hatte. Er wurde Lenin persönlich vorgestellt, kannte auch Bucharin, Trotzkij und viele anderen Führer der *proletarischen Revolution.*

Im Jahr 1922 kehrte er als Kommunist nach Deutschland zurück.

Ich glaube zu verstehen, mit was für einem Menschen ich es zu tun habe. Er war einer aus jener Armee Agenten, die die Komintern in der ganzen Welt in ihre Reihen anwarb und anwirbt. Diese Agenten bilden zwei Kategorien. Die erstere umfaßt in gewisser Weise ehrliche und uneigennützige Anhänger des Kommunismus, die mitunter aufrichtig an das glauben, was sie verkünden und bekennen. Sie sind auf ihre Art Idealisten, bilden jedoch nur eine verschwindende Minderheit.

Die zweite Kategorie besteht aus politischen Geschäftemachern, für die der Kommunismus ein Business ist.

Ich versuche, festzustellen, welcher Kategorie mein Zellengenosse zuzuordnen ist, und komme zu dem Schluß, daß er in die zweite gehört. Als Besitzer eines kleinen Theaters in Berlin, in dem sogar Opern aufgeführt wurden, wenn auch auf sehr niedrigem Niveau und mit schlechten Tenören, hatte er schnell ein gutes Stück Geld verdient. Er heiratete eine russische Sängerin.

Dann brach das Jahr 1933 an. Blutigrot leuchtete der Widerschein der Fackeln am Brandenburger Tor, ein wütender Orkan erschütterte Deutschland und fegte sowohl die Kommunistische Partei als auch das Kartenhäuschen des Brandlerschen Wohlstandes hinweg.

Alles weitere ist nebelhaft. Natürlich hat er mir das nicht gesagt, aber offenbar stieß er zu der Armee jener, für die Hitler die Pforten der Reumütigkeit weit öffnete. Er war ja auch kein großes Tier in den Reihen der deutschen KP gewesen, wahrscheinlich erhielt er schnell Vergebung und trat der NSDAP als Mitglied bei.

1939 kommt es zum Freundschaftspakt zwischen Stalin und Hitler. Als Zeichen der Erkenntlichkeit tritt die Hitlerregierung einen noch nicht fertiggebauten Kreuzer an die Sowjetunion ab, der, glaube ich, die Letter E führte. Das Schiff wurde nach Kronstadt bugsiert, wo es mit den Händen sowjetischer Arbeiter, aber nach deutschen Plänen und unter Aufsicht deutscher Spezialisten fertiggebaut werden sollte. Aus Deutschland wurde eine Kommission nach Leningrad geschickt, deren Aufgabe es war, das aus Deutschland eintreffende Material zur Fertigstellung des Kreuzers zu kontrollieren, und als Mitglied eben dieser Kommission kam auch Brandler nach Leningrad. Bei Kriegsausbruch verläßt Brandler, der alte Kommunist, die Sowjetunion in einem Diplomatensonderzug, zusammen mit dem Personal der deutschen Botschaft. An der türkischen Grenze werden die Deutschen gegen sowjetische Bürger ausgetauscht, die sich bei Ausbruch des Krieges in Deutschland aufgehalten hatten.

Der Vormarsch der deutschen Armee in Rußland wird aufgehalten, und 1942 ist der gut russisch sprechende Brandler bereits Leiter eines Lagers für russische und ukrainische Arbeiter bei der großen Schiffsbauwerft in Nikolajew. Das Lager ist ziemlich ausgedehnt, es umfaßt etwa 1.200 Arbeiter. Brandler genießt offenbar großes Vertrauen bei seinen Vorgesetzten.

Aber die Zeiten ändern sich.

Das Jahr 1945 bricht an, und die Seele Brandlers wendet sich, wie eine Wetterfahne, wieder Marx, Engels, Lenin und Stalin zu. Er wurde Mitglied der SED, und dann machte er offenbar einen verhängnisvollen Fehler und wurde ins Gefängnis geworfen.

Während der kurzen Zeit unseres Zusammenseins betrachtete Brandler mich wie eine Vogelscheuche, mit der er nach Belieben umherspringen konnte.

Er hielt mir mehrstündige Vorträge über die Wahrheit des Marxismus, die Größe und Unbesiegbarkeit der Sowjetunion, und die SED als getreue Vermittlerin der kommunistischen Ideen in Deutschland. "Seien Sie ganz ruhig, man wird mich bald frei lassen!" sagte er. "Ich bin noch nie ein Feind der Sowjetunion gewesen. Bedenken Sie doch, daß ich in einem Internationalen Regiment gedient habe! In Moskau haben wir die Sozialistenrevolutionäre in alle Winde gejagt und im Sturm das Postamt genommen, wir und die Letten. Dserschinskij selbst..." Er verstummt.

"Stellen Sie sich vor!" sagt er nach einigen Minuten. "Was für eine Unverfrorenheit! Vor drei Wochen fahre ich Straßenbahn, zwei Russen mit Maschinenpistolen, Soldaten des MWD, steigen ein, fahren zwei Haltestellen und steigen aus. Da sagt eine Frau: 'Wie sie mit ihren Maschinenpistolen herumspielen! Haben ihre eigene Bevölkerung zu Hause wohl noch nicht genug verhöhnt!' Und stellen Sie sich vor, sie wird auch noch von den anderen unterstützt. Da habe ich es ihnen aber gezeigt! Erst habe ich mir den Mantel aufgeknöpft, damit sie das SED-Abzeichen sehen, und zweitens..." Brandler hebt seinen Finger in die Höhe. "Zweitens habe ich diesen Herumtreiberinnen von der wahren Freiheit in der UdSSR berichtet. So also..."

Der Türriegel schnappt.

Das Kartoffelgesicht des Aufsehers erscheint in der Tür.

"Wer beginnt hier mit dem Buchstaben B?" fragt er.

"Brandler, Heinrich Heinrichowitsch." antwortet Brandler kriecherisch. "Ja, das bin ich, Genosse!"

"Ich bin für Sie kein Genosse! Hände auf den Rücken, schnell!" kommandiert der Wärter. "Na, vorwärts!"

Das Fuchsgesicht Brandlers zieht sich noch mehr in die Länge.

Die Tür schlägt zu, ich bin allein. Drückende Stille. Ich sitze und denke, sitze und denke immer dasselbe.

Die von Feuchtigkeit überzogenen Wände glänzen.

Der erste Spaziergang

Von neuem rasselt die Tür. Er wird aber schnell zurückgebracht, denke ich. Aber nein, der Aufseher steht allein in der Tür.

"Wollen Sie zum Spaziergang?"

"Ja, natürlich!"

"Machen Sie sich fertig!"

Die Hände auf dem Rücken mache ich mich auf zum Spaziergang. Es gibt drei Höfe zum Spaziergehen, zwei entlegene kleine von etwa dreimal drei Metern und einen großen. Als Einzelhäftling werde ich in einen der kleinen Höfe geschickt. Die Mauern sind vier Meter hoch, oben Draht auf nach innen gebogenen Stahlstäben. Über dieser Anlage steht auf einem überdachten Turm ein Wachtposten. Eine Unterhaltung auf dem Hof ist verboten. Man kann stehen, im Kreis laufen, einige gymnastische Übungen machen. Der tägliche Spaziergang dauert fünfzehn Minuten.

Ich kehre in meine Zelle zurück. Schon wird das Abendessen ausgetragen. Über den Korridor fährt klappernd der Karren mit den Essenkübeln. Man fängt jeden Laut auf, sogar jede Lautnuance der Fortbewegung des vertrauten Karrens. Vor einem schwebt wie ein seliger Traum das Bild einer Zusatzportion. Manchmal bleibt der klappernde Karren plötzlich ein zweites Mal vor deiner Zelle stehen, die Tür öffnet sich und du bekommst noch einen zusätzlichen Schlag Suppe. Das ist ein großer Feiertag für den Häftling.

Brandler läßt die Nase hängen

Wieder klirrt der Riegel. Bleich, mit zitternden Lippen, tritt Brandler ein. Mit müden Augen schaut er mich an. Das Verhör scheint nicht so verlaufen zu sein, wie er es sich vorgestellt hatte. Er ist doch eine um die Weltrevolution so verdiente Persönlichkeit.

"Wie brutal!" stößt er hervor. "Mein Gott, wie brutal!" Ich schweige.

"Stellen Sie sich vor!" beginnt er erneut. "In Handfesseln wurde ich geführt. Wie ich angelangt bin, nimmt man sie ab. Ich sage:

'Verzeihen Sie, Genosse, hier liegt offenbar ein Mißverständnis vor!'

Da schleudert mir der Untersuchungsrichter ins Gesicht:

'Der Hund sei dir Genosse!' Und dann flucht er, in allen Tonarten, immer toller. Eine Hitlerkreatur nannte er mich.

Ich entgegne ihm, ich sei Mitglied der SED. Darauf er:

'Na, darüber sprechen wir noch! Warum bist du in die Einheitspartei gekrochen?' "

Brandler zittert, er weint beinah.

"Und das mir!" Und wieder zählt er seine vermeintlichen und wirklichen Verdienste auf.

Ich kann es mir nicht verkneifen, ihn etwas zu hänseln:

"Natürlich, Herr Brandler, es ist sehr angenehm, zum Ruhme der Weltrevolution andere einzusperren und vielleicht noch zu erschießen. Es ist aber, meine ich, sehr peinlich, selbst eingesperrt zu werden. Trösten Sie sich damit, daß auch dieser Untersuchungsrichter irgendwann mal zum Sitzen kommt. Unbedingt!"

Aber Brandler versteht mich nicht recht, er denkt ausschließlich an die ungeheure Ungerechtigkeit, die man ihm widerfahren ließ.

"Aber stellen Sie sich doch bitte vor - immerhin habe ich dem verstorbenen Lenin die Hand gedrückt!" Und der etwas ruhiger gewordene Brandler berichtet fast wie ein Publizist weiter: "Und da bringt der Verhörende es fertig, mich ein Chamäleon zu nennen. Mein Gott, wo bleibt da die Gerechtigkeit?"

Brandler ist ganz apathisch geworden, aber er hat immer noch Hoffnung. Er glaubt fest daran, daß dieser Untersuchungsrichter seine Befugnisse überschritten hat, und bald ein anderer in Erscheinung tritt, der ihn natürlich in allen Ehren aus dem Gefängnis entlassen wird. Dann würde er wie ein Triumphator zur Erfüllung seiner Obliegenheiten in der SED zurückkehren.

Aber am nächsten Tag wiederholte sich dieselbe Geschichte, obgleich ihn ein anderer Untersuchungsrichter verhörte.

Brandler ließ den Kopf noch mehr hängen.

Im Verhör beim höflichen Oberstleutnant

Nun bin ich schon fast eine Woche im Gefängnis Hohenschönhausen und habe sogar begonnen, mich etwas einzuleben.

Da öffnet sich nach dem Morgenspaziergang plötzlich die Tür.

"Wessen Name fängt hier mit T an?"

Ich nenne meinen Namen.

"Die Anfangsbuchstaben? Zum Verhör! Hände auf den Rücken!"

Unerträglich drücken die Handschellen.

"Halt, nicht so straff!" bitte ich den Begleitmann.

"Ach was, stirbst nicht davon!"

"Ich werde mich beim Untersuchungsrichter beklagen."

Der Mann schaut böse, lockert aber die Handschellen etwas.

Die Untersuchungsräume liegen im zweiten Stock. Bei jeder Stufe atme ich schwer. Der Begleiter treibt zur Eile.

Im Arbeitszimmer sitzt am Tisch ein Oberstleutnant, der merkwürdigerweise Armeeachselstücke trägt, ein untersetzter, ziemlich rundlicher Mann mit eingefetteter Frisur. Er nimmt mir die Handschellen ab.

Der Oberstleutnant ist sehr liebenswürdig, oder er gibt sich so.

"Sprechen Sie russisch?" fragt er höflich.

"Ich bin als Deutscher verhaftet worden, und demnach möchte ich auch in deutsch verhört werden."

Das Verhör beginnt, aber ich merke sofort, daß es zunächst nichts Schlimmes gibt. Das ist weniger ein Verhör als eine Befragung.

"Na also, Georgij Andrejewitsch!" beginnt er. "Sie haben als kluger Mann natürlich begriffen, daß es eine Rückkehr zum Alten nicht mehr gibt. Jetzt sind Sie bei uns, und wir erwarten von Ihnen, daß Sie sich mit der Sowjetmacht ganz aussöhnen. Ihre Freunde, die Amerikaner, konnten und wollten Sie nicht schützen. Und wozu auch? Es wird doch nur so dahergeredet, daß sie unsere Feinde seien. In Wirklichkeit ist eine gute Hälfte von ihnen auf unserer Seite. Was, haben Sie das nicht bemerkt?" fragt er und kneift seine Augen listig zusammen. "Na, wollen wir mal ernst miteinander sprechen! Wir haben Deutschland besiegt und einen sehr großen Sprung nach dem Westen getan. Das ist doch eine Tatsache, der man nicht ausweichen kann - halb Europa ist in unseren Händen! Und Sie können mir glauben, wir werden von hier nicht weichen, um keinen Preis! Verstehen Sie nun, wie es um die Aussichten Ihres NTS und der verschiedenen früheren Wlassowleute bestellt ist?" Wieder kneift er seine Augen schlau zusammen.

"Wie steht es nun, Georgij Andrejewitsch? Nicht wahr, Ihre Nase steckt doch jetzt im Dreck?"

Verwirrt gebe ich zu, daß sie wirklich im Dreck steckt.

"Wie bei Gogol: 'Was haben Dir Deine Lechen geholfen?' "

Etwas verwundert darüber, daß der höfliche Oberstleutnant Gogols *Taras Bulba* und den von ihm dort verwendeten historischen Namen für die Polen so gut kennt, muß ich bekennen, daß sie mir tatsächlich überhaupt nicht geholfen haben.

"Na, und sie werden auch nicht helfen!"

Der Oberstleutnant weist mit seinem dicken Finger auf mich.

"Es ist längst an der Zeit, Georgij, mit dem Possenreißen aufzuhören! Die Engländer haben wir ohnehin in der Tasche, sie liefern solche, wie du einer bist, an uns aus. Weißt du, einfach hinein in den Jeep und Schluß! Hast du von den Kosaken in Italien gehört?"

Ich gebe zu, von ihnen gehört zu haben.

"Mag sein", fährt der Oberstleutnant fort, "daß auch nicht die ganze Hälfte der Amerikaner auf unserer Seite steht... Aber das Rad der Geschichte läßt sich nicht zurückdrehen, die bürgerliche Welt geht ihrem natürlichen Tod entgegen. Gewiß versuchen sie, Widerstand zu leisten. Was hilft ihnen das schon? Sie haben eine bürgerliche Demokratie, und demnach kranken sie auch an Schwäche. Nein, mein Lieber, merk dir das, bei uns gibt es nicht solch eine Kraftlosigkeit. Wir haben Stalin, das ist ein Mann, der zu kämpfen versteht, und er versteht auch, Frieden zu halten!"

Der höfliche Oberstleutnant wölbt seine Brust.

Ich schweige. Was soll ich auch sagen? Ich warte auf den Moment, in dem er seine Krallen zeigt.

Aber der Oberstleutnant hat keine Eile. Er redet und redet, und scheint nicht zu bemerken, oder will es nicht, wie schwer mir das Sitzen auf dem Schemel fällt...

Dann fängt er an, meinen Lebenslauf niederzuschreiben.

Die Befragung geht bis zu dem Zeitpunkt, zu dem ich in den NTS eingetreten bin, und da kommt mir mit einem Mal die Erinnerung an das ferne, längst vergangene Berlin.

August 1934, ein warmer Abend, und unser kleines Grüppchen von NTS-Mitgliedern.

Aber mein Gegenüber weiß nichts davon, und kann auch nichts darüber wissen.

Und ich nenne ein viel späteres Datum, den April 1942.

Der Oberstleutnant notiert es ruhig.

Je weiter das Verhör fortschreitet, desto deutlicher wird mir klar, daß mein Gegenüber in den Angelegenheiten der Emigration ein völlig unbeschriebenes Blatt ist.

Spät in der Nacht unterschreibe ich das Protokoll.

Ich betrete die Zelle. Brandler schläft einen schweren, unruhigen Schlaf. In den Röhren zischt es.

Vor einer weiten Reise

Am nächsten Tag, dem 23. Oktober 1947, gibt es eine neue Überraschung. Der Gefängnisdirektor erscheint und begutachtet kritisch meinen leichten Rock.

"Sie sind für diese Jahreszeit zu leicht gekleidet. Schön, wir werden dem abhelfen!" erklärt er vielversprechend und geht hinaus.

Nach fünf Minuten erscheint ein dicker Leutnant zusammen mit dem Diensthabenden. Man führt mich durch das ganze Gefängnis, bis fast zum Ausgang, legt mir aber keine Handschellen an. Unterwegs fällt mir auf, daß sich vom Stiefel des Diensthabenden eine Sohle gelöst hat, als ob er nach Grütze verlangt, wie der Volksmund sagt. Auf den ungehobelten Brettern einer Kammer liegt allerhand Plunder ausgebreitet. Als Zeichen der Vergangenheit hängt sorgfältig auf einem Bügel eine komplette Unteroffiziersuniform der SS. Es gibt sogar einen alten Pelzmantel, dessen Fellkragen ziemlich spärlich geworden ist. Man reicht mir einen alten Mantel mit schwarzen Artillerie-Kragenspiegeln und eine Ohrenklappenmütze.

Ich ahne dunkel, daß ich bald Berlin verlassen werde.

Um zwei Uhr nachts werde ich geweckt. "Machen Sie sich zum Baden fertig!" Auch Brandler kommt mit.

In der Badestube reicht mir der Diensttuende ein Waschbrett, Seife und ein Päckchen Persil.

"Schrubben Sie sich ab!" gebietet er schnoddrig.

Dann bringt er zwei Rasierapparate.

Meine Vermutung, daß wir in den nächsten Stunden nach Moskau fahren, und keineswegs irgendwo anders hin, wird zur Gewißheit.

Während wir uns waschen, verliert unser Begleiter einen Knopf. Süßlich lächelnd kriecht Brandler auf allen Vieren unter das Regal, um ihn aufzuheben. Ich sage ihm ziemlich grob, er solle nicht so offensichtlich den Speichellecker spielen. Auf Brandlers Gesicht spiegelt sich Entsetzen über einen so zum Himmel schreienden Frevel.

In der Zelle gerät Brandler in Verzückung - Moskau!

Er scheint anzunehmen, daß man ihn in Moskau mit den gleichen Ehren empfangen wird, wie fünfundzwanzig Jahre zuvor. Seine Begeisterung erreicht Siedehitze. "Nach Moskau, nach Moskau!" wiederholt er immerfort, wie die drei Schwestern bei Tschechow. "Es gibt doch noch Gerechtigkeit in der Welt!"

Sauber und rasiert sitzen wir in fast glücklicher Seelenverfassung in unserer Zelle. Es ist Morgen, man bringt uns eine Brotration und eine Prise Zucker.

In das Röhrengezisch mischt sich Rasseln am Türschloß.

"Wer fängt mit T an? Fertigmachen, mit Sachen!"

Schnell ziehe ich den Mantel an und verabschiede mich von Brandler. An der Tür stoße ich auf Major Koslow, der an meiner Entführung teilgenommen hatte, aber ich tue so, als hätte ich ihn nicht erkannt.

"Was? Erkennst du mich nicht?" fragt er. Ich nicke schweigend.

Man steckt mir eine zweite Portion Brot und ein kleines Päckchen Zucker zu.

"Das ist für zwei Tage!" sagt jemand streng.

Neben mir tauchen Koslow, ein Leutnant in der Uniform der Grenztruppen und ein Soldat auf.

"Wir werden gleich mit Ihnen losfahren." sagt der Leutnant in befehlendem Ton. "Und ich bitte mir aus, daß Sie sich anständig benehmen!"

Die großen Türriegel rasseln. Ein Auto steht bereit, ein früher einmal luxuriöser, jetzt aber stark mitgenommener Horch.

Wir verlassen Berlin in dichtem Herbstnebel.

In Potsdam erwartet uns ein kleineres Auto, in dem zwei Personen sitzen, in Zivil und von reinem Tschekistentyp. Geheimnisvoll flüstern sie mit Major Koslow.

Dann wird mir plötzlich befohlen, wieder in den Wagen zu steigen, der mich hergebracht hatte. Wir kehren nach Berlin zurück.

Wieder bin ich im Gefängnis Hohenschönhausen. Wie sich später herausstellte, konnte das Flugzeug wegen des Nebels nicht starten. Ich werde in einer anderen Zelle untergebracht, in Nummer 46, neben dem Badezimmer. In ihr herrscht eine fürchterliche Hitze. Ich ziehe mich aus und lege mich der Länge nach auf die Pritsche. Die Glut ist unerträglich, ich kann kaum atmen.

Ich rufe den Diensthabenden, stumpf blickt er mich an und verschwindet irgendwohin. Endlich kommt er wieder.

"Es ist kein anderer Platz für Sie da." erklärt er. "Sie müssen's schon aushalten!"

Ich breite den Mantel auf dem Boden aus und lege mich auf ihn. So ist es mir etwas leichter.

Um vier Uhr morgens kommt man, um mich zu holen. Wieder erhalte ich eine Brotration für zwei Tage. Der Oktoberwind pfeift. In dem faserigen Dunstschleier des Nebels schwanken und knarren die Laternen. Ein rot-weißer Schlagbaum zeichnet sich ab. Der Motor brummt. Dieselben Begleiter wie zuvor, nur sind sie jetzt noch blasser. Alle haben bläuliche Schatten unter den Augen.

Das Auto jagt durch leere Straßen dem Stadtrand zu.

Leb wohl, Berlin! Über zwanzig Jahre habe ich in dieser Stadt gelebt, die mir im Guten wie im Bösen so vertraut ist!

Ich wende mich an Gott.

Ich fühle und weiß, daß jetzt ein neuer, der schrecklichste Abschnitt meines Lebens beginnt.

Wir kommen am Flughafen Dalgow an. Zwei Flugzeuge stehen startbereit, Transportmaschinen vom Typ Douglas. Ich werde in die eine geführt und an der linken Wand plaziert. Das Flugzeug starrt vor Schmutz. Allmählich treffen die Fluggäste ein. Erstaunt stelle ich fest, daß mir bevorsteht, nicht nur mit freien, sondern sogar mit hochgestellten Personen zusammen zu fliegen.

Ich bin der einzige Häftling in der Maschine.

Im Flugzeug von Berlin nach Moskau

Die Tür wird geschlossen, die Motoren heulen auf, das Flugzeug erzittert und kriecht über das Rollfeld. Ich will einen letzten Blick auf Berlin werfen, aber alles ist von dichtem Nebel verhüllt.

Ich beginne, mich umzuschauen.

Neben mir sitzt ein etwa 45jähriger Offizier mit Generalleutnants-Achselstücken. Gesprächen entnehme ich, daß es sich um den Generalleutnant der Artillerie Nikolaj Iwanow handelt. Ihm gegenüber, in halb liegender Stellung auf dem hölzernen Sitz, eine recht hübsche, braunhaarige Frau. Sie ist schlicht gekleidet, ihr Gesicht wirkt leicht gedunsen. Offensichtlich hat sie ein bißchen über den Durst getrunken. Das ist die junge Generalin. Etwas weiter, in Hosen mit blauen Biesen, ein Luftwaffengeneral, dann mehrere Oberste.

Das Flugzeug schwankt stark, und auf dem geschwollenen Gesicht der Generalin Iwanowa zeigen sich grünliche Schatten. Stöhnend streckt sie sich auf ihrem Sitz aus.

"Kolja, Kolja! Landen wir? Oh, Kolja, aber wann denn?"

Das Flugzeug trägt mich einem unbekannten Dunkel entgegen. Der mich begleitende Major ist längst im Sitzen eingeschlafen. Aus seiner Manteltasche lugt ein grellrotes Taschentuch hervor, es hat einen Knoten. Der Leutnant der Grenztruppen ist hingegen quicklebendig und will sich wohl gern mit mir unterhalten.

"Erlauben Sie, daß ich etwas esse?" frage ich ihn.

"Iß, iß nur!" antwortet der Leutnant schnell. Skeptisch betrachtet er meine Vorräte. "Hast aber wenig! Wart mal, wir sollten den Koffer des Majors öffnen."

Vorsichtig zieht er den Koffer unter dem Sitz hervor und löst die Knoten der Umschnürung, zum Vorschein kommt eine Salamiwurst. Der Leutnant spendiert mir ein Stück. Dann betrachtet er nachdenklich eine sechszöllige Büchse mit Birnenmarmelade.

"Die gehört dem Major." sagt er und wölbt die Lippen. "Sei's drum, solange er schläft, wollen wir uns betätigen."

Die gezuckerten Birnen schmelzen im Munde.

Ich begreife die ganze Richtigkeit des Sprichworts, daß es keinen besseren Koch gibt als den Hunger.

Die Sechszollbüchse ist leer, und da beginnt der Major, sich verdächtig zu bewegen und stopft das rote Taschentuch in die Tasche zurück. Nun ist es an uns, ein Nickerchen zu markieren!

Es wird Abend. Wir fliegen ganz niedrig. Unter den Flügeln liegen schon längst die Felder und Siedlungen Rußlands. Alles ist graugelb. Kleine Dörfer schmiegen sich dicht an die Erde.

"An Smolensk sind wir vorbei." sagt jemand. "Bald kommt Wjasma."

"Kolja!" murmelt die ermattete Generalin. "Sag, was ist das? Sind wir endlich da?"

Ein Bordmechaniker in verschmutzter Kombination setzt sich zu mir. Er hat ein rundes, einfaches, argloses und sehr sympathisches russisches Gesicht. Einen Augenblick erscheint es mir, als schiele er mitleidig zu mir herüber.

Im Flugzeug herrscht eine mißmutige, gedrückte Stimmung.

Im Halbdunkel tauchen gespensterhaft Häuserschachteln auf. Lichter blinken. Das ist Moskau, die Stadt, die ich vor einundzwanzig Jahren verlassen hatte!

Landung. Geschäftigkeit verbreitet sich.

"Zollkontrolle!" ertönt eine gebieterische Stimme.

"Wir fürchten nicht den grauen Wolf, den grauen Wolf, den grauen Wolf!" singt ein knarrender Baß.

Eine Rampe rollt heran, das Ausladen des Gepäcks beginnt. Zollbeamte in mit Kragenspiegeln versehenen schwarzen Uniformen flitzen umher. Mein Major ist aufgewacht, sein Gesicht ist grün. Mit einer majestätischen Handbewegung wendet er sich mir zu:

"Bleiben Sie hier sitzen, gleich wird man vorfahren."

Ich weiß sehr wohl, *was* vorfahren wird und sitze ruhig da. Jetzt sind außer mir nur noch der verschlafene Major, der Leutnant und der Begleitsoldat im Flugzeug zurückgeblieben.

Auf dem Flugfeld heulen die Motoren. Nicht weit stehen zwei Reihen mit Schnee bedeckte Jagdflugzeuge.

Ein Motor klopft, ein Auto fährt dicht an das Flugzeug heran.

Ich steige aus.

Drei Meter von mir entfernt steht ein sehr kleiner und harmlos aussehender *Schwarzer Rabe*. Seine Türen sind offen.

Ich muß mich in eine kleine Zelle setzen.

"Georgij!" ruft mir der Leutnant von außen zu. "Wie ist es, bist du sehr verfroren? Was machen die Füße? Gleich wirst du es warm bekommen!"

Na, hoffentlich nicht gar zu warm, denke ich still.

Von außen pocht der angetrunkene Major an die Tür.

"Georgij, Pultchen, Katerchen, Fahrrad, Stiefel!" Mit trunkener Stimme ruft er mir allerlei Freundlichkeiten zu.

Das Auto fährt an. Die Bremsen quietschen, es gibt viele Kurven.

Dann sind wir angelangt.

Laut rasseln Riegel, auch irgendwo im Inneren des Gebäudes klirrt Eisen. Aha, zwei Türen hintereinander, denke ich.

Endlich verstummt der Motor. Ich höre gedämpftes Sprechen.

Die Tür wird geöffnet.

"Kommen Sie heraus!"

Von der frischen Frostluft wird mir schwindelig und meine Knie knicken ein. Zwei Uniformierte stützen mich unter den Armen.

Ich befinde mich in einem großen, völlig leeren Hofschacht, auf der anderen Seite verschlossene Balkentore. Mehrere Fenster des zehnstöckigen Gebäudekolosses sind erleuchtet. Kugelförmige, weiße Milchglaslampen sind zu erkennen.

Nach meiner Überzeugung muß dieses Gebäude die Lubjanka sein.

MOSKAU. DIE LUBJANKA
Im Inneren Gefängnis

Die Lubjanka! Hier laufen alle Lebensnerven der mitleidlosen Despotie zusammen. Von hier aus wird der Widerstand durchkreuzt. Hier wird das Netz der Sowjetspionage geflochten, und hier wird das Spinngewebe der sowjetischen Konspiration, der Sabotage und weltumfassenden Zersetzungsarbeit gesponnen. Hier sind Reich und Thron jener Weltkrake, die mit tausend Fühlern überall eindringt, von den Bierstuben Westberlins bis zu den Goldgruben Südafrikas, jener Krake, die gleichermaßen erbarmungslos das Blut fremder und ihrer eigenen Menschen trinkt, und für die es nur *einen* Gott gibt, denjenigen, der im Augenblick die reale Macht besitzt.

Mir ist, als sehe ich unter den Sternen dieser Oktobernacht ihren blasigen, gallertartigen, in allen Regenbogenfarben schillernden Leib und ihre ungeheuren, starren, kalten, kalten Augen.

"Gehen wir!" sagt jemand.

Ich überschreite den Hof in Richtung der erleuchteten Tür, steige über glatte Stufen hinab, gehe durch einen endlos langen Kellerkorridor und betrete einen zweiten, etwas kleineren Hof. Unter mir Drahtgeflecht.

Und wieder geht es abwärts. Weiße Korridorwände.

Die kurze Wanderung hat mir fast den Rest meiner Kraft geraubt.

Ich werde in ein kleines Zimmer mit eisenbeschlagenem Tisch und Bänken entlang den Wänden geführt. Das ist der Empfangsraum für die Häftlinge. Von irgendwo taucht aus blendender Helligkeit der sympathische Leutnant auf, der mich begleitet hat.

"Haben Sie noch Ansprüche an das Begleitpersonal?" fragt er.

Stumm schüttle ich verneinend den Kopf. Er fragt ja nur pro forma! Selbst, wenn man etwas vorbringen sollte, wird nichts geschehen. Meine Übergabe an die neue Gefängnisleitung erfolgt.

"Haben Sie scharfe oder spitze Gegenstände bei sich?" fragt der für die Aufnahme zuständige Beamte, ein Mann mit groben Gesichtszügen und einer grellroten Warze an der Wange. Er steckt in derben, ungeputzten Stiefeln und trägt einen grauen Kittel.

"Ziehen Sie sich aus!"

Diese Prozedur kenne ich schon.

Sitzend und ohne Eile entkleide ich mich.

"Sprichst du russisch?"

"Ja."

"Woher verstehst du es?"

Ich schweige. Der Beamte sieht ein, daß ihn das nichts angeht. Vor Erschöpfung überläuft mich ein nervöses Zittern.

Lange untersucht der Mann meine Kleider. Am meisten geht es über den Mantel her. Die dicken Nähte werden mit einem kleinen Messer aufgeschnitten. Feiste, rötlich behaarte Wurstfinger laufen mit erstaunlicher Geschwindigkeit über die Nähte. Ich sage ihm etwas. Von irgendwo oben ertönt ein Klopfen.

"Sprechen Sie leiser!"

Das weitere Gespräch wird im Flüsterton geführt.

Erst jetzt fällt mir auf, daß ringsum Grabesstille herrscht. Irgendwo ein leises Wasserrauschen, ab und zu ist ein fernes, dumpfes Pochen zu vernehmen, ein Summen, Schritte.

Die Durchsuchung dauert vielleicht eine Stunde, vielleicht auch drei. Die Zeit ist stehen geblieben. Endlich bekomme ich meine Sachen zurück. Der Diensttuende hat nur den Gürtel, Krawatte und Schnürsenkel behalten, um einem Selbstmord des Häftlings vorzubeugen. Das Leben eines Untersuchungshäftlings ist unantastbar!

Es ist sehr wahrscheinlich, daß man dich töten wird, aber das ist nicht deine Sache, sondern die des Staates!

Ich werde in die Badestube geführt. Wir passieren eine Frau in mittleren Jahren, die an einem Lift steht. Der Korridor zeigt Spuren von Nässe. Die Garderobe ist ein kleines, blau gekacheltes Zimmer. Quietschend dreht sich der Wasserhahn, der Beamte prüft die Temperatur und gibt mir ein kleines Stück Seife.

Dampfschwaden steigen auf.

Ich blicke an mir herunter und erschrecke - Haut und Knochen, die Rippen treten hervor, wie bei einem Skelett.

Ich seife mich ein und wasche mich. Ich weiß schon gut:

Die Badestube ist die Hauptfreude, wenn nicht die einzige Freude des Häftlings.

Von Zeit zu Zeit schaut der Diensttuende durch das kleine Türfenster herein. Der Gefangene muß sich immer und überall unter der unermüdlichen Beobachtung des Begleitmanns befinden, so lautet die Vorschrift.

Ich trete hinaus. Saubere Wäsche von militärischem Schnitt liegt für mich bereit, ferner eine Soldatenhose, ein Militärkittel und Schnürschuhe, alles zweite Garnitur.

Wieder führt mich der Diensthabende weiter. Das Schloß einer Box klirrt, so heißen die Zellen in der Sprache der Lubjanka. Nach einigen Minuten kommt eine Ärztin in weißem Kittel. Oberflächlich behorcht und beklopft sie mich. Die stereotype Frage:

"Haben Sie über etwas zu klagen?"

Ich antworte nicht, es wäre ja auch nutzlos.

Man führt mich ins Ministerium
Das Eiserne Buch

Wieder bin ich allein. Irgendwo schlagen immerfort Türen, jemand wird hergeführt oder weggebracht, menschliche Stimmen sind jedoch nicht zu hören. Der Schlüssel rasselt in der Tür. Auf der Schwelle steht der Diensthabende.

"Familienname? Initialen? Machen Sie sich zum Verhör fertig!"

Der Beamte geht links von mir und hält mich am Arm fest.

"Hände auf den Rücken!" kommandiert er leise.

Wir kommen zum Lift. Die Kabine ist klein und durch eine zweiflügelige Tür in zwei Hälften geteilt. Der Begleiter weist mich in die hintere und bleibt selbst in der vorderen stehen.

Wir gleiten in die Höhe und verlassen den Lift sehr bald.

Eine abgenutzte, von unzähligen Füßen abgetretene Treppe. Wieviele Menschen sind vor mir hier geführt worden, zur Folter oder dem Tod entgegen? Zweifelnd sieht mein Bewacher mich an und stellt mich mit dem Gesicht zur Wand. Dann verschwindet er für einen Augenblick, um mit einem Genossen zurückzukehren. Beim Hinaufführen stützen mich beide gemeinsam. Die Treppe hört auf, eine Biegung, der Diensttuende gibt einen quäkenden Laut von sich.

Das bedeutet: Ich gehe mit einem Gefangenen, Vorsicht!

Wir durchschreiten einen Korridor, Boxen. Endlich eine Tür, über der, wie überall in der Lubjanka, eine elektrische Signalanlage angebracht ist, ein rotes und ein grünes Lämpchen. Wenn ein Häftling zur Außentür gebracht wird, die von der Etage zur Treppe hinausgeht, glüht bei der Treppe ein rotes Lämpchen auf.

Dann dürfen sich keine Häftlinge mehr auf der Treppe draußen befinden. Sobald ein Gefangener die Treppe passiert hat, leuchtet das grüne Licht auf. Der Weg ist frei, der nächste kann eskortiert werden.

Tag und Nacht, Jahr um Jahr, blinken diese roten und grünen Lichter vor den eisernen Etagentüren des Lubjanka-Gefängnisses und spielen eine unheilschwere Sinfonie menschlicher Leiden und menschlicher Erbitterung.

Ich werde in ein kleines Zimmer mit Zwischenausgängen geführt.

Am Tisch steht eine Frau von etwa fünfzig Jahren. Sie hat ein derbes Gesicht, trägt ein Barett, auf dem der fünfzackige Stern angebracht ist, und Soldatenstiefel aus Kunstleder.

"Gehen Sie an die Wand!" befiehlt sie. "Name, Initialen?"

Dann macht sie sich am Tisch zu schaffen.

"Unterschreiben Sie!" flüstert sie und blickt auf die große Wanduhr.

Ich trete zum Tisch heran und verstehe zuerst überhaupt nichts: Vor mir liegt ein Buch aus Eisen. Ich fühle mich verlegen.

"Wie? Sind Sie zum ersten Mal hier?" fragt das Weib flüsternd.

Ich nicke stumm, und erst jetzt bemerke ich, daß in einer großen Spalte auf der linken Seite des Buches, inmitten des matten Eisenglanzes, geschrieben steht:

"Treguboff, Georgij Andrejewitsch, 11.30"

Rechts ist eine unbeschriebene Spalte. Mit zitternden Fingern nehme ich den Federhalter und unterschreibe dort.

Erst dann erfahre ich, daß dieses eisengefaßte und mit Eisen ausgelegte Buch der Registrierung der zum Verhör geführten Häftlinge dient. Hat man unterschrieben, so dreht die Diensthabende, eine im ganzen Gefängnis bekannte Tschekistin, an Rollen, und die Zeile mit dem betreffenden Familiennamen entschwindet nach oben.

Auf der nun wieder leeren Spaltenzeile wird dann der nächste seinen Namen eintragen.

Das Eiserne Buch ist so etwas wie ein Belegdokument, es enthält das Debet und Kredit der Gefangenen.

Verläßt man das Innere Gefängnis und wird ins Ministeriumsgebäude geführt, so ist die Gefängnisverwaltung nicht mehr für einen zuständig. Daher muß das Gefängnis ein Belegdokument haben für den Fall, daß mit dem Häftling etwas passieren sollte (Flucht, Tod usw.).

Verlangt das Ministerium für Staatssicherheit nach ihm, so hält das Eiserne Buch diesen Vorgang fest. Vom Verlassen des Gefängnisses an untersteht der Gefangene unmittelbar dem Ministerium, das dann ganz für ihn verantwortlich ist, genauer, der Abteilung oder der Person, die ihn angefordert hat.

Nach Rückkehr ins Gefängnis muß der Häftling sich wieder in das Buch eintragen und die Beamtin notiert den Zeitpunkt der Ankunft. Von diesem Augenblick an ist wieder das Gefängnis für den Häftling verantwortlich.

Unmittelbar hinter dem Durchgangszimmer, in dem das Eiserne Buch ausliegt, ist eine Treppe. Die verstaubten Treppenschächte sind mit Stahlnetzen versehen, wie es heißt, seitdem Boris Sawinkow sich dort hinabstürzte und zu Tode schlug.

(Anmerk.: S., Terrorist und Mitglied der Sozialisten-Revolutionäre (Eseren), ein Feind der Bolschewisten nach ihrer Machtübernahme, wurde in den 20er Jahren verhaftet, soll nach offizieller Version Selbstmord verübt haben, nach anderen Quellen wurde er jedoch hinabgestoßen.)

Im nächsten Stockwerk stößt man auf einen weiträumigen, schönen, mit poliertem Rotholz ausgelegten Aufzug. Ich betrete ihn und stelle mich mit dem Gesicht zur Wand. Ich zähle die Etagen, in der sechsten hält der Lift. Seine Tür ist aus Nußholz.

Ich werde auf den Korridor geführt, und sofort umfängt mich ein sonderbar süßlicher Geruch.

Plötzlich wird mir dunkel vor den Augen.

Der Korridor ist etwa vier Meter breit, Parkettfußboden, rechts und links liegen die pompös Kabinette genannten Arbeitszimmer der Tschekisten. An den Türen auf der linken Seite sind in Kupfer die Zahlen 621, 622 und so weiter angebracht, rechts stehen die gleichen Nummern, ergänzt durch den Buchstaben A.

Der süßliche Geruch kitzelt die angespannten Nerven.

Mir ist, als sei ich in einer besonderen, unbekannten Welt.

Dann erkenne ich, daß der Geruch von dem Bohnerwachs herrührt, mit dem das Parkett eingerieben worden ist.

Mir begegnet ein untersetzter Mann in einem blauen Anzug. Sein Haar ist pechschwarz und ungewöhnlich dicht. In der Hand hält er einen Aktendeckel. Seine rechte Schulter zuckt beständig.

Dann kommen mir zwei Frauen entgegen.

Die eine ist eine hoch gewachsene, üppige Blondine, die mich irgendwie an ein Dorfmädchen erinnert, die andere ist hager und trägt einen um ihren Kopf gewundenen blauschwarzen Zopf. Mir fallen die ungesunde gelbe Gesichtsfarbe und die karminrot geschminkten Lippen der Frauen besonders auf. Sie halten einander im Gehen umschlungen und unterhalten sich so lebhaft, daß sie uns nicht bemerken, und wir fast mit ihnen zusammenstoßen.

Mein Bewacher geht und geht, der Korridor dehnt sich aus wie ein Teleskop, die Nummern der Arbeitszimmer blinken auf. Endlich machen wir an einer Tür mit der Nummer 693A Halt.

In dem Zimmer, in das ich geführt werde, leuchtet grell eine Milchglaslampe. Ein Bild Molotows hängt an der Wand. In der Mitte des Raumes sind vier Tische zusammengerückt, auf ihnen stehen würfelförmige Tintenfässer aus Kristall. Rechts von der Tür steht ein feuerfester Schrank, der Spuren von Siegellack aufweist, neben ihm weitere Schränke.

An den Tischen sitzen drei Männer in Zivil und eine etwa vierzigjährige Frau östlichen Typs. Sie ist elegant gekleidet und trägt eine Brosche, deren grüner, durchsichtiger Stein seltsam schimmert. Ein junger, braunhaariger MGB-Beamter schreibt die Empfangsbestätigung aus und übergibt sie meinem Begleiter. Der zweite MGB-Mann, ein dicker, rundgesichtiger Mann mit gläsernem Blick, verläßt den Raum. Kurz darauf kehrt er zurück.

"Gehen wir!"

Ein Mittagsmahl unter den Augen von Karl Marx

Wir betreten das benachbarte Zimmer. Links vom Fenster steht ein Schreibtisch, vor dem ziemlich mitgenommene Wachstuchsessel, ein Plüsch- und ein Ledersofa ins Auge fallen. An der Wand hängt rechts ein Portrait von Berija, links eines von Karl Marx. Da im ersten Raum ein Bild von Molotow hing, nehme ich mit Gewißheit an, daß ich mich in der Kanzlei des Vorgesetzten befinde.

Am Tisch sitzt ein etwa fünfzigjähriger Mann, er hat östliche Gesichtszüge. Keineswegs böse, sondern leicht spöttisch und heiter schaut er mich an. Plötzlich erhebt er sich und geht auf mich zu. Instinktiv weiche ich zurück.

"Nun, mein lieber Georgij Andrejewitsch, sind Sie hier!" Zwei Hände, an der einen bemerke ich einen Ring, legen sich weich auf meine Schultern. "Nehmen Sie Platz. Wie fühlen Sie sich?"

Die schwarzen, sehr unangenehmen Augen blicken mich verlogen-einschmeichelnd an. Worte, viele Worte erklingen. Ich registriere einen billigen, graublauen, recht unkleidsamen Pullover und geflochtene Sandalen. Ein Strom umwerbender Worte ergießt sich, und plötzlich fragt er mich:

"Haben Sie Hunger?" Stumm nicke ich mit dem Kopf. "Setzen Sie sich, setzen Sie sich!" Er wählt eine Telefonnummer. "Bringen Sie bitte ein Mittagessen!"

Das fette Gesicht von Karl Marx schaut auf mich herab, und es scheint mir zuzublinzeln, als ob es mir sagen wollte:

"Sieh mal an, was für ein Systemchen!"

Der Chef setzt sich auf ein Sofa und legt ein Bein über das andere. Mir fällt die Szene ein, wie der Teufel Dostojewskijs Iwan Karamasow erscheint, und plötzlich verspüre ich Angst.

Ich denke an die alte Wahrheit, je weicher ein Häftling behandelt wird, um so schlimmer steht sein Fall.

Eine Kellnerin in weißem Kittel bringt ein schwarz lackiertes Tablett herein. Auf ihm ist vielerlei: Fleischbrühe, ein Schweinekotelett, Weiß- und Schwarzbrot, Schafskäse, ein Stück Butter, eine mit Kompott gefüllte Barockschale, eine Tasse Tee, eine Zitrone, zwei Mandarinen. Mit bebenden Händen greife ich zu und beginne zu essen. Ich will mich zwingen, langsam zu essen, aber ich schaffe es nicht. Hungerspeichel füllt mir die Mundhöhle, und warme Wellen des Wohlbehagens überrieseln mich. Mein Gebieter aber schaut mir unentwegt zu. Die Teller sind leer.

Fast belustigt ertönt die Stimme des Chefs:

"Vielleicht wollen Sie noch etwas?"

Ich nicke bejahend. Wieder wird eine Telefonnummer gewählt, und die Prozedur wiederholt sich.

Ich sammle vor dem Verhör meine Gedanken

Dann bin ich satt. Zum ersten Mal nach sehr langer Zeit verspüre ich statt der quälenden Leere im Magen eine beglückende Fülle.

Jetzt aber beginnt mich der Gedanke zu verfolgen, wann, womit und wieviel werde ich für dieses lukullische Mahl zu bezahlen haben? Ich weiß und fühle, daß jetzt, gleich, das erste Verhör beginnt, und daß es das entscheidende sein wird.

Davon, wie ich mich jetzt verhalte, wird alles weitere abhängen.

Ich muß einen Ausweg finden, geht es doch um Leben oder Tod!

An den falschen Augen meines Gebieters erkenne ich, daß jetzt das Spiel der Katze mit der Maus beginnen wird. Wo ist die richtige Formel, die meine Rettung sein könnte? Fast physisch spüre ich, daß Böses von ungeheurer Stärke neben mir steht und gleich in Aktion treten wird. Ist man aber von Bösem umringt, so muß man das Gute zu Hilfe rufen - das ist so einfach, so klar.

Ich beginne zu beten und denke an meine Mutter.

Sowie ich an Gott denke, taucht etwas anderes aus meiner Erinnerung auf:

Ein sowjetischer Kriegsgefangener in wattierter Joppe, die auf der Rückseite die mit Ölfarbe aufgepinselten lateinischen Buchstaben SU zeigt. Spärliche, graue Haare, das Gesicht wie aus ungegerbtem Leder, kleine Augen. Auf dem Grund dieser unschönen Augen leuchtete jedoch ein tiefes, starkes Denken.

Ihm bin ich im Lager Wustrau begegnet.

"Ja, lieber Jurij Andrejewitsch, da bin ich nun hier, in deutscher Gefangenschaft. Ich bin ein alter Lagermensch, und die Aussicht, von neuem in ein Sowjetlager zu geraten, ist sehr wahrscheinlich. Auch in der Lubjanka bin ich gewesen."

Schweigend sah ich ihn an.

"Ich weiß, ich weiß, Sie interessieren sich für die Verhörmethoden in der Lubjanka. Nun, merken Sie sich eins, mit Gewalt können Sie gar nichts ausrichten, wohl aber mit dem Verstand. Wie stark auch der Wille sein mag, sie zerbrechen ihn doch, wenn nicht heute, so morgen, wenn nicht morgen, dann nach einem Jahr, denn den menschlichen Kräften und seiner Widerstandsfähigkeit sind Grenzen gesetzt. Die Tschekisten zerbrechen jeden!"

"Also, was dann?"

"Demnach müssen Sie sich so verhalten, daß Sie nicht zerbrochen werden müssen!"

"Wie soll man das fertigbringen? Sofort die Pfoten hoch und alles bekennen?"

"Nein, so einfach ist die Sache nicht. Was heißt bekennen? Wozu Sie sich auch bekennen mögen, man wird doch immer mehr fordern, und wenn Sie bereits wie eine Zitrone ausgepreßt sind, wird man doch weiterpressen und pressen!"

"Demnach ist der Untergang unausweichlich. Wohin man sich auch wenden mag, immer endet man in einer Sackgasse!"

"Nein, nicht unbedingt. In der Sowjetunion hat der Untersuchungsgefangene nur *eine* Chance, er muß seine Henker davon überzeugen, daß er ein so klägliches und nichtiges Geschöpf ist, daß es sich überhaupt nicht lohnt, sich mit ihm zu beschäftigen. Gewiß, das zieht einen persönlich nicht heraus. Vergessen Sie nicht, daß Ihr Schicksal in gewisser Weise bereits vorbestimmt ist, wenn Sie verhaftet wurden. Wer verhaftet ist, ist bereits verurteilt! Noch ist niemand, der nach Paragraph 58 festgenommen wurde, am Lager vorbeigekommen, und wenn beschlossen wurde, Sie zu erschießen, dann werden Sie bestimmt erschossen.

Aber Sie können widerstehen und vieles von dem für sich behalten, was die Tschekisten nicht unbedingt zu wissen brauchen.

Beachten Sie, daß jeder, der sich in Untersuchungshaft befindet, nach seinen Verstandeskräften sowie seinen seelischen und physischen Fähigkeiten einer bestimmten Kategorie zugeteilt wird. Am schlimmsten ist es, in die höchste Kategorie zu geraten, das heißt, wenn die Tschekisten in Ihnen einen Menschen von höherer Bildung sehen, und Sie darüber hinaus für sehr klug und in moralischer Hinsicht fest und stark halten. Das bedeutet für sie, daß solch ein Mensch sich mit aller Kraft bemühen wird, seine Sache zu verhüllen und zu verteidigen.

So einen Menschen zu zerspalten, wie die Tschekisten sich ausdrücken, ist sehr schwer und erfordert daher den Einsatz sämtlicher ihnen zur Verfügung stehenden Mittel.

Sie stellen nämlich folgende Überlegung an:

Wenn wir Tschekisten an ihm derart hervorragende Eigenschaften bemerkt haben, so sind diese gewiß längst von seinen Freunden, mit denen er früher zusammengearbeitet hat, bemerkt worden, und daraus resultiert, daß er dank dieser Eigenschaften eine bedeutende Rolle in der betreffenden Organisation gespielt haben muß.

Wenn die Tschekisten zu dieser Schlußfolgerung kommen, ist ein solcher Häftling bereits verloren.

Aber nehmen wir einen anderen, einen halbgebildeten Menschen, Schürzenjäger und Alkoholiker, einen durch und durch üblen Kerl. Zu so einem fühlen sich die Tschekisten erstens gefühlsmäßig hingezogen, sie sind ja selbst von dieser Sorte, und zweitens wissen sie, daß aus so einem nicht viel herauszupressen ist.

Wozu sollten sie auch pressen, so einer geht ja von selbst auseinander!

Also, guter, lieber Jurij Andrejewitsch, wir wissen nicht, wohin das Schicksal Sie verschlagen wird, aber merken Sie sich gut: Je miserabler und widerlicher das moralische und verstandesmäßige Profil ist, das Sie in der Lubjanka ausweisen, desto besser für Sie!"

Er hatte mir noch viel gesagt. In der Folgezeit habe ich diese Unterredung vergessen, damals erschien sie mir nicht wichtig. Jetzt aber, fünf Jahre später und im Untersuchungsraum der Lubjanka, fiel mir dieses Gespräch beinah Wort für Wort wieder ein, und dankbar dachte ich an meinen Gesprächspartner, den unansehnlichen Prediger aus dem Lager Wustrau.

Wo mag er jetzt sein? Ob er noch lebt?

Es sei - setzen wir alle unsere schauspielerischen Fähigkeiten ein!

Mein Gegenüber aber schweigt bewußt. Wahrscheinlich beobachtet er mich sehr aufmerksam. Das Schweigen dauert schon über zehn Minuten. Die listigen, kleinen Bärenaugen funkeln.

Beharrlich wartet er darauf, daß ich von selbst zu reden anfange.

Ich kenne diese Methode, und ich denke an die NTS-Instruktion:

"Sprich bei einem Verhör niemals zuerst!"

Endlich fängt der Chef zu sprechen an. Seine Redeweise erinnert stark an die Moralpredigt einer bösen, sich jedoch nachsichtig gebenden Gouvernante aus der Mitte des vorigen Jahrhunderts.

"Regen Sie sich nicht auf, Georgij Andrejewitsch!" sagt er und gerät allmählich immer mehr in Schwung. "Wir sehen keinen gewöhnlichen Gegner in Ihnen, sondern sozusagen einen ehrlichen, ideellen, anständigen Gegner." Er hebt seinen vom Rauchen gelb gewordenen Zeigefinger und fügt hinzu: "Einen Gegner von höchstmöglicher Qualifikation! Ich verstehe vollkommen, daß Sie von der Situation, in die Sie geraten sind, bedrückt sind, ich fühle sogar mit Ihnen. Aber Tatsache bleibt Tatsache, Sie sind auf einen anderen Weg gelangt, wenn auch nicht ohne unsere fatale Hilfe, aber immerhin, vor Ihnen eröffnen sich neue, hellere Horizonte.

Ich verstehe, Sie sind ein erfahrener Konspirateur, ein bedeutendes Mitglied des NTS, und als dort leitend Tätiger haben Sie natürlich eine geheime Funktion ausgeübt. Sie sind doch Mitglied im Rat des Bundes?"

Da haben wir es, jetzt beginnt es, denke ich.

Auf meinen Zügen aber spiegelt sich offenbar ehrliches Erstaunen.

"Wie, waren Sie es nicht?" Diese Frage fiel nur so nebenbei, aus ihrem Tonfall ist jedoch Enttäuschung zu spüren.

Ich schweige.

"Wir wollen nicht streiten." fährt er fort. "Ich bin nicht Ihr Feind, mehr als das, Sie sind hier unter Freunden, großen Freunden, nicht unter Amerikanern. Und ich schlage Ihnen vor, uns viel zu berichten. Wir müssen zu schätzen wissen, wozu Sie sich entschlossen hatten! Sie waren das erste Mitglied des NTS, das in Berlin erschien und haben dort als erster die Arbeit aufgenommen. So ist es doch?" Fragend sieht er mich an.

"Arbeit? Ja, natürlich, nach drei Tagen bekam ich Arbeit durch das Arbeitsamt, und sogar eine sehr gute, als Lehrer!"

Das Gesicht des Untersuchungsrichters zieht sich zusammen, als habe er Essig geschluckt.

"Na, meinetwegen, meinetwegen mag es das Arbeitsamt gewesen sein. Sie sind heute etwas ermüdet, sind, wie man zu sagen pflegt, vom Schiff auf einen Ball geraten. Macht nichts, gehen Sie und ruhen Sie sich ein wenig aus. Schlafen Sie sich aus, und morgen sprechen wir wieder miteinander. Für den Fall aber, daß Ihnen etwas einfallen sollte, nehmen Sie hier Papier und einige Bleistifte. Nun, und wie geht es Ihrem Mütterchen?" wirft er plötzlich hin.

Der Hieb kommt sehr unerwartet. Doch der, der ihn geführt hat, merkt sofort, daß es etwas zu früh geschah.

Er beginnt, eine Telefonnummer zu wählen und sagt dann ruhig in den Apparat:

"Schicken Sie einen Begleitmann, Kabinett 694A."

Sein Gesicht leuchtet jetzt förmlich.

"So, jetzt werden Sie sich ausruhen. Und wegen Ihrer Mutter brauchen Sie sich nicht zu beunruhigen. Vielleicht sehen Sie sie in zwei Wochen in Berlin wieder, aber natürlich..."

Nachdenklich unterbricht er seinen Satz.

"Benötigen wir erst eine rückhaltlose Beichte!" ergänze ich ihn still.

Der Begleitmann erscheint. Höflich verbeuge ich mich vor meinem neuen Bekannten. Die Tür öffnet sich. Schadenfroh zwinkert Karl Marx mir zu, wie die alte Gräfin in Puschkins *Pique Dame*, nachdem Hermann sein ganzes Vermögen verloren hatte.

Der Geruch des Bohnerwachses, mattgelbe Lampen auf dem endlos langen Korridor. Wir gehen an der Treppe vorbei. Direkt vor ihr, unter der Decke des Korridors, steht in Leuchtschrift *Hauptausgang Nummer 3*. Ein roter Pfeil weist auf ihn hin. Hundert Schritte weiter die Aufschrift *Hauptausgang Nummer 2*, und wieder ein Pfeil. Erst jetzt merke ich, daß ich in eine ganz andere Richtung geführt werde. Wir gehen nicht durch die enge Stelle des Korridors, die von den intelligenten Häftlingen als Thermopylen bezeichnet wird, von den übrigen jedoch mit Hundehalsband und anderen, nicht wiederzugebenden Worten bedacht wird, die sich auf die weiblichen Geschlechtsorgane beziehen.

Vor mir leuchtet wieder ein Kästchen an der Decke auf: *Hauptausgang Nummer 1*. Ich gehe durch die Tür und befinde mich plötzlich in einem ganz anderen Korridor. Das Linoleum des Fußbodens ist von einem weichen Läufer bedeckt. Die Wände sind zart hellblau gestrichen. Die Wandlampen tragen Verzierungen aus modernem Mattglas, wie ein mittleres europäisches Restaurant.

Ich merke, daß der Begleitmann mich aus irgendeinem Grunde im Gebäude herumführt. Später erfuhr ich, es war die sechste Etage eines neuen, während des Krieges errichteten zehnstöckigen Gebäudes. Wir biegen in einen zweiten, dann in einen dritten Korridor ein, gehen und gehen.

Ab und an treten Beamte aus den blauen Jugendstil-Türen der Kabinette. Durch die offenen Türen erblicke ich behagliche Zimmer, Teppiche, hohe Stehlampen mit grünen Schirmen, das Blitzen goldener Achselstücke, über Papier gebeugte Rücken.

Plötzlich bleibt der Begleitmann wie angewurzelt stehen.

Aus einer der Türen kommen vier Männer, drei von ihnen tragen elegante Pelze. Sofort riecht es nach sehr prominenten Tschekisten.

Die physischen Kräfte wollen mich verlassen, es dunkelt mir vor den Augen, kalter Schweiß rinnt über meine Stirn. Aber nun ist endlich die Rundreise durch die Lubjanka zu Ende. Mein Begleiter hält mich fest am Arm. Die Treppe erscheint mir wie aus Gummi, in Wirklichkeit aber schwanke ich selbst.

Wieder das Eiserne Buch. Die schon bekannte Prozedur wiederholt sich in umgekehrter Richtung. Ein zweiter Aufzug. Schnell werde ich in einer anderen Etage abgesetzt und in eine unbekannte Zelle geführt. Die Box ist einen Meter breit und vier Meter lang. Erneut werde ich durchsucht, wobei mich zwei unter den Armen stützen.

Erstaunt blickt der Etagenobmann auf das Papier und die Bleistifte. Beides nimmt er mir fort und verschwindet. Nach einigen Minuten kehrt einer der Aufseher zurück und händigt mir Papier und Bleistifte wieder aus. Meine Hände zittern so, daß ein Bleistift auf den Fußboden fällt. Behutsam hebt der Aufseher ihn auf.

Die Box wirkt wie eine unheilvolle, weißblaue Höhle. Der untere Teil der Wand ist hellblau gestrichen.

Hellblau ist die Lieblingsfarbe der Lubjanka. Mir kommt in den Sinn, daß Hellblau im alten Ägypten als Trauerfarbe galt.

In der Box ist eine schmale Bank, auf der man schlafen kann. Aber wieder rasselt das Schloß. Der Diensthabende bringt mir einen Leinwandsack mit meinen Sachen; sie kommen aus der Desinfektion. Im Flüsterton sagt er:

"Prüfen Sie nach, ob alles da ist!" Und dann befiehlt er. "Ziehen Sie Ihre eigenen Sachen an!"

Dann wird mir noch eine Matratze gebracht. Endlich lege ich mich hin und decke mich mit meinem Mantel zu. Dämmerschlaf überkommt mich, von irgendwoher, wo es keine Lubjanka und keine Tschekisten gibt.

Als letztes höre ich das Klappen der Tür zur Nachbarbox.

"Aufstehen!"

Dieselbe Box, dasselbe elektrische Licht. Die Tür steht offen. Auf ihrer Schwelle steht der Diensthabende.

"Machen Sie sich zurecht!"

Die Toilette ist gleich um die Ecke, ein düsterer, fensterloser Raum in der Art primitiver Militär-Klosetts. Jede Minute ergießt sich ein Wasserschwall ins Loch und entschwindet wie Frühlingswasser irgendwo im Nichts.

Darüber hat mir später ein *offenherzig* gewordener Untersuchungsrichter gesagt:

"An jeden Häftling verwenden wir in unseren Toiletten jede Minute zweieinhalb Kilogramm destillierten Moskauer Wassers!"

Wahrscheinlich wollte er mit dieser pompösen Tirade die ungeheure Freigebigkeit des Sowjetregimes gegenüber seinen Feinden unterstreichen.

Im Korridor ist alle fünf Meter ein Aufseher postiert. Die Wachen achten darauf, daß ich von der Toilette kein Papier mitnehmen oder womöglich gar eine Nachricht hinterlassen kann.

Das alles gefällt mir gar nicht.

Ich erkenne, daß man mich kleinen Gründling für so etwas wie einen großen Hecht hält.

Literarische Übungen auf leeren Magen

Ich erhalte soviel Zucker wie in Hohenschönhausen, ferner sechshundertfünfzig Gramm Brot, das feucht ist und noch schlechter als in Berlin, und einen Krug Gerstenkaffee.

Das gestrige lukullische Mahl auf Kosten des Tscheka-Olymps ist bereits vergessen. Mit Hilfe eines speziell hierfür von mir konstruierten Apparats aus zwei Streichhölzern und einem Zwirnsfaden schneide ich das Brot in drei Teile. Die dünne Scheibe der ersten Portion verschwindet entsetzlich schnell. Ich nehme mir das Recht, den Zucker sofort nach jedem Morgenempfang zu verzehren. Kaffee kann man trinken, soviel man will, aber man sollte es nicht tun, denn das Wasser schwächt das Herz, und vom ständigen Sitzen schwellen die Beine an. Das Frühstück ist beendet.

Der Rundgang beginnt. In Begleitung des Diensthabenden tritt der Etagenvorsteher ein.

"Haben Sie Fragen?" Ich habe keine.

Wieder bin ich allein, und da beginnt die Pein. Auf dem hellblau gestrichenen Tisch stehen nebeneinander, wie die schönen Zwillingsbrüder Kastor und Pollux der griechischen Mythologie, zwei Stück Brot, die ich für das Mittag- und Abendessen zurückgestellt habe. Ich bemühe mich, diese Brotzwillinge nicht anzusehen. Offenbar gehen aber von ihnen magnetische Wellen aus, die über selbst den Physikern gänzlich unbekannte Kräfte verfügen. Es zieht und zieht mich zu ihnen hin. Ich kehre dem Brot den Rücken zu, blicke in die Winkel und versuche auszumachen, wo Norden ist, aber ich vermag es nicht.

Offenbar haben einige Mystiker ganz recht, wenn sie behaupten, daß der Mensch auch am Hinterkopf Augen hat.

Plötzlich wende ich mich um und stürze mich auf das Brot, wobei ich am Speichel beinah ersticke.

Nach Vollzug dieser, namentlich unter dem Gesichtspunkt der Selbstdisziplin, widerrechtlichen Handlung fällt mir ein, daß ich Papier bekommen habe und etwas aufschreiben muß. Aber was?

Ich beschließe, mit meinem Lebenslauf und der allgemeinen politischen Lage zu beginnen.

Türen schlagen, das Schloß knackt.

"Nehmen Sie das Mittagessen in Empfang!"

Eine Austeilerin, die vom Diensthabenden begleitet wird, bringt das Essen, fünfhundert Gramm Suppe, darin einige Graupen und Fischgräten, sowie zweihundertfünfzig Gramm Haferbrei.

Nach dem Mittagessen schreibe ich weiter. Bewußt schreibe ich allerhand Unsinn und bringe Fakten durcheinander, die ich eigentlich wissen müßte. Um jeden Preis will ich die Tschekisten von meiner völligen seelischen Leere und meiner Wesenlosigkeit überzeugen. Aber damals wußte ich noch nicht, daß die Lubjanka Personen, die in psychischer Hinsicht zweifelhaft sind, zur medizinischen Untersuchung ins Serbskij-Institut schickt. Dort aber wird fast immer das salomonische Urteil gefällt:

"Krank, aber für seine Handlungen verantwortlich!"

Eine derartige Diagnose berechtigt die Lubjanka, den betreffenden Häftling in die Psychiatrische Gefängnisklinik nach Kasan oder Kiew zu expedieren. Es gibt, glaube ich, nur zwei derartige Anstalten in der Sowjetunion.

Was *Kasan* bedeutet, werde ich später erzählen.

Jetzt kann ich nur sagen, daß Simulieren Wahnsinn ist, es ist fast das Gefährlichste, wozu sich ein Häftling entschließen kann.

Das Abendessen wird gebracht: fünfhundert Gramm Wassersuppe.

Jetzt beginnt die trübste Tageszeit, das Warten auf den Zapfenstreich und das Verhör. Der Zapfenstreich ist in der Lubjanka um 22.30 Uhr, das Wecken um 5.30 Uhr.

Man sitzt und wartet, bis das Lämpchen dreimal aufblinkt. Das bedeutet, daß man sich hinlegen und schlafen kann. Doch kaum war ich an der Bettstelle angelangt, da rasselt der Schlüssel.

"Fertigmachen zum Verhör!"

Wieder rote und grüne Lichter. Diesmal geht es abenteuerlich zu, dreimal werde ich in eine Box gestellt, wahrscheinlich wird jemand in der Gegenrichtung geführt. Die Korridorbox ähnelt einer Telefonzelle, allerdings ohne Glas. Der Diensttuende weist den Häftling hinein, schließt die Tür und postiert sich selbst außerhalb. Ist der andere Häftling vorbeigeführt worden, läßt der Begleiter dich wieder heraus, und es geht weiter.

Schweigend reiche ich dem Untersuchungsrichter, was ich geschrieben habe. Er vertieft sich in die Lektüre. Heimlich beobachte ich den Ausdruck seines Gesichts, auf dem Verwunderung, Enttäuschung und Zweifel wechseln. Endlich hebt er die Augen, und ich sehe, daß in ihnen nicht einmal eine Spur jenes überfreundlichen Ausdrucks übrig geblieben ist, den sie beim ersten Verhör zeigten.

"Ich verstehe", sagt er, "man muß, selbst nach einer verlorenen Schlacht, nicht gleich die Hände hochheben. Aber die Zeit eilt doch dahin, und allzuviel haben wir nicht... Wenig, sehr wenig haben Sie vom NTS geschrieben."

"Ich bin nur sehr kurze Zeit in dieser Organisation gewesen, vom Frühjahr 1942 bis 1945. Vorher habe ich ihr nicht angehört, und ich konnte ihr auch nicht angehören."

"Weshalb?"

"Sie vergessen, daß ich Deutscher bin und deutscher Staatsangehöriger. Deutsche wurden in den NTS nicht aufgenommen."

"Es hat doch im NTS Staatsangehörige verschiedener Länder gegeben!"

"Gewiß gab es sie, jedoch keine deutschen Staatsbürger."

"Das stimmt nicht!"

"Wenn es nicht stimmen sollte, nennen Sie mir doch jemanden."

Der Untersuchungsrichter zwinkert mit den Augen und wechselt das Thema.

"Na schön, Sie sind also 1942 dem NTS beigetreten?"

"Ich bin überhaupt niemals beigetreten, ich habe keine Verpflichtung unterschrieben."

"Nicht unterschrieben?"

"Nein!"

"Das ist nun nicht wahr! Ihr Verpflichtungsakt liegt uns vor."

Da aber merkt der Untersuchungsrichter, daß er über das Ziel hinausgeschossen ist.

Meine Verpflichtung konnte er gar nicht besitzen, sie war bereits vor Kriegsbeginn verbrannt worden, als die Deutschland-Abteilung des NTS infolge kläglicher Intrigen und Quertreibereien von General Biskupskij, dem von den Deutschen eingesetzten Hauptverwalter in den Angelegenheiten der russischen Emigration in Deutschland, ihr offizielles Bestehen aufgab. Damals hatten wir uns alle zu einer feierlich-traurigen Verbrennungszeremonie versammelt, bei der alles vernichtet wurde, was unsere Feinde gegen uns hätten benutzen können.

"Nun gut, nehmen wir an, daß das stimmt. Aber Sie selbst sind doch ein russischer Mensch?"

"Ich bin deutscher Staatsbürger, Sie haben ja meinen Paß, und außerdem wissen Sie, daß meine Mutter Deutsche ist."

"Wissen wir, und wir wissen obendrein, daß Sie sich, obgleich Deutscher, nach dem Krieg mit NTS-Arbeit befaßt und Leute zu uns vorgeschickt haben!"

Dieser Hieb saß, das war nicht mehr so harmlos wie die *Verpflichtung*. Zum ersten Mal spüre ich die Berührung der Krallen. Wäre ich nicht in einem so kläglichen körperlichen Zustand gewesen, hätte der Untersuchungsrichter sicherlich etwas bemerkt.

Ich bin mir der Verantwortung voll bewußt, die jetzt auf mir ruht. Wissen sie etwas oder nicht? Und wenn sie etwas wissen, *was* wissen sie? Ruhig blicke ich ihn an.

"Nein, ich habe mich nicht damit befaßt."

"Die sowjetischen Ermittlungen beruhen auf Wahrheit, und Sie, Treguboff, lügen!" erklärt der Untersuchungsrichter ziemlich heftig.

Lügen, denke ich bei mir, so, nun geht es los!

Das Verhör führt mich, ebenso wie den Untersuchungsrichter, allmählich in ein Labyrinth.

Stunden vergehen. Ich berichte immerzu und schweige nur von dem, was er nicht weiß, nicht wissen darf und nicht wissen kann.

Es ist etwa drei Uhr und geht schon dem Morgen zu, als der Untersuchungsrichter den Begleitmann anfordert. Die erste Nacht ohne Schlaf, und wieviele solcher Nächte werden noch folgen? Eines ist mir klar, bisher habe ich keinen Fehler begangen.

Eine Etage höher saß Wlassow.
Eine Gefängnis-Glucke

Gegen fünf Uhr höre ich plötzlich:
"Mit Sachen antreten, Matratze da lassen!"
Aufzug, fünfte Etage. Die nächste Etage beherbert die Abteilung für *wichtige Verbrecher*. Es heißt, daß dort die Zellen mit weichen Möbeln ausgestattet sind, und daß diese *aristokratischen* Zellen auf Berijas eigenen Befehl eingerichtet wurden.

Interessant, ob er wohl selbst in solch eine Zelle geraten ist, als ihm die für jeden Tschekisten unausbleibliche Stunde schlug?

Hier sollen Feldmarschall Paulus sowie Ataman Krasnow und die Generäle Wlassow und Malyschkin gesessen haben. Man nannte mir auch die Namen einiger japanischen Generäle.

Obwohl die sechste Etage als die *adlige* bezeichnet wird, ist sie doch, wie man mir sagte, nicht besonders komfortabel. Die meisten Zellen liegen unmittelbar unter dem Dach. Im Sommer wird das Dach glühend heiß, und die Gefangenen fühlen sich hier wie die Hofbeamten und der Richter aus Puschkins *Dubrowskij*, als sie im brennenden Gutshaus eingeschlossen waren.

Im fünften Stock ist es besser. Ich gerate in die Zelle Nr. 82. Jetzt bin ich bereits ein vollberechtigter Häftling - man hat eine Zelle für mich ausgewählt! Mehr kann ich von der Gefängnisverwaltung nicht verlangen. In dieser Zelle bin ich nicht allein. Ein junger Mann kommt mir entgegen und stellt sich vor: Valentin Sergejewitsch Petrow, Student der Moskauer Universität. Er ist vielleicht fünfundzwanzig Jahre alt. Nach einigen Minuten werden eine eiserne Bettstelle und eine Baumwollmatratze gebracht, sowie ein Laken, Handtuch, Kissen, Kissenbezug und eine Decke.

"Machen Sie das Bett zurecht!" befiehlt heiser der Diensthabende.

Wir setzen uns und beginnen, uns zu unterhalten. Petrow ist gesprächig. Nach seinen Worten wurde er im Juni 1947 verhaftet. Während des Krieges war er angeblich als *Ostarbeiter* in Deutschland gewesen. Auf der Flucht in Richtung Heimat zu den Partisanen sei er in Polen stecken geblieben und unter die polnischen Partisanen geraten, in die sogenannte Armija Krajowa. Als der Anführer der betreffenden Abteilung erfahren habe, daß er, Petrow, Russe sei, bedeutete er ihm, sich zu entfernen.

"Ich habe aber gemerkt, daß sie mich erschießen wollten, und lief davon." sagt Petrow. "Vermutlich versagte das Gewehr, und es gelang mir, in den Wald zu entkommen."

Plötzlich krümmt er sich traurig auf seinem Bett zusammen.

"Sehen Sie, Georgij Andrejewitsch, ich hatte in Moskau auch ein Mädchen!"

Schweigend sehe ich ihn an. Aus Erfahrung weiß ich, daß nichts einen Menschen so treffend kennzeichnet, wie das, was er über Frauen im allgemeinen sagt, und insbesondere über jene Frau, die er liebt.

"Ich war im Begriff zu heiraten. Katja liebte mich sehr. Zusammen lebt es sich doch leichter und billiger, und sie hatte ein ausgezeichnetes Zimmer."

"Und Ihre Eltern?"

"Die hatten genug mit ihren eigenen Angelegenheiten zu tun. Hier, bei uns in der Sowjetunion, hilft selten einer dem anderen. Katja aber tat alles für mich, um was ich sie auch gebeten habe."

Am nächsten Morgen wird mein Zellengenosse zum Empfang von Lebensmitteln hinausgerufen. Er bringt ein Netz mit den schönsten Sachen herbei und bewirtet mich freudig.

Dann blickt er mich fragend an. Ich berichte ihm ausführlich von meinem Leben, verschweige jedoch sorgsam die Arbeit im Bund. Ich ertappe mich dabei, daß mir seine pfiffigen und mich heimlich beobachtenden Augen gar nicht gefallen.

"Sie sind doch ein so bemerkenswerter Mensch, wie konnten Sie sich da nicht mit Politik beschäftigen?"

"Was heißt Politik? Ich war im Ministerium für die Ostgebiete angestellt, da haben Sie die Politik! Ich war auch in der Armee..."

"Waren Sie denn nicht in der Wlassow-Armee?" fragt er auf einmal. "Sie sprechen doch ein so ausgezeichnetes Russisch!"

"In der Wlassow-Armee war ich nicht direkt, aber ich weiß einiges über sie."

"Sie wissen einiges?" stößt Petrow plötzlich hervor. "Da war doch so ein General, sein Name fängt mit dem Buchstaben T an, erinnern Sie sich denn nicht?"

"Mit T?" Ich stelle mich dumm und blicke zerstreut zur Wand.

"Wie ist das möglich? Sollten Sie etwa Truchin nicht kennen?" fragt er nach einer Weile ohne Umschweife.

Aus welchem Grund hat er gerade von demjenigen General der Wlassow-Armee zu sprechen angefangen, den ich am besten von allen kannte, und dem ich am nächsten stand?

Gelassen erzähle ich, wie ich mit Truchin zusammentraf. Ich rede so, daß ich mit dem, was ich dem Untersuchungsrichter gesagt habe, nicht in Widerspruch gerate. In mir festigt sich die Überzeugung, daß Petrow eine Gefängnis-Glucke ist, ein Spitzel.

Nach dem Mittagessen überlege ich schweigend, welche Taktik ich ihm gegenüber anwenden soll. Schlimm ist nicht so sehr, daß ich mit einer Glucke zusammensitze, sondern, daß man mir diese Glucke aufgehalst hat, das bedeutet nämlich, daß mir große Bedeutung beigemessen wird.

Die Tage vergehen, einförmig, monoton.

Bereits am dritten Tag kenne ich alle Verwandten Petrows, alle ihre Angelegenheiten, ihre Tätigkeit, ihre Vergangenheit.

Petrows Zynismus nimmt offene Formen an.

"Weshalb sind Sie eigentlich freiwillig zur Arbeit nach Deutschland gefahren?" frage ich ihn.

Petrow blickt mich streng mit seinen großen, leicht hervorquellenden Augen an.

"Ja, wie hätte ich denn damals leben sollen? Und leben muß man doch! Ich bin der Meinung, daß es meine erste Pflicht ist, mich um mich selbst zu kümmern. Das Leben, lieber Georgij Andrejewitsch, ist eine schreckliche Sache - mit einem Schlag jagt es einen ins Bockshorn!"

"Es hat Sie ja auch so ins Bockshorn gejagt, Valentin Sergejewitsch, schließlich sitzen wir beide hier!"

"Das hing aber doch nicht von mir ab!"

Meine Taktik Petrow gegenüber ist ein für alle Mal festgelegt. In den Gesprächen mit ihm verhalte ich mich so, daß er den Eindruck gewinnen muß, er habe es mit einem Mystiker, einem Philosophen, halb Verrückten und halben Narren zu tun, auf jeden Fall mit einem Menschen, der zu keinerlei ernster politischer Arbeit zu gebrauchen ist.

Abends blicke ich über den Fensterschutz hinweg und sehe die Fenster des sechsten und siebten Stockwerks der Lubjanka, überall die gleichen unheilschwangeren, milchweißen Kugellampen. Manchmal taucht ein dunkler Schatten am Fenster auf.

Ich versuche, festzustellen, wo das Kabinett Nr. 694A liegt, aber ich kann nicht lange am Fenster stehen. Erstens ist es verboten, und zweitens bin ich zu schwach. Petrow ist in einer ungleich besseren physischen Verfassung als ich. Außerdem ist er recht gut gekleidet. Morgens treibt er Gymnastik. Wenn ich mit ihm zu kämpfen hätte, würde ich wohl schlecht abschneiden.

Die Sorge um geistige Nahrung.
Oktoberfeiertag

Der 4. November 1947. Petrow sagt, heute werde der Bibliothekar kommen, um die Bücher umzutauschen. Alle zehn Tage werden die Bücher gewechselt. Je Zelle gibt es sieben bis acht Bücher, die von den Häftlingen reihum gelesen werden. Man kann auch einen Katalog für die Zelle anfordern und sich Bücher auswählen, aber selbstverständlich nur, wenn der Untersuchungsrichter einem das Lesen erlaubt hat.

Überhaupt, dem Untersuchungsrichter sind fast unbegrenzte Rechte eingeräumt. Er hat zwar kein Recht, einem Gefangenen im buchstäblichen Sinn dieses Wortes das Leben zu nehmen, das heißt, eine Pistole zu ergreifen und ihn während des Verhörs zu erschießen, aber er kann die Verhöre so gestalten, daß sie einer langsamen Ermordung gleichen. Es hat keinen einzigen politischen Häftling in der Sowjetunion gegeben, der keinen Folterungen unterzogen wurde. In dieser Beziehung verfügen die sowjetischen Sicherheitsorgane über eine Erfahrung, die die aller anderen ähnlichen Einrichtungen weit hinter sich läßt, selbst die der entsprechenden Organe des Dritten Reichs. Später werde ich ausführlicher über die ganze Skala der teuflischen Methoden berichten, derer sich die Tschekisten in der Lubjanka bedienen, um einen Menschen zu quälen.

Eine dieser Methoden, allerdings die harmloseste, ist das Verbot, die Gefängnisbibliothek zu benutzen. Übrigens ist der Gefangene vor Erschöpfung oftmals in solch einem physischen Zustand, daß er überhaupt nicht lesen kann. Mir selbst fiel es vor Schwäche schwer, ein Buch in der Hand zu halten. Ein Buch auf die Knie zu legen, ist verboten, da, wenn jemand den Kopf senkt, der Diensthabende annehmen muß, daß er eingenickt ist und schläft.

Nach den Vorschriften für den Aufsichtsdienst in den Untersuchungsgefängnissen darf der Gefangene bis auf die dafür festgelegte Zeit nicht für eine Sekunde seine Augen schließen. Am Tag läßt man ihn nicht schlafen, und während der nächtlichen Verhöre kann er nicht schlafen, und nichts drückt die Persönlichkeit so sehr nieder wie ständiger Mangel an Schlaf.

Das Buch zittert in den Händen, der Kopf wird schwer und weigert sich, das Gelesene aufzunehmen.

Noch schlimmer ergeht es denen, die nicht ohne Brille lesen können. Bei der Aufnahme ins Gefängnis werden die Brillen fortgenommen; nur mit Genehmigung des Untersuchungsrichters dürfen sie zurückgegeben werden. Der Untersuchungsrichter kann die Rückgabe aber auch verweigern mit der Begründung, der Häftling könne sich durch Zerschneiden der Pulsadern mittels der Brillengläser das Leben nehmen. Auch wenn der Untersuchungsrichter der Brillenbenutzung zugestimmt hat, muß der Häftling, der seine Brille beim Morgenrundgang ausgehändigt bekommen hat, sie vor der Abendruhe dem Diensttuenden wieder abgeben. Niemandem ist es erlaubt, über Nacht seine Brille bei sich zu behalten.

Der 7. November. Es ist Tag. In den Korridoren ist es still. In allen Zellen herrscht eine gedrückte Stimmung.

Keiner verlangt nach der Verwaltung, niemand möchte das triumphierende Antlitz des Feindes sehen.

Aber auch die Obrigkeit hat keine Lust, *uns* zu sehen.

Wahrscheinlich ist auch vielen MGB-Männern nicht ganz wohl zumute. Es regt sich das, wovor sich das kommunistische Regime am meisten fürchtet:

Ein menschliches Gefühl gegenüber jenen, die das Regime als seine Feinde betrachtet.

Um zehn Uhr morgens beginnt die Parade. Dumpfer Lärm ist zu hören, der Rote Platz ist nicht weit.

Ich trete ans Fenster und blicke auf die fallenden Schneeflocken.

Irgendwie erinnern sie mich an die vom Wirbelsturm eines bösen Geschicks gejagten Gefangenen.

Das Getöse schwillt an. Hurra-Rufe ertönen.

Petrows Augen weiten sich:

"Die Panzer kommen!" flüstert er mir zu.

In der Zelle herrscht tiefe Stille.

Aber die Zeit vergeht.

Blechschüsseln klappern, bald gibt es Mittagessen.

Im Gefängnis flammt das Licht auf, sein Widerschein spielt auf den hinter dem Fenster niederfallenden Schneeflöckchen. Sie glitzern silbern und fallen, wie die Atome Demokrits, ohne Anfang, ohne Ziel und ohne Ende in einen unendlichen Raum.

Der Mensch hat Augenblicke, in denen eine eigentümliche Stille sich seiner bemächtigt, in der die geheimnisvollen Stimmen der Seele besonders deutlich zu vernehmen sind. Ich lausche diesen Stimmen, und mir ist, als habe sich heute, an diesem 7. November, in meiner Seele ein Fundament für etwas gebildet, das in der Zukunft seine Früchte tragen wird.

Zu Mittag wurden uns eine doppelte Portion Suppe und etwas mehr Grütze gebracht als sonst, dafür gibt es kein Abendbrot. Das Personal hat wegen des Feiertags Urlaub bekommen.

VERHÖRE NACH HERRENMANIER
Das hier ist keine humanitäre Einrichtung!

Wieder vergehen einige Tage, dann werde ich zum Verhör geführt. Ich nehme meine Aufzeichungen mit.

Dasselbe Kabinett, der gleiche Untersuchungsrichter, wieder ein Ministermahl. Ich reiche dem Untersuchungsrichter das Bündel meiner Schreibereien. Er sieht es flüchtig durch und schiebt es dann beiseite. Offensichtlich ist er wenig begeistert.

Unterdessen habe ich zu Ende gespeist.

"Nun, Georgij Andrejewitsch!" beginnt er. "Jetzt haben Sie sich von der Reise erholt, Kräfte gesammelt und Ihre Lage überdacht - es wird Zeit zu beginnen!"

Eigentlich möchte ich sagen, daß es doch schon angefangen hat, spreche das aber nicht aus. Aus allem erkenne ich, daß mein Gebieter das, was ich bisher gesagt habe, für nichts hält.

Ich frage ihn ruhig:

"Wollen Sie mir nicht selbst Fragen stellen?"

"Und Sie selbst? Sehen Sie, Georgij Andrejewitsch", fährt er etwas ungehalten fort, "so verfahren doch nur wirkliche Verbrecher, die von einem verlangen, man solle sie verhören, und ihre Schuld erst dann bekennen, wenn man sie in die Enge getrieben hat. Aber wir halten *Sie* doch nicht für einen Verbrecher! Jedenfalls zunächst noch nicht, aber..." fügt er mit einem kleinen Lächeln hinzu.

Ich schweige, der drohende Sinn dieses *Aber* ist mir völlig klar.

Das Verhör beginnt. Der Untersuchungsrichter nennt bekannte Namen, untermischt mit unbekannten. Plötzlich erwähnt er den amerikanischen Oberst Murphy, der damals eine einflußreiche Persönlichkeit in Berlin war. Nach Ablauf einer Stunde beginne ich, den roten Faden für dieses und alle künftigen Verhöre deutlich zu erkennen.

Ich werde für den Organisator und Leiter der geheimen Arbeit in Berlin, und außerdem für einen wichtigen amerikanischen Abwehrmann gehalten. Ich sehe, wie die Boa bereits ihren Ringelleib entfaltet, um ihr Opfer umschlingen zu können, und überlege, wie ich mich aus ihrer todbringenden Umarmung retten könnte.

"Um Haaresbreite von der Wahrheit entfernt!" bohrt es in meinem Kopf. "Halte dich um Haaresbreite von der Wahrheit entfernt!"

Aber wie soll ich bestimmen, was das konkret bedeutet?

Die Stunden verstreichen. Der Untersuchungsrichter führt immer mehr Namen an. Allmählich wird mir zur Gewißheit, daß Haupt- und Leitungsgruppe des NTS der Lubjanka bekannt ist, und daher leugne ich meine Bekanntschaften nicht. Besondern gern spreche ich über die Verstorbenen und über solche, von denen ich weiß, daß sie in Sicherheit sind.

Aber hartnäckig, und in voller Übereinstimmung mit der Wahrheit, bestreite ich eine Zugehörigkeit zum amerikanischen Abwehrdienst.

Schon ist der Morgen nah. Durst quält mich. Der Untersuchungs- richter öffnet die Lüftungsklappe. Auf dem Tisch liegen eine leere Papyrosschachtel *Kasbek* und von nervöser Hand im Aschenbecher zerdrückte Zigarettenstummel. Müde und böse verzieht der Unter- suchungsrichter seine Lippen zu einem unguten Lächeln. Mir scheint, als flöge das ganze Zimmer mit mir zusammen irgendwohin fort.

"Schlimm, schlimm!" sagt der Untersuchungsrichter. "Sehr schlimm, Georgij Andrejewitsch! Wenn Sie in diesem Geiste fortfahren, wer- den wir uns heftig verzanken. Sagen Sie, was veranlaßt Sie eigent- lich, alles zu verheimlichen? Glauben Sie wirklich, daß Sie uns über- listen werden?"

"Ich kann Sie nicht überlisten." sage ich mit letzter Kraft. "Und ich habe auch nicht die Absicht, das zu tun."

"Was soll das heißen, Sie haben diese Absicht nicht? Was machen Sie denn anderes?"

"Ganz einfach, ich sage die Wahrheit."

"Diesen ganzen Unsinn nennen Sie Wahrheit? Sie, Treguboff, sind nicht der erste und nicht der letzte in diesem Kabinett. Hier hat noch nie jemand etwas verheimlichen können. Das hier ist keine humanitäre Einrichtung, merken Sie sich das!" betont der Unter- suchungsrichter und lächelt böse. "Wir achten und verehren Leo Tolstoj als Schriftsteller, aber nur als solchen! So ist das!"

(Anmerk. Tolstoj vertrat die Theorie, daß dem Bösen kein mit Ge- walt verbundener Widerstand entgegengesetzt werden darf.)

Seine Finger wählen eine Telefonnummer.

Ich verstehe nur das eine: Das war das erste gefährliche Verhör, und ich weiß auch, daß ich fortan keine Ministeressen mehr zu sehen bekomme.

Im Korridor strauchle ich. Die Treppe scheint endlos zu sein.

Im Eisernen Buch kann ich lange die weiße Spalte nicht treffen und fahre mit der Feder über das Eisen hin und her.

In der Zelle schläft Petrow friedlich. Mit letzter Kraft ziehe ich mich aus und lege mich schlafen.

"Aufstehen!"

Petrow ist bereits angekleidet. Ich hatte mich doch gerade erst hingelegt! Aber der Tag tritt in seine Rechte. Eisenreifen drücken mir den Kopf zusammen, ein nervöser Schüttelfrost hat meinen Körper befallen. Petrow steckt mir eine Mandarine zu. In letzter Zeit scheint in ihm ein Gefühl der Dankbarkeit mir gegenüber aufzukommen.

"Nicht schlafen!" Der Diensttuende pocht an die Tür.

Am Abend dieses Tages werden wir in eine andere Zelle überführt, in Nr. 84 am Ende des Querkorridors. Diese Zelle ist ein ungleiches Viereck und fast um die Hälfte kleiner als die vorige. Man kann kaum drei Schritte darin tun.

Zwei Bettstellen, ein Tisch, der wieder himmelblau angestrichen ist, und ein Aluminiumklosett.

Kurz vor Mitternacht holt man mich erneut zum Verhör, das diesmal in einem anderen Kabinett, Nr. 693A, stattfindet.

Neue Gesichter.

In dem engen Zimmer sitzen vier Personen, drei Männer und eine Frau. Am Fenster ein junger Mann von etwa dreißig Jahren mit zerzausten Haaren; wie ich später erfuhr, war das der Major der Staatssicherheit Smirnow. Näher zu mir sitzt ein rundgesichtiger MGB-Mann, Hauptmann Jefremenko, ihm gegenüber eine Frau von vielleicht vierzig Jahren, die elegant erscheinen möchte, und ein nervöser, rothaariger Mann mit sommersprossigem Gesicht.

Das Verhör beginnt. Eine langweilige Wiederholung dessen, wovon schon mehrfach die Rede war. Protokolle. Dann zieht einer der Verhörenden ein umfangreiches Aktenstück unter dem Tisch hervor.

"Sehen Sie mal, was wir von Ihrem Baidalakow wissen!"

In meinen Ohren erklingen Namen, Ereignisse, Daten. Ich merke nur eines, nämlich, daß die Lubjanka von vielen Angelegenheiten des NTS viel mehr weiß als ich. Ein Schrank wird geöffnet, der bis an den Rand mit NTS-Literatur gefüllt ist.

"Kennen Sie das hier?" fragt Smirnow und zieht ein altes, vervielfältigtes NTS-Programm hervor, auch vervielfältigte Konspekte, *grüne* Romane und andere Schriften werden hervorgeholt.

Mit einem fast mystischen Gefühl der Andacht berühre ich das, womit ich mich so oft befaßt habe, als ich frei war. Erst hatte ich selbst aus diesen Schriften gelernt, und dann mein Wissen an andere weitergegeben.

"Kennen Sie das?" fragt mich der Tschekist spöttisch.

Natürlich kenne ich das, dennoch sage ich bei manchem, mir recht gut bekannten Buch, daß ich es nicht kenne.

Dann hebt der Tschekist erstaunt die Brauen:

"Wie, das kennen Sie nicht?"

Plötzlich ist ein Prasseln zu hören, und aus dem bis oben vollgestopften Schrank ergießt sich ein bunter Wasserfall von NTS-Literatur. Mißbilligend sehen die übrigen Smirnow an.

"Na, helfen Sie mal aufräumen!" sagt der Tschekist, wobei er die andere Hälfte des Schrankes mit seinem Rücken stützt.

Mit letzter Kraft stehe ich auf, lasse mich auf die Knie nieder und beginne, die Bundesliteratur einzusammeln und zu sortieren.

"Überstürzen Sie sich nicht, alles der Reihe nach!" sagt Smirnow.

Wie oft hatte ich das bei mir zu Hause gemacht, so gemacht, als ob ich damit, wie Stein auf Stein, mein eigenes Leben zusammenfügte. Und nun sortiere und ordne ich die Bundesliteratur mit nicht geringerer, vielmehr mit noch größerer Liebe in der Lubjanka, im Kabinett Nr. 693A.

Der Rothaarige nimmt eine napoleonische Pose ein und versucht, auf mich Eindruck zu machen, indem er, wie ein schlechter Schauspieler, mit seinen Achselstücken blitzt. Er schreit mir "Filkina gramota" zu, Filkas Schmierereien, wie der Volksmund unsinnige Schriftstücke bezeichnet. Ich passe nur auf, daß ich nicht ausplaudere, was zu verschweigen ich mir gelobt habe. Zwischendurch aber werde ich ganz benommen und beginne, wirres Zeug zu reden.

"Welche Nummer?" schreit der Tschekist.

"Sechsundneunzig!"

"Was quatschst du da?" donnert der Rothaarige. "Ich frage dich nach der Nummer des baidalakowschen Hutes!"

"Hier ist ja vierundneunzig! Ich nenne Ihnen doch das Jahr der Hinrichtung Robespierres!"

"Was für ein Robespierre? Ist der auch Mitglied des Bundes?"

"Ja doch, ein Mitglied des Jakobinerbundes."

"Wie?"

"Doch nicht ein Mitglied des NTS, sondern eine führende Persönlichkeit der bürgerlichen französischen Revolution!" erklärt der belesene Smirnow.

Die Faust des Rothaarigen tanzt vor meiner Nase.

"Ah, du verfluchter Faschist!"

Ich bin schon völlig entkräftet und murmele etwas von Hut- und Schuhnummern.

Endlich werde ich in die Zelle zurückgeführt. Die Korridore erscheinen mir spiralförmig. In der Zelle befällt mich eine heftige, nervöse Erregung. Mein Kopf glüht. Einige Male versinke ich in einen Zustand halber Bewußtlosigkeit.

"Nicht schlafen, nicht eindösen!" erklingt der verhaßte Zuruf.

Dann taucht ein Mann in einem weißen Kittel auf.

Am Abend. Diesmal werde ich kurz vor dem Ruhesignal angefordert. Irgendwelche Protokolle werden verlesen.

Ein neuer, mir bisher unbekannter Beamter erscheint und fragt mich nach der Geheimdruckerei *Ljdina*, die mir völlig unbekannt ist. Wieder erhebt sich Geschrei, aber ich bin schon so schwach, daß selbst ein Untersuchungsrichter nichts mehr mit mir anfangen kann.

Humane Neuerungen der Lubjanka-Despoten

Am nächsten Tag werde ich wieder in eine andere Zelle gebracht, sie ähnelt der bisherigen Nr. 84. Das Geheimnis des häufigen Wechsels klärt sich schnell. In der fünften Etage wird renoviert, während des Spazierganges sehen wir Farbeimer und Pinsel.

Aus dem Fenster meiner neuen Zelle Nr. 93 sind die Spazierhöfe zu sehen, die hoch auf dem Dach eingerichtet wurden, das heißt, eigentlich sind nur dichte Holzzäune zu erblicken, die oben mit an rostigen, gebogenen Eisenstangen befestigtem Stacheldraht versehen sind. Es gibt zwei Höfe zum Spazierengehen. Steigt man die Treppe empor und passiert die obere Plattform, so öffnet sich vor einem eine Tür. Man betritt eine kleine Kabine. Aus ihr führt links eine Tür in den großen Hof, eine Tür rechts in den kleinen. Der untere Teil des Hofzaunes ist aus Eisen, der obere aus fest gezimmerten Holzbrettern.

Direkt über den Türen, die man durchschreitet, steht ein vier Meter hoher Wachtturm, von dem aus der Posten beide Höfe überblicken kann. Außerdem hält sich noch der Diensthabende, der den betreffenden Häftling hergeführt hat, mit auf dem Hof auf. Längs der die beiden Höfe trennenden Wand sind zehn Zentimeter hohe und einen halben Meter breite Holzstege angebracht, auf denen sich gewöhnlich der Diensthabende ergeht.

Während des Spazierganges dürfen die Häftlinge keine Unterhaltung führen, die Hände müssen sie auf dem Rücken halten. Der fünfzehn Minuten währende Gang besteht zumeist darin, daß die Häftlinge mehr oder weniger schnell im Kreise herumgehen.

Am entgegengesetzten Ende des Hofes steht ein dreistöckiger Steinturm. Seine hell erleuchteten Fenster zeigen die traditionellen milchweißen Lampen. Jemand hat mir gesagt, dort befänden sich irgendwelche Laboratorien.

Andere Ausgänge als die unter dem Wachtturm weisen die Höfe nicht aus. Übrigens ist auf jedem Spazierhof im unteren Teil der Umzäunung eine kleine Eisentür eingelassen, die von einem plumpen Hängeschloß gesichert wird. Durch sie wird der Schnee nach unten geschippt.

An der Mauer des Steinturms ist sogar eine elektrische Uhr angebracht. Diese liberal-humane Neuerung der Gefängnisverwaltung soll jedem Häftling die Möglichkeit geben, sich durch Augenschein davon zu überzeugen, daß er genau fünfzehn Minuten spazieren geht. Übrigens stand die Uhr, als ich dort war.

Auf dem Spazierhof gibt es auch ein Thermometer, es ist zwar ziemlich verrostet und dürftig, aber immerhin, ein Thermometer! So kann jeder erfahren, bei welcher Temperatur er Luft schnappt.

Der hohe Zaun verhüllt das Panorama Moskaus vor den Häftlingen. Von den unsichtbaren, lauten Straßen tönen nur das Hupen der Trolleybusse, das Klingeln der Straßenbahn und mitunter gedämpfte Laute menschlicher Stimmen herüber.

Später hat man mir im Lager von dem Versuch eines Amerikaners erzählt, aus der Lubjanka zu fliehen. Das war der bravouröse Versuch eines wohl sehr kühnen und völlig verzweifelten Mannes.

Auf dem Spazierhof hatte er durch ein Loch im Zaun erspäht, daß außen ein breites Gesims verläuft, auf dem man bis zur Feuerleiter gelangen konnte, um sich an ihr herabzulassen.

Dann paßte er einen Moment ab, in dem der Diensttuende sich abwandte, klammerte sich mit den Händen an einen Vorsprung, stellte sich auf das Hängeschloß der besagten Schneetür und erfaßte den Draht. Bevor sein Wächter etwas kapierte, befand er sich schon auf der anderen Seite, auf dem Gesims über dem Abgrund. Kriechend erreichte er darauf die Feuerleiter und stieg an ihr in den inneren Hof hinab.

Aber in der Lubjanka wird schnell Alarm geschlagen!

Ein Bereitschaftszug tauchte auf, und gleich hier, auf diesem Hof, soll ein Wachmann den verwegenen Amerikaner tödlich verwundet haben. Das scheint der einzige Versuch gewesen zu sein, während des Spazierganges aus der Lubjanka zu fliehen.

Ein Verhör unter Folterung

In unserer Zelle führe ich die verschiedenartigsten Gespräche mit Petrow, aber stets durchkreuze ich alle seine Versuche, etwas aus mir herauszubekommen.

Die Tage eilen dahin. Noch immer werden zahllose Protokolle über meine Vergangenheit im NTS geschrieben, ein endloser Strom von Namen der Mitglieder des Bundes und ihren Angelegenheiten. Die Akten über die Leiter des Bundes, die Mitglieder seines Exekutivbüros und des Rates sind teilweise gewichtige Bände, wahre Brockhausbände! Sie enthalten buchstäblich alles, von den Schuhnummern bis zu Details aus ihrem Familienleben. Auch meine eigene Biografie wird bis in alle Einzelheiten niedergeschrieben. Aber all das ist im Grunde unwichtig. Nur *ein* Hauptgedanke steckt mir wie ein Pfahl im Hirn: *Was wissen sie von der Geheimarbeit des Bundes?*

Ich merke, in welche Richtung die Treibjagd führt: Man möchte mir das Bekenntnis aufdrängen, daß ich von der Geheimarbeit weiß. Gewiß, ich habe einige Federchen an der Schnauze, wie ein Fuchs, der dem Hühnerstall zu nahe gekommen ist. Aber wissen *sie* das?

Später habe ich übrigens genau feststellen können, daß sie fast nichts davon wußten, und das Bewußtsein, daß die konspirative Tätigkeit des Bundes schwerste Belastungen im wesentlichen ausgehalten hat, hat mich stets mit einem Gefühl des Stolzes auf den hohen Rang der Sache erfüllt, der ich mich verschrieben hatte.

Der NTS hatte keine Verräter!

Und wieder der Korridor, ich werde zum Verhör geführt, und mir ist heute, als schwömmen Regenbogenfarben rings um die matten Lampenkugeln. Man gibt mir Wasser zu trinken, ich komme etwas zu mir.

Die Hände in den Taschen steht der Rothaarige vor mir.

"Kennen Sie Okolowitsch?"

Das ist es! Ich fühle, jetzt ist der Augenblick gekommen, der die Zukunft entscheiden wird. Ich bin mir der ganzen Verantwortung bewußt, die auf mir lastet. Ausgezeichnet kenne ich Georgij Sergejewitsch, und vor allem, ich weiß, *wer* er ist und *was* er tut.

Und plötzlich höre ich eine Stimme, wie Choma Brutus in Gogols *Wij* sie vernahm, als er nachts allein in der leeren Kirche war, umgeben von den Ungeheuern des bösen Geistes.

"Ich kenne ihn nicht!" flüstert diese Stimme, und ich nicke verneinend den Kopf.

Krachend schlägt der Rothaarige mit der Faust auf den Tisch.

"Wie kannst du ihn nicht kennen, wenn er doch bei euch in Berlin gewesen ist!"

"Nein, er war nicht dort!"

"Du lügst, du Hure!"

"Nein, ich lüge nicht."

Ein schwerer Schlag ins Gesicht stieß mich fast vom Stuhl.

Jetzt hat es angefangen, sage ich mir wieder, und mir scheint, als ob das Zimmer mit Rauch angefüllt ist.

"Na, wer ist dieser Okolowitsch? Georgij Sergejewitsch! Dein Namensvetter! Kennst du so einen nicht?"

"Nein, so einen kenne ich nicht."

"Du lügst, Faschistenseele! Du Scheusal du, Jesuit, amerikanischer Rotzkerl!"

"Bin kein Amerikaner."

"Ich behaupte ja auch nicht, daß du Amerikaner bist! Taugst nicht einmal dazu, Truman die Stiefel zu putzen! Sag, hast du für die Amerikaner gearbeitet?"

"Nein, ich bin Deutscher."

"Du bist kein Deutscher, du bist eindeutig jiddischer Auswurf! Sag, wann hast du Okolowitsch kennen gelernt?"

"Ich kenne keinen Okolowitsch."

"Kennst ihn!"

"Nein!"

"Wie kannst du ihn nicht kennen? Hast doch selbst gesagt, daß er einen Kneifer trägt."

"Das habe ich von meinem verstorbenen Vater gesagt. Er hieß aber nicht Georgij Sergejewitsch, sondern Andrej Alexejewitsch."

"Das heißt also, daß du ihn kennst!"

"Wann?"

"Das heißt nicht wann, sondern wen! Hast wohl schon verlernt, russisch zu sprechen, du Schweinehund, du! Hast Onkel Sam deine säuische Seele verkauft!"

"Aber, nun..."

"Was? Kennst du Okolowitsch?"

"Ich kenne keinen Kolowitsch."

Alles dreht sich um mich. Krampfartiges Aufschlucken befällt mich, und nervöses Jucken am ganzen Körper.

Ich spüre, wie ich in eine schwarze Tiefe falle.

Als ich wieder zu mir komme, sehe ich einen Menschen in einem weißen Kittel neben mir. Es ist eine Frau, vermutlich eine Ärztin. Sie gibt mir etwas zu trinken.

Dann geht es wieder von neuem los.

"Ich kenne ihn nicht!" schreie ich. "Scheusale, Mörder!"

Eine Tür schlägt, ein Beamter tritt ein.

"Aufhören mit diesem Unfug!" verlangt er mit knarrender Stimme. Auch mir gilt das. Der Rothaarige zittert vor Wut.

Mich aber überkommt Scham darüber, daß ich vor diesen Leuten umgefallen bin.

Ich werde fortgeführt, diesmal halten mich zwei.

Eben bin ich vom Verhör zurückgekehrt. Mir ist klar, sie haben mich zwar im Verdacht, Georgij Sergejewitsch zu kennen, besitzen aber keine faktischen Beweise dafür. Sie wollen mich jedoch um jeden Preis mit ihm in Verbindung bringen, und damit eben auch mit der geheimen Arbeit.

Der Vorabend des neuen Jahres 1948.

Was wird es Rußland, dem NTS und mir persönlich bringen?

In unserer Zelle herrscht Grabesstille. Petrow schweigt bedrückt. Woran denkt er? Er, der sich auf das Schrecklichste, das denkbar Erniedrigendste eingelassen hat, auf Spitzeltätigkeit!

Wie stellt er sich sein weiteres Schicksal vor? Wahrscheinlich überhaupt nicht, solche Leute leben in den Tag hinein.

Und mein eigenes Schicksal? Die gemarterten Nerven beruhigen sich allmählich, und plötzlich fällt mir ein, daß ich heute noch nicht gebetet habe.

Vom ersten Gefängnistage an hatte ich mir als unumstößliche Regel vorgenommen, mich morgens und abends, vor den nächtlichen Verhören, an Gott zu wenden und ihn zu bitten, mir Kraft zu verleihen. Und heute, an der Wende zweier Jahre, war mir, als schaute ich in verschwommenen Umrissen das künftige Geschick Rußlands und das jener Sache, der ich meine bescheidenen Kräfte zur Verfügung gestellt hatte.

Ich dachte an meine Kameraden, an ihr Geschick, an ihren Verbleib, ihr Ergehen, und daran, wie es ihnen gelingen mochte, den Fängen der kommunistischen Krake zu entgehen. Mir war, als sähe ich, wie die kleine Armee zum Sturm gegen einen Feind antritt, der unendlich viel stärker ist als sie, die fast nichts besitzt außer den Glauben an die Gerechtigkeit ihrer Sache.

Ich gedachte in Ehrfurcht all derer, die ihr Leben hingegeben haben, und bat in Gedanken Gott darum, mir die Kraft zu geben, wenn auch nur in geringem Umfange ihrer Opfer würdig zu sein.

Sie forschen mich nach Okolowitsch aus

Ein neues Verhör, diesmal in höflichster Form.

Thema: Meine Bekanntschaft mit Okolowitsch.

Man versucht, mich zu provozieren und zeigt mir einen Brief, in dem mein Name erwähnt wird. Gleichmütig blicke ich auf das vergilbte Blatt.

Ich begreife, daß ich jetzt schon so weit gegangen bin, daß ich nicht mehr zurück kann.

Drei Tage nacheinander werde ich höflich überredet, dann warnt man mich:

"So, und nun erholen Sie sich, und dann überlegen Sie es sich vielleicht..."

Ich mache mich ans Ausruhen. Die Erholung ist aber sehr relativ, denn Petrow macht mir viel Verdruß.

Eine Woche lang kümmert man sich nicht um mich, dann werde ich wieder geholt, aber in ein anderes Kabinett geführt, das nicht in der sechsten, sondern in der fünften Etage liegt. Es ist verhältnismäßig luxuriös ausgestattet, ein schönes Rundfunkgerät steht darin, und ein mit Spiegelglas versehener Bücherschrank.

Im Kabinett treffe ich den Rothaarigen und zwei weitere Beamte an. Zunächst schweigen hartnäckig und lange alle drei, wahrscheinlich wollen sie auf diese Weise psychisch auf mich einwirken.

Dann kommt aber noch einer herein. Er ist in Zivil und trägt den Orden des Roten Sterns. Sein Gesicht ist zerknittert und häßlich, und sogleich wendet er sich an mich:

"Hören Sie mal, Treguboff, Sie sind doch ein kluger Mann. Sie sagen, daß Sie Okolowitsch nicht kennen. Schön, ich glaube Ihnen. Aber Sie wissen doch, was für eine Rolle Okolowitsch im System des Bundes spielt?"

Verneinend schüttele ich den Kopf.

"Im Grunde ist es uns einerlei, ob Sie Okolowitsch kennen oder nicht. Wie wissen aber, daß Sie einer der Leiter der geheimen Bundesarbeit waren."

Wieder beginnen die Schmerzen in der Herzgrube, zugleich aber freue ich mich und triumphiere:

Offenbar wissen sie wirklich sehr wenig!

Dann geht alles nach Schema F weiter.

Überredungen, Bitten und Beschwörungen ergießen sich über mich. Jetzt spricht schon wieder ein neuer auf mich ein, der Fünfte. Ich sehe ein gepflegtes Gesicht, die Achselstücke eines Obersten.

"Hören Sie, Sie haben keinen Ausweg. Es steht Ihnen entweder der Tod bevor, oder der Weg zu uns, etwas Drittes gibt es nicht!"

Die Worte machen keinen Eindruck auf mich. Ich bin so zerquält und habe ähnliche Worte so oft gehört, daß sogar die Todesdrohung ihre reale Bedeutung verloren hat. Ich schweige.

Jemand stellt das Radio an, und seltsam, wie aus einer anderen Welt erklingen die Töne eines unsterblichen Bach-Chorals, den ich vor sehr langer Zeit und in sehr glücklicher Stimmung gehört habe. Die feierliche Melodie zum Ruhme des Höchsten gemahnt mich daran, daß ich nicht allein bin, und daß es ganz gleichgültig ist, was mir jetzt gleich, in diesem Kabinett, zustoßen könnte.

Wichtig ist etwas anderes:

Welches Böse können sie mit Hilfe der aus mir herausgepreßten Worte stiften?

Das gepflegte Gesicht ist dicht vor mir.

"Treguboff, ich sage es Ihnen noch einmal auf gut russisch, Sie stecken noch nicht im Untersuchungsapparat, begreifen Sie doch! Sie haben noch einen Weg der Rettung. Denken Sie doch endlich an Ihre Mutter! Sie können sie wiedersehen, mit ihr zusammensein. Bedenken Sie doch, welche Freude! Sie kehren nach Berlin zurück, klingeln an der Tür, und Ihre Mutter öffnet Ihnen, ihrem einzigen Sohn... Wollen Sie das wirklich nicht?"

"Doch, das will ich. Und was soll ich dafür tun?"

"Nicht viel! Sie sollen uns alles sagen, was Sie über Okolowitsch und seine Arbeit wissen, und alles über sich selbst."

"Das habe ich schon getan."

"Dummes Geschwätz!"

Das gepflegte Gesicht verschwindet irgendwohin...

Im Kabinett drängen sich neue Leute.

"Vielleicht weiß er wirklich nichts?" sagt jemand, der offenbar annimmt, daß ich noch bewußtlos bin.

Jemand schüttelt mich an der Schulter.

"Heda, nicht schlafen!"

Ich komme wieder zu mir. Lange sehen mich alle gemeinsam an.

"Na gut, nehmen wir an, Sie kennen ihn nicht... aber alle diese anderen?"

Man zeigt mir die Fotografie eines bekannten Gesichts und nennt einen Namen.

"Haben Sie den Namen Mucha gehört?" fragt plötzlich einer.

"Ja, den habe ich gehört."

"Sind Sie mit Mucha bekannt?"

"Ja, ich kenne ihn von Berlin her."

"Was machst du uns da zwei Wochen lang die Köpfe heiß? Sagst uns, kennst Okolowitsch nicht!"

"Ich kenne ihn auch nicht."

"Aber Mucha kennst du?"

"Mucha kenne ich."

Rings um mich glänzende Achselstücke, rote Gesichter. Verschwommen sehe ich krallige Hände.

"Was soll denn das? Mucha *ist* doch Okolowitsch!"

"Weiß nicht. Okolowitsch kenne ich nicht."

Bei der Rückkehr in die Zelle geht mir auf, daß das Verhör sechzehn Stunden gedauert hatte. Es ist bereits Morgen. Petrow ist aufgestanden, schweigt aber. Offenbar wurde ihm befohlen, nicht mit mir zu sprechen, wenn ich in solch einem Zustand bin.

Die Augen fallen mir zu, ein krampfhaftes Aufstoßen...

Das Essen rühre ich fast nicht an, ich kann nicht essen.

(Anmerk.: Mucha (Fliege) war der konspirative Deckname von Okolowitsch. Meine Aussage, O. nicht zu kennen, wohl aber Mucha, sollte vor den Untersuchungsrichtern die generelle Wahrhaftigkeit meiner Aussagen manifestieren, ohne daß ich mit der von O. ausgeübten Tätigkeit in Berührung gebracht werden konnte.)

Spekulation mit der Sohnesliebe

Sofort nach dem Mittagessen wieder zum Verhör. Erneut das gepflegte Gesicht und die blitzenden Achselstücke.

"Hören Sie mal, Mister Treguboff!" sagt der Gepflegte leicht spöttisch. "Heute entscheiden Sie selbst Ihr Schicksal. Zum letzten Mal erklären wir Ihnen: Wenn Sie uns alles berichten, wird Ihnen alles und für immer verziehen, und Sie gehen von hier als ein freier Mensch... Sie werden sich dort aufhalten, wo Sie zu leben gewohnt sind und wo Ihr Platz ist, das heißt, im Westen. Mehr als das, wir werden Ihnen die Möglichkeit geben, ein vollwertiger Sowjetmensch zu werden und, womöglich in naher Zukunft, Mitglied der Partei. Sie sind doch eigentlich Russe. Ihre Vorfahren waren treue Söhne Rußlands, und Sie werden ein stolzer Sowjetmensch werden. Der NTS ist nicht nur unser, sondern im Grunde auch Ihr Feind. Wir wissen, daß Sie ein rechtschaffener Mensch sind, und daß nur falsch verstandener Patriotismus und törichter Idealismus Sie in die Reihen dieser Agenten der Amerikaner geführt haben. Der NTS ist ein Spionagenest, und euer Baidalakow wäre bereit, für Geld Vater und Mutter zu verkaufen, und noch ein paar Tanten dazu. Er ist bereit, von sämtlichen Nachrichtendiensten Geld anzunehmen... Da schweigen Sie, aber ein beliebiger Ihrer älteren Kameraden würde Sie en gros und en detail verkaufen, wie man zu sagen pflegt, an der Theke und über die Straße.

Und merken Sie sich noch etwas: Wenn Sie sich auch weiterhin so widerspenstig gebärden, werden wir ein Mittel haben, Ihnen die Zunge zu lösen. Wir wenden dieses Mittel an, wenn wir es mit einem Menschen zu tun haben, der ein ganz hartgesottenes Gewissen hat. Merken Sie sich das!"

In die Augen des Tschekisten tritt ein böses Funkeln.

"Sie sind nicht allein, Treguboff, Sie haben eine Mutter! Es wäre ja nicht gar so schwierig, sie aus dem westlichen Berlin in den Ostteil der Stadt hinüberzuschaffen, und dann..."

Ich habe das Gefühl, plötzlich in einen endlos tiefen Abgrund gestürzt zu sein. Das war ein Schlag, den ich unmöglich voraussehen konnte. Meine Mutter - einsam, alt und krank.

Hier mußte etwas getan werden, gleich, sofort!

"Meine Mutter lebt nicht mehr." sage ich. "Ich weiß das."

"Was heißt das - sie lebt nicht mehr? Was faseln Sie da?"

"Es ist so, und eine Tote können Sie nirgendwohin entführen! Machen Sie, was Sie wollen, ich habe Ihnen alles berichtet."

"Wer hat Ihnen eingeredet, daß Ihre Mutter nicht mehr lebt?"

"Sie selbst!"

"Wann?"

"Vor einigen Tagen."

"Aber ich verhöre Sie doch zum ersten Mal!"

Schweigen.

"Das heißt also, daß Sie sich kategorisch weigern zu antworten?"

"Ich weigere mich nicht, aber ich möchte nicht eine bewußte Lüge auf mich nehmen und Sie irreführen."

Schweigend sieht mich die ganze schnöde Gesellschaft an.

Ich fühle, daß sich mein Schicksal entscheidet.

"Ja, ja, lieber Treguboff, Tregubian!" sagt einer der Tschekisten und verdreht meinen Namen durch eine armenische Endung. "Du bietest uns die reine Wahrheit an, geradezu Olivenöl mit Chrisamöl, reinen Spiritus! Zieht man aber den Korken raus, dann stinkt es greulich nach faschistischem Fusel. Also müssen wir wieder ein Protokoll aufsetzen."

Es wird aber kein Protokoll geschrieben. Der Begleitmann wird hereingerufen, und er führt mich weg.

Überall sehe ich das Gesicht meiner Mutter vor mir, unterwegs und in der Zelle.

Wenn sie ihr etwas antäten, würde ich mein ganzes Leben lang in mir einen Muttermörder sehen.

Am nächsten Tag holt man mich nicht zum Verhör, aber ein Arzt kommt. Da ich nicht nach ihm verlangt habe, kommt er wohl auf Anordnung eines Untersuchungsrichters.

Noch einige Tage vergehen. Da erscheint der Diensthabende: "Wer ist hier mit P? Machen Sie sich zum Verhör fertig!"

Petrow wird hinausgeführt.

Nach fünf Minuten kehrt der Beamte zurück.

"Packen Sie Petrows Sachen zusammen!"

Das kommt überraschend. Petrow wird also aus der Zelle entfernt, und ich bleibe allein. Der Abschied von den Mandarinen Petrows fällt mir viel schwerer als der Abschied von ihm selbst.

Ich werde nicht mehr zum Verhör geholt.

Die Tage vergehen. Der Januar geht vorüber. Ein Tag ist kälter als der andere. Jeden Tag mache ich meinen Spaziergang.

Der glänzende, glitzernde Schnee schneidet mir in die Augen.

In der Einzelzelle

Anfang Februar wird mir befohlen, die Zelle mit Sachen zu verlassen. Ich werde in die vierte Etage überführt. Die Zelle Nummer 78 ist groß und ziemlich warm.

Die Verhöre erfahren eine zeitweilige Unterbrechung.

Merkwürdig, Petrow fehlt mir! Es fehlt mir ein menschliches Wesen, wer es auch sei. Ich weiß, daß es für den Einzelhäftling nur eine Rettung gibt: sich selbst eine Tageseinteilung zu schaffen.

Der Tag beginnt mit dem Wecken um 5.30 Uhr. Anziehen, dann Wegtragen des Notdurftgeschirrs. Man trägt es feierlich vor sich her. Es muß mit Bürste und Kalk gesäubert werden, dann wird Wasser hineingegossen, in das man aus einer Flasche eine Desinfektionslösung spritzt. Dann kehrt man zurück und macht sich ans Aufräumen der Zelle. Zuerst wird sie ausgefegt. Anschließend bekommt man ein Wolltuch, Bohnerwachs und Bohnerbürste. Der Fußboden wird eingewachst, mit dem Tuch nachgerieben und dann das Parkett mit der Bürste poliert, die am Schuh befestigt wird, so daß man auf *einem* Fuß balanciert, wie eine zünftige Aufwartung!

In den meisten Lubjankazellen gibt es Parkettböden, an die viel Sorgfalt verwendet wird. Diese Arbeit ging mir fast über die Kräfte und kostete mich zehnmal mehr Zeit als üblich.

Frühstück. Die Tür öffnet sich, der stereotype Satz ertönt:

"Enpfangen Sie Brot und Zucker!"

Zucker, 14 Gramm, Brot 650 Gramm. In die Kaffeekanne wird Gerstenkaffee gegossen, das heißt, einfach graubraunes Wasser.

Um zehn Uhr Kontrollgang. Zusammen mit dem Aufseher betritt der Etagenobmann (meistens im Rang eines Feldwebels) die Zelle. Jedesmal die gleiche Phrase:

"Irgendwelche Fragen?"

Man kann fragen, warum es kalt in der Zelle ist, ein Blatt Papier erbitten, um eine Eingabe zu machen. Man kann sich über grobes Verhalten des Diensttuenden beschweren, sagen, fragen, fordern, was einem beliebt. Das Resultat ist aber fast immer gleich Null.

Sofort nach der Visite versuche ich, so etwas wie Gymnastik zu machen. Ich bewege die Arme und Finger und versuche, in die Kniebeuge zu gehen. Der Gymnastik folgt das Gebet.

Eine Woche um die andere, keine Verhöre.

Vermutlich wollen sie prüfen, wie die Einzelhaft auf mich wirkt.

Bald ist schon April. Die Sonne scheint hell. Manchmal fallen glänzende Eiszapfen krachend von den Lubjankadächern in die Tiefe.

Ein Frühling im Gefängnis, was kann trauriger sein?

Die Luft oben auf dem Dach, auf dem Spazierhof, ist rein, erquickend und erfüllt von Frühlingsfeuchtigkeit und Frühlingsdüften. Vögel singen. Die vieltönigen Klänge Moskaus schallen herüber.

Protassow, ein ehemaliger Kommunist

Was wird mir das Frühjahr bringen?

Und wirklich bringt es mir Neues.

Ein breitschultriger Mann von mittlerem Wuchs wird in die Zelle geführt. Er hat dichte, graue Brauen und einen mit der Maschine kurzgeschorenen Graukopf. Obgleich er im allgemeinen eindrucksvoll wirkt, hat er etwas Gequältes, ja, Abgestumpftes an sich.

Seine wäßrigen, hellen Augen blicken irgendwie erschrocken und bestürzt in die Runde.

Er hat einen schmierigen, sehr zerrissenen Rucksack sowie einen mit irgendwelchen Sachen vollgestopften Kissenbezug mitgebracht.

Eine neue Bettstelle wird hereingetragen.

Schweigend betrachten wir einander. Nach den Erfahrungen mit Petrow möchte ich nichts riskieren.

Der Neuling sitzt bedrückt auf seinem Lager. Das Abendessen. Er ißt ein wenig Suppe und überläßt mir den Rest.

"Nun, wollen wir uns bekannt machen." sagt er. "Protassow, Gawril Petrowitsch. Ehemals ein sibirischer Partisan, habe gegen Koltschak gekämpft, und nun bin ich in eine völlig hoffnungslose Lage geraten. Und wer sind Sie?"

Ich nenne meinen Namen und sage ihm, daß ich aus Deutschland komme.

"Ein Deutscher? Aber wieso denn dieser Familienname?"

"Es kam halt dazu. Auf die Sünde schießt selbst ein Stock!"

"Was denn? Sie haben es gut, sitzen wenigstens bei Fremden, ich aber sitze bei meinen eigenen Leuten..."

Er verstummt und fügt dann bitter lächelnd hinzu:

"Den ganzen Bürgerkrieg habe ich mitgemacht. 1919 war ich Partisan, 1920 und 1921 focht ich im Amurgebiet, nahm an der Einnahme von Nikolajewsk teil. Erhielt den Orden der Roten Fahne, auch nicht von Pappe! Sehen Sie, Sie sind Deutscher. Gewiß, Stalin hat Hitler auf die Hörner genommen, und natürlich streichelt man Ihnen nicht das Köpfchen. Sie sind ja auch kein Kommunist. Ich aber bin Kommunist und wurde von Kommunisten eingelocht!"

In seinen Augen glimmt Unruhe auf.

"Ich will Ihnen etwas sagen: Nach meiner Meinung sind das alles schlechte Kommunisten! Warum haben sie mich so beleidigt? Ich habe für sie am Ural Kolchosen errichtet. Während des Krieges war ich drei Jahre lang an der Front, habe dem Tod in die Augen gesehen. Bin nach Hause gekommen, und da haben sie mich im Frühjahr des vorigen Jahres festgenommen..."

Er verstummt und sieht mich fragend an. Ein unfehlbares inneres Gefühl sagt mir, daß er keine *Glucke* ist, sondern ein sehr unglücklicher und auf seine Art ehrlicher Mensch.

Ich erzähle ihm mein ganzes Leben. Bewußt lege ich dabei den Nachdruck auf meine antisowjetische Tätigkeit. Ich will nicht, daß Unklarheit herrscht zwischen mir und meinem Zellengefährten.

Je länger ich mit ihm spreche, um so deutlicher bemerke ich in seinen Augen Verwunderung und schmerzliche Bestürzung.

"So bin ich also mit einem Kontra zusammen ins Unglück geraten!" Protassow schüttelt seinen grauen Kopf und läßt ihn jäh hängen. "Immerhin, du sitzt bei Fremden, ich aber bei meinen eigenen Leuten. Ich habe es doppelt schwer."

Einige Tage verstreichen. Jetzt sind Gawril Petrowitsch und ich schon gute Freunde. Wir haben viel Zeit, und ich versuche, ihm eine andere Welt zu erschließen, die mir sehr gut bekannt ist, ihm jedoch ganz fremd. Aufmerksam hört er mir zu, ich merke jedoch deutlich, daß ihn ein unausgesprochener Gedanke beschäftigt.

"Siehst du, Georgij, ich wurde sehr gequält. Vor Moskau war ich in Swerdlowsk. Wie hat man mich da geschlagen! Und dann in den Karzer, nur in Unterwäsche... Nein, so etwas hat es während des Bürgerkrieges nicht gegeben! Damals wurde man entweder erschossen oder freigelassen, aber hier..." und im Flüsterton fügt er hinzu: "Hast du vom Spezialobjekt gehört?"

Ich bekenne, daß ich von solch einer Einrichtung nichts gehört habe. Was das Spezialobjekt tatsächlich ist, erfuhr ich erst sehr viel später, aber zum Glück nicht aus eigener Erfahrung.

"Ja, Georgij, ich wurde geschlagen, und man wird mich auch hier prügeln. Mein Guter, ich will nicht unterschreiben!"

"Anscheinend wird hier nicht geprügelt, Gawril Petrowitsch." sage ich etwas unsicher.

"Sie prügeln, Georgij, sie prügeln, und sie machen noch viel schlimmere Dinge!"

Ich versuche, ihm zu widersprechen. Aber, oh weh! Bald mußte ich mich davon überzeugen, daß mein Opponent recht hat.

Am nächsten Tag wurde Protassow zum Verhör abgeholt. Die ganze Nacht über blieb er fort. Am Morgen vernahm ich heftiges Getrampel. Das Schloß klirrte. In der Tür standen mehrere Menschen. Ein Tschekist mit goldenen Achselstücken betrat die Zelle.

"Scheren Sie sich zu Ihrem Bett!" befahl er mir.

Gawril Petrowitsch wurde auf einer Bahre hereingetragen und auf sein Bett gelegt. Er atmete schwer. Der aufgerissene Ärmel seines Rocks hing herunter, anstelle der Knöpfe baumelten nur noch die schwarzen Fäden, mit denen sie angenäht gewesen waren. Rote und braune Flecken waren auf der Tragbahre zu sehen.

Nur eine hagere Ärztin in weißem Kittel und der Tschekist mit den goldenen Achselstücken blieben in der Zelle zurück. Protassow röchelte schwer. Die Ärztin legte seinen herunterhängenden, bandagierten Arm auf die Bettstelle. Sein Gesicht zeigte blutunterlaufene Stellen. Eigentümlich, als schnitte er Grimassen, sprang der Adamsapfel, wie bei einem nervösen Tic, zuckend auf und nieder. Eine ungeheure Beule bedeckte das Augenlid. Das ganze Gesicht wirkte, als hätte sich die Innenseite nach außen gekehrt.

"Lassen Sie ihn liegen!" gebot der Tschekist streng. "Nähern Sie sich ihm nicht, und notfalls rufen Sie den Arzt!"

Ich blieb mit Protassow allein, goß ihm Kaffee in den Krug und trat dicht an ihn heran. Wie schrecklich sieht ein halbtot geschlagener Mensch aus, wenn er trinkt! Man glaubt zu hören, wie die Flüssigkeit durch die Speiseröhre rinnt. Sein ganzer Körper bebt.

Protassow versucht, etwas zu sagen, in seinem Mundwinkel erscheint eine Blutblase an purpurroten Fäden.

Am Guckloch der Tür rührt sich ein paarmal etwas: wir werden natürlich beobachtet.

"Georgij!" höre ich deutlich nach einigen Minuten. "Georgij, komm her zu mir!"

Ich beuge mich über ihn.

"Georgij, hörst du, das sind deine Faschisten, deine haben die Oberhand gewonnen. Es ist aus mit mir, sie schlagen mich zu Tode! Wenn du wieder in Freiheit bist, vergiß Mascha nicht, das ist meine Frau. Ich habe auch einen Sohn und eine Tochter. Du bist doch gläubig, hilf mir! Merk dir die Adresse, sie wohnen..."

Wie ein Pistolenschuß knallt das Schloß.

Mehrere Menschen treten ein. Ich tue so, als würde ich Protassow aus dem Krug zu trinken geben.

"Treten Sie beiseite!" sagt jemand.

Ich erhebe mich von den Knien.

Hinter mir steht der Mann mit den goldenen Achselstücken.

"Ich habe Ihnen doch gesagt, daß Sie sich nicht mit ihm unterhalten sollen!" läßt er sich drohend vernehmen.

Ich bin aber gar nicht betreten.

"Der Mann stirbt, Bürger Chef!"

"Erstens ist das nicht Ihre Sache, und zweitens wird er nicht sterben!" lautet die eisige Antwort.

Ich gehe in einen entfernten Winkel des Raums. Protassow wird auf die Tragbahre gelegt und mit einer mitgebrachten Decke zugedeckt. Alle gehen hinaus. Der Korridoraufseher kehrt zurück: "Wo sind seine Sachen?"

Ich weise auf die kläglichen Habseligkeiten des früher so verdienten Kommunisten und sibirischen Partisanen.

Die Bettsachen werden weggebracht, auch das zusammenklappbare Metallbettgestell wird hinausgetragen.

Wieder bin ich allein.

Fünf Tage und Nächte waren wir zusammen.

Zwei kommen und sehen sich aufmerksam den Fußboden an, es könnten ja Blutflecke zurückgeblieben sein.

Mein einziges sauberes Taschentuch habe ich bereits versteckt. Meine Mutter hatte es mir am Tage meiner Verhaftung gegeben, die Initialen ihres Namens waren auf ihm eingestickt. Bisher war es unbenutzt geblieben. Jetzt aber zeigt das Tuch Flecken vom Blut eines orthodoxen Kommunisten, der sein ganzes Leben gleichsam nur dafür gekämpft hatte, nun selbst in eine Hölle von Leiden und Erniedrigungen gestürzt zu werden.

Wie merkwürdig: ich weiß nicht einmal, weshalb er verhaftet worden war, und warum *sie* ihn *so* marterten.

Er hatte mir etwas von der Beschuldigung gesagt, Trotzkist zu sein. Aber welch Gipfel der Unsinnigkeit, jemandem im Jahr 1948 Trotzkismus vorzuwerfen!

Jedenfalls verspüre ich keinen Haß ihm gegenüber. Mir sind nur die Worte des Evangeliums in den Sinn gekommen:

"Mein ist die Rache!" sagt der Herr.

Der Spion an der Tür bewegt sich sehr oft. Offenbar ist man sich nicht klar darüber, welche Reaktion die grauenhafte Szene in mir hervorgerufen hat.

Ich aber sitze und sinne, sitze und denke nach. Was wollte mir Protassow sagen, und was hätte er mir gesagt, wenn man uns nicht getrennt hätte? Der Unglückliche konnte nicht daran glauben, daß Kommunisten ihn schlugen, *seine* Menschen! Die gleichen, mit denen er und für die er gekämpft hatte.

Er glaubte, der Feind habe gewonnen und hatte geächzt:

"Das sind Faschisten, deine haben die Oberhand gewonnen, und sie schlagen mich zu Tode!"

Er war offensichtlich davon überzeugt, daß man mich als Feind des Kommunismus bald freilassen werde, und vielleicht war die Bitte an diesen Feind, der in seinen Augen gesiegt hatte, das letzte, was er in diesem Leben gesprochen hat - seine Bitte, ich solle mich um seine Frau und seine Kinder kümmern.

Dieser Unglückliche war zu dem Schluß gekommen, daß nur Faschisten ihn, einen alten Kommunisten, schlagen und quälen konnten. Dieser fraglos starke, aber offenbar etwas beschränkte Mensch vermochte nicht zu begreifen, welch furchtbares Drama sich bereits seit langem in den Reihen seiner eigenen Partei abspielte.

Ich habe nie wieder etwas von ihm gehört.

Er ist wohl kaum am Leben geblieben.

Wieder einsam

Ich bin allein. Erneut bin ich Einzelhäftling und führe meine strikte Ordnung wieder ein, einen genauen Tagesplan.

An einem frühen Morgen wird mir vor dem allgemeinen Wecken befohlen, mich mit Sachen bereitzumachen. Im Korridor bringt man mich in eine Box und läßt mich für kurze Zeit allein. Ich habe etwas Brot bei mir, einige Krümel fallen auf den Boden.

In das Luftloch der Tür schiebt sich ein spitzes Schnäuzchen. Eine Sekunde später sitzt eine Maus vor mir. Lange sehen wir einander an. Ich weiß nicht, welchen Eindruck ich auf meine neue Bekannte mache, sie aber kommt mir ungewöhnlich schön vor. Sie hat ein graues, sauber poliertes Fellchen und Augen wie kleine Glasperlen, wie dunkel getönte Saphiere, lebhaft, und voller Humor um den Wert geschöpflichen Lebens wissend.

Ich fürchte, mich zu bewegen, weil ich dieses mit so intensivem Leben erfüllte Tierchen nicht verscheuchen will.

Das Schloß klirrt. Der Aufseher gibt mir ein Zeichen, hinauszutreten. Ich werde in die umgekehrte Richtung geführt und in die Zelle Nr. 57 gebracht, die neben einer Toilette liegt.

Mein neues Quartier ist bedeutend enger als die Zelle Nr. 78.

Wieder ziehen sich die Tage hin. Ich führe einen ununterbrochenen Krieg gegen den Bibliothekar, der darauf erpicht ist, mir Bücher aufzudrängen, die ich nicht haben will.

Plötzlich fällt mir jedoch Stendhals Roman *Rot und Schwarz* in die Hände.

Der Schnee ist verschwunden. Beim Spaziergang freue ich mich über die hellen Rufe der Vogelschwärme und die Frühlingsluft Moskaus. Manchmal sieht man, wie ein Arbeiter, der in einer schmierigen, wattierten Jacke steckt und eine Ohrenklappenmütze aufhat, über die Dächer kriecht, nachdem er sich mit einem schmutzigen Strick am Schornstein angeseilt hat. Aus Rinnen und Röhren fliegt Kehricht in den Hof hinab. Von den Gesimsen der Lubjanka werden gesprungene Stuckverzierungen abgestoßen.

Die Lubjanka bereitet sich für die Frühlings- und Sommerzeit vor, wie eine alte, böse Jungfer zur Hochzeit.

An solchen Tagen hebt sich sogar im Gefängnis die Stimmung. Der Frühling ist immer und überall eine Zeit der Hoffnungen und der Wunschträume, und ich glaube, daß alle sechshundert Häftlinge des Inneren Gefängnisses das ebenso empfinden.

Schon lange wurde ich nicht mehr zum Verhör geholt. Was ist los? Was wollen, was erwarten meine erbarmungslosen Gebieter?

Mitte Mai kommt der Diensthabende und macht sich an das sogenannte Entsiegeln der Fenster für den Sommer. Mit einem Stemmeisen schlägt er den Kitt ab. Er arbeitet konzentriert und geschickt. Danach bringt er einen Besen, Tuchlappen und eine Schüssel mit Wasser. Der Etagenobmann erscheint und befiehlt die Generalreinigung der Zelle:

"Waschen Sie die Fenster, reiben Sie sie trocken, die Wände reiben Sie feucht ab, natürlich nur dort, wo Ölfarbe ist. Waschen Sie die Tür, das Guckloch, überhaupt alles. Dann reiben Sie den Fußboden ein, ich gebe Ihnen Bohnerwachs. Überstürzen Sie sich nicht, Sie haben den ganzen Tag vor sich!"

Ich weiß selbst, daß ich keine besondere Eile habe.

Trotz meiner Schwäche macht mir körperliche Arbeit große Freude. Mit Genehmigung des Diensthabenden klettere ich sogar auf den Tisch, um die Fenster oben abzuwischen. Zwei, drei hastige Bewegungen ermüden mich wohl stark, aber ich beeile mich ja wirklich nicht und arbeite Stunde um Stunde.

Zur Mittagszeit mache ich eine Pause.

Diese eigentlich geringfügige Arbeit hat mich völlig erschöpft. Mir schwindelt, die Beine knicken ein.

Es war an einem Abend der letzten Maitage, noch vor dem Ruhezeichen, ich träumte gerade vom fernen, vielleicht für immer entschwundenen Berlin, als der Diensthabende und der Etagenvorsteher in der Tür erschienen.

"Familienname? Initialen? Machen Sie sich fertig zum Verhör!"

Ich werde hinausgeführt, der Weg geht aber nicht direkt durch die Thermopylen. Zunächst nimmt mich eine ziemlich große und komfortable Box auf. Ein Offizier kommt, erkundigt sich nach meinem Namen und sieht mich fragend an:

"Wie ist Ihr Befinden? Wie fühlen Sie sich? Ihr Gesundheitszustand? Irgendwelche Beschwerden?"

"Nein, ich glaube nicht, daß ich krank bin. Aber ich bin sehr schwach, und das Gehen fällt mir schwer."

"Na, das wird vorübergehen!" meint der Offizier vielversprechend.

Der Feldwebel und der Diensthabende treten ein.

"Ziehen Sie sich nackt aus!"

Ich lege die Kleider ab und verstehe überhaupt nichts mehr. Hätte ich meine Sachen bei mir, wüßte ich, daß ich in ein anderes Gefängnis komme. Aber ohne Sachen? Ich werde sorgfältig durchsucht, jede Naht wird lange abgetastet.

Ein Hauptmann und ein Oberstleutnant erscheinen. Wieder werde ich nach meinem Namen gefragt.

"Gehen Sie durch!"

Eine Treppe, das Eiserne Buch. Ich werde aber nicht in einen Lift gesetzt, sondern wieder treppauf geführt.

Ich werde in ein Zimmer geleitet. Hier sehe ich noch zwei. Ein Dicker mit einer Ordensreihe auf der Brust fragt den Oberstleutnant:

"Ist er das?"

"Ja."

Eine andere Tür wird geöffnet. Ein großes Zimmer, auf dem Boden ein Teppich. Zwei milchweiße Lampen leuchten. Stilmöbel, ein Schrank. Am Schreibtisch sitzt jemand, der goldene Achselstücke trägt. Rechts eine gepolsterte Tür. Ehrerbietig klopft der Dicke an und tritt ein. Ich werde an den Armen festgehalten.

Der Dicke kommt zurück und läßt die Tür offen.

"Gehen Sie hinein!"

Ich betrete das Zimmer, und sofort setzt mich der Kontrast zwischen Licht und Schatten in Erstaunen. Dieses Zimmer ist noch größer als das eben von mir verlassene, aber es erscheint fast dunkel. Wieder ein Teppich unter den Füßen. Rechts an der Wand schimmert ein Safe von gewaltigem Umfang. Direkt an der Wand steht ein Schreibtisch mit Telefon, etwas Bronzenes glänzt. Auf dem Tisch eine Lampe mit grünem Schirm.

Jemand sitzt am Tisch und schreibt. Nur die hellen Hände sind deutlich zu sehen.

Schweigend stehe ich eine Minute lang da, dann sage ich mit gedämpfter Stimme:

"Häftling Georgij Treguboff." In dem großen Zimmer klingt das sehr leise, aber gerade so gehört es sich an diesem Ort.

Der Sitzende hebt den Kopf und macht ein Handzeichen, das als Befehl zum Näherkommen gedeutet werden kann. Ich nähere mich ihm, und bin jetzt drei Schritte von ihm entfernt. Neben mir steht ein tiefer Voltaire-Sessel.

Der Sitzende sieht mich an. Sein gescheites Gesicht ist rasiert, voll, ein wenig gedunsen. Über die Wange zieht sich eine Narbe. Er scheint sehr müde zu sein, lilablaue, ungesunde Schatten unter den Augen und geschwollene Tränensäcke. Er trägt einen dunklen Zivilanzug, zum leuchtend weißen Kragen eine fest gebundene Krawatte. Die Augen blicken mich ruhig, klug und sehr gütig an.

"Wissen Sie, wer ich bin?" fragt er müde.

"Ich habe nicht die Ehre, es zu wissen."

"Ich bin der Minister für Staatssicherheit Abakumow."

"Sehr erfreut." sage ich und mache eine leichte Verbeugung.

Seine Hand vollzieht eine unbestimmte Geste.

"Nehmen Sie Platz. Ich habe Sie herrufen lassen, weil ich Ihnen einige Fragen stellen möchte."

Ich nicke schweigend. Ich empfinde weder Furcht, noch bin ich erstaunt oder befangen. Abakumow hatte ich mir ganz anders vorgestellt, und auch jetzt kann ich kaum glauben, daß er es ist.

Er schreibt ruhig und gleichmäßig weiter.

Dann legt er plötzlich die Feder beiseite.

"Treguboff!" Es klingt, als rufe ein Lehrer ein unaufmerksames Kind auf. "Sagen Sie, Treguboff, waren Sie eigentlich ein amerikanischer Spion oder nicht?"

"Nein, ich bin es niemals gewesen."

"Sie waren es nicht? Aber warum denn nicht? Nach dem Zusammenbruch Deutschlands wäre es doch für Sie so natürlich gewesen, mit dem neuen Feind übereinzukommen."

"Erstens glaube ich nicht, daß die Amerikaner Ihre Feinde sind, Bürger Minister, und zweitens liegt mir Spionagedienst nicht. Ich bin kein Spion."

"Gewiß, ich verstehe das, niemand wird als Spion geboren. Auch ich hatte früher die Absicht, etwas ganz anderes zu werden. Aber viele, Treguboff, viele sterben als Abwehrleute. Hätten Sie nicht Lust, sich beruflich umzustellen?" Abakumows Gesicht zeigt die Spur eines Lächelns. "Aber ehe wir uns weiter unterhalten", beginnt er erneut, "sagen Sie mir zunächst, wie Sie zur Sowjetmacht stehen."

"Wie ich zu ihr stehe? Scharf ablehnend."

Abakumow nickt mit dem Kopf.

"Gut, Treguboff, aber wie steht es jetzt damit?"

"Ebenso."

Das bleiche Gesicht wird wieder düster und unbewegt. Abakumow schweigt einige Sekunden traurig.

"Wissen Sie auch, Treguboff, daß der Feind vernichtet wird, wenn er sich nicht ergibt?"

"Ich weiß. Sprechen Sie von mir?"

"Ja."

"Man braucht mich nicht mehr zu vernichten, ich bin schon längst vernichtet worden."

"Und tun Sie sich nicht selbst leid?"

Ich schweige.

"Und im übrigen, wie lebt es sich? Die Gesundheit, das Befinden?"

Abakumow lächelt wieder.

"Schlecht, ich bin sehr schwach und hungere."

"Gut, ich werde Ihnen Zusatzkost anweisen."

Abakumow schweigt.

"Es ist doch schade, Treguboff!" meint er nach einer Weile. "Sie denken noch darüber nach. Wir beide könnten miteinander kolossale Dinge verrichten!"

Ich spüre, daß die Audienz beendet ist, und will mich vom Sessel erheben. Abakumow versucht nicht, mich zurückzuhalten.

Ich stehe auf, verbeuge mich und sage:

"Auf Wiedersehen." Dann füge ich hinzu: "Ich danke Ihnen, entschuldigen Sie, daß ich Sie behelligt habe."

Abakumow nickt etwas erstaunt.

Schon damals begriff ich, daß man mit Tschekisten äußerst höflich umgehen muß, das verwirrt sie am meisten!

Erst in der Zelle beginne ich, alles zu überdenken, was ich gesagt habe. Der Eindruck meiner eigenen Worte und der Abakumows ist zwiespältig. Seine Äußerungen sahen fast wie eine Werbung aus, vielleicht waren sie es aber auch nicht. Und das Ergebnis meiner eigenen Worte wird erst die Zukunft zeigen.

Dann fiel mir ein, daß ich ihn wohl um einige Kleidungsstücke hätte bitten können, um eine warme Unterjacke oder eine Tuchbluse, denn ich hatte ja nichts Derartiges. Dazu war es aber nun zu spät. Sein Versprechen, mir Zusatzkost zu gewähren, hat Abakumow jedoch gehalten. Vom 1. Juni an bekomme ich anstelle der 650 Gramm Brot 750 Gramm in die Zelle, und auch einige Gramm Zucker mehr, und in die Grütze, ins Mittagessen, gibt es zusätzlich einen Löffel Fleischtunke. Alles in allem ist diese Zusatzkost jedoch eine Farce, aber immerhin, eher ein Plus als ein Minus.

Von Juni an werden die Zellenfenster geöffnet. Das bedeutet, die Häftlinge sind befugt, vom Morgen bis zum Abend die Fenster offenzuhalten. Da die Luft in den Zellen dumpf ist, bedeutet das eine große Erleichterung. Jetzt, bei offenem Fenster, hat man nur noch den sogenannten Maulkorb vor sich, eine schildähnliche, graugrün gestrichene eiserne Vorrichtung, die alles vor einem verbirgt, was unten im Hof vor sich geht, und verhindert, daß man in die Fenster des Ministeriums schauen kann. Man kann über das Schild hinweg nur nach oben sehen, das heißt, wenn man sich im vierten Stock des Gefängnisses befindet, die sechste und siebte Etage des Ministeriums, das Dach und ein kleines Stück Himmel erblicken.

In welcher Beziehung steht der NTS zu den Freimaurern?

Am 10. Juni werde ich wieder zum Verhör in das bekannte Zimmer Nr. 693A gerufen. Das Verhör verläuft sehr friedlich. Es werden ellenlange und äußerst langweilige Protokolle geschrieben. Ich weiß nicht, warum die Tschekisten sie wieder benötigen.

Das *Gespräch* dreht sich um längst vergangene Angelegenheiten der Berliner Emigration, um die Kirchenspaltung, Metropolit Eulogius, den Berliner Bischof Tichon und den Obersten Monarchistischen Rat, dessen Mitglieder seinerzeit in der Berliner Gemeinde eine zahlreiche, kompakte Gruppe bildeten. Das Gespräch ähnelt beinahe einer zwanglosen Unterhaltung. Da kommt plötzlich die Frage:

"Sagen Sie, Treguboff, in welcher Beziehung steht der NTS zu den Freimaurern?"

Verständnislos sehe ich den Untersuchungsrichter an.

"Ich weiß es nicht. Ich habe niemals davon gehört, daß unsere Organisation in einer Beziehung zu den Freimaurern steht."

"Sie haben also nichts davon gehört? Wissen Sie auch, daß sehr viele russische Emigranten der Meinung sind, sie sei eine Freimaurerorganisation?"

"Was wäre dabei? Gefällt es Ihnen nicht, daß man uns für Freimaurer hält?"

"Im Gegenteil! Machen Sie sich darüber keine Gedanken! Wir sorgen dafür, daß in der Emigration durch Denunziationen solch ein Brei entsteht, daß sich selbst der Teufel ein Bein bricht."

"Darauf kann ich Ihnen nichts antworten. Von den Freimaurern weiß ich nur, daß es sich bei ihnen um so etwas wie einen geistigen, religiös-mystischen Orden handelt, der sich eine humanitär-politische und religiöse Umwandlung der Menschheit zum Ziel setzt, oder richtiger, ihres besseren und erwählten Teiles."

Aufmerksam und konzentriert hört der Untersuchungsrichter zu.

"Ja, Sie haben recht, aber die Sache ist die, daß Sie die wirklichen und hauptsächlichen Ziele der Freimaurerei entweder nicht kennen oder vergessen haben.

Vor allem ist das eine Klassenorganisation, eine Organisation, die von der Bourgeoisie geschaffen worden ist, um sich die Werktätigen zu unterwerfen, ihre Klassenwachsamkeit und ihr Klassengefühl einzuschläfern. Die Freimaurer streben das mit Hilfe der Mystik an, mit Hilfe schwülstiger Schwätzereien über die Rettung der Menschheit und deren sittliche und moralische Vervollkommnung. Merken Sie sich, Treguboff, keinerlei mystische und geistig-religiöse Orden, und mögen sie noch so weise sein, können der Menschheit irgendwie helfen, solange die kapitalistische Produktionsbasis nicht endgültig verschwunden ist.

Und wenn diese zerstört sein wird, und die Menschheit, dem Beispiel der Sowjetunion folgend, zuerst zu den ökonomischen Formen des Sozialismus und dann zum Kommunismus übergeht, dann bedarf es auch in der Theorie keiner Freimaurer, die die Menschheit retten und die Seelen der Menschen von irgendwelchen moralischen Schlacken befreien wollen. Beim Vorhandensein einer Gesellschaftsordnung, in der es keine Ausbeutung gibt, wird man niemanden vor irgendetwas retten müssen, und zwar deshalb nicht, weil die ökonomische Basis des Kapitalismus, und damit die Grundursache allen Übels, verschwunden ist."

Der Untersuchungsrichter ist mit seiner Tirade offenbar sehr zufrieden, und ich sehe, daß er über die Gelehrsamkeit eines Funktionärs im Rayon-Maßstab verfügt.

Ich spüre, wie ein Teufelchen mich dazu verleitet, in eine Diskussion mit ihm zu treten. Tatsächlich, was habe ich schon zu verlieren? Ist doch egal, ich habe ja doch nur Erschießung oder fünfundzwanzig Jahre Haft zu erwarten.

Bescheiden senke ich die Augen und seufze heuchlerisch auf.

"Gewiß, Bürger Untersuchungsrichter, was kann es besseres geben als einen echten Sozialismus? Ich bin bereit, zuzugeben, daß der von Marx so beredt geschilderte Sprung aus dem Reich der Notwendigkeit in das Reich der Freiheit vorzüglich ist. Aber die Sache ist die, daß es bisher noch niemandem gelungen ist, den echten Sozialismus ins Leben zu rufen, ich will sagen, einen Sozialismus, bei dem tatsächlich das Ideal einer vollkommenen Aussöhnung der Persönlichkeit mit der Gesellschaft verwirklicht wäre. Aber doch gerade darauf beruht, meiner bescheidenen Meinung nach, die Verwirklichung des gesellschaftlichen Ideals des Sozialismus."

Erstaunt sieht der Untersuchungsrichter mich an.

"Wieso niemandem gelungen? Und die UdSSR?"

Nun ist es an mir, die Augen aufzureißen, und minutenlang starren wir uns an, wie zwei Uhus, der eine wohlgenährt und dick, der andere erschöpft und mager, aber deshalb nicht weniger zornig.

"Im Westen herrscht der Privatkapitalismus, bei Ihnen aber der Staatskapitalismus. Gegen den Privatkapitalismus kann man sich wenigstens empören, gegen den Staatskapitalismus im Stil des Ihren kann man aber nur beim Herrgott Klage führen. Wenn aber Gott, wie bei Ihnen, abgeschafft ist..." fahre ich fort.

Der Untersuchungsrichter ist offensichtlich betroffen darüber, daß ein frech gewordener Häftling eine regelrechte antisowjetische Agitation vom Stapel gelassen hat.

Aber auch ihn reizt die Sache.

"Warten Sie, Treguboff! Mag es, hol's die Pest, ein staatlicher Hyperkapitalismus sein, aber das Volk lebt doch gut bei uns!"

Jetzt aber besinnt er sich:

"Na schön, kommen wir näher zur Sache. Ihrer Meinung nach sind also die Freimaurer eine harmlose religiös-mystische Organisation, und der NTS hat nichts mit ihnen zu tun?"

"Ich weiß nicht, was Sie unter dem Wort *harmlos* verstehen? Wen bedrohen denn die Freimaurer, Ihrer Meinung nach, Bürger Untersuchungsrichter? Ich habe Ihnen meine Ansicht gesagt, aber vielleicht erlauben Sie mir, einem Menschen, den Sie verhören, Ihnen die Frage zu stellen, was Sie von den Freimaurern halten?"

"Also folgendes!"

Der Untersuchungsrichter setzt sich auf den Tisch und zieht eine Schachtel *Belomor* aus der Tasche.

"Rauchen Sie?"

"Danke, ich bin Nichtraucher."

"Sie rauchen nicht? Also, die Freimaurer sind eine Organisation der amerikanischen Großbourgeoisie und die schlimmsten Feinde der fortschrittlichen Menschheit. Das ist eine echte schwarze Internationale, Treguboff! So, wie einst die Jesuiten, die jetzt ihre Macht eingebüßt haben, eingehüllt in die verschlissenen und rissigen Ornate des Katholizismus.

So, wie die mittelalterliche katholisch-feudale Reaktion den Orden der Jesuiten schuf, um gegen alles Fortschrittliche in der Welt zu kämpfen, hat jetzt die amerikanische Bourgeoisie, die mächtigste inmitten der Weltbourgeoisie, im Gefühl ihres Unterganges ihre allumfassende und alles umspannende Organisation geschaffen, deren Fäden die ganze Welt überziehen.

Diese Organisation, die sich mit der Maske der geistigen Wiedergeburt der Menschheit, des Kampfes gegen alles dem Humanismus Feindliche und der Verteidigung des Fortschritts gegen die Reaktion tarnt, ist in Wirklichkeit selbst durch und durch reaktionär, da sie dem Materialismus unversöhnlich gegenübersteht."

Bravo, meine Herren Freimaurer, denke ich still für mich.

"Ja, die Freimaurer sind ein Trust!" fährt der Untersuchungsrichter fort. "Das sind sie, Treguboff! Gewiß sind die Freimaurer
keine politische Partei, aber sie sind etwas viel Gefährlicheres, sie
bewegen und lenken hinter den Kulissen die ganze reaktionäre
amerikanische Politik, sie lenken hinter den Kulissen sowohl die
Republikaner wie auch die Demokraten."

Der Untersuchungsrichter kommt immer mehr in Rage.

Übrigens beginnt das Gespräch, auch mich stark zu interessieren,
obgleich ich mich schwer konzentrieren kann.

"Beachten und begreifen Sie also, daß Ihr NTS ein kleiner Trumpf
in den Händen der amerikanischen Reaktion ist, das heißt, letztendlich der Freimaurer!"

Diese Tirade erinnert mich stark an die hochtrabenden Philippiken
einiger prohitlerschen Persönlichkeiten, die sich inmitten eines
politisch besonders ungeschulten Teiles der russischen Emigration
betätigten. Diese Philippiken richteten sich seinerzeit, besonders in
Deutschland, an die Adresse all derer, die nicht glauben wollten,
daß die Juden und ihre Kampforganisation, die sogenannten Jüdischen Freimaurer, an allem schuld seien.

Minutenlang erschien es mir, als befände ich mich auf einer
Versammlung der RNSD (Anmerk.: Russische Nationale und Soziale
Bewegung) in Berlin um die Jahre 1936 bis 1938.

Wieder verblüfft mich die Ähnlichkeit der verantwortungslosen De-
magogie des äußersten rechten Flügels der russischen Emigration mit
den Geistesrichtungen der Lubjanka.

Es fehlt nur noch, daß der Untersuchungsrichter behauptet, der
NTS werde insgeheim von *den Juden* gelenkt.

Mir scheint, daß über der Lubjanka die Schatten der *Protokolle der
Weisen von Zion*, der Zeitschrift *Der Judenkenner*, und der Publikationen der Kumpanei um Markow den Zweiten und des seinerzeit
berühmten Verlags des Fürsten Gortschakow mit Namen *Fort mit
dem Übel* geistern.

"Wissen Sie denn nicht," fährt mein redseliger Major unbeirrt fort,
"daß Sie ein armes Opfer des amerikanischen Freimaurertums sind!"

Ich schweige, und was soll ich auch sagen, wenn es schon so
weit gekommen ist, daß der NTS der Verbindung mit den Freimaurern bezichtigt wird! Etwas anderes aber interessiert mich,
nämlich, welches Ziel dieses Gespräch verfolgen mag.

"Die Freimaurer!" beginnt der Untersuchungsrichter, in Begeisterung geraten, von neuem. "Die Freimaurer sind gewiß stark. Man kann wohl sagen, daß sie Amerika in der Hand haben. Aber auch wir sind nicht schwach und werden diese Amerikaner schon dünn walzen, so..." Er hebt seinen Stiefel. "Und so, wie wir durch die Mandschurei, durch Deutschland und den Balkan marschiert sind, und uns durch China bewegen, so werden wir auch bis nach Amerika gelangen, nirgendwohin werden sie uns entkommen! Was hattet ihr für eine Armee, und doch sind wir mit ihr fertig geworden! Waren Sie bei Stalingrad?" fragt er plötzlich.

"Nein, ich war nicht dort!"

"Siehst du, und deshalb weißt du auch nichts! Auch die Amerikaner wissen nichts. Ja, wie sollen sie auch? Sie haben doch ihre Demokratie, bei ihnen führen überall die Weiber das Regiment! Sie haben nicht genügend Menschen, bei ihnen geht ein jeder gegen den anderen an, Peter gegen Petermann. Bei uns aber, da wird auf einen einzigen Knopf gedrückt, und dann geht es los!"

Man will mich zu einem *anderen Weg* überreden

Er pocht mit dem Finger auf meinen Kopf. Wahrscheinlich nimmt er an, daß mein Kopf eben jener Knopf ist, auf den man nur zu drücken braucht, damit die Sowjetarmee zur Unterwerfung Amerikas ins Feld rückt.

"Unser Stalin hat einen sehr langen Schnurrbart. Das eine Ende schleudert er über den Atlantik, das andere über den Pazifik, und schon ist Amerika zugedeckt! Und was ist Truman? Er ist gewiß kein dummer Mann, aber die Hände sind ihm ja gebunden, das amerikanische Volk will keinen Krieg, und die Politiker zotteln dort wie ein Schwanz hinter dieser... öffentlichen Meinung her. Sie werden also gar nichts machen können. Was aber bei uns Stalin und die Regierung wollen, das wollen alle!"

Hier konnte ich mich nicht der Frage enthalten:

"Wollen das wirklich alle?"

Bedeutungsvoll hebt der Major seinen Finger:

"Hier bei uns, mein Bester, sind sich die Partei, die Regierung und das Volk einig!" ruft er pathetisch.

"Hitler hatte wohl von uns gelernt." fügt er nachdenklich hinzu. "Aber die Amerikaner haben Wasser in den Brei gepantscht und werden selbst an ihrer Demokratie und ihren liberalen Mätzchen zugrunde gehen. Einen Krieg wollen sie nicht führen und können es auch nicht... Nein, Treguboff, das Rad der Geschichte läßt sich nicht zurückdrehen! Nun sind Sie lange genug bockig gewesen. Bauen Sie nicht auf Onkel Sam! Seine Sache ist im Eimer, seine Karte gestochen. Ja, und Sie sind sowieso bei uns, also wird es Zeit für Sie, einen anderen Weg zu beschreiten. Wie denken Sie darüber?"

"Für einen anderen Weg bin ich immer bereit. Was muß ich denn dafür tun?"

"Ganz einfach, Sie krempeln Ihre ganze Seele um und befreien sich von allem Kehricht."

"Das hab ich, glaub ich, schon getan. Sitze schon eine gute Weile!"

"Aber wie steht es denn mit der Geheimarbeit? Immerhin wissen wir einiges darüber! Eine bestimmte Person hat uns mancherlei davon erzählt, wie Sie nach Ostberlin zu fahren pflegten."

"Natürlich bin ich dorthin gefahren, um Lebensmittel und Bücher zu holen."

"Nach Büchern? Und nicht etwa *mit* Büchern? Haben Sie etwa nicht Ihre NTS-Literatur dorthin gebracht?"

"Ich hatte keine Bundesliteratur, und konnte sie auch nicht haben. Ich fuhr, um Lexika zu holen."

"Schämen Sie sich nicht, so zu lügen?" Der Major steigt plötzlich vom Tisch. "Hören Sie, Treguboff, ich werde nicht viele Worte verlieren. Offensichtlich sind Sie darauf aus, uns an der Nase herumzuführen. Das wird Ihnen aber nicht gelingen! Noch niemandem ist das gelungen, und es wird auch Ihnen nicht gelingen. Merken Sie sich, der Tag wird kommen, an dem Sie Ihre Halsstarrigkeit bitter bereuen werden, dann aber wird es zu spät sein.

Ich habe versucht, mich Ihnen als Mensch zu nähern, als Intelligenzler, wie Sie einer sind. Ich habe Ihnen bewiesen, so wie zweimal zwei vier ist, daß euer ganzer Bund eine sehr kleine und schmierige Filiale der amerikanischen Spionage ist. Und Sie? Nun, ich will einräumen, daß Sie in Ihrer erschütternden Naivität, die allerdings unverzeihlich ist, glauben konnten, daß der NTS eine unabhängige russische Organisation ist.

Aber wie lange wollen Sie noch in die Irre laufen? Auch Ihre Zusammenarbeit mit den Deutschen während des Krieges müssen Sie mit Ihrem Gewissen abmachen. Jetzt bleibt Ihnen nur noch eines, Ihre patriotische Pflicht. Und diese Pflicht zwingt Sie dazu, uns alles zu berichten. Der Minister selbst hat schon mit Ihnen gesprochen. Er hätte Sie nicht rufen lassen, wenn er Sie für einen einfachen Verbrecher ansähe, der streng bestraft werden muß. Sollten Sie denn wirklich den Worten des Ministers keinen Glauben schenken?"

Natürlich weiß ich ganz genau, daß man einem Tschekisten um so weniger glauben darf, je höher er im Rang steht. Aber diesmal ziehe ich es vor, meine Gedanken für mich zu behalten, das Verhör hatte sich schon lange genug hingezogen.

"Sie werden noch an mich denken!" droht der Untersuchungsrichter und ruft den Begleitmann.

Im Karzer

Ich werde in die Zelle geführt. Einige Stunden verstreichen.

Ich liege, kann aber nicht einschlafen und muß immerzu an dieses merkwürdige Verhör denken. Warum war diesmal im Zimmer 693A statt mehrerer Leute nur ein mir unbekannter Major anwesend? Einige Minuten vor dem Wecksignal klirrt der Schlüssel.

"Fertigmachen zum Verhör!"

"Wieder?" wundere ich mich still.

Ich werde abgeführt und in den Lift gesteckt, verstehe gar nichts. Die Tür vom Gefängnis ins Ministerium führt doch von der Plattform zwischen der dritten und vierten Etage ab, und nun geht es irgendwohin nach oben. Sie können mich doch nicht so früh zum Spaziergang holen? Wir steigen nach ganz oben. Da ist auch der Ausgang zu den Spazierhöfen.

"Halt!"

Noch zwei tauchen auf, ein Unteroffizier und ein Offizier, der ein kleines, weißgraues Formular in der Hand hält. Er sieht mich an und fragt nach meinem Namen. Dann beginnt er vorzulesen:

"Auf Befehl des Leiters des Inneren Gefängnisses werden Sie in den Karzer gesperrt!"

"Wofür?"

"Das erfahren Sie dort." antwortet der Offizier vieldeutig.

Ich will protestieren, fühle mich aber schwach wie ein Küken. Kalter Schweiß bricht mir aus allen Poren.

"Für wie lange?" bringe ich noch fertig zu fragen.

"Das erfahren Sie gleich." sagt der Oberleutnant. "Gehen Sie!"

Ich werde umgedreht und zu einer Wandtür links vom Eingang hingestoßen. Ein kleiner Korridor, elektrisches Licht, geradeaus eine mit weichem Stoff beschlagene Tür. Eine Hand öffnet sie. Eine zweite Tür.

"Halt!"

Ohne, daß ich mich ausziehen muß, werde ich gründlich und lange durchsucht. Ein Stück Kamm, Andenken an meine Mutter, wird mir fortgenommen, und dann öffnet sich die zweite Tür.

Vor mir ist es dunkel. Ich werde leicht vorwärtsgestoßen, von hinten spüre ich Zugluft, die Tür schlägt zu.

Ringsum totale Dunkelheit. Zunächst glaube ich an ein Mißverständnis und erwarte, daß gleich blendendes Licht aufflammen wird, wie überall in der Lubjanka. Aber die Minuten vergehen, und die Finsternis scheint immer dichter zu werden. Dennoch warte ich und höre in der völligen Stille das Schlagen meines Herzens.

Wohin bin ich geraten? Wo sind die Aufseher, wo der Leutnant, und wo ist der Karzer? Niemand. Ich wende mich um, betaste mit den Händen die gepolsterte Tür, halte das Ohr daran. Nichts, kein Laut. Aber etwas muß unternommen werden! Ich klopfe und rufe:

"Aufsicht!"

Keine Antwort.

Ich setze mich auf den Fußboden, es ist aber kein gewöhnlicher Fußboden, er ist mit etwas Weichem ausgelegt. Ich betaste ihn und kehre zur Tür zurück.

Wenn du in ein Labyrinth geraten bist, oder nachts in einen dir unbekannten Raum, so halte dich rechts!

Ich denke an diesen Rat und beginne auf allen Vieren meinen Rundmarsch. Zwei Meter weiter ist eine Ecke. Ich bewege mich weiter dicht an der Wand und stoße auf eine Verdickung, aus der ein Geräusch kommt. Es handelt sich um einen Gegenstand, der in die Wand eingelassen ist. Er hat die Form einer halben Birne. Ich befühle ihn, oben ist ein Deckel an einem Kettchen.

Endlich begreife ich, daß das ein an der Wand installierter Abtritt ist. Der Deckel läßt sich heben, irgendwo in der Tiefe rauscht Wasser. Ich taste noch einmal hin. Ja, das ist ein Abtritt.

Also bin ich in einer Zelle, aber warum ist der Fußboden weich ausgeschlagen, und auch die Wand und der Abtritt?

Unwillkürlich fallen mir die Gaskammern ein. Welche Garantie habe ich eigentlich, daß es in der Lubjanka keine Gaskammern gibt?

Aber warum ist dann hier ein Abtritt?

Irgendwo oben zischen leise die Rohre, fast so wie im Berliner Gefängnis Hohenschönhausen. Nach Erforschung dieser so erstaunlichen Klosettabart bewege ich mich weiter.

Ich stoße auf einen Winkel, und weiterkriechend, wieder auf einen, das ist schon der dritte. Dann kommen die vierte Ecke und die Tür. Die Weltreise ist zu Ende, aber ich setze meine Erkundigungen fort, wie ein schiffbrüchiger Seefahrer auf einer unbewohnten Insel. Ich durchquere das Zimmer geradeaus, dann diagonal, und stoße unerwartet an einer der Wände auf einen neuen Gegenstand, der länglich und erhoben ist. Ich ziehe mein Taschentuch aus der Tasche, knote es sorgfältig und werfe es nach oben. Nach dem Laut stelle ich fest, daß die Decke nicht sehr hoch ist, etwa drei Meter vom Boden entfernt. Dann suche ich in völliger Finsternis das Tuch und finde es endlich. Diese Operation raubt mir den Rest meiner Kräfte. Ich strecke mich auf den Boden und ruhe mich lange aus.

Dann fällt mir ein, daß ich die lange Ausbuchtung an der Wand links von der Tür noch nicht erforscht habe. Ich prüfe sie gründlich und komme darauf, daß es sich um eine in die Wand eingearbeitete und tagsüber festgeschraubte Bettstelle handelt. Demnach muß ich nachts auf ihr schlafen.

Aber wo befinde ich mich eigentlich?

Ist das eine neue Zelle für mich oder nur ein Karzer zu vorübergehendem Aufenthalt? Dann merke ich, daß es recht kalt ist, und jäh wird mir bewußt, daß die Zelle mit Gummi ausgelegt ist.

Ich überdenke meine Lage. Wodurch ist meine Unterbringung hier hervorgerufen worden? Offensichtlich ist sie eine Strafe, natürlich im Zuge der Untersuchung, da mir eine andere Schuld nicht vorzuwerfen ist. Die Gefängnisordnung habe ich nicht verletzt, außerdem dürfte der Gefängnisdirektor kaum das Recht haben, jemanden auf diese Weise zu bestrafen.

Es ist klar, daß ich mich mit dem Untersuchungsapparat gründlich zerstritten habe. Wie lange gedenken sie wohl, mich hier festzuhalten? Die zerrütteten Nerven geben der Phantasie alle möglichen Schrecken ein. Aber dann fange ich an, ruhiger zu überlegen: Die Untersuchung ist ja noch nicht beendet, und eine unmittelbare Gefahr für mein Leben besteht zunächst noch nicht. Diese Gummizelle ist einfach ein Versuch, mich zu ängstigen, das Joch der Haft um noch einen Grad zu verstärken. Ich weiß es gut, und der Untersuchungsrichter weiß noch besser als ich, wie Dunkelheit, Stille und Einsamkeit auf manche Menschen wirken.

Aber in Bezug auf mich hat er sich wohl getäuscht.

Das erste, was ich an dem neuen Ort tue, ist die Zeiteinteilung. Jetzt muß es schon Morgen sein, demnach wollen wir auf das Frühstück und andere Lebenszeichen warten.

Immerhin bin ich in diesem Gummikubus nicht lebend begraben!

Endlich öffnet sich die Tür, drei Leute stehen am Eingang.

"Empfangen Sie das Brot!"

"Bürger Vorsteher!" sage ich. "Erlauben Sie mir, mich an Sie zu wenden..."

"Empfangen Sie das Brot!" wiederholt die gleiche hölzerne Stimme.

Ich habe das Brot in der Hand, die Karzerration von dreihundert Gramm. Weich, mit einem Hauch stickiger Luft, schlägt die Tür zu. Wann wird sie sich wieder öffnen?

In der Gummizelle ist es sehr kalt. Ich weiß, daß mein Tag schon begonnen hat. Hier wird es keine Kontrollbesuche, keine Aufräumarbeiten geben. Hier ist es vergeblich, jemanden herzurufen.

Ich beschließe, den Tag so einzuteilen, wie in einer normalen Zelle. Aber hier kann ich nicht lesen. Daher komme ich auf den Gedanken, mich mit Selbstbildung zu befassen.

Gemächlich merke ich mir eine Reihe Vorlesungen über Philosophie, Geschichte und Geographie vor. Ich werde sie mir selbst halten. Ich bin Student und Professor, und zugleich auch die Examenskommission. Der Universitätsplan sieht folgendermaßen aus:

Zwei Stunden Morgenkolleg im Liegen auf dem Fußboden. Dann Fragen aufgrund der Vorlesung, anschließend Diskussion, und der Marsch im Kreise. Endlich Ruhepause und, wenn die Nerven es erlauben, ein Schläfchen, und zu guter Letzt, Abendvorlesung und Besprechung des Themas.

Das Brot ist verzehrt. Ich versuche, mich auf die Kollegs zu konzentrieren, aber vor Hunger springen die Gedanken. Vergangenheit, Gegenwart und Zukunft tanzen einen wilden Reigen.

Immerhin gelingt es mir, ein Thema *einzufangen*, die große Völkerwanderung. Ich denke an den englischen Historiker Edward Gibbon und galoppiere mitten unter den Kriegern Attilas, wobei wir den Staub der südrussischen Steppen und der Donauebenen aufwirbeln. Plötzlich bemerke ich, daß ich mit Attila zu weit nach Norden geraten bin und mich anscheinend irgendwo in Grönland befinde, eine derartige Kälte dringt in meine Glieder ein.

Ich muß die Vorlesung unterbrechen, beide, der Professor und der Student, beginnen mit ihrem Marsch im Kreise. Dabei erwärme ich mich ein wenig.

Die Stunden verstreichen. Ich denke darüber nach, wie ich die Zeit bestimmen soll. Nach dem Umfang des durchdachten historischen Stoffes zu urteilen, müßten schon drei Stunden vergangen sein.

Ich lege mich auf den Boden und schlafe ein, vor Kälte wache ich auf. Wie lange ich geschlafen habe, weiß ich nicht.

Vorsichtig nähere ich mich im Dunkeln dem Abtritt, öffne den Deckel und horche angespannt. Irgendwo in der Tiefe der Lubjanka-Kanalisation gluckst und rollt etwas. Jemand hat einmal gesagt, daß Stimmen und Laute durch die Rohre leicht zu einem dringen.

Er muß sich wohl geirrt haben, ich höre jedenfalls nichts.

Wieder beginne ich zu gehen, dann falle ich erneut in einen halbschlafähnlichen Zustand. Nach meinen Schätzungen müßte es längst Nacht sein, aber warum kippt man die Bettstelle nicht um? Wahrscheinlich tut man es niemals, und ich werde auf dem Boden schlafen müssen.

Kaum habe ich mich hingelegt, da öffnet sich die Tür.

"Treten Sie an die Wand!" kommt der Befehl.

Licht ergießt sich in die Zelle, sie sieht wie ein schwarzer Sarg aus. Ein Schlüssel knackt, fast ohne Geräusch ist die Bettstelle hervorgekommen.

"Bürger Vorsteher, wie ist es mit einer Decke?"

"Steht Ihnen nicht zu!"

Die Tür wird wieder zugeschlagen.

Finsternis und Stille. Ich lege mich auf das Bett. Es ist ebenfalls ringsum mit Gummi versehen. Die erste Nacht in der Gummizelle.

Ich ziehe meinen dünnen, zerschlissenen Sommerrock aus, dann die Schuhe, lege sie unter den Kopf und decke mich mit dem Rock zu. Und sogleich beginnt die Folter. Die Füße frieren, der Kopf friert. Mir ist, als stecke ich in einer Eishölle.

Die Nacht in einer gewöhnlichen Zelle erscheint so kurz. In der Gummizelle dauert sie eine Ewigkeit.

Warme, behagliche Öfen schweben mir vor, die herrliche, südliche Natur, heiße Sonnenstrahlen und dampfende Speisen.

Wecken. Wieder kommen sie. Ich stehe auf, zittere und frage schon nichts mehr. Ich weiß, daß es vergeblich wäre.

Bereits dreimal wurde mir die Brotration gebracht, demnach sind drei Tage vergangen. Am dritten Tag erhielt ich eine Schüssel mit heißer Suppe, wie es einem Karzerhäftling zusteht.

Düsterer Pessimismus befällt mich immer häufiger. Die Dunkelheit ist wie mit drohenden Vorzeichen erfüllt.

Wer könnte es meinen Quälgeistern verwehren, mich Wochen und Monate in diesem schwarzen Sarg festzuhalten?

Die Rückkehr aus dem Karzer

Endlich ist die Karzerhaft zu Ende.

Wieder werde ich durch den kleinen Korridor geführt, wobei man mich unter den Armen stützt. Der Lift, die vierte Etage. Eine grüne Lampe blinkt auf. Die Zelle Nr. 57, ich bin daheim.

Ich betrachte die mir so vertraute Zelle und kann noch immer nicht an mein Glück glauben. Nach der Gummizelle erscheint mir die Zelle Nr. 57 wie ein wahres Paradies. Ich richte mich ein und fühle mich wie im siebten Himmel. Bald wird das Mittagessen gebracht, sogar mit einer Zusatzration. Die Gummizelle hat die Freigebigkeit Abakumows nicht zunichte gemacht. Ich bin wie in einem Kurort, fühle aber eine schreckliche Schwäche und Dunkelheit vor den Augen.

Ich sitze und überlege mir, wie lange ich es noch in der Gummizelle ausgehalten hätte, und komme zu dem Schluß, daß zehn bis zwölf Tage das Maximum gewesen wären.

Und was geschieht mit denen, die es nicht aushalten? Wohin werden sie geschickt, ins Hospital oder direkt in die Totenkammer?

Am nächsten Tag werde ich in die Badestube geführt. Ich bin mir selbst ein schrecklicher Anblick. Selbst der an alles gewöhnte Bademeister im grauen Kittel besieht sich erstaunt das lebende Skelett.

Einige Tage später werde ich um Mitternacht zum Verhör bestellt, in ein anderes Kabinett im 5. Stock. Der Untersuchungsrichter ist jedoch der gleiche, der mich zuletzt verhört hat, bevor ich in die Gummizelle kam. Er ist wieder allein.

Ich bin so schwach, daß ich nicht einmal den Kopf hebe.

"Nun, Treguboff, werden Sie heute antworten?"

Ich stehe da, schweigend, mit gesenktem Kopf.

"Nun, wie steht es?" wiederholt er einige Male. "Haben Sie sich durchgerungen zu sprechen?"

"Ja, ich habe mich entschlossen." sage ich endlich.

"Also, wie war das mit Okolowitsch und der geheimen Arbeit?"

Mir ist klar, irgendetwas muß ich sagen. Schweigen würde wieder die Gummizelle bedeuten.

Ich fange an, irgendeinen Unsinn daherzureden und bin erstaunt darüber, daß der Untersuchungsrichter mich aufmerksam und ruhig anhört.

Aber ich sage mir, daß es an der Zeit ist, auch außerhalb der Sphäre des Untersuchungskabinetts etwas zu unternehmen.

Ich sitze in der Zelle und denke nach.

Am nächsten Tag bitte ich während des Kontrollganges, so um elf Uhr, den diensthabenden Offizier zu mir. Wahrscheinlich war die Leitung etwas erstaunt, daß sich die Zelle Nr. 57 fordernd meldet, da sie sich bisher so ergeben gezeigt hatte.

Die Tür öffnet sich. Auf der Schwelle steht der Offizier.

Ich nehme eine feierliche Pose ein und erkläre, die Hand unter dem Aufschlag des eng zugeknöpften, abgetragenen Rockes:

"Seine Majestät, Kaiser Napoleon der Erste, befiehlt seine Marschälle und das Gefolge zu sich!"

"Wen?" Der Offizier weicht zurück und öffnet seinen Mund, der voller Goldzähne ist.

"Hören Sie, das Gefolge und den Chef des Feldstabes, Marschall Berthier. Außerdem sollen kommen Seine Majestät, der König von Neapel, sowie die Marschälle Ney, Lannes und Victor!"

Dem Leutnant zucken die Lider.

"Auch der Hofmarschall möge kommen!" befehle ich weiter.

"Ja, ja, gleich kommt Napoleon selbst zu Ihnen!" haspelt der Leutnant und verschwindet.

Der Gefängnisarzt erscheint zusammen mit irgendeinem Beamten. Ich werde lange ausgefragt, und die Fensterscheiben der Zelle klirren von meiner Donnerstimme. Ich verlange sogar, daß jetzt, am Vorabend der Schlacht bei Borodino, die Kaiserin Marie-Louise und mein persönlicher Freund, der Marschall Lannes, unverzüglich erscheinen.

Hier ertappe ich mich allerdings dabei, daß die Kaiserin Marie-Louise Napoleon nicht nach Rußland begleitet hatte, und der Marschall Lannes bereits 1809 gefallen war.

Erst später erkannte ich, auf was für ein gefährliches Spiel ich mich eingelassen habe. Jene, die Verrücktheit simulieren, werden, wie ich bereits erwähnt habe, zur Expertise ins Serbskij-Institut geschickt, wo stets das salomonische Urteil gesprochen wird:

"Krank, aber für seine Handlungen verantwortlich!"

Das bedeutet, daß die Tschekisten so einen bei den Verhören wie einen Gesunden quälen können, und ihn dann, nach Beendigung des Untersuchungsverfahrens, nach Kasan schicken, in eine der schrecklichsten Institutionen der Straforgane, in die sogenannte Psychiatrische Gefängnis-Heilanstalt.

ZELLE DREISSIG
Doktor Kaufmann aus Charbin

Zwei Tage vergehen. Dann bekomme ich den Befehl, mich mit meinen Sachen bereitzuhalten. Eisige Kälte packt mein Herz. Sollte ich wieder in die Gummizelle müssen? Wider Erwarten werde ich aber nicht nach oben, sondern nach unten geführt.

Die dritte Etage. Das grüne Lämpchen glüht auf. Jetzt gehen wir einen Seitenkorridor entlang. Zelle Nr. 30, darin zwei Häftlinge. Es sind die ersten, die ich nach vielen Wochen Einzelhaft sehe.

Wir schließen Bekanntschaft.

Der eine, in sehr dürftiges Grau gekleidet und bejahrt, nennt seinen Namen: Kaufmann. Alsbald erfahre ich, daß er ein jüdischer Arzt ist, der fast sein ganzes Leben in Charbin verbracht hat, ein sehr kluger, gebildeter und ungewöhnlich belesener Mensch.

Der zweite ist Rjasanow, ein alteingesessener Moskauer Handwerker, ein Schuster, der bis zu seiner Verhaftung sein Handwerk ausgeübt hat. Er ist ein kleingewachsener Mann mit sommersprossigem Gesicht, schrecklich nervös und überreizt.

Unentwegt plappernd, ist er seinem Zellengenossen Wladimir Ossipowitsch Kaufmann offenbar schon reichlich lästig geworden. Aber Doktor Kaufmann behandelt ihn so, wie ein weiser Arzt einen sehr unangenehmen und aufdringlichen Patienten.

Nachdem wir uns bekannt gemacht haben, erzählen wir einander, der Gefängnistradition entsprechend, unsere Lebensgeschichte.

Irgendwo im Osten Rußlands geboren, studierte Doktor Kaufmann in der Schweiz. Dann lebte er, wohl von 1910 an, in Charbin. Offenbar ein vorzüglicher Arzt, machte er dort gut Karriere und brachte es sogar zu einem eigenen Krankenhaus. Er war verheiratet und hatte drei Söhne, die zum Glück rechtzeitig aus der Mandschurei nach den Vereinigten Staaten übersiedeln konnten. Von allen geachtet, war Kaufmann lange Zeit, unmittelbar bis zu seiner Verhaftung Ende 1945, Vorsteher der Jüdischen Gemeinde in Charbin, die etwa dreitausend Köpfe zählte.

Er berichtete über empörende Einzelheiten seiner Verhaftung. Er war niemals ein Sowjetbürger gewesen und hatte in den Jahren 1921 und 1922 viel für die Hungernden in Sowjetrußland getan.

Nach Besetzung der Mandschurei durch die Rote Armee wurde er als Vorsteher der Jüdischen Gemeinde zu irgendeiner Institution des sowjetischen Heereskommandos bestellt und dort, ohne Angabe von Gründen, gleich in den Keller gesteckt. Das war die Dankbarkeit der Sowjetmacht einem Menschen gegenüber, der in der schwierigen Situation der japanischen Okkupation, während der *Unabhängigkeit* Mandschukuos, und endlich während des Zweiten Weltkrieges sehr viel für seine Landsleute getan hatte.

Tagelang führen wir interessante und für mich sehr belehrende Gespräche. Ich erfahre viel Neues vom Leben der Russen in der Mandschurei. Meine Vorstellung von der negativen und pseudopatriotischen Tätigkeit der fernöstlichen Faschisten Rodsajewskijs und anderer erfährt Bestätigung, und ich erkenne, daß die Mandschurei und China während der japanischen Besatzung für die russischen Emigranten etwa dasselbe waren wie Deutschland und der von den Deutschen besetzte Teil Europas. Die Japaner verlangten von den russischen Emigranten widerspruchslose Unterordnung, ja, ein fast sklavisches Sichfügen. Alle diejenigen, die für die Zukunft Rußland frei und unaufgeteilt zu sehen wünschten, wurden hart bestraft und unterdrückt.

Doktor Kaufmann berichtete mir auch viel vom Antisemitismus eines Teils der russischen Emigration in der Mandschurei, vom Antisemitismus derer, die bestrebt waren, den Kampf gegen die Sowjetmacht durch einen Kampf gegen die örtlichen Juden und die sogenannten *dunklen Kräfte des jüdischen Freimaurertums* zu ersetzen. Die so Angegriffenen eigneten sich insofern besonders zur Bekämpfung, da eigentlich niemand etwas von ihnen wußte; daher konnte man ohne Risiko und größere Anstrengungen gegen sie auftreten.

"Jetzt will ich Ihnen aber erzählen, Georgij Andrejewitsch, wie es mir bei meiner Verhaftung erging. Man nahm mir meine braunen, aus belgischem Chromleder gefertigten Halbschuhe ab, Armbanduhr, Ring, Manschettenknöpfe, kurz, alles, was ich hatte. Für die Tschekisten ist ja der Kampf gegen die *Feinde der Sowjetmacht* vor allem eine Quelle des leichten Erwerbs."

"Wurden denn keine Protokolle angefertigt?"

"Doch, das hat man ja auch bei Ihnen gemacht. Aber welchen Sinn haben sie? Such mal den Wind auf dem Feld! Und dann begann das Sitzen in der Haft. Läuse, grobe Behandlung, Hunger.

Schließlich wurde eine große Gruppe von Emigranten, oder einfach Leuten, die in Rußland geboren waren, etwa zweitausend Menschen, in Waggons verladen und nach Sibirien transportiert. In den Waggons Hunger, Enge, stickige Luft, keinerlei medizinische Hilfe, und vor allem, keiner dieser Menschen war ja offiziell verhaftet worden, daher gab es sogar patriotische Reden.

Wir fahren schon über einen Monat, mehrere sterben.

Ich hielt es nicht mehr aus und suchte den Transportarzt auf. Er sah mich an und hob schon die Faust, um loszubrüllen, dann bedachte er sich aber. Ich frage ihn:

'Wie lange soll diese Tortur noch dauern?'

'Mein Lieber, womit soll ich Ihnen helfen?' antwortet er. 'Es gibt keine Lebensmittel, fast gar keine Arzneien, nichts ist da! Ich kann Sie jedoch beruhigen, ich glaube, wir kommen in drei Tagen an.'

Wir trafen in einem Lager bei Tscheljabinsk ein.

Weder Gericht, noch Untersuchung. Ich schrieb eine Eingabe, nichts half. Ich lebte allerdings einigermaßen erträglich, war Stationsarzt, behandelte auch die Lagerkinder im Kinderheim. Dann wurde ich 1947 plötzlich zum Untersuchungsverfahren herangeholt, zuerst in Swerdlowsk, dann in Moskau, und nun zieht es sich hin."

Ich lese Dostojewskijs Roman *Die Dämonen*

Der 26. Juni 1948 war ein freudiger Tag.

Neue Bücher wurden gebracht, und darunter, ich traute meinen Augen nicht, auch *Die Dämonen* Dostojewskijs, eine Prachtausgabe in blauem Einband mit Goldschnitt, etwa aus den neunziger Jahren.

Ich stürze mich auf das Buch.

Wenn ich bis dahin geglaubt hatte, Dostojewskij zu kennen, so ging mir hier, in der Zelle Nr. 30 des Inneren Lubjanka-Gefängnisses, auf, daß ich bisher nicht gewußt hatte, was Genie bedeutet, und nichts von Dostojewskij verstanden hatte. Ich las *Die Dämonen* nicht, ich vollzog eine heilige Handlung, jede Seite war mir wie eine Offenbarung. Ich saß auf dem Bett und hielt mühsam das mir übermäßig schwer erscheinende Buch auf den Knien. Die Zeilen liefen und sprangen, die Augen fielen mir vor Müdigkeit halb zu, aber mir war, als läse ich sogar durch die geschlossenen Lider.

Vor meinem geistigen Auge erstand die kleine Stadt mit ihrem wunderlichen Gouverneur, diesem Symbol der hilflosen Administration des zaristischen Rußlands. Das Städtchen erweiterte sich plötzlich bis zu den Grenzen ganz Rußlands, ja, der halben Welt. Die Gestalt des Pjotr Werchowenskij, dieses Geistes des Bösen und der Zerstörung, der Niedertracht und Tücke, nahm jäh die Umrisse Lenins, dann Stalins an. Und das Häuflein Revolutionäre, deren Blick für die Grenze zwischen Gut und Böse verloren gegangen war, verwandelte sich in das Vielmillionenbild der kommunistischen Partei.

Hier, in der Lubjanka, verspürte ich plötzlich, daß das Böse dank seiner inneren Fehlnatur immer zu völligem Mißerfolg, zu einem unvermeidbaren Untergang verurteilt ist, wie drohend und unbesiegbar es sich auch geben möge, wie gewaltig der es regierende Verstand auch sei, und wie erhaben nach außen hin die Ideale sein mögen, die mit Hilfe des Bösen verwirklicht werden sollen.

Das Böse ist nach Dostojewskij der stürmische Ausbruch einer Welt des Untergangs und des Nichts, ein Ausbruch, der nie von Dauer und im Grunde stets ephemer ist.

In der Zelle Nr. 30 kam mir zum Bewußtsein, daß dieser ungeheuerliche Unterjochungsapparat, dem gegenüber der Einzelmensch schier ein hilfloses Sandkorn ist, unvermeidlich und bald zugrunde gehen wird. Eine Stimme flüsterte mir zu:

"Der Kommunismus hat keine Macht über dich, und so du dich ihm nicht beugst und nicht den Weg der Kapitulation und der Kompromisse gehst, ist auch dein persönliches Geschick nicht furchtbar."

Die Tage vergehen, ich begeistere mich an den *Dämonen*.

In unserer Zelle wird es immer heißer. Mir scheint, als ob diese Hitze, die mich so quält, aus den steinernen Mauermassen des Ministeriums hervorströmt.

Der Moskauer Schuster Rjasanow

Das unentwegte, hysterische Geplapper Rjasanows fällt mir und Kaufmann stark auf die Nerven. Zum zwanzigsten Mal erzählt er uns die Geschichte seiner Verhaftung.

Es ist offensichtlich, daß dieser kleine, scheue und ungebildete Mann vollkommen unschuldig ist.

Während des Krieges war er in Deutschland gewesen und hatte eine fremde Welt gesehen, aber die Berührung mit dieser anderen Welt hatte anscheinend keine kritische Haltung gegenüber der Sowjetwirklichkeit bei ihm bewirkt.

Immerzu will er uns davon überzeugen, daß er vor dem Sowjetregime schuldlos dastehe und als Sowjetsoldat ehrenhaft gefochten habe. Er erwähnt irgendwelche vorsintflutlichen Urkunden, die er von gewissen Organisationen zum Zeichen der Dankbarkeit erhalten habe. Wenn der Aufseher die Zelle betritt, springt er als erster auf. Dabei tritt ihm der Schweiß aus den Gesichtsporen, die kleinen Augen blicken erschrocken drein, und wie ein Schüler, der etwas verbrochen hat, sprudelt er wohl zwanzigmal hintereinander hervor: "Verzeihen Sie, verzeihen Sie!"

Uns gegenüber beteuert er seine Unschuld, als wären wir Untersuchungsrichter. Mitunter verfällt er in ein jämmerliches Pathos und beschwört uns stundenlang, vor dem gerechten sowjetischen Gericht und den Sicherheitsorganen nichts zu verheimlichen. Manchmal weint er bitterlich und läuft durch die Zelle, wobei er an sein, wie er selbst sagt, ziemlich dürftiges Quartier und seine ihn nicht sonderlich liebende Frau zurückdenkt.

Es kommt mir in den Sinn, daß Menschen vom Schlage Rjasanows wie Fische in großen Tiefen sind und sich dem fürchterlichen physischen Druck angepaßt haben, und daß die kommunistische Macht in hohem Maße gerade darauf gegründet ist.

Ein Rjasanow kann sich nur schwer vorstellen, wie man ohne ständige Antreiberei durch die Machthaber überhaupt leben kann.

Meine Gespräche mit Kaufmann sind für ihn geradezu Frevel.

Wir aber wagen es mitunter sogar, den Allerheiligsten, Stalin selbst, anzurühren!

Anfang Juli wird Kaufmann zum Verhör bestellt. Man beschuldigt ihn der Spionage für Japan und irgendwelcher Beziehungen zu den fernöstlichen Faschisten Rodsajewskijs. Nach dem Verhör sagt mein armer Zellengenosse mit bitterem Humor:

"Eben hat man mich, einen Juden, beinah beschuldigt, mit Hitler zusammengearbeitet zu haben. Jedenfalls braucht man sich nicht zu wundern, wenn sie es noch tun!"

Rjasanow hat sich endgültig in ein jammerndes, altes Weib verwandelt. Je länger ich ihn beobachte, um so weniger kann ich begreifen, welche Ziele die Tschekisten mit seiner Verhaftung verfolgt haben. Er wird angebrüllt und bedroht, man beschuldigt ihn politischer Verbindungen zu einem anderen, gleich ihm verhafteten Bewohner seines Hauses.

Natürlich bekennt er sich zu allem, auch zu dem, was er nicht getan hat, und sogar zu dem, von dem er nichts weiß und was er überhaupt nicht begreifen kann.

Man wird ihn gewiß verurteilen und ins Lager schicken.

Aber selbst vom Standpunkt der radikal unmenschlichen sowjetischen Untersuchungsgesetze ist er ein absolut unschuldiger Mensch.

Die flehentlichen Bitten des sächsischen Konditors

Einmal ertönte im Korridor, in der Nähe der Ausgangstür, ein wildes Geschrei, zuerst auf deutsch, dann auf englisch.

Ein zitternder Greisenbaß schrie Verwünschungen und beschwörende Bitten heraus, und verlangte in gebrochenem Russisch nach dem Staatsanwalt.

Stampfende Schritte, Türenschlagen.

"Henker! Sadisten, Mörder!" erklang es auf deutsch. "Zu Hilfe! Sie schlagen einen tot, die Teufel!" Ein unartikuliertes Geheul. Dann auf englisch: "Sie führen mich zum Galgen!"

Wieder knallen Türen, dann verstummt alles.

Erst viel später erfuhr ich, daß das ein Deutscher war, der sein ganzes Leben in Amerika verbracht hatte, dann aber zur Hitlerzeit sein patriotisches Herz entdeckte und ins heimatliche Sachsen zurückkehrte. Hier betrieb er ein blühendes Geschäft, eine Konditorei. Nach der Besetzung Deutschlands durch die Sowjetarmee wurde er als ein Mensch, der in Amerika gelebt und dort Beziehungen gepflegt hatte, der Spionage zugunsten einer überseeischen Republik bezichtigt, verhaftet und als Kapitalverbrecher nach Moskau gebracht. In Moskau erwies sich, daß die erlittenen Qualen zuviel für ihn waren. Er wurde verrückt und machte Aufsehern wie Zellengenossen hysterische Szenen, im Gefängnis- und Lagerjargon *Konzerte* oder *Szenen am Springbrunnen* genannt.

Dieser Begriff geht wahrscheinlich auf die Begegnung am Springbrunnen zwischen dem falschen Dimitrij und Marina in Puschkins
Boris Godunow zurück, in der der Usurpator Marina gesteht, daß er
kein Zarensohn ist, sondern nur ein entflohener Mönch.

Die Springbrunnenszene ließ der unglückliche und kranke *Agent*
einer überseeischen Republik jeden Tag abrollen. Er konnte absolut
nicht begreifen, daß hier nicht die Vereinigten Staaten oder Hitler-
deutschland war. Sein weiteres Geschick ist mir unbekannt.

Im Juli fand in unserer Zelle ein Kriegsrat statt.

Wir beschlossen gemeinsam, während der Morgentoilette unsere
Hemden auszuziehen, was streng verboten war, damit wir uns bis
zur Hüfte waschen können. Das erfrischt sehr und bringt bei der
in der Zelle herrschenden Schwüle eine große Erleichterung.

Rjasanow aber erklärte kategorisch, er sei nicht unser Verbündeter.

Der Diensthabende unseres Korridors, offenbar kein übler Bursche
und kein Formalist, sah zu unserer Freude bei der Morgenwäsche
durch die Finger, und wir waren überglücklich.

Kaufmann und Rjasanow werden ziemlich regelmäßig zu Verhören
abgeholt, während man mich vergessen zu haben scheint.

Eines Tages sagt mir der vom Verhör zurückgekehrte Kaufmann
strahlend, er sei beim Staatsanwalt gewesen, ein sicheres Zeichen dafür, daß der Abschluß des Untersuchungsverfahrens nahe bevorsteht.

"Nun, was denken Sie überhaupt über Ihr weiteres Schicksal?"
frage ich ihn.

Kaufmann ist optimistisch gestimmt, er glaubt fest daran, daß es
jetzt nicht mehr als zehn Jahre gibt. Ich teile seinen Optimismus nicht
ganz, sage aber natürlich nichts. Ein Mensch, der schon drei Jahre
in Gefängnissen und Lagern verbracht hat, hat Anspruch darauf,
daß ihm wenigstens die *Hoffnung* nicht zerschlagen wird, auch
wenn sie noch so wenig begründet ist. Über das Lager spricht er,
wie alle, die lange im Untersuchungsgefängnis sind, buchstäblich wie
über das himmlische Paradies. Er hat teilweise recht: Ihm als Arzt
ist im Lager Facharbeit gewiß, das heißt, eine bevorzugte Stellung.

Dann bricht der Tag an, an dem Kaufmann die Zelle endgültig
verlassen soll. Wir wissen das im voraus, da er entsprechend dem
§ 205 über die Beendigung des Untersuchungsverfahrens unterschrieben hat, und der Untersuchungsrichter ihm sogar vorschlägt,
einen Antrag auf Begnadigung zu stellen.

Ich selbst weiß nur zu gut, daß dies zu nichts führt. Ein Mensch, der nach § 58 verhaftet worden ist, ist allein schon durch die Verhaftung verurteilt, die einzigen Pforten, die ihm offen stehen, sind die Pforten ins Lager. Niemals und unter keinen Umständen verzichtet die Lubjanka auf ihr Opfer.

Der Weg eines ehemaligen Leutnants

Am Tage nach Kaufmanns Scheiden wird ein neuer Häftling bei uns untergebracht. Er ist Kasache, heißt Deribajew (1957: Saltanejew) und war früher Parteimitglied, überzeugter Kommunist. Er ist ein sehr gebildeter Mensch und spricht ausgezeichnet russisch.

Ich hatte viel von den Basmatschen gehört, von dem verzweifelten Kampf der Völker Mittelasiens gegen die Sowjetmacht. Die Kasachen sind Muselmanen, ein Volk, das seinen eigenen Wert wohl zu schätzen weiß. Die Kollektivisierung und der antireligiöse Kampf der Kommunisten riefen bei den Kasachen hartnäckigen Widerstand hervor, der vom Regime grausam unterdrückt wurde.

Die Zahl der Kasachen, die ins Lager gerieten, war prozentual beträchtlich höher als die der anderen Völker der Sowjetunion. Unter den ungewohnten klimatischen Bedingungen des Nordens starben sie schnell dahin. Aber ein gewisser Teil der kasachischen Jugend, der durch die Schule des Komsomol gegangen war, diente dem kommunistischen Regime treu und ideell ergeben.

Eben zu dieser Jugend gehört mein neuer Zellengenosse. Er berichtet mir viel über die Kollektivisierung in Kasachstan, von der zügellosen Mißwirtschaft und der völligen Mißachtung der Persönlichkeit bei der Organisation der Kolchosen und Sowchosen.

Er erzählt auch, gleichsam, um die Friedensliebe des kommunistischen Regimes zu illustrieren, von der militärischen Expedition nach Ostturkestan, gegen die chinesischen Mohammedaner, die Dunganen. An dieser Expedition hatte auch er, Deribajew, als Leutnant teilgenommen. Die Dunganen sind wütende Feinde des Kommunismus. Ich glaube, daß noch 1938, auf Befehl Moskaus, das Oberkommando des mittelasiatischen Militärbezirks einige Kavallerieregimente, die reichlich mit modernen Waffen ausgestattet wurden, zur Bekämpfung der Dunganen zusammenzog.

"Wir zogen tagelang durch unbekanntes Land, bevor wir auf die halbseßbaren Dunganen stießen. Sie sind keine Feiglinge, verstehen aber nicht zu kämpfen, von Technik und Organisation keine Spur. Und wir begannen, sie alle niederzuhauen, wer immer unter die Säbel geriet, ob Mann oder Weib... Sie sind verwegen und lassen sich nichts gefallen, aber wir hatten viele Maschinengewehre, Panzer und Panzerspähwaren, Artillerie, und außerdem waren wir alle geschulte Soldaten. An die vier Monate haben wir dort gewirkt.

Als wir zurückkamen, sprach uns die Obrigkeit ihren Dank aus, und wir dachten natürlich:

'Wir dienen dem werktätigen Volk! Ihr dummen Dunganen, ihr begreift nicht, wo euch das Glück winkt!'

Aber wenn ich mich jetzt selbst betrachte, dann sehe ich ein, daß ich wohl noch dümmer bin als sie!"

"Ja, Georgij Andrejewitsch!" fuhr Deribajew nachdenklich fort. "Ich focht und focht, und nun bin ich am Ende. Wie oft habe ich Verbannte und Häftlinge eskortiert, jetzt aber muß ich selbst diese Suppe auslöffeln... Georgij Andrejewitsch, glaubst du an Gott?"

"Ja, ich glaube an ihn."

"Ich aber, siehst du, ich weiß es nicht so recht. Glaube wohl auch... Weiß noch, als wir die Dunganen schon ganz geschlagen hatten, holten wir in einer langen Schlucht ihr Standlager ein. Da waren Fuhrwerke, Kamele, Pferde und allerhand Volk, eine Menge, mit und ohne Gewehre! Sie fingen zu schießen an, wir aber hatten eine reitende Batterie bei uns. Natürlich entfalteten wir uns, da wurde bei ihnen alles ein brodelnder Kessel. Und dann begannen wir, auf sie einzuhauen...

Sieh, damals dachte ich, wir hätten nun die Feinde des Sowjetregimes besiegt. All das war ja schon sehr grausam, aber es war halt nicht zu ändern.

Dann kam der Krieg mit Deutschland. Da hatten wir es schon nicht mehr mit Dunganen zu tun! Bei Kiew geriet ich in Gefangenschaft. Beinah hätte man mich als Kommunisten erschossen. Dann wurde ich unter den Deutschen in ein kasachisches Bataillon eingereiht. Am Kanal focht ich gegen die Amerikaner und wurde von ihnen gefangen genommen. Ich wurde nach Amerika transportiert, nach Kriegsende aber in die Heimat repatriiert. Viele wollten nicht heimfahren, auch ich nicht, und wir sagten den Amerikanern:

'Versenkt uns im Ozean, aber schickt uns bloß nicht in die UdSSR zurück!'

Nichts ist dabei herausgekommen!

'Warum wollt ihr nicht?' fragten sie. 'Fühlt euch also schuldig gegenüber eurer Heimat?'

'Wir haben uns nicht an der Heimat, sondern am Regime vergangen!'

'Ist das denn nicht dasselbe?'

'Bei euch in Amerika ist das ein und dasselbe, wo das Volk seine Regierung wählt.'

'Ist es in der Sowjetunion denn nicht ebenso? Bei euch gibt es doch auch Wahlen!'

'Die gibt es schon, aber man muß diejenigen wählen, die man nicht haben will!'

'Wie ist so etwas möglich?'

'Es ist eben so, ob du willst oder nicht, du hast Stalin zu wählen und ihm zu folgen! Sie aber machen mit uns, was sie wollen! Ihr wundert euch, warum wir die deutsche Uniform angezogen haben? Denkt wohl, daß wir die Deutschen lieben? Ihr wißt doch selbst, wie sie uns Gefangene in ihren Lagern ausgemergelt haben!

Wir wollten mit den Deutschen nicht unser Vaterland erobern, sondern uns mit ihrer Hilfe vom Bolschewismus befreien. Wieviele Russen und Ukrainer sind dem General Wlassow gefolgt! Auch von uns Mittelasiaten waren nicht wenige bei ihm. Wir hatten auch unsere nationalen Truppenteile. Wir sind weder für die Deutschen, noch für die Bolschewisten, wir sind für ein freies Heimatland. Die Wlassowleute haben ja auch direkt gesagt:

'Wir sind für die dritte Kraft, für ein Rußland ohne Deutsche und ohne Bolschewisten, für ein freies Heimatland!'

Und die fremde Uniform haben wir nur angezogen, um gegen die Kommunisten, die Feinde unseres Volkes, kämpfen zu können, denn sie erkennen nichts an, außer dem Schießeisen.

Und gegen euch haben wir nur gefochten, weil ihr Verbündete der Kommunisten seid, keineswegs aber, weil wir etwa für Hitler waren. Wir haben die Waffen gegen das volksfeindliche Regime erhoben, nicht aber gegen das Volk. Auch ein Rotarmist aus den Reihen derer, die Berlin genommen haben, würde sagen, daß er nicht für das Regime, wohl aber für sein Volk gekämpft hat.

Es wird ihm jedoch nicht leicht fallen, so etwas zu sagen, denn kaum muckst einer auf, schon ist es aus mit ihm:

Erschießung oder Lager, und darüber hinaus wird seine Familie verfolgt. Bei uns werden auch die Angehörigen für solche Worte zur Rechenschaft gezogen.'

Die Amerikaner hören sich das an und schütteln ihre Köpfe.

Wir sahen wohl, daß viele von ihnen uns verstehen und bemitleiden, es gab nicht wenige russisch sprechende Amerikaner, aber wir erkannten auch, daß es nicht von ihnen abhängt. Irgendwo ganz oben war wohl schon die Entscheidung gefällt worden.

Man begann, uns auf Dampfer zu verladen.

Da sahen viele, daß wir unbedingt in Stalins Klauen geraten, und dann ging es mit dem Rückversichern los. Auch Agitationsbrigaden tauchten bei uns auf, und Aufschriften auf den Baracken:

'Haltet hoch die Ehre und Würde des Sowjetkriegers!'

Die Amerikaner gaben uns Bekleidung, Schuhwerk, jeder von uns erhielt einen Zivilanzug, und der Dampfer wurde mit soviel Proviant vollgeladen, wie wir noch nie gesehen hatten: Obst, Konserven und Eipulver, dann irgendein *ham*, so nennen sie wohl ihren Schinken.

Endlich fuhren wir ab.

Sahen schon, daß wir alle in des Teufels Klauen geraten.

Von San Francisco fuhr man uns irgendwo gen Norden, an Alaska vorbei, mit den Japanern wurde ja noch Krieg geführt.

Dann passierten wir die Kamtschatka.

Plötzlich wurde auf unserem Schiff die Sowjetflagge gehißt, und ein sowjetischer Kapitän tauchte auf. Es erwies sich, daß der Dampfer ein sowjetisches Schiff war, und die amerikanische Besatzung nur bis zur Kamtschatka mitfuhr.

Kaum wehte die Sowjetflagge über uns, schon ging es los!

Überall Patrouillen, uns wurde verboten, das Deck zu betreten, und mit einem Schlage änderte sich die Kost. Es gab angefrorene Kartoffeln und Kohl. Und allerhand Reden wurden geführt:

'Ihr seid Vaterlandsverräter!' hieß es.

Sogar irgendein Zeitungsblättchen wurde an Bord herausgegeben.

Wir trafen in Wladiwostok ein.

Man lud uns aus, teilte uns in Gruppen auf, und dann ging es in die Baracken. Es waren Lagerbaracken, nahe der Stadt, versehen mit Wachttürmen und Posten.

Durchsuchungen begannen. Die amerikanischen Anzüge wurden uns fortgenommen. Leute mit goldenen Achselstücken kamen und befahlen das sofortige Abliefern, und natürlich lieferten wir sie ab. Und dann hieß es, die sowjetische Industrie benötige Kohle, und wir wurden in die Bergwerke abtransportiert, nicht etwa als Häftlinge, sondern einfach so, mir nichts, dir nichts. Das Verlassen des Bergwerks war jedoch streng verboten. Die Bezahlung war gut, aber das nutzte uns nichts, denn es gab nichts zu kaufen. Auf Karten schon gar nicht, und auf dem freien Markt waren die Preise so hoch, daß wir den zehnfachen Lohn hätten haben müssen.

Dann wurde damit begonnen, einzelne aus unseren Reihen herauszuziehen, mal wurde der eine, dann der andere verhaftet. Ich sah bereits, daß sie sich auch an mich herantasteten. Zweimal holten sie mich zum Verhör. Ich spürte, daß ich mich dünnmachen mußte, und das habe ich auch getan..."

"Wohin entwichen Sie denn, Deribajew?"

"Ins heimatliche Kasachstan, dorthin, wo mich alle kannten."

"Aber gerade das war doch besonders gefährlich!"

"Nein, Georgij Andrejewitsch, bei uns hilft sogar ein Kommunist seinem Freund. Na, ich kam also hin. Papiere hatte ich natürlich nicht und sagte, ich sei aus der Armee demobilisiert, und die Papiere habe man mir gestohlen. Vielleicht hat man mir auch nicht ganz geglaubt, aber da saß ein Vetter von mir, und so erhielt ich neue Papiere. Selbst ein Mädchen habe ich gefunden, und war schon drauf und dran zu heiraten. Fast ein Jahr lang verlief alles ruhig und ich dachte schon, daß mir nichts mehr passieren könnte. Da aber fand sich ein Schweinehund, unser Brigadeführer hat mich verraten. Ja, und da holten sie mich natürlich ab.

Erst wurde ich nach Taschkent ins Gefängnis geschickt. Das ist das größte Gefängnis der Welt, dreißigtausend sitzen dort, mehr als im Moskauer Butyrki-Gefängnis. Die Tore werden gar nicht geschlossen, denn immerfort wird jemand eingeliefert. Kaum war ich da, ging es los! Ich wurde sehr geprügelt und nur mit Unterwäsche bekleidet in den Karzer gesteckt. Dann bestimmte man mich zum Abtransport. Der Untersuchungsrichter sagte mir, ich fahre nach Moskau, aber man brachte mich, wer weiß, warum, nach Gorkij ins Gefängnis. Ich durchschritt die Eisentore und wurde in einer Einzelzelle untergebracht.

Dann holten sie mich in die Kanzlei. Dort stoße ich auf zwei Aufseher. Einer ist mager, hat eine Schrapnellnarbe auf der Wange, der andere ist wie ein Bär, stiernackig, paßt kaum in die Uniformbluse, sieht mich mit zusammengekniffenen Augen an und fragt:

'Weißt du, mit wem du sprichst? Ich bin der Aufseher Prochorow, und solche wie du nennen mich *Hämmersack!*'

Ich antworte ihm, sage etwas, er aber fährt gleich fort:

'Und du bist für mich ein Gaunersack mit Knochen!'

Er führt mich irgendwohin, und unterwegs stößt er mir seinen Schlüssel unter die Rippen, ein Schmerz, daß mir Hören und Sehen vergeht.

'Wer gibt Ihnen das Recht, handgreiflich zu werden?'

Auf diese Worte hin stieß er mich so, daß ich sogar hinfiel.

'Ich werde mich beschweren!' schreie ich.

Er lacht nur:

'Bist hier fünfundsiebzig Werst von der Sowjetobrigkeit entfernt!'

'Nur der Untersuchungsrichter und der Staatsanwalt dürfen mich bestrafen!' schreie ich von neuem.

Wieder lacht der Kerl: 'Beide sind weit, ich aber bin dir näher.' Und stößt noch einmal mit dem Schlüssel zu.

Erst im Karzer kam ich zu mir, in blanker Unterwäsche.

Ich sah, hier in Gorkij würde ich umkommen. Zwei Tage und Nächte verbrachte ich im Karzer, am dritten Tag führte man mich in die Zelle zurück. Viele saßen darin.

Fünf Kriminelle spielten Karten. Ich setzte mich leider dazu, obgleich ich wußte, daß es verboten ist, und ich nichts besaß, worauf ich hätte setzen können. Der Diensttuende riecht den Braten, der Gehilfe des Gefängnisdirektors taucht auf.

Ich habe schon viele Tschekisten gesehen, Georgij Andrejewitsch, aber noch nie eine so ekelhafte Visage, sie war noch schlimmer als die des Sadisten Hämmersack. Einmal habe ich in Deutschland den Roman von Charles Dickens *David Copperfield* gelesen, in ihm kommt so ein Uriah Heep vor. Also, dieser stellvertretende Gefängnisdirektor war der leibhaftige Uriah Heep.

Na, wir stehen alle auf. Er geht durch und bleibt bei mir stehen.

'Na, spielen wir?'

'Wir spielen nicht.' antworte ich.

'Es hat Ihnen im Karzer wohl sehr gefallen?'

'Übrigens pflegt dieser Hämmersack handgreiflich zu werden.'

'So einen kenne ich nicht.' sagt er lachend.

Da bemerkt aus der Ecke einer von den Ganoven:

'Ihr Prochorow hat ihn geschlagen, als er ihn zum Karzer führte.'

Uriah lacht:

'Ach, so ein Bösewicht! Dafür müßte man den Prochorow direkt einsperren!' Er grinst und sagt beim Weggehen:

'Und für die Karten, Freundchen, stecke ich Sie in den Karzer!'

Er hielt tatsächlich sein Versprechen, für sieben Tage kam ich in den Karzer. Dort fiel ich in Ohnmacht, erwachte, schrie, verlangte nach dem Staatsanwalt, aber nichts half. Ich verlor jedes Zeitgefühl, schließlich kam ich heraus, und begann, wirres Zeug zu reden. Natürlich, das liegt nun zurück, aber der Karzer hat mir das halbe Leben gekostet... Im Januar 1948 brachte man mich aus Gorkij hierher, in die Lubjanka. Hier ist es nun anders, bisher bin ich nicht geschlagen worden."

"In welcher Zelle waren Sie, bevor Sie in die dreißig kamen?"

"Ich saß in der vierten Etage, zusammen mit einem Deutschen und einem alten Professor."

"Einem russischen Professor?"

"Ja, einem Russen, er war Professor für Assyrisch und Althebräisch, Michail Alexandrowitsch Georgijewskij."

Die ersten Nachrichten über M. A. Georgijewskij

Mir war, als zerspränge mein Schädel, alles andere hätte ich erwarten können. Aber sorgfältig verberge ich mein Erstaunen und beginne, Deribajew vorsichtig über Georgijewskij auszufragen.

(Anmerk.: Georgijewskij war einer der Gründer des NTS und viele Jahre Generalsekretär des Bundes, bis er während des Krieges in die Hände der Sowjettruppen geriet.)

Deribajew hatte drei Monate lang gemeinsam mit Georgijewskij gesessen und wohl wiederholt die Geschichte seiner Verhaftung und seines Gefängnisweges bis einschließlich Juni 1948 angehört.

"Wo hat man diesen Professor denn festgenommen?" frage ich.

"In Jugoslawien, in der Stadt Simuni, gegen Ende des Krieges."

"Was stellte er denn vor, daß sie ihn mitnahmen?"

Ich weiß nur zu gut, wer Michail Alexandrowitsch Georgijewskij ist, aber mich interessiert, was Deribajew bekannt ist, und ich will alles über Georgijewskij und sein Schicksal erfahren.

"Ich verstehe auch nicht, wie er dort in Simuni sitzen bleiben konnte. Er war im Westen ein wichtiger Mann, Generalsekretär des *Nationalen Bundes der Schaffenden der neuen Generation.*" berichtet De-ribajew, wobei er den archaischen Namen des Bundes benutzt.

"Warum war er denn zurückgeblieben?" frage ich ganz naiv.

"Ich weiß nicht, warum. Ich habe ihm selbst gesagt, als wir zu-sammen saßen:

'Sie wußten doch, was die Sowjetmacht ist! Warum sind Sie denn dageblieben? Womit haben Sie gerechnet? Sie waren doch ihr Feind!'

'Ja, das war ich, und sogar sehr...'

'Wie? Dachten Sie etwa, daß Ihnen nichts passieren würde?' "

"Und was antwortete er darauf?" frage ich.

"Nichts, er zuckte nur mit den Achseln."

"Hat Georgijewskij Ihnen denn nicht erzählt, wie er verhaftet worden ist?"

"Aber natürlich, immer wieder! Irgendwie merkwürdig war das alles, er hatte nicht einmal den Versuch gemacht, wegzugehen. Er lebte noch einige Wochen in Simuni, nachdem die sowjetischen Truppen dort eingerückt waren. Einmal fuhr er mit dem Rade, um Milch zu holen. Da wird er von einem Soldaten der Kommandan-tur, auch auf einem Fahrrad, eingeholt, der ihn fragt:

'Sind Sie Genosse Georgijewskij?'

'Ja, der bin ich.'

'Kommen Sie auf eine halbe Stunde zu uns in die Kommandantur.'

'Ja, ich komme gleich, ich will nur erst die Milch holen und nach Hause bringen.'

'Aber nein, erst kommen Sie zu uns in die Kommandantur, und dann können Sie nach Ihrer Milch fahren.'

'Ich fuhr also mit zur Kommandantur.' erzählte mir der Professor weiter. 'Da bin ich zwar angekommen, aber bis zum heutigen Tage habe ich die Milch nicht besorgen können.' "

Verwundert schweige ich.

"Steht fest, daß Georgijewskij so verhaftet wurde?"

Zweifelnd sehe ich Deribajew in die Augen, aber sein Blick ist ehrlich, ohne Falsch.

"Ja, ich habe es selbst auch nicht glauben wollen, als der Professor mir das erzählt hat. Er war doch immerhin Generalsekretär einer Organisation, wie konnte er da solch einen Fehler begehen?"

"Ja, seltsam. Aber was hat er Ihnen von seiner Organisation erzählt?"

"Eine eigentümliche Organisation! Erstens haben sie da einen Vorsitzenden *und* einen Generalsekretär, aber das ist doch regelwidrig! Entweder das eine, oder das andere! Zweitens wollen sie gleichsam Mann gegen Mann vom Ausland her gegen die Sowjetmacht Krieg führen. Sie halten sich für Russen, unabhängige Russen, und kämpfen für ein nichtkommunistisches Rußland, ohne Kommunisten und Kolchosen, und sie wollen mit eigenen Kräften das Sowjetregime stürzen.

Ich glaube aber nicht, daß ihnen das gelingen wird. Ja, bei einem Krieg mit Amerika würde die ganze Sowjetunion wie ein Vulkan aufbrodeln! Aber eine Emigrantenpartei allein gegen die ganze Sowjetunion, nein, das kann nicht hinkommen. Der Georgijewskij aber ist kein übler Mann."

Und in überzeugtem Ton wiederholt Deribajew:

"Der Alte ist in Ordnung. Vielleicht war er dort in Simuni geblieben, um im Rücken der Front gegen das Regime zu kämpfen. Einen Fehler hat er jedoch, er ist fürchterlich eigensinnig und läßt sich auf keine Weise überzeugen. Ich glaube, man hält ihn gerade wegen seiner Halsstarrigkeit hier fest."

"Aber Sie, Deribajew, was meinen Sie denn? Kann man die Tschekisten auch ohne die Amerikaner fortjagen?"

"Haben Sie dabei das Regime im Auge?"

"Ja, gerade das meine ich!"

Rjasanow sieht uns beide an, der Mund steht ihm offen.

Er will wohl etwas sagen, aber Deribajew scheucht ihn fort, wie eine lästige Fliege.

"Man kann, Georgij Andrejewitsch, gewiß kann man, aber es ist schwer, sehr schwer. Die hier sind sehr stark! Besser wäre es schon, wenn die Amerikaner hülfen."

"Was glauben Sie denn - werden sie helfen?"

"Wenn sie kapieren, daß ihnen das Wasser bis zum Hals steht, dann werden sie auch helfen. Man müßte ihnen unsere Entkulakisierer und Erbauer des Kommunismus schicken!

Bei uns in Kasachstan sind während der Kollektivisierung beinahe alle Kamele verreckt. Bei den Amerikanern wären es keine Kamele, aber ihr Gras würde zu wachsen aufhören!"

"Fürchten Sie denn nicht, daß plötzlich amerikanische Atombomben zu fallen anfangen? Eine Invasion durch Fremde ist doch auch nicht gerade angenehm. Erinnern Sie sich an die der Deutschen?"

"Gewiß, aber kein Truman würde auch nur den zehnten Teil des Blutes vergießen, das in dreißig Jahren von den Kommunisten vergossen worden ist. Natürlich werden wir zahlen müssen. Es ist ja bekannt, Krieg heißt Blut und nochmals Blut. Aber solch einen Blutegel wie unseren Schnurrbart im Kreml kann man in tausend Jahren nicht ausfindig machen."

"Aber wenn nun die Amerikaner die Sowjetunion zerschlagen und Kasachstan von Rußland abtrennen?"

"Das wäre etwas anderes, wenn sie sie zerschlagen wollen. Natürlich würden sie niemanden fragen, wer siegt, der entscheidet!"

"Wäre es denn nicht besser, selbst zu entscheiden, Deribajew?"

"Richtig, Georgij!" fährt Deribajew nachdenklich fort. "Aber das ist sehr schwierig, sehr schwierig! Auch Georgijewskij hat davon gesprochen. Ganze Kerle wären sie, wenn sie das fertig brächten!"

"Niemals werden die Weißgardisten die Sowjetunion niederringen!" ertönt plötzlich die Stimme Rjasanows.

Die dunklen Augen Deribajews sprühen Verachtung.

"Schweig du still, ich weiß, was für ein Mensch du bist! Das geht über deinen Horizont. Du hast das Sowjetregime auf deinem Buckel geschleppt, schlepp es also weiter!"

Rjasanow versucht, die Zähne zu fletschen:

"Hast du es nicht auch mitgeschleppt?"

"Stimmt, aber doch nicht ganz, und jetzt habe ich damit aufgehört!"

"Was meinst du, Deribajew, wäre es nicht besser, selbst zu entscheiden?" wiederhole ich.

"Ich verstehe dich, Georgij!" antwortet Deribajew leidenschaftlich bewegt. "Das Sowjetregime läßt einen nicht atmen, aber auch die Fremden brauchen wir nicht. Wenn diese Emigranten es tatsächlich fertig brächten, Stalin zu stürzen, so wäre das natürlich weit vorzuziehen. Ich meine aber, das ist schwer, sehr schwer..."

Es wird Abend, in der Zelle beginnt es zu dunkeln.

Bedrückt schweigen wir alle.

Ich denke an das Schicksal Georgijewskijs. Schon vier Jahre sitzt er im Gefängnis. Wie hat er es ertragen, wie erträgt er es jetzt? Ich sitze noch nicht *ein* Jahr, und schon bin ich am Rande physischer Vernichtung und völliger Verzweiflung angelangt...

Wie lange habe ich Georgijewskij nicht gesehen?

Zum letzten Mal war es wohl in Berlin, 1935. Und jetzt sitzen wir zwei Schritte voneinander entfernt in der Lubjanka!

Das hätten wir uns damals nicht denken können!

Die Tage verstreichen. Immer wieder frage ich Deribajew nach Georgijewskij aus. Ich sehe, im Großen und Ganzen spricht er die Wahrheit, vielleicht bringt er ein paar Einzelheiten durcheinander.

Eines nur will mir nicht in den Kopf:

Was hatte Georgijewskij dazu bewogen, trotz der sowjetischen Besatzung in Simuni leben zu bleiben, und dies offenbar, ohne sich zu verbergen? War das eine Folge von Verzweiflung, oder grenzenlosem Glauben an seine Kräfte? Welch verschlungene Wege ging sein Denken? Woran glaubte er? Deribajew konnte mir diese Fragen natürlich nicht beantworten. Nur eine Gewißheit hatte ich, nämlich, daß Georgijewskij Abgestumpftheit und Verzweiflung fern lagen.

Ein Aufseher mit Spitznamen *Haselhuhn*

Eine überaus unangenehme Entdeckung. Der uns so sympathische Korridorwächter ist verschwunden, und ein anderer an seine Stelle gekommen, ein kleiner, magerer Mann, mit einem von Pockennarben entstelltem Gesicht.

Der Neue läßt uns sofort seinen *Charakter* fühlen. Sobald er durch das Guckloch schaut, erscheint ihm alles verdächtig, besonders quält er den verängstigten Rjasanow. Der zittert nur und haspelt sein:

"Verzeihen Sie, verzeihen Sie!"

Später erfahren wir, daß dieser Korridorwächter so etwas wie eine Berühmtheit in der Lubjanka ist. Wegen seiner Physiognomie wird er Haselhuhn genannt. Im ganzen Gefängnis ist er einer der unangenehmsten und nörglerischsten Aufseher, ein wahrer Sadist. Mit unserer Zelle hat er aber kein Glück. Deribajew wurde plötzlich von kriegerischem Geist entflammt und beschloß, Haselhuhn eine Schlacht zu liefern.

Aus nassem Brot knetet er einen Gegenstand, der wie ein Stempel aussieht. Als Haselhuhn seinen inspizierenden Blick durch das Guckloch sendet, drückt Deribajew diesen Stempel in die Vertiefung des Spions.

Der Schlüssel rasselt.

Blitzartig zieht Deribajew den Stempel hervor und versteckt ihn unter seiner Matratze. Haselhuhn betritt die Zelle.

"Womit befassen Sie sich hier?" fragt er und läßt finster seine blutunterlaufenen Augen durch die Zelle schweifen.

"Sie sehen, wir sitzen hier und lesen." antworte ich ruhig, den Kopf vom Buch erhebend.

"Sie lesen! Und warum ist das Guckloch zu?"

"Was für ein Guckloch?" frage ich naiv.

"Als ob Sie es nicht wüßten!"

"Es ist Ihre Sache, Bürger Aufseher, zu wissen, warum Sie nicht durch das Guckloch sehen können. Wir pflegen es nicht zu benutzen." ruft Deribajew ihm zu, beinahe zitternd vor Wut.

"Wissen Sie auch, daß Sie alle hier in der Zelle den Karzer verdienen!" stößt Haselhuhn drohend hervor und geht fort.

Ich lege das Ohr an die Tür, bald sind Schritte auf dem Korridor zu hören.

"Sie kommen hierher, ein ganzer Haufen!" rapportiere ich hastig. "Versteck es, schnell!"

Das Schloß klirrt. Deribajew hat verstanden, blitzartig fliegt der Brotpfropfen in seinen Mund. Fünf Personen treten ein. Wir werden in einem Winkel zusammengetrieben.

Die Durchsuchung beginnt, gefunden wird aber nichts.

"Womit haben Sie das Guckloch zugestopft?" fragt der Offizier.

"Mit gar nichts, Bürger Offizier! Es ist wohl einfach schmutzig, deshalb kann man nichts sehen."

"Wischen Sie es ab!" Der kurze Befehl gilt Haselhuhn.

Und im Weggehen fügt der Offizier hinzu:

"Daß mir so etwas nicht mehr vorkommt!"

An wen diese Weisung gerichtet ist, wird nicht recht klar.

Unsere Zelle wurde jedoch nicht dem Karzerregime unterworfen, und niemand von uns wurde in den Karzer gesteckt.

Haselhuhns Situation war wie die Napoleons nach Waterloo.

Bald darauf erkrankt einer von uns, es ist Rjasanow.

Sein Gesicht zeigt eine grünliche Färbung. Stumm blickt er zur Decke empor, seine Augen sind wie die einer Katze, der man ihre Jungen weggenommen und ertränkt hat. Wir fordern einen Arzt an. Statt des Arztes erscheint aber wieder Haselhuhn.

"Was ist mit Ihnen los?" fragt er Rjasanow im Befehlston.

"Ich bin krank." antwortet dieser kurz.

"Sehen Sie denn nicht, was für ein Gesicht er hat?" fragt Deribajew dumpf.

"Was heißt das schon, ein Gesicht! Ein gewöhnliches Gesicht, ein Menschengesicht!" entgegnet Haselhuhn tiefsinnig. "Ich habe auch hier im Gesicht Pockennarben..."

"Das ist kein Unglück, das vergeht!" bemerkt Deribajew gelassen.

"Ja, wie soll denn das vergehen?" fragt Haselhuhn ehrlich erstaunt.

"Ganz einfach, es packt einen und geht vorüber!" meint Deribajew leicht spöttisch lächelnd.

"Nehmen Sie sich in Acht!" zischt Haselhuhn plötzlich aufbrausend und verschwindet schnell.

Der Arzt erscheint, das ist ein neuer Sieg.

Nach einer Woche wird Rjasanow weggebracht. Er ist in solch einer Panik, daß er beinah vergißt, sich zu verabschieden.

Abwehrmann Frenzel

In unsere leerer gewordene Zelle kommt ein neuer Häftling.

Es ist ein deutscher Hauptmann namens Frenzel (1957: Menzel), ehedem Mitarbeiter einer Abwehrstelle im Osten. Diese Stelle hatte Wally geheißen.

Frenzel ist fünfzig Jahre alt. Er stammt aus Dresden, ist von Beruf Zahnarzt. Wie viele Vertreter seines Standes ist er ein eifriger Anhänger Hitlers. Allerdings verteidigt er jetzt, im Zusammenhang mit der veränderten Situation, Hitler nur mit Vorbehalt. Die Sozialpolitik und die Außenpolitik Hitlers in der Vorkriegszeit findet er geradezu genial. Den Krieg aber hält er für die größte Dummheit und für ein Verbrechen. Ich frage ihn, ob seiner Meinung nach Deutschland seine Aufrüstungspolitik, deren Resultate Wachstum des Volkswohlstandes und Verschwinden der Arbeitslosigkeit waren, unbegrenzt hätte fortführen können.

Diese Frage beantwortet er bejahend. Wie er meint, könne man lange Zeit aufrüsten und alles für den Kriegsfall vorbereiten, ohne tatsächlich Krieg anzustreben, worauf ich still für mich denke:

"Das ist immerhin auch ein Standpunkt! Jedenfalls ein sehr bestimmter, und er ist sehr beruhigend für alle Befürworter ähnlicher Methoden, namentlich für die Sowjetmanager."

Hauptmann Frenzel glaubt hoch und heilig an einen Krieg zwischen den Vereinigten Staaten und der Sowjetunion, und meint sogar, daß er in nächster Zeit ausbrechen werde. In einem Buch über Polarforschungen hat er eine Karte des nördlichen Teils der Erdkugel entdeckt, und nun sitzt er lange darüber und mißt die Entfernung zwischen Kanada und Moskau aus. Nach seinen Überlegungen ist das der kürzeste Weg für die amerikanischen Geschwader. Er ist durchdrungen von der absoluten Kampfunfähigkeit der Sowjetmacht, des klassischen *Kolosses auf tönernen Füßen.*

Ich erhebe Einwände gegen die übermütige Sorglosigkeit des Westens und seinem *Mit Mützen werden wir sie zuwerfen!*, wie unsere Chauvinisten anfangs den Russisch-Japanischen Krieg beurteilt hatten.

Das nimmt Hauptmann Frenzel äußerst mißfällig auf. Er wirft mir sogar leidenschaftlich vor, ein eingefleischter Verfechter des Bolschewismus zu sein. Mir wird dabei etwas komisch zumute.

Ich denke an die längst ins Nichts zerronnenen hochweisen Erörterungen ähnlicher Frenzels während des Krieges, und mit gemischten Gefühlen betrachte ich diesen Splitter des Dritten Reiches.

Übrigens hat dieser Splitter viel Schweres durchgemacht.

Er wurde 1945 auf die Denunziation irgendeines Chauffeurs hin verhaftet. Er saß in Gefängnissen, im Konzentrationslager Sachsenhausen, wurde, wer weiß, warum, nach Brest-Litowsk gebracht, und dann wieder zurück nach Deutschland transportiert.

In einem der Gefängnisse saß er in einem richtigen Eiskarzer, und um, wie er sagt, nicht zugrunde zu gehen, mußte er völlig unsinnige Protokolle unterschreiben.

"Wo saßen Sie denn im Karzer?" frage ich Frenzel.

"In Halle."

"War es sehr schlimm?"

"Und ob! Ich wurde bis aufs Hemd ausgezogen. Die Sache spielte sich Anfang März ab. Oben an der Decke fehlten vier Ziegel, es zog wie vom Nordpol. Schon am zweiten Tag brach ich zusammen.

Ich wurde hinausgetragen, ein Arzt kam, goß mir etwas in den Mund, und dann ging es wieder zurück.

Nebenan aber, das heißt, nicht unmittelbar neben mir, saß ein junges Kerlchen, und ich höre, wie es leise weint und immerzu nach seiner Mama ruft.

Dann brach ich wieder zusammen und schlug hart mit dem Kopf auf den Boden. Ich erwachte im Lazarett. Der Kopf ist verbunden und schmerzt. Mit dem rechten Auge kann ich nichts sehen.

Dann werde ich zum Untersuchungsrichter gerufen.

Der sitzt da, wie ein fetter Kapaun, und lächelt. Seine gespreizten Schulterstücke wirken wie gut bewehrte Krallen.

'Nun, wie ist das Befinden?'

Ich ließ ihn gar nicht weiterreden:

'Geben Sie her, ich unterschreibe alles!'

'Sie sind recht zahm geworden!' lacht er.

Ich antworte ihm:

'In dem, was ich unterschreibe, steckt nicht ein Zehntel Wahrheit, aber wenn Sie mich nochmals in den Karzer stecken, töten Sie mich. Ich unterschreibe!'

'Aber aber! War es denn so schlimm?' fragt er zynisch lächelnd."

"Und was wollten sie wissen?"

"Sie wissen ja, ich habe in der deutschen Abwehr gearbeitet. Alles wollten sie wissen, was gewesen war, und auch, was nicht gewesen war. Natürlich bin ich nicht der einzige, der ihnen in die Hände gefallen ist, sie wissen schon allerhand. Aber sie müssen doch verstehen, daß es Dinge gibt, über die ein Offizier unter keinen Umständen reden kann... Ich war ja auch bei den Amerikanern, und die gaben zu, daß die Arbeit in der deutschen Abwehr an und für sich noch kein Verbrechen ist. Ich bin Soldat, und Abwehrstellen haben ja alle Armeen. Bei den Amerikanern war nur davon die Rede, ob ich persönlich Verbrechen begangen habe, die nach Völkerrecht verboten sind, und da ich keine begangen hatte, wurde ich freigesprochen. Hier aber herrscht ein grundsätzlich anderer Standpunkt. Als Feind gilt jeder, der als Nichtkommunist gegen die Sowjetunion gekämpft hat.

Man zwang mich, zu unterschreiben, daß ich ein Verbrecher sei. Von ihren eigenen Leuten verlangen sie die Verteidigung der Heimat, aber der Fremde hat kein Recht, seine Heimat zu schützen..."

Das Gespräch wendet sich dem Thema Frauen zu.

Frenzel fährt fort:

"Wieviele Menschen sitzen nach dem Krieg wegen ihrer Frauen in Haft, schrecklich, daß man das sagen muß! Schafft sich so ein Weib einen Liebhaber an und läuft schnurstracks zur nächsten Sowjetkommandantur, und dort heißt es:

'Habe die Ehre, Ihnen zu melden, so traurig es auch ist, und wie sehr es mir leid tut, daß mein Mann der und der ist, und als werktätige Frau und Kommunistin halte ich es für meine Pflicht..!'

Und wenn du einmal aufgrund des § 58 sitzt, dann kannst du dich nicht mehr herauswinden, mag man dich verpetzt haben oder nicht! Die Tschekisten sagen doch selbst:

'Besorgt uns nur den Menschen, der Paragraph wird sich schon finden!'

Und dann ist der Gatte fort, und fast immer für ewig."

Ich widerspreche: "Es sind doch nicht alle Frauen so!"

"Natürlich nicht alle, aber wahrlich genug, mehr als nötig. Und wie war es mit Ihnen?" Frenzel sieht mich prüfend an. "Sind Sie nicht auch wegen einer Frau hereingefallen?"

In meinem Hals bildet sich ein Kloß, und ich wundere mich im stillen über den Scharfblick dieses dem ersten Eindruck nach so einfältigen Hauptmanns.

Aber obgleich es mir immer peinlich ist, eine Unwahrheit zu sagen, würde ich mir in diesem Fall lieber die Zunge abbeißen als zugeben, daß ich Opfer einer Provokation durch zwei Frauen geworden bin, und anderen von dem erzähle, was ich für die größte Schmach meines Lebens halte, und woran ich ohne Schamröte nicht denken kann.

Seinerzeit hatte ich wohl der biblischen Erzählung von Samson und Delila nicht genug Beachtung geschenkt, und obgleich ich alles andere als ein Samson bin, kann mir das nicht als Entschuldigung dienen. Samson hatte, soviel ich weiß, keinerlei Beziehung zu einer konspirativen Tätigkeit, und er hat seine Delila aufrichtig geliebt...

Ohne meine Antwort abzuwarten, fährt Frenzel fort:

"Ja, bei den Weibern kennt man sich schwer aus, wenn du Pech hast, bist du immer der Dumme, ob du sie liebst oder nicht!"

Das Gespräch wird durch das Eintreten des Diensttuenden unterbrochen. Frenzel muß zum Verhör.

Spät in der Nacht kehrt er ganz niedergeschlagen zurück:
"Ich dachte, daß die Untersuchung bald zu Ende geht, aber es
scheint so, als ob sie jetzt erst beginnt! Dauernd fragen sie mich
nach einer Einrichtung namens Zeppelin. Ich kenne so eine Dienststelle nicht, sie aber schreien:
'Mußt sie kennen! Verfaulst hier bei uns im Keller, willst wohl
zum dritten Mal in den Karzer!?' "

Ein Mörder aus Berufung

Nach zwei Tagen wird die Zelle neu aufgefüllt:
Nach dem Mittagessen wird ein junger Mann von etwa fünfundzwanzig Jahren hereingestoßen, ein kräftiger, stämmiger Bursche. Wir
kommen ins Gespräch. Ilja Grigorjewitsch Fasturow ist soeben aus
Swerdlowsk hertransportiert worden, bis dahin saß er in Ufa in
Haft. Ohne sich zu beeilen, erzählt er seine Geschichte. 1941 war er
in Gefangenschaft geraten, er schildert seine Leiden als Gefangener.
"Ich habe nichts Schlechtes getan." betont er. "War auch nie in der
deutschen Armee, sondern nur Feldscher in einem ihrer Kriegs-
gefangenenlager."
"Was macht man Ihnen denn zum Vorwurf?"
"Haben sich da irgendeinen Humbug ausgedacht. Sie sagen, daß
ich an der Ermordung von fünfzehntausend sowjetischen Kriegsgefangenen schuld sei."
Ich höre diese Worte und zucke nicht mit der Wimper.
Das Gefängnis und die Untersuchungen haben mich gelehrt, lei-
denschaftslos zu sein, aber ich habe das Gefühl, daß hier etwas
Neues auf mich zukommt.
Äußerlich macht mein neuer Bekannter keinen günstigen Eindruck.
Er ist mittelgroß, hat ein unangenehmes, grobes Gesicht und kleine,
grauverschwommene, listige Augen. Am Abend entkleidet er sich
und zeigt uns seine Brust, auf der ein doppelköpfiger Adler ein-
tätowiert ist, der eine nackte Frau in seinen Fängen hält.
Ich sehe, mit wem ich es zu tun habe.
Es handelt sich zweifellos um einen Kriminellen, und wahrscheinlich um einen von der übelsten Sorte der sogenannten obrigkeits-
hörigen Seelenverkäufer.

Am nächsten Tag setze ich das Gespräch mit Fasturow fort.

Frenzel quält sich nach den beiden nächtlichen Verhören sehr. Er versteht nicht gut russisch und hört überhaupt nicht auf mein Gespräch mit Fasturow. Er hat andere Sorgen, ihn zieht eine fürchterliche, unmenschliche Müdigkeit ständig nach unten.

Schon öffnet der Wärter die Tür:

"Nicht schlafen! So dürfen Sie nicht sitzen, sitzen Sie gerade!"

Frenzel erzittert und richtet sich auf, dann sackt er wieder ab.

Fasturow fängt heute an, die Geschichte seiner Lagerheldentaten zu erzählen. Aufmerksam höre ich zu.

Plötzlich fällt mein Blick auf Deribajew.

Er sitzt da und ist nur noch Ohr, sein Gesicht ist ganz scharf geworden. Tief eingekerbte Falten, die bisher nicht da waren, ziehen sich um seinen Mund. Seine schwarzen Augen funkeln drohend.

Wir verstehen einander mit einem Blick.

Fasturow sitzt mit dem Rücken zu ihm und bemerkt nichts.

"Wie kommt es denn, Fasturow, daß Sie derart schrecklicher Verbrechen beschuldigt werden? Das kann doch nicht wahr sein! Und dabei sind Sie so ruhig!"

"Hören Sie mal zu, mir wird die Ermordung von fünfzehntausend Menschen vorgeworfen. Die Sache war so:

Ich wurde zum Lagerfeldscher ernannt, aber dieses Lager, besser, man schweigt darüber! Vierzigtausend saßen darin, und fast nur Todeskandidaten. Thyphus noch und noch, die Leute starben wie die Fliegen, und die es überstanden, nicht zu beschreiben! Im Lager Hunger und Banditentum. Im Lazarett, mein Gott, wie ging es da zu! Ich war also Oberfeldscher. Na, und die deutsche Obrigkeit beliebte natürlich nicht zu scherzen, und kranke, schwache Leute konnte sie nicht gebrauchen. Das war kein Leben mehr, sie quälten sich nur. Da sagt mir der Oberstabsarzt:

'Ilja, du bist ein gescheiter Mann. Sieh also zu, daß sich deine Kameraden nicht so quälen!' "

"Gewiß, recht so! Sie waren ja schließlich Feldscher, Fasturow!"

"Ja, aber nicht einer von den ihren, sondern ein sowjetischer. Und ich sah im Lager, was sich da tat. Viele dachten nur daran, wie sie aus dem Lager herauskommen und in eine deutsche Truppe geraten könnten. Also, ich sah die Sache so:

Man darf die Armee des Feindes nicht vergrößern.

Damals waren schon allerhand Maßnahmen zur Formierung von Freiwilligen in vollem Gang. Nazisten gab es im Lager in Mengen, und sie alle waren gegen die Sowjetmacht, na, vielleicht nicht alle, aber sehr viele.

Ich aber besann mich unter anderem auf einen Befehl Stalins.

Jossif Wissarionowitsch hat gesagt, bei uns gäbe es keine Kriegsgefangenen, sondern nur Vaterlandsverräter, und damit hatte er Recht. Der Sowjetsoldat läßt sich nicht gefangen nehmen, ist er aber in Gefangenschaft geraten, so ist er selbst daran schuld und braucht nicht geschont zu werden."

"Aber ich bitte Sie, Fasturow, Sie waren doch selbst in Gefangenschaft geraten, und zwar als Feldscher, und wenn ich mich nicht irre, ist ein Feldscher in der sowjetischen Armee ein Offizier. Wenn Sie selbst im Leutnantsrang in Gefangenschaft gerieten, was hatten Sie da über andere den Stab zu brechen?"

"Ich behaupte ja auch nicht, daß ich eine Ausnahme bin. Auch ich bin schuldig und verdiene, bestraft zu werden. Damals, in der Gefangenschaft, habe ich Stalins Worte begriffen und beschlossen, den Deutschen in ihre verdammte Suppe zu spucken. Versteh das doch, Georgij?"

Fasturow ereifert sich, schwitzt und springt von der Bettstelle auf.

"Alle, die in den deutschen Gefangenenlagern saßen, waren Verräter, Egoisten und Feiglinge! Und ich habe mich gefragt, ob die Sowjetmacht sie strafen kann. Nein, sie konnte es nicht, also hatte *ich* sie zu strafen! Im übrigen hatte ich ja die Mittel zur Hand."

"Aber Sie gehörten doch selbst zu dieser Sorte, Fasturow! Wollten Sie sich denn selbst bestrafen?"

"Warum denn mich selbst? Mich bestraft ja die Obrigkeit, aber im Lager des Gegners hatte ich zu strafen. Also ging ich daran, den Auftrag der Sowjetmacht nach bestem Wissen und Gewissen auszuführen. Ich holte mir drei Sanitäter ran, ordentliche Burschen, und der Oberstabsarzt läuft herum und jammert:

'Fürchterlich, die vielen Dystrophiker! Ach, wären es doch weniger!'

Na, ich sage mir, daß man mich nicht danach fragen wird, wenn dieser oder jener ins Gras beißt. Ich begann also zu handeln. So ein halber Leichnam braucht ja nicht viel, eine kleine Spritze, das ist alles. Fragt mich da der Oberstabsarzt:

'Wie kommt es denn, daß jetzt so viele Leute wegsterben, Ilja?'

'Das sind doch keine Menschen mehr!' sage ich. 'Die bleiben sowieso nicht am Leben!'

Erst schweigt er, und dann sagt er:

'Wie, Ilja, das sind doch deine Landsleute, kannst du ihnen denn nicht irgendwie helfen?'

'Bitte, wie es beliebt! Aber dann müßte die Ration erhöht werden!' antworte ich ihm.

Da schweigt er natürlich, ist ja kein Dummkopf und weiß, daß da nichts zu machen ist. Die Gefangenenration wurde ja nicht von ihm festgesetzt. Gegen den Oberstabsarzt ist nichts zu sagen, der war nicht übel und bemühte sich um die Gefangenen. Aber die Zustände im Lager... Und die künftigen Vaterlandsverräter starben wie die Fliegen, ganz einfach."

Da haben wir es, dachte ich, die freiwillige Ausführung der Befehle Stalins durch den Prototyp eines Mörders im Hinterland der Deutschen! Wie oft bin ich während des Krieges auf ähnliche Erscheinungen gestoßen! Wieviele Halunken, im Herzen Kommunisten, noch häufiger aber Nichtkommunisten, sondern einfach Egoisten und Schmarotzer des Sowjetregimes, haben Tod und Schrecken in den deutschen Kriegsgefangenenlagern verbreitet!

Stalin wußte, was er tat, als er sich weigerte, die Genfer Konvention über die humane Behandlung von Kriegsgefangenen zu unterschreiben. Er wußte, dies würde der Gegenseite die Möglichkeit geben, die elementarsten Regeln der Humanität zu mißachten, worauf der Haß gegen die Deutschen und die prosowjetischen Stimmungen unter den Kriegsgefangenen anwachsen würden, was sich dann die Sowjetaktivisten zunutze machen könnten.

Deribajew ist jetzt nur noch Aufmerksamkeit. Es scheint mir, als betrachte er den ihm abgewandten Fasturow mit den Augen eines mittelasiatischen Panthers, soviel Haß, gespanntes Abwarten und Verachtung liegen in seinem Blick.

"Ja!" fährt Fasturow fort. "Wenn es mir auch recht widerlich war, das zu tun, so war es doch immerhin nötig. Kampf ist Kampf! Wißt ihr, Genossen, wie die Revolutionäre früher zu sagen pflegten: Im Kampf erringst du dir dein Recht!"

"Aber erlauben Sie, Fasturow, Sie gaben die Spritzen schließlich allen, darunter vielleicht auch den getreuesten Kommunisten, so wie Sie einer sind?" frage ich ihn etwas hinterhältig.

"Natürlich, man kann sich immer irren! Es gibt keinen Kampf ohne Verluste, aber wir wittern ja schließlich einer den anderen. Na, und wir versuchten, alle Kommunisten gleich um uns zu scharen. Man mußte sozusagen die Kommandohöhen im Lager in die Hand bekommen, und in den anderen Lagern ging es ähnlich zu. Es gab natürlich auch welche, die zu den Deutschen liefen und schrien, daß innerhalb der Lager alles von den Kommunisten gefingert wird.

Aber wir wissen, was die Deutschen brauchen, sie wollen Ordnung im Lager und keine Fluchtfälle, sie brauchen eine Gruppe von Leuten, auf die sie sich verlassen können. Und dann legen sie noch Wert auf helle Haare, hohen Wuchs, blankgeputzte Stiefel. Sie lieben es auch, wenn alle *Jawohl!* sagen. Ein ganz einfacher Mechanismus! Die Deutschen haben wir schnell durchschaut, und wir benahmen uns so, daß sie uns nicht genug loben konnten. Bist du *Polizei*, so kannst du auch die Soldaten prügeln, und alles auf deutsche Rechnung! Den Deutschen trittst du auf die Hühneraugen, wo immer es geht, und den Gefangenen gibst du eine Lehre: 'Gebt euch nicht gefangen! Hör, du Schuft, auf die Befehle Stalins!' Wir hatten im Lager auch unsere eigene Parteiorganisation...

Schließlich kamen die Deutschen dahinter und änderten ihre Politik, aber da war es schon zu spät Sie hätten schon vor dem Krieg einen Wlassow bereitstellen sollen, aber nicht erst 1943. Aus Kanonen verstehen sie zu schießen, ihre Politik aber taugt nichts.

Als die Deutschen 1945 zu Boden gedroschen waren, machte ich einen Abstecher in die Repatriierungskommission. Wievielen habe ich zur Rückkehr in die Heimat verholfen, die nicht zurück wollten, und besonders solchen, die sich immerzu versteckten!

Ich habe das Meine getan und kehrte in allen Ehren heim nach Baschkirien, heiratete, hatte eine Nebenwirtschaft, schaffte mir eine Kuh an. Die Arbeit war nicht schlecht, man hatte sein Auskommen.

Da schlug's plötzlich ein, Verhaftung!

Erst brachten sie mich nach Ufa, ins Untersuchungsgefängnis:

'Sag, womit hast du dich in der Gefangenschaft beschäftigt?'

'Ich bin immer ein Sowjetmensch gewesen und habe der Heimat die Treue gehalten?'

'Wie hast du ihr denn die Treue halten können, wo du doch in Gefangenschaft geraten bist?'

'Ich wurde ja nicht allein gefangen genommen!'

'Wir werden auch nicht dich allein danach fragen! Alle werden sich zu verantworten haben!'

Und los ging's..."

Wieder gerät Fasturow in Eifer.

"Alle meine Verdienste um das Regime in der Gefangenschaft sind vor die Hunde gegangen. Sie sagen, ich sei ein Landesverräter. Paragraph 58, Punkt 1b, haben sie mir angedreht, der bezieht sich auf Landesverrat derer, die in der Armee waren. Dafür aber, daß ich mich eine Weile in der amerikanischen Besatzungszone aufgehalten habe, schiebt man mir Spionage für die Amerikaner und andere zu. In Swerdlowsk fragten sie mich:

'Bist du Oberfeldscher in dem und dem Kriegsgefangenenlager gewesen? Was hast du denn dort gemacht? Im Auftrag der Deutschen unsere Sowjetsoldaten ins Grab gebracht?'

'Wieso denn im Auftrag der Deutschen?' frage ich zurück. 'Sie haben doch ihre Heimat verraten!'

Worauf sie:

'So ein Scheusal bist du also! Fünfzehntausend hast du ins Jenseits befördert, und nimmst vor uns noch das Maul voll!' "

In der Zelle ist es ganz still.

Mir ist, als träte aus dem Dunkel das über einem Abgrund hängende Zifferblatt der Weltgeschichte hervor, als bewege sich auf ihm leise und unerbittlich der Zeiger vorwärts.

Was bewegt ihn? Wo sind die verborgenen Federn, auf die man drücken muß, um den Gang des Zeigers irgendwie zu ändern?

Warum gehen einerseits so viel Opfermut und Heroismus verloren, während den Schurken alles von selbst gelingt?

Warum hat der Bolschewismus noch einmal gesiegt, dem schon lange ein Platz in der Hölle gebührt? Warum gibt es auf der Welt so viele Menschen, die ihm helfen, Menschen, für die bei den kommunistischen Machthabern schon längst das Beil geschärft ist?

Ich finde keine Antwort darauf.

Ich weiß nur, daß weder die Gerechtigkeit Gottes, noch die der Menschen, auf der Seite solcher Fasturows sein kann, die ihre Mitmenschen vernichten, um sich bei noch größeren Halunken als sie selber sind Verzeihung zu erdienern. Aber wie immer unser Urteil sein mag, sie haben ihr Geschäft besorgt:

Über halb Europa weht die rote Fahne!

Die Tage vergehen, wir lernen einander immer besser kennen. Fasturow redet große Töne von der *Befreiung der Werktätigen,* aber uns anderen steht nicht der Sinn nach ihm.

Frenzel wird jede Nacht zum Verhör geholt und arg gequält, und mit ihm quälen auch wir uns. Haselhuhn ist wieder auf unserem Korridor aufgetaucht und wütet nach Strich und Faden.

Frenzel liegt in so tiefer Ohnmacht, daß sogar der Arzt ihn nicht zu Bewußtsein bringen kann. Die Aufseher schütteln ihn.

"Na, ich probier's mal!" bietet sich plötzlich Fasturow übereifrig an.

"Laß, was geht dich das an, du bist kein Aufseher!" zischt Deribajew böse.

"Was denn?" faucht Fasturow. "Ich will vielleicht auch schlafen, und darf es nicht!"

"Er schläft nicht, er ist krank!"

"Gut kennen wir diese kranken Faschisten!"

Der Arzt mischt sich ein:

"Lassen Sie ihn schlafen, rühren Sie ihn nicht an!"

Frenzel atmet schwer. Sein Gesicht ist eingesunken und wirkt um mehrere Jahre gealtert. Vor dem Abendbrot kommt er zu sich, lehnt es jedoch ab, etwas zu essen:

"Es ist aus mit mir."

Ich versuche, ihn zu trösten.

Entgegen meiner eigenen Überzeugung rede ich sogar über einen in nächster Zeit stattfindenden, unvermeidlichen Krieg, aber Frenzel schüttelt nur den Kopf.

Er hat alle Hoffnung aufgegeben und glaubt an nichts mehr. Aus seinen Augen spricht nicht nur Leiden, sondern auch eine tödliche Müdigkeit und hoffnungslose Apathie.

Wir sind ganz ratlos und wissen nicht, was wir machen sollen.

Die Obrigkeit nimmt uns die Sorge ab. Frenzel wird aus der Zelle weggebracht, wer weiß, wohin, vielleicht in ein Lazarett.

Deribajew und ich bedauern, daß nicht Fasturow entfernt wurde, und als ob er unsere Gedanken gelesen hätte, erscheint der Diensthabende und fragt:

"Wessen Name fängt hier mit F an? Zum Verhör!"

In Fasturows Abwesenheit erörtern wir seine schrecklichen Berichte.

"Ich habe schon allerhand Lumpen gesehen!" sagt Deribajew in ruhigem Tonfall. "Aber so einen trifft man selten!

Er wird gewiß nicht fünfzehntausend umgebracht haben, die Untersuchungsrichter übertreiben immer, aber einige Tausende hat er wahrscheinlich auf dem Gewissen. Was mag er statt des Herzens oder der Seele haben? Irgendeine Blase, eine Harnblase! Und allem Anschein nach ist er solch ein Feldscher, wie ich eine Ballerina! Als ob die Deutschen einen solchen Klotz zum Oberfeldscher eines Lagers machen würden! Offenbar war er der richtige Mann für irgendeine schmutzige Arbeit, und was die Deutschen angeht, so haben sie nicht so sehr aus Bosheit, wohl aber aus Unwissenheit und Unverständnis der Situation wer weiß was angerichtet."

Lange kann Deribajew sich nicht beruhigen.

"Egal! Er gerät natürlich in ein Lager, und da wird man schnell aus ihm schlau werden, im Lager herrscht ein anderer Ton! Wir sind ja nicht die einzigen, die ihn kennen. Die Welt ist klein, und die Lagerwelt besonders. Er wird dem Messer nicht entgehen..."

Bereits beim Einschlummern fragt er mit schläfriger Stimme:

"Ob er ein Spitzel ist?"

Jäh springe ich im Bett auf, wie ein Teufelchen aus der Kiste.

Das ist wirklich ein Gedanke!

Welche Garantie haben wir, daß dieser Fasturow nicht ein Valentin Sergejewitsch Petrow Nummer zwei ist?

Nach einigen Tagen wird Fasturow weggeholt.

Deribajew und ich atmen erleichtert auf, jetzt sind wir nur noch zwei. Wie immer, wird die überflüssige Bettstelle hinausgetragen. Es wird wieder kühler und freier in der Zelle.

Ich wurde schon lange nicht zum Verhör geholt.

Worauf warten sie? Wo, in welchem Labyrinth, tasten die Fühler des MGB in Sachen Treguboff?

Zwei Tage später betreten einige Chargen die Zelle.

Es kommt zu einem überaus unangenehmen Vorgang, der Zellendurchsuchung, die regelmäßig jeden Monat vorgenommen wird. Wir werden beide nackt ausgezogen, und wieder, wie im Aufnahmeraum für die Häftlinge, wird jede Naht unserer Kleidung sorgfältig abgetastet. Die Zwischenräume der Zehen, der weit geöffnete Mund und andere, nicht näher zu beschreibende Körperstellen werden beäugt. Das Bett wird durchwühlt, das Klo und die Fensterrahmen inspizieren sie auch...

Natürlich wird nichts gefunden.

Aber sie nehmen uns unser Brotschneidegerät weg, das aus einigen zusammengeflochtenen Fäden und zwei Streichhölzern besteht. Mich beraubt man noch meiner mühsam aus einem Streichholz gebastelten Holznadel. Ich weiß nicht, ob es in früheren Zeiten Holznadeln gegeben hat, ich weiß nur, daß es Nadeln aus Knochen gab, und endlich, daß man in einem sowjetischen Gefängnis dieses und jenes auch mit einer hölzernen Nadel nähen kann.

Der Flieger Schüler

Mittags gibt es eine Überraschung.

Ein stämmiger, mittelgroßer, blonder Mann wird in die Zelle geführt. Er stellt sich als Fliegermajor Schüler (1957: Friedrichs) vor. (Anmerk. Im Jahr 1940 war er über London abgeschossen worden, später gelang es ihm, auf einem spanischen Schiff aus der englischen Gefangenschaft zu fliehen.) Er war zwei Tage vor mir, am 17. September 1947, verhaftet worden und wird der Spionage für die USA beschuldigt. Natürlich hat er sich damit gar nicht befaßt.

"Das Verfahren lief im Dresdner Gefängnis. Verhört wurde nachts. Erst war es ein einziger Untersuchungsrichter, dann wurden es zwei, und schließlich kamen noch zwei mit einer Übersetzerin dazu.

Immerzu interessierten sie sich für irgendwelche amerikanischen Abwehrstellen.

'Wir wissen, daß alle deutschen Flieger Spione sind!'

'Wieso denn?'

Der verhörende Oberstleutnant schrie:

'Weil ihr Schufte friedliche Dörfer und Städte bombardiert habt! Und jetzt habt ihr euch den Amerikanern verkauft, um uns mit Atombomben zu belegen. Aber das wird nicht geschehen! Jetzt bist du in unserer Hand!'

Der Oberstleutnant lief rot an, seine Nase wirkte wie die eines Truthahns. Der Kneifer fiel ihm herab und pendelte hin und her. Die anderen ballten auch ihre Fäuste und brüllten wie die Kamele. Ich konnte nicht ein einziges Wort verstehen! Und die Übersetzerin, zum Erbarmen! Einfachere Sätze brachte sie noch irgendwie zuwege, aber bei schwierigeren versagte sie vollkommen.

Da bekam der Oberstleutnant einen hysterischen Anfall:

Er ergriff den Stuhl, auf dem er gesessen hatte, und begann, in der Luft Parabeln zu beschreiben, die an meinem Schädel enden sollten. Der Sitz des Stuhles war aber herausnehmbar, er löste sich und flog dem Oberstleutnant an den Kopf.

Da brach ich in ein halbhysterisches Gelächter aus.

Die ganze Meute stürzte sich auf mich, warf mich zu Boden und schlug drauflos. Besonders zeichnete sich hierbei die Dolmetscherin aus, ein recht hübsches Mädchen, das allerdings, wie die meisten Tschekistinnen, ein unangenehm bleiches Gesicht hatte. Sie brachte es fertig, mir mit der Spitze ihres Lackschuhs einen Backenzahn rauszuschlagen! Ganz gehörig haben sie mich verbleut...

Erst in der Zelle kam ich wieder zu mir. Mein Anzug war zerrissen, ich konnte kaum atmen und verspürte in der Brust einen scheußlichen Schmerz. Es war mein Glück, daß ich kräftig bin. In die deutschen Jagdgeschwader wurden ja nur physisch auserlesene Leute aufgenommen. Die Jagdfliegerei war ja überhaupt ein Klub von Sportsleuten, und auch nach Beendigung des Krieges war ich körperlich noch ganz auf der Höhe, sonst hätte ich das bestimmt nicht ausgehalten.

Drei Tage lang hütete ich das Bett.

Dann nahm mich der Untersuchungsrichter, ein anderer Oberstleutnant, nicht der mit dem Stuhlsitz, in Augenschein.

'Na, Schüler, Sie sind aber kräftig! Eine solche Abreibung, und gibt keinen Laut von sich!'

Aber die *Abreibung* hat immerhin eine äußerst unangenehme Wirkung, seitdem schmerzt meine Leber sehr. Ich hätte natürlich nicht lachen sollen, aber auch jetzt kann ich mich des Lachens nicht erwehren, wenn ich einen Untersuchungsrichter mit Kneifer sehe, besonders, wenn dieser an einer schwarzen Schnur befestigt ist."

"Und was nun?" frage ich Major Schüler. "Was wird aus uns und aus Ihnen?"

"Ich weiß es nicht." antwortet dieser so widerstandsfähige Mann. "Ich weiß nur, daß ich in die Fänge einer blinden und sehr bösen Macht geraten bin, und womit das alles enden soll, weiß ich wirklich nicht."

"Ihr Vorgänger hier, Frenzel, hat fest daran geglaubt, daß ein Krieg zwischen der Sowjetunion und den Vereinigten Staaten von Amerika dicht bevorsteht."

Aber Major Schüler ist skeptisch:

"Frenzel ist offenbar ein Stabsmensch, ein Offizier der *Abwehr*, ihm kommt natürlich alles viel leichter vor. An der Front ist er wahrscheinlich nie gewesen, und daher denkt er sich, daß es sehr einfach sei, einen Krieg anzufangen und den Gegner zu schlagen. Aber ich bin lange genug geflogen, um zu wissen, wie kompliziert und schwierig das alles ist. Die Offiziere vom Stab sind immer recht kriegerisch. Ich betrachte mein eigenes Schicksal sehr skeptisch. Ich bin viele Jahre im Krieg gewesen, und ich weiß, wie wenig ein Menschenleben für manche Leute bedeutet."

Wochen verstreichen. Der August ist bereits vergangen, der September gekommen. Im Gefängnis ist es kühler geworden. Häufig erblinden die Fenster von den feinen Fäden des Regens.

Major Schüler hält uns Vorträge über die Luftstreitkräfte. Ich muß sagen, daß bis zum heutigen Tag die meisten meiner Kenntnisse auf diesem Gebiet des Kriegshandwerks das Ergebnis meiner Bekanntschaft mit Schüler sind.

Auch ich vermittle meine Kenntnisse.

Außerdem spricht Major Schüler ein vorzügliches Englisch, nicht zufällig bezichtigt man ihn daher der Spionage für die Vereinigten Staaten.

Eines Tages kehrt er sehr düster vom Verhör zurück:

"Schlimm, sie wollen etwas von mir. Es scheint so, als wollten sie mich zu irgendetwas anwerben."

"Woraus schließen Sie das?"

"Sehen Sie, ich bin mir der Sache selbst nicht ganz sicher. Sie sagen nicht direkt:

'Bitte, kommen Sie zu uns!'

Immer häufiger klingt in den Verhören jedoch das Motiv der Versöhnung durch. Sehen Sie, vermutlich haben sie gerochen, daß ich auf einem bestimmten Gebiet der Aviatik Spezialist bin. Tatsächlich weiß ich einiges mehr, als ein Militärflieger zu wissen braucht. Sie geben mir ja auch nicht ohne Grund Krankenkost, die selbst Kranken nur sehr selten verabfolgt wird. Und sie lassen mich tagsüber schlafen... Ich bin davon überzeugt, daß dies nicht nur ein Untersuchungsdreh ist. Wahrscheinlich wollen sie das Terrain sondieren, wie ich mich als freier Spezialist in sowjetischen Diensten machen würde. Warten wir ab!"

Der frühere Kommandant von Wjatka

Nach einigen Tagen gerät noch ein Mann in unsere Zelle, ein kleines, mageres Subjekt von fünzig Jahren, mit rötlichem Haar, einer schnabelähnlichen Nase und Vogelaugen. Er heißt Onissenko, ein altes Parteimitglied, während des Bürgerkrieges war er der Kommandant von Wjatka. Sein damaliges Aufgabengebiet umgeht er delikat. Seine Geschichte ist ganz banal:

Er geriet in deutsche Gefangenschaft, arbeitete dann in einer Fabrik und wurde später repatriiert, ohne sich schuldig zu fühlen. In der Fabrik hatte er angeblich eine Untergrund-Parteigruppe geleitet, aber das MGB nahm davon keine Notiz. Und nun sitzt der ehemalige Kommandant von Wjatka, ein alter Kommunist und Funktionär des sowjetischen Untergrundes in Deutschland, in der Lubjanka. Vorher war er im Lefortowo-Gefängnis gewesen, wo er gemeinsam mit zwei Heimkehrern aus Frankreich gesessen hatte.

Onissenko berichtet darüber:

"Einer war etwa fünfundfünfzig Jahre alt, ein alter Emigrant mit abstehenden Ohren. Der andere war noch jung, etwa dreißigjährig. Und der Alte legt los. Erst geht er in der Zelle hin und her, schweigt und schweigt, dann fängt er plötzlich an, sich mit den Fäusten an den kahlgeschorenen Schädel zu schlagen:

'Du Narr und Idiot, Dummkopf, du Kalbshirn, und daß, obwohl du Hauptmann im Drosdowskij-Regiment (Anmerk.: Truppenteil der Weißen Armee während des russischen Bürgerkrieges) gewesen bist! Ich Dussel kehre in die Heimat zurück! Machte noch den Schreihals und habe andere agitiert, ich Lump! Wenn ich wenigstens allein losgefahren wäre, aber nein, habe noch Frau und Sohn mitgenommen. In die Heimat, in die Heimat! Haben die Deutschen besiegt, hieß es, Schluß mit den Leiden, Schluß mit allem Fremden, jetzt sind wir bei den Unsrigen! Sitze nun schon zwei Jahre, die Frau sitzt, der Junge ist wer weiß wo!'

Und von neuem: 'Narr, Dussel, Idiot!'

Und so geht es stundenlang. Ich merke schon, mein Drosdowskij-Hauptmann verliert den Verstand. Von den weißen Emigranten, unseren früheren Feinden unter Denikin, Koltschak und was es da sonst noch gab, sind viele zurückgekehrt, und sitzen natürlich alle. Die Unsrigen haben nach dem Krieg in Europa gut gearbeitet!

Und unter den Weißen gab es damals genug Klugscheißer: 'Goldene Achselstücke haben sie eingeführt! Das Sowjetregime ist nicht mehr das von früher!' freuten sie sich.

Ich bin selbst mit solchen zusammengetroffen, immerzu sprachen sie von der Heimat, ihrer geliebten Heimat.

Es gab natürlich auch Klügere, Weitsichtigere, die was im Kopf hatten und sagten, daß die Sowjetmacht immer Sowjetmacht bleibt. Und dann fuhren sie los, die Adligen, irgendein Graf und noch verschiedene Ehemalige. Das hat mir der Drosdowskij-Hauptmann erzählt, als er wieder bei Sinnen war. In den zwei Jahren haben sie es ja fast so weit gebracht, daß er kaum noch ein Mensch war. Und immerzu preßten sie ihn aus, wollten Angaben über Denikin, sämtliche Angelegenheiten der Emigranten in Frankreich und die aller anderen Rückkehrer wissen, wer wann wo war und sich in welcher Organisation betätigt hatte. Ein Rückkehrer aber schmähte den anderen, und jeder schrie wie närrisch: 'Ich bin ein Sowjetmensch!' "

"Sie meinen also, Genosse Onissenko, daß alle Heimkehrer sitzen?"

"Ich meine das nicht, ich weiß das, Georgij Andrejewitsch! Was gibt es da denn viel zu wissen? Wie soll man jemanden nicht einlochen, wenn er einen neuen Anzug mitgebracht hat, ihn in Moskau anzieht und hinausposaunt, wieviel er in Paris gekostet hat! Bei uns ist so ein Anzug doch zehnmal teurer, wenn man ihn überhaupt bekommt. Und schon hast du die schönste Agitation! Setzt man solch einen Heimkehrer nicht *gleich* fest, so aber doch früher oder später. Alle kommen sie unter den Besen, die Speichellecker und Halunken natürlich zuletzt."

Kurz darauf fährt Onissenko fort:

"Und nun der andere, ein gewisser Schenschilow. Er ist wohl in Konstantinopel oder da herum geboren. In keiner der Weißen Armeen war er gewesen, gehörte jedoch zu denen, die die Untersuchungsrichter in ihren Papieren als Emigrantensöhne bezeichnen. Das ist auch so etwas wie ein Weißer, und in ihren Schicksalen gibt es keine Unterschiede. Er war in so einer Jugendgruppe, da haben sie wohl Väterchen Zar immerzu mit dem Kommunismus verglichen..."

Später habe ich viele, sehr viele in die Heimat zurückgekehrten Emigranten getroffen.

Unter ihnen waren Menschen mit den verschiedensten Charakteren und Fähigkeiten und aus ganz unterschiedlichen Altersgruppen, aber alle, ob in den Gefängnissen oder in den Lagern, alle machten den Eindruck von Menschen, die nach einem höchst angenehmen Traum in einer sehr peinlichen Situation erwacht waren.

Was kann schrecklicher sein, als sozusagen auf freiwilliger Basis in die Tatzen der Tschekisten zu geraten!

In der Nacht werden wir in die Badestube geführt.

Major Schüler hat auf der Brust eine schreckliche Narbe von einer großkalibrigen Kugel, und überall kaum merkliche Spuren fast verschwundener blauer Flecke.

Ich kenne diese Spuren gut, habe auch einige davon.

Von den Kriminellen werden sie *Stalin-Klapse* genannt!

Für die Abende haben wir uns einen besonderen Sport ausgedacht. Major Schüler hat sehr scharfe Augen, wie übrigens alle Flieger. Stundenlang beobachtet er über das Fensterschild hinweg die für uns sichtbaren Fenster der fünften Etage.

Er sieht die Portraits an den Wänden, Schatten von Menschen...

Ich schaue mit ihm, und allmählich zieht mich die unheimliche Symbolik dieser in den Fenstern auftauchenden Silhouetten in ihren Bann, der rauchfarbenen Schatten von Tschekisten und vielleicht auch von Häftlingen. Mitunter erscheint eine Gestalt am Fenster, um gleich wieder zu verschwinden.

"Ja!" denke ich. "Das ist die Zelle Nummer dreißig der Lubjanka, im Inneren Gefängnis, auf der dritten Etage.

Eine seltsame Gesellschaft ist hier versammelt: der Flieger Schüler, ein Major des deutschen Heeres, der Kasache Deribajew, Oberleutnant der Roten Armee, der echte Proletarier und Kommunist von 1917, Sidor Parfjonowitsch Onissenko, und schließlich ich. In den vier Gesichtern zeichnen sich drei Rassen und recht unterschiedliche Stände und Klassen ab, aber Zwietracht ist bei uns nicht zu spüren. Das Gefängnis ist ein Ort, an dem alle gleich sind."

Eine Glucke

Zehn Tage vergehen, da wird die Zelle durch einen Neuankömmling aufgefüllt.

Ein hoch gewachsener, hagerer Jüngling erscheint. Er wirkt leicht tuberkulös, hat ein dunkles Gesicht mit breiten Backenknochen.

"Malizkij." stellt er sich vor.

Er ist der Sohn eines zurückgekehrten Emigranten, der bei der Chinesischen Ostbahn angestellt gewesen war. Etwa 1938 kehrte sein Vater, ein guter Fachmann, mit ihm nach Rußland zurück und verschwand schnell irgendwo im Lager. Malizkij lebte in Moskau, heiratete, und damit begann die Geschichte seines Unglücks.

"Ich merkte, daß ich mit der Frau nicht länger leben konnte, wir waren zu verschieden. Na, und da gingen wir eben auseinander."

"Geschieden oder getrennt?"

"Weder - noch! Die Scheidung lief noch, als ich mir zum zweiten Mal eine Frau nahm.."

"Na, und weiter?"

"Wir lebten glücklich, bis die erste Frau eine Gemeinheit beging. Sie zeigte mich an, ich sei ein sowjetfeindlicher Mensch, der Sohn eines Weißemigranten."

Drückendes Schweigen folgte.

"Sprechen Sie englisch?" fragt Malizkij plötzlich Major Schüler.

"Ja." entgegnet dieser wortkarg.

Erst jetzt bemerken wir, daß Malizkij eine amerikanische Uniform trägt. Das Rätsel löst sich schnell. Malizkij vertraut uns an, daß er ein Angestellter der Amerikanischen Botschaft gewesen sei.

Wir alle spitzen die Ohren.

Es erscheint uns unwahrscheinlich, daß ein sowjetischer Bürger bei der Amerikanischen Botschaft angestellt sein kann. Malizkij behauptet sogar, nicht der einzige Sowjetbürger gewesen zu sein.

"Und wie verhielten sich Ihre amerikanischen Kollegen zu Ihnen?"

"Ich habe in der Bibliothek gearbeitet. Die Beziehungen waren sehr kameradschaftlich. Aber gerade die Arbeit in der Botschaft hat mich zugrunde gerichtet. Man wirft mir Spionage vor, Paragraph 58, Punkt 6."

"Worin bestand denn Ihre Spionage?" fragt Onissenko neugierig.

"Ich habe mich in Wirklichkeit natürlich gar nicht mit Spionage befaßt. Aber Sie wissen ja selbst, wie das MGB diesen Begriff auslegt. Kein einziger Jurist kann auch nur annähernd feststellen, wo in der Sowjetunion die Möglichkeit endet, jemanden wegen Spionage einzusperren.

Angeblich hätte ich den Amerikanern Nachrichten über die sowjetische Wirtschaft übermittelt. Und wissen Sie, worin meine Auskunft bestand? Ich habe einen Laib Weißbrot und ein Pfund Wurst in die Botschaft gebracht. Fragt mich da ein Botschaftsangestellter:

'Was kostet ein Kilogramm Wurst?'

Nun, ich habe natürlich geantwortet, und nun nimmt mich der Untersuchungsrichter in die Zange:

'Du bist ein amerikanischer Oberspion! Hast nicht nur vor ihnen herumscharwenzelt, sondern ihnen obendrein allerhand Nachrichten übermittelt. Wer hat dich gebeten, ihnen über die Leberwurst zu berichten?'

'Über was für eine Wurst?'

'Ich werde dir mit derselben Wurst..!'

Und er zieht tatsächlich eine Leberwurst aus seiner Aktentasche hervor und fuchtelt mit ihr vor meiner Nase herum.

'So eine Wurst hast du Scheusal in die Botschaft mitgenommen, ihren Preis und alle Einzelheiten mitgeteilt!'

'Was für Einzelheiten?'

'Erzähl du mir noch was!' schreit er. 'Wenn du den Amerikanern die Leberwurst eingehend beschrieben hast, kann man sich gut vorstellen, was du ihnen sonst noch erzählt hast. Bestimmt hast du deinen amerikanischen Freunden die ganze Preisliste aus dem *Gastronom* hingeschleppt!'

'Weshalb sollte ich das getan haben? Sie gehen selbst dorthin und schauen sich's an! Ist das denn ein Geheimnis?'

'Einerlei, die Ausländer haben ihre Nase nicht in unsere Preise zu stecken!'

Und so hat man mir Wirtschaftsspionage zugeschoben. Schon vier Monate sitze ich."

"Erlauben Sie mal!" meldet sich erneut Sidor Parfjonowitsch Onissenko. "Sie haben doch gesagt, Ihre Frau habe Sie angezeigt, und jetzt kommt heraus..."

"Beides, das eine wie das andere." antwortet Malizkij hastig.

Plötzlich wird die Atmosphäre in der Zelle drückend und schwer, ein unklarer Verdacht hatte sich unser aller bemächtigt.

"Warum gingen Sie denn in die amerikanische Botschaft arbeiten? Fanden Sie woanders keine Arbeit?" fragt Schüler scharf.

Malizkij schweigt.

"Was sind Sie denn von Beruf?" attackiert ihn Deribajew.

"Ich bin Student am Moskauer Geologischen Institut."

"Wie? Sie haben studiert und zugleich in der Botschaft gearbeitet?" fragt er nach.

"Ich muß doch leben!" verteidigt sich Malizkij. "Die hochmögenden Ausländer haben leicht reden! Ich bekam mein Gehalt teils in Dollars, teils in Rubeln ausgezahlt. Für die Dollars konnte ich gleich in der Botschaft kaufen, was ich wollte, Sachen, die in ganz Moskau nicht aufzutreiben sind."

"Na, und da haben Sie wohl ein bißchen schwarz verkauft?" stichelt Onissenko.

"Ich bin doch kein Spekulant!" wehrt Malizkij ab.

Malizkij und Onissenko setzen sich auf ein Bett und beginnen ein Gespräch über die Preise auf den Moskauer Märkten.

Schüler setzt sich zu mir und fragt leise auf deutsch:

"Was halten Sie davon?"

"Meiner Meinung nach ist er eine Glucke."

"Ob er nicht doch in der amerikanischen Botschaft gearbeitet hat?"

"Unwahrscheinlich, aber möglich ist alles."

Einige Tage vergehen.

Malizkij macht die größten Anstrengungen, Schüler möglichst nahe zu kommen. Ganze Tage unterhalten sie sich über die Luftstreitkräfte verschiedener Länder. Immer unverhohlener versucht Malizkij, das Gespräch auf die Nachkriegsbeziehungen zwischen Deutschland und der UdSSR zu bringen.

Langatmig verbreitet er sich über die Notwendigkeit einer engen zukünftigen deutsch-sowjetischen Freundschaft.

Schüler sieht seinen Verdacht bestätigt, daß der Untersuchungsrichter irgendwelche Pläne mit ihm hat. Wahrscheinlich ist jemand aus hohen Regierungskreisen daran interessiert, daß dieser ausgezeichnete Spezialist der Militärfliegerei nicht hinter Lagerstacheldraht verschwindet, sondern dem kommunistischen Regime dient...

Der Wärter steht in der Tür:

"Wessen Name fängt mit M an?"

Mit forscher Miene begibt Malizkij sich zum Verhör. Sobald sich die Tür hinter ihm geschlossen hat, eröffnen wir den Kriegsrat.

"Sie wollen unseren Major anwerben!" errät Onissenko.

Deribajew pflichtet ihm bei:

"Sie werfen eine Angel aus, er ist ein brauchbarer Mann!"

In Erwartung der Rückkehr Malizkijs entwerfen wir ausführlich einen Schlachtplan, wie wir uns ihm gegenüber verhalten wollen.

"Er bleibt recht lange fort." stellt Schüler fest.

"Habt keine Angst, man wird ihm im Verhör nichts zuleide tun." meint Onissenko bissig. "Wahrscheinlich verschlingt er soeben mit beiden Backen ein Ministermahl und empfängt weitere Instruktionen vom Untersuchungsrichter, wie er unserem Major zureden soll, und nebenbei packt er über uns aus, der ekelhafte Kerl!"

"Gemach, Sidor Parfjonowitsch, Sie gehen schon zu weit! Vielleicht ist er ein durchaus anständiger Mann, der nur zuviel redet."

Aber Onissenko besteht darauf, Malizkij sei ein Scheusal.

"Aus all seinem Gerede schließe ich nur eines, er will mich unbedingt von der unerschütterlichen Macht der Sowjetunion und der Notwendigkeit einer deutsch-sowjetischen Freundschaft überzeugen." meint der Flieger schließlich. "Sowjetrußland und das von den Faschisten gesäuberte Deutschland seien ein unzerstörbares Bollwerk für Ordnung und Macht in Europa, vorausgesetzt, daß die Deutschen sich schneller aus den Klauen der Amerikaner befreien! Na, ohne mich! Hätte ich nicht all jene Orgien gesehen, die die Kommunisten in Europa veranstaltet haben..."

"Sie können tun und lassen, was Sie wollen." erkläre ich ihm daraufhin. "Aber merken Sie sich ein für alle Mal: Das kommunistische Regime wird niemals aufhören, in Ihnen einen Feind zu sehen, da Sie Offizier der deutschen Armee gewesen sind. Wenn es stimmen sollte, daß man Ihnen die Hand zur Versöhnung entgegenstreckt, so besagt das nur, daß Sie den Kommunisten aus irgendeinem Grunde von Nutzen sein können. Dann aber, wenn sie alles von Ihnen erlangt haben, werden sie Sie leer ausgehen lassen."

"Ja, das denke ich auch." antwortet Schüler leise.

Das Schloß rasselt. Malizkij tritt ein.

Er ist erregt, seine Augen leuchten. Wir schweigen. Er fängt an, etwas zu erzählen, aber da ertönt bereits das Ruhesignal.

Auch in den folgenden Tagen läßt Malizkij nicht von seinen Gesprächen mit Schüler über das Flugwesen und die traditionelle deutsch-russische Freundschaft ab.

Mich aber bewegt die Frage, aus welchen Gründen ich schon so lange nicht mehr verhört worden bin.

Ich versuche, diese Gedanken von mir zu weisen, um nicht im voraus vor etwas zurückzuschrecken, was ohnehin unabwendbar ist.

Malizkij und Schüler werden recht oft zum Verhör geholt, aber höchst anständig behandelt.

Deribajew und Onissenko werden seltener gerufen, in der Regel jedoch die ganze Nacht über dabehalten, so daß sie dann ganz erledigt zurückkommen. Hundertmal quält man sie mit denselben sinnlosen Fragen, deren positive Beantwortung der Untersuchungsrichter aus irgendeinem Grunde braucht, und gerade darin liegt das Furchtbare solcher Verhöre.

Das ist die sogenannte Untersuchungssackgasse, in die mitunter sowohl der Untersuchungsrichter als auch der Gefangene gerät, wobei beide nicht wissen, wie sie wieder hinausgelangen können. Der Tschekist hat sich mit seinem: "Rede, bekenne!" festgerannt, und der Häftling weiß nicht, *was* er sagen und bekennen soll.

Der Untersuchungsapparat des MGB ist ein Labyrinth, in dem der Untersuchungsrichter die aktive Rolle spielt und du die passive. Er führt dich, aber verirren könnt ihr euch beide...

Schüler wird schwankend

Heute, gleich nach dem Mittagessen, wird Malizkij wieder zum Verhör geholt.

Nachdem er hinausgegangen war, verblüfft Schüler mich mit dem Geständnis, er beabsichtige, sich auf die vertraulichen Vorschläge des Untersuchungsrichters zu berufen und einzuwilligen.

Ich schweige.

In den tief eingefallenen Augen Schülers liegt ein unruhiger Glanz. Dieser zweifellos starke und kühne Mensch beginnt, im Gefängnis die Kontrolle über sich selbst zu verlieren.

"Hören Sie!" flüstert er mir erregt zu. "Ich bin ja immer noch ein guter Flieger, vielleicht lassen sie mich fliegen. Und wenn ich erst im Flugzeug sitze, bin ich gleich zu Hause, bei meiner Frau und dem Kind. Ohne mich kommen sie ja um in Berlin! Bedenken Sie doch, wer hilft in solch einer Zeit einer Frau mit einem Kind? Und sie liebt mich wirklich sehr!"

Ich sage ihm, daß seine Frau sicherlich in sich die Kraft finden würde, auf seine wohl recht baldige Rückkehr zu warten.

Dabei denke ich still, daß ich weder an einen kurz bevorstehenden Krieg glaube, noch daran, daß sich irgendjemand in Amerika für die Millionen entrechteter Insassen der sowjetischen Lager interessiert. Natürlich spreche ich meine wahren Überlegungen und Zweifel nicht aus.

Indem ich meiner Stimme soviel Festigkeit wie möglich gebe, versuche ich zu beweisen, daß die große überseeische Republik, die nach dem Zweiten Weltkrieg an der Spitze der Freien Welt steht, nicht dulden wird, daß die andere Hälfte versklavt bleibt. Ich beende meine Erörterungen mit dem Hinweis auf den letzten Trumpf eines modernen Krieges, die amerikanische Atombombe.

Ich erweise mich wohl als guter Schauspieler und Redner.

Die Falten auf Schülers Gesicht glätten sich.

Offenbar glaubt er, was ich sage.

Die Menschen glauben überhaupt leicht, was sie glauben wollen!

Im weiteren Verlauf wird meine Aufgabe schon schwieriger. Ich merke, daß Schüler wieder zu schwanken beginnt.

Anscheinend denkt er ernsthaft daran, das Regime würde ihm eine Chance bieten, es übers Ohr zu hauen, wenn er in *Freiheit* lebt und als Fachmann für Militärfliegerei arbeitet.

Ich erkläre ihm, daß es kaum leichter sei, aus der UdSSR in die Freiheit zu fliehen, als aus dem Lager, und daß er, ließe er sich auf Mitarbeit ein, ebenso weit von Berlin entfernt sein würde wie im Lager oder im Gefängnis.

"Aber sie würden mir doch die Möglichkeit geben, meine Frau abzuholen!"

"Aus Westberlin? Niemals! Man würde Ihre Frau vielleicht nach Moskau holen, wenn sie das unbedingt will."

"Warum sollte sie das nicht wünschen?"

"Erstens glaubt Ihre Frau vielleicht nicht daran, daß Sie sie *wirklich* herrufen. Vergessen Sie nicht, daß Sie entführt worden sind! Als gescheite Frau weiß sie, daß das Sowjetregime fähig ist, Ihnen jeden Brief abzupressen. Und wie sehr sie Sie auch lieben mag, wird sie sich doch nicht dazu entschließen, mit ihrem Kind in die Sowjetunion zu fahren. Und damit täte sie recht! Ich denke, daß sie Berlin längst verlassen hat und sich im Westen aufhält."

Bedrückt schweigt Schüler.

"Was soll ich denn machen? Worauf bauen?" beginnt er von neuem.

"Bauen Sie darauf, daß Sie völlig unschuldig sind, vor Ihrem Gewissen, vor den Menschen und sogar vor ihren Gesetzen! Gehen Sie auf keinen Kompromiß mit den Kommunisten ein, weil jeder Kompromiß mit dem Teufel stets nur für den Teufel vorteilhaft ist!"

"Sie haben gut reden! Sie sind ein gläubiger Mensch, und hinter Ihnen steht eine Idee, eine bestimmte politische Doktrin. Was und wer steht aber hinter mir?"

"Sie sind ebenso ein Kämpfer gegen den Kommunismus wie ich. Vorläufig sind wir beide aus dem Spiel herausgefallen, aber vielleicht reihen wir uns einmal wieder ein, und dann ist es unsere Pflicht, von dem zu berichten, was wir hier gesehen und erlebt haben, zu berichten und weiterzukämpfen!"

Schweigend schaut Schüler mich lange an. Dann fragt er:

"Wird man uns auch glauben?"

"Eine Million Menschen wird uns vielleicht nicht glauben, aber *einer* glaubt uns, und auf eben diesem Einen beruht alles. Wer uns aber nicht glaubt, wird früher oder später hier sein. Es gibt noch eine Gerechtigkeit und die Wahrheit Gottes in der Welt!"

Schon lange ist es Nacht.

Vor dem Fenster der Lubjanka sprüht Regen. Mir wird bewußt, daß heute der 28. September 1948 ist. Schon über ein Jahr bin ich im Gefängnis. Durch das Seidengespinst des Regens blinken weiß die Lichter der Lubjanka, sie blinken auf und verlöschen.

Mir ist, als zwinkerten die Fenster der Lubjanka uns zu, als flüsterten sie blinzelnd:

"Ihr kommt hier nicht raus, ihr kommt hier nicht raus!"

Im Halbschlaf höre ich, wie jemand die Zelle betritt. Ich werde an der Schulter geschüttelt und öffne die Augen.

Der Aufseher steht vor mir.

"Sie fangen mit T an? Machen Sie sich zum Verhör fertig!"

"Merkwürdig! Wieviel Uhr ist es denn?"

"Ich glaube, etwa drei." sagt der erwachte Schüler.

Ich werde in eine andere Zelle geführt, nach einigen Minuten bringt man meine Sachen.

Demnach werde ich abtransportiert, aber wohin?

Ich empfinde schmerzliche Leere und Trauer.

Jetzt, in dieser Box, wird mir bewußt, daß mir die Zelle Nr. 30 ein Zuhause geworden war, und die Gruppe meiner Zellengefährten beinah eine Familie.

Es fällt mir ein, daß ich vielleicht niemanden von ihnen jemals wiedersehen werde.

Ringsum ist plötzlich alles kalt und leer geworden. Sogar die Glucke Malizkij tut mir leid.

Dann geht alles wie am Schnürchen.

Von neuem, nur in umgekehrter Richtung, passiere ich alle Stellen, die ich einst passiert hatte.

Der Hof. Der Morgen dämmert. Die regennassen Steine glänzen. An der einen Hälfte des Himmels strahlen noch hell die Sterne, der Große Bär, der Drachen.

Oh, könnte doch dieser Himmelsdrachen die Lubjanka verschlingen!

Der *Schwarze Rabe* ist diesmal ein großes, leistungsfähiges Auto. Ich werde nicht allein transportiert.

Wohin? Wozu?

DAS LEFORTOWO-REGIMEGEFÄNGNIS.
FOLTERVERHÖRE
Im eisernen Spinnennetz

Der Motor heult, die großen Türriegel rasseln.

Ade Lubjanka, etwas erwartet mich!

Wir fahren recht lange, es gibt häufig Kurven. Endlich eine Einfahrt. Dröhnend wie eine Türkentrommel öffnet sich ein Eisentor. Undeutlich unterscheide ich ein dreistöckiges Gebäude ziemlich alter Bauart. Ich werde hineingeführt. Ein hoher, düsterer Raum, matte, kleine Lampen, oben verliert sich die Decke.

Ein Arzt kommt.

"Ist das nicht das Lefortowo-Gefängnis?" frage ich ihn.

"Ja." antwortet er, von meiner Frage offensichtlich verblüfft.

Ich hatte schon von diesem Gefängnis gehört, das einen ziemlich üblen Ruf genießt. Die Häftlinge nennen es auch Regime- oder Militärgefängnis, welchen Namen es bei der Verwaltung hat, weiß ich nicht. Es macht einen überaus düsteren Eindruck.

Der Gefängnisüberlieferung zufolge wurde dieses dreistöckige Gebäude in der katharinischen Zeit errichtet, es hat die Form eines K, nach dem Anfangsbuchstaben des Namens der Zarin Mütterchen Katharina. Die Mauern sind meterdick.

In seiner Anlage erinnert dieses Gefängnis an die fünfte und sechste Etage der Lubjanka, der Blick geht durch alle Etagen, zwischen denen Eisennetze gespannt sind. Blickt man, unten stehend, hinauf, so scheint es einem, als sei man in ein ungeheures Spinnennetz geraten, über dem, an den Enden der Korridore, staubüberzogenes Glas ein trübes, gleichsam kurzsichtiges Licht wirft.

Ab und zu taucht in diesem Spinnennetz auch eine Spinne auf, der ungewöhnlich wohlgenährte, feiste Gefängnisdirektor. Im Sommer trägt er eine weiße Militärjacke mit goldenen Achselstücken. Er blickt durch eine Hornbrille, die seine Ähnlichkeit mit einer sehr fetten und sehr bösen Spinne noch verstärkt.

Wie ein Hausherr wandelt er an seinem Spinnennetz entlang und überwacht die Arbeit der Aufseher.

Ausgetretene und mit eisernen Geländern versehene Steintreppen führen nach oben, die Farbe der Wände ist schmutzig gelb oder vielleicht auch schmutzig grau. Schwere Steinmassen ringsum.

Aus Eisen die Stege vor den Zellen, aus Eisen die Netze, die wackeligen Geländer. Die Schritte hallen dumpf, und es ist, als klänge das ganze Gefängnis nach Eisen.

Mitunter fällt ein gelber, staubiger Sonnenstrahl auf die Eisennetze, er hüpft, bricht sich und kriecht an ihnen entlang, sich mit dem gelben Lampenlicht vermischend. Davon scheint das eiserne Spinngewebe in Bewegung zu geraten und Leben zu gewinnen...

Hinter dem Lefortowo-Gefängnis ist eine der Einrichtungen der ZAGI (Versuchsanstalt für die Luftfahrt) untergebracht, dort werden pausenlos Flugzeugmotoren geprüft. Das Dröhnen der Motoren klingt wie das Summen einer Riesenfliege, die gemeinsam mit dir in das Netz der weißen Spinne geraten ist.

Die Formalitäten sind beendet. Der Arzt hat mich untersucht, ich bin gewaschen, wurde mit frischer Wäsche versehen und befragt, ob ich tatsächlich derjenige bin, dessen Papiere aus dem Inneren Gefängnis eingetroffen sind.

Man führt mich ab.

Zelle Nr. 72, in der zweiten Etage, ein Stück des Buchstabens K, rechts vom Eingang. Vor meinen Augen dunkelt es. Zwei Leute stützen mich unter den Armen. Die Zellentür öffnet sich...

Die Zellen des Lefortowo-Gefängnisses sind anders als die der Lubjanka. Hier handelt es sich nicht um ein zum Gefängnis umgewandeltes Hotel, hier gibt es keine himmelblau angestrichenen Zellen, keine Parkettböden.

Außer ganz wenigen sind alle Zellen gleich:

Dreieinhalb Meter lang, drei Meter breit, der Fußboden aus Asphalt. Der untere Teil der Wände ist mit schmutzig grüner Ölfarbe angestrichen. Links von der Tür ist die mit einem staubigen Gitter verkleidete Batterie der Zentralheizung angebracht, rechts in der Ecke befindet sich das Klosett, einen Meter weiter ein Wasserhahn mit Ausguß darunter. Öffnet man den Hahn, so spült das in den Ausguß fließende Wasser zugleich die Toilettenschüssel.

Das ist der unter den Sträflingen so berühmte und populäre Wasserabfluß, Quelle vieler Zellenfreuden!

Die Decke ist gewölbt und sehr niedrig, hebt man die Arme, kann man sie beinah berühren. Genau gegenüber der Tür ist ein Fenster von Quadratmetergröße. Es hat rauhe, schmutzige Milchglasscheiben mit eingeschmolzenem Eisendraht.

Draußen ist noch ein völlig überflüssiger Maulkorb angebracht, durch das Milchglas kann man sowieso nichts sehen! Dicht unter der Decke ist eine verglaste Lüftungsklappe, zu der man nicht hochlangen kann. Der Aufseher öffnet sie mit einem langen Draht, der am Ende mit einem Haken versehen ist. In einer Ecke steht der typische, dunkelgrün gestrichene Gefängnistisch.

Auch an den hellsten Tagen ist es in der Zelle halbdunkel. An der Decke hängt eine trübe, kleine Lampe.

Die Zelle macht den quälenden Eindruck eines steinernen Sarges!

Dabei ist die Zelle Nr. 72 noch eine der besten. Im Parterre gibt es Zellen, die fast völlig dunkel und zudem feucht sind. In ihnen brennt den ganzen Tag über Licht. Diese Zellen liegen dicht am Durchgang zur Badestube, es sind die Nummern 1 bis 24.

Die Sowjetunion als Heimat der Juden

Ein Mann sitzt auf seiner Bettstelle und sieht mich an.

"Guten Tag!" begrüßt er mich mit stark jüdischem Akzent. "Lernen wir uns also kennen! Moses Iljaschewitsch Ribak." (1957: Abram Iljaschewitsch Efrussi)

"Treguboff, Georgij Andrejewitsch."

Zweifelnd sieht Moses Iljaschewitsch mich an.

"Sind Sie Russe?"

"Nein, ich bin Deutscher."

"Werden Sie mich hier auch nicht quälen, Sie sind doch ein SS-Mann?" fragt er mich plötzlich.

"Nein, ich bin kein SS, Genosse Ribak! Wie kommen Sie darauf? Was für ein Unsinn!"

Ribak sieht mich noch immer mißtrauisch an.

"Selbst wenn ich Sie beleidigen wollte, könnte ich es gar nicht! Ich kann ja kaum auf den eigenen Füßen stehen!" ergänze ich.

Dieses Argument beruhigt ihn etwas.

Er überzeugt sich davon, daß der so schreckliche mutmaßliche SS-Mann nur aus Haut und Knochen besteht. Moses Iljaschewitsch Ribak ist offenbar ein Opfer jener historischen Erbarmungslosigkeit, mit der das Schicksal viele Jahrhunderte lang dieses außerordentliche und so unglückliche Volk verfolgt hat.

Ein Volk, das in gleichem Maße verzehrt wird von der göttlichen Flamme des reinen Glaubens und dem diabolischen Feuer einer in seinem harten Überlebenskampf entwickelten besitzergreifenden Gier.

Moses Iljaschewitsch hatte lange in Einzelhaft gesessen. Es drängt ihn sehr zu reden. In Danzig geboren, lebte er in Polen. Die Polen mag er nicht, ebenso wenig wie die Deutschen. Er nimmt an, daß nur diese beiden Völker vom Antisemitismus infiziert sind. Beim ersten Grollen des Zweiten Weltkrieges siedelte er nach Litauen über, das bald darauf von Sowjettruppen besetzt wurde.

"Womit haben Sie sich dort beschäftigt, Moses Iljaschewitsch, und wie kam es, daß die Kommunisten Sie in Ruhe ließen?"

"Warum sollten sie mir etwas antun? Ich bin kein Faschist! Habe ihnen Militärstraßen gebaut, nahm Aufträge für Schottersteine an."

"Sind Sie Ingenieur?"

"Das nicht, aber so etwas Ähnliches. Ein Ingenieur hat gebaut, und ich beschaffte die Materialien. Ich spreche polnisch, deutsch, auch russisch, und das haben die Russen gebraucht. Na, und dann fing Hitler, der Hind, den Krieg an. Wir armen Juden sind vor den Hitleristen nach dem Osten geflohen, die Sowjetobrigkeit aber hat uns gesammelt und an die Petschora (Fluß in der unwirtlichen Nordostecke des europäischen Rußlands) und nach Inta (am Polarkreis) geschickt, wo es niemals einen rechtgläubigen Juden gegeben hatte. Ich machte mit Frau und Tochter in Tschkalow halt. Das war noch gut." belehrt mich Moses Iljaschewitsch. "Die anderen sind noch viel weiter gerollt!"

"Womit haben Sie sich denn in Tschkalow befaßt?"

"Ich lebte so dahin, richtete mir eine Behelfswirtschaft ein und begann, Kartoffeln anzubauen. Mit den Maschinen-Traktor-Stationen habe ich Geschäfte gemacht. Ich verstehe etwas von Autos, kann auch chauffieren, fuhr einen SIS (Automarke der Stalinwerke), kann Räder flicken. Als Chauffeur ist man nie verloren!

Erst habe ich gefürchtet, Hitler könnte auch nach Tschkalow kommen, aber er kam nicht, blieb vorher stehen.

Das Jahr dreiundvierzig kam, da nahmen sie mich fest. Das Gefängnis ist Tschkalow ist aber so, wie in der Thora die altertümlichen Gefängnisse in Palästina beschrieben werden. Man versteht gar nicht, wo man eigentlich ist!

Die Zelle ist für zwanzig Mann bestimmt, aber hundertzwanzig sind drin, hocken einer auf dem anderen! Stickige Luft, Läuse. Die Kost war eigentlich gar keine, ein Liter Wasser mit ein paar Kohlblättern drin. Die Zelle wurde von den Kriminellen beherrscht, sie hatten die besten Pätze, und nahmen sich, was sie wollten. Nach jeder Verteilung blieben zwanzig Mann ohne ihre Brotrationen.

Na, eines Tages kam ein Krimineller an, ein ganz schwarzer, tätowierter Kerl. Er sah sich das ein, zwei Tage lang an, dann aber machte er ein gewaltiges Geschrei. Die anderen Kriminellen stürzten sich auf ihn, er aber ergriff das Klogefäß, mit allem, was darin war, ging auf sie los und taufte sie! Es fanden sich welche, die seine Partei ergriffen. Prügelei, Geschrei und Gekreisch! Die Aufseher sprangen herbei. Fünf Leute wurden sofort ins Krankenhaus befördert, drei Stunden lang haben sie nach Messern gesucht.

Am nächsten Tag brachte der schwarze Ganove Ordnung in die Zelle. Erst plazierte er alle auf die Pritschen, und dann, da sie nicht ausreichten, reihenweise auf den Fußboden, die Wände entlang. Auch mitten in der Zelle bildete er zwei Reihen, jeweils mit dem Gesicht zu denen, die an die Pritschen gelehnt saßen.

Er selbst machte sich nun mit drei Adjutanten daran, das Brot im Trog in Empfang zu nehmen, hundertvierundzwanzig Rationen. Natürlich versuchte der Proviantmeister, ihn übers Ohr zu hauen und fünf Rationen weniger herauszugeben, das gelang ihm aber nicht. Alle Proviantmeister und Verteiler sind Erzdiebe! Und nun begann der Schwarze, jedem seine Ration zu geben, dabei sagte er: 'Bevor ich nicht die letzte Ration verteilt habe, hat sich keiner vom Platz zu rühren!'

Und niemand riskierte eine Lippe, alle sahen, mit dem ist nicht gut Kirschen essen!

Zum ersten Mal erhielt jeder die ihm zustehende Ration!

Na, Gott sei Dank, ich brauchte nicht lange im Gefängnis zu sitzen, im ganzen nur zwei Monate, mein Verfahren wurde niedergeschlagen. Als ich nach Hause kam, hat meine eigene Frau mich nicht erkannt!

Und dann war der Krieg aus.

Das demokratische Polen schloß mit der Sowjetregierung einen Vertrag, nach dem die Sowjetregierung alle polnischen Bürger nach Polen zurück zu entsenden hatte.

Nun, da fuhr ich denn los. Kam in Lodz an, und kaum war ich drei Tage da, brach ein Pogrom los. Polnische Nationalisten und sogar Kommunisten schlagen alles kurz und klein. Geschrei und Schießen! Man jagt unsere Leut' aus ihren Häusern und schreit:

'Polen ohne Russen und Juden!'

Nun, und wie ich sah, daß die Russen keine rechte Ordnung machten, nahm ich Frau und Tochter und fuhr mit ihnen ab nach Berlin, wo ich mich auch niederließ. Ja..."

Traurig läßt Moses Iljaschewitsch den Kopf hängen, er scheint sich dem Kern seiner Tragödie zu nähern.

"In Berlin konnte man sogar recht gut leben. Die Sowjetorgane legten Wert darauf, es so einzurichten, daß die Dollars in die Sowjetunion fließen und nicht etwa woandershin. Es hieß, Mikojan (Leiter des sowj. Handelsministeriums) selbst habe sich das ausgedacht. Im Ostsektor wurden deutsche Besatzungsmark-Noten gedruckt, immerzu drauflos, es gab nicht genug Druckpressen. Dieses Markgeld schaffte man mit Hilfe besonderer Leute hinüber und ließ es in Westberlin auf dem Schwarzmarkt bei den Verbündeten oder den Deutschen gegen Dollars einwechseln. Es war ihnen egal, wer die Dollars herbeibrachte... Der Dollar aber war nach dem Schwarzmarktkurs bis zu fünfhundert Mark wert! Kaufte man also von den Deutschen für Mark Teppiche und sonst was, Bronzen, Kristallglas, und schickte es los, wohin es einem beliebte. Die Unseren gaben aber nur gegen Dollar ab! Nu, da habe ich einmal, zweimal tief Luft geholt, und dann fing ich an, auf eigene Gefahr mit diesem und jenem zu handeln. Das war keine Sünde, denn damals spekulierten alle!

Und da gab es wieder Pogrome in Polen, in Ljublin und auch in Warschau. Und unsere Leut' fingen an, sich nach dem Westen aufzumachen, und von dort weiter nach Palästina.

Alle waren wie verrückt, Palästina, Palästina!

Und Frau und Tochter redeten immerzu auf mich ein:

'Papa, fahren wir von hier fort, womöglich kommt ein neuer Hitler und zerquetscht uns alle!'

Und ich selbst, Georgij, verspürte auch schon Unruhe. Die Sowjets sperrten ringsum schon reichlich viele Menschen ein, sogar Juden. Ich aber dachte immer, daß es an mir vorbeigehen wird. Aber da griffen sie mich im Dezember 1946 auf, wie der Teufel Chapun!

Haben Sie schon mal vom Chapun gehört, Georgij?"

Ich bin mit den Bräuchen des orthodoxen Judentums recht gut vertraut, hatte sogar enge jüdische Freunde, und nun setze ich Moses Iljaschewitsch mit meinen Kenntnissen von der jüdischen Kultur und jüdischem Brauchtum in Erstaunen.

"Habe auch Korolenkos Erzählung über den Jom-Kippur gelesen, den Tag des Gerichtes. An diesem Tag holt der jüdische Teufel Chapun den größten Sünder aus der Synagoge und schleppt ihn fort, nur seine Schuhe im Vorraum bleiben zurück, und an den Schuhen erkennen die übrigen, wen er weggeholt hat." sage ich.

Zustimmend nickt mein Zellengenosse, dann fährt er fort:

"Kaum wurde ich ergriffen, da ging es gleich in den Karzer: 'Du Abschaum, du Faschist und Zionist! Die werktätigen Juden haben, wie alle Werktätigen, nur eine Heimat, die Sowjetunion, du aber lockst deine Landsleute nach Palästina!'

Ich konnte nicht an mich halten, Georgij, und brüllte los: 'Da sag schon gleich, daß ich, Moses Iljaschewitsch Ribak, dreiundvierzig Jahre alt, mosaischen Glaubens, bei Hitler Adjutant gewesen bin!'

Da hat er mir eine geklebt, und ab ging es, in den Karzer. Wissen Sie, was ein Karzer ist?" fragt er und sieht mich prüfend an.

"Oh ja, das weiß ich gut!" bestätige ich mit Kennerblick.

Vor mir steht ein leidender, unglücklicher Mensch.

Aber Moses Iljaschewitsch kennt nicht nur das Leid, er weiß auch um einen Ausweg, er kennt die Kraft des Gebets.

Am Morgen beten wir beide, und während des Gebets verwandelt sich das Gesicht dieses zweifellos sehr irdischen Menschen. Alles, was das sündige Leben dort aufgezeichnet hat, verschwindet. Er spricht mit Gott, so, wie vor ihm unzählige Generationen seiner Ahnen. Das Leben hatte Moses Iljaschewitsch gelehrt, den Glauben an vielem zu verlieren, an Gott glaubt er jedoch unbeirrt.

Wieder Verhöre

Es ist schon Abend. Im Schloß rasselt der Schlüssel. Der Wächter kommt herein und fragt: "Wer ist hier mit T?"

Mühsam erhebe ich mich vom Bett, meine Beine sind wie Kissen.

Der Wachmann stützt mich. Beim Gehen muß ich mich am Eisengeländer festhalten.

Der leere Magen krampft sich vor Hunger zusammen.

Wir passieren eine Zelle, an deren Tür jemand von innen hämmert und mit stark kaukasischem Akzent schreit:

"Suffort rauslassen! Schüfte, Henker!" Und dann noch etwas auf grusinisch.

Vor der Zelle wachen drei Aufseher, die wahrscheinlich dem Einsatzkommando des Gefängnisses angehören. Es wird beansprucht, wenn ein Häftling schon zu sehr zu toben beginnt.

Unter den Füßen klirren die eisernen Stege. Ich werde treppab geführt. Eine Tür, vor ihr Kontrolle. Hier gibt es kein Eisernes Buch. Man stellt mich mit dem Gesicht zur Wand, fragt nach dem Familiennamen und den Initialen. Dann geht es einen breiten Korridor entlang. Ich werde in ein Kabinett geführt, ein hohes Zimmer mit Schreibtisch, zwei hellen Fenstern, zwei Sesseln, einem kleinen Tisch, vor dem ein Stuhl steht. Das ist der Platz für den zu verhörenden Gefangenen. Der Fußboden ist mit Linoleum belegt. Das Zimmer macht einen sehr kalten und sehr reinlichen Eindruck.

Draußen, vor dem Fenster, rauschen gelbe Silberweiden und feuerroter Ahorn. Herbst, leuchtend in Gelb und grellem Rot.

Am Tisch steht ein etwa fünfzigjähriger Mann, Hängebacken, Vogelnase. Bauch und Achselstücke sind merkwürdig auffallend nach vorn gerutscht.

"Setzen Sie sich!" ertönt die metallische Stimme des Untersuchungsrichters. "Na, wie ist denn Ihr Befinden?"

Du meine Güte, jetzt interessieren sie sich wieder für mein Befinden! Ruhig antworte ich:

"Mein Befinden? Es geht so."

"So, sagen Sie mal, Treguboff, hat man Sie bisher häufig verhört?"

"Ja, sehr häufig."

"Meinen Sie, Treguboff? Dann will ich Ihnen nur sagen, daß Sie bis jetzt überhaupt noch nicht richtig verhört worden sind! Ich bin Ihr erster Untersuchungsrichter, Major Pawlow."

Ich stehe auf und mache eine leichte Verbeugung.

"Also, hören Sie, Treguboff, zwischen Ihren Verhören gab es eine sehr lange Unterbrechung. Während dieser Zeit konnten sich die Untersuchungsorgane genaustens mit Ihrer Sache vertraut machen.

156

Sie selbst hatten andererseits Gelegenheit, sich Ihre Situation zu überlegen. Wir hatten Sie nach der Geheimarbeit Ihres Bundes gefragt. Nach Ihrer Darstellung wissen Sie davon genauso viel wie von der chinesischen Philologie. Wir haben nach Ihrer Tätigkeit in der deutschen Abwehr und im SD gefragt. Auch hier stellte sich heraus, daß Sie unschuldig sind, wie ein Lamm! Unser jetziges Gespräch wird sich nicht um die Geheimarbeit des Bundes drehen. Wir wissen ganz genau, daß Sie ein wichtiger Mitarbeiter des amerikanischen Abwehrdienstes sind..."

Die Tür öffnet sich. Noch einer kommt, wohl ein Hauptmann. Ich stehe auf, ein kurzes "Setzen Sie sich!"

"Also, hören Sie zu, bester, charmantester Treguboff, jetzt unterhalten wir uns mal über Ihre sogenannten Schüler, zum Beispiel Ihren Schüler, den netten Stone. Kennen Sie ihn?"

"Ja, ich kenne ihn."

"Na, hat dieser Stone nicht mit Ihnen über das Unternehmen Nummer sechzehn gesprochen?"

Von solch einem Unternehmen habe ich nicht die geringste Ahnung, aber etwas fängt an, mich in der Herzgrube zu zwicken.

Die Inquisitoren schweigen, lachen spöttisch...

"Nein, davon habe ich nichts gehört."

"Und den Plan Ingermanland kennen Sie auch nicht?"

"Auch nicht!"

Ein Dritter kommt herein, er trägt Majorsachselstücke. Sein Gesicht wirkt sehr unsympathisch. Ich will mich wieder erheben, doch der erste Untersuchungsrichter bedeutet mir, ich soll sitzen bleiben.

"Gut!" sagt der Neuankömmling. "Das Unternehmen Nr. 16 kennen Sie also nicht, aber wie steht es mit dem Plan Ingermanland? Vielleicht haben Sie wirklich nach diesem (er zeigt auf meinen Hinterkopf) das Gedächtnis verloren."

"Ja, mein Gedächtnis ist nicht besonders, aber das kommt nicht vom Schlag, sondern vom Hunger."

Die Gesichter der Drei zerfließen in einem zuckersüßen Lächeln.

"Was? Die Gefängnisration genügt Ihnen nicht? Sagen Sie doch so etwas nicht! In der Sowjetunion hungert niemand."

"Wie es in der Freiheit damit steht, weiß ich nicht." sage ich in merklich zweifelndem Ton. "Aber in Ihren Gefängnissen hungern alle, meiner Meinung nach."

"Was Sie nicht sagen! Und das wußten wir nicht einmal!" sagt der Blonde spöttisch.

Wie ich später erfuhr, war das einer der unangenehmsten Untersuchungsrichter, ein gewisser Suprunow, sehr klug und gebildet, den Gefangenen gegenüber jedoch gänzlich erbarmungslos.

"Na schön, ich weiß nicht, weshalb Ihr Gedächtnis gelitten hat, vom Schlag, als unsere Jungens Sie aufgriffen, oder davon, daß unsere Delikatessen Ihnen nicht zusagen. Jedenfalls müssen wir Ihr Gedächtnis ein wenig auffrischen! Der Plan Ingermanland ist nichts anderes als der Versuch des amerikanischen Geheimdienstes, in Leningrad Spionagezentren zu bilden, und mit dieser Aufgabe sind Sie betraut worden. Berichten Sie also!"

Erwartungsvoll sehen mich alle drei an. Ich schweige.

"Wieso schweigen Sie, wie die Prinzessin auf der Erbse?" sagt Pawlow kalt und böse. "Haben Sie nicht verstanden? Haben auch das nicht verstanden, daß Sie mit einem Dutzend amerikanischer Abwehrleute bekannt waren? Angefangen bei diesem, Ihrem Verwandten..."

Ich will etwas erwidern, aber Suprunow verscheucht mich, wie eine Fliege:

"Sie wollen gewiß sagen, daß Sie in einem möblierten Zimmer in der Ebertstraße gewohnt haben! Wissen wir, wissen wir! Wir haben Ihr Zimmer gesehen, und wissen auch, wie Ihr Mütterchen lebt. Sie sind ein gewiefter Bursche, und die Dollars wurden Ihnen auf die Bank geschickt, wo sie noch heute liegen!"

Auf meinem Gesicht muß sich wohl ehrliches Erstaunen gespiegelt haben. Ich wußte, daß meine Chancen, je aus den Klauen der Tschekisten lebendig herauszukommen, eins zu neunundneunzig standen. Immerhin hätte ich gern erfahren, wo auf meinen Namen Tausende von Dollars liegen sollen, von denen ich nichts wußte. Darüber aber schwieg Suprunow sich aus.

"In Ihrem Verfahren, Treguboff, sind wir die Herren der Lage! Sie werden doch zerbrechen, früher oder später. Aber Sie treiben Ihren Preis gar zu hoch! Sie haben doch gesagt, daß Sie mit dem Sowjetregime Frieden schließen wollen?"

"Ja, das habe ich gesagt."

"Und wie stellen Sie sich das vor?"

"Sehr einfach, indem ich die Wahrheit sage."

"Und warum schweigen Sie dann?"

"Treguboff, wissen Sie, daß Hauptmann Fuchs in unseren Händen ist?" nähert sich mir plötzlich von hinten der dritte.

"Ich kenne keinen Hauptmann Fuchs."

"Auch seine Frau kennen Sie nicht? Die Besitzerin eines Weingeschäfts, Barbara Eking?" fragt er süßlich.

"Nein."

"Sie lügen!"

"Ich habe nie von ihnen gehört."

Ich bin allein - und ihrer sind viele

Noch ein vierter tritt ein. Sie setzen sich alle um mich herum, wie Hunde, die einen Wolf stellen.

Ich höre völlig unsinnige Fragen.

Mir ist, als sei mein geschorener Schädel mit einem Dschungel aus Haaren bewachsen, und als wimmelten in ihnen ganze Haufen ekelhafter Würmer.

"Erzählen Sie uns nun", beginnt der Schwarzbärtige, "wie Baidalakow und Ihre anderen Führer eingesperrt wurden."

Ich berichte, was ihnen wahrscheinlich längst bekannt ist, wie die Deutschen dem NTS grollten, weil in seinem Programm antisemitische Richtlinien fehlten, ferner vom Bestreben des NTS, auch in Deutschland sein Gesicht als demokratische Organisation mit Wahlprinzip zu wahren, als Organisation getreu dem nationalen Rußland und der geschichtlichen Tradition des russischen Volkes, nicht aber den Wahnideen eines Rosenberg.

Die Untersuchungsrichter wechseln einander ab, wieder sitzen Pawlow und Suprunow vor mir.

Aber der Verhörsfaden reißt nicht ab. Der Leitgedanke meiner Quälgeister ist, ich sei parallel zu meiner Tätigkeit für den NTS auch Mitarbeiter der deutschen Abwehr oder des SD gewesen, und sie wissen, daß viele deutsche Abwehrleute nach Kriegsende zu einer ähnlichen Tätigkeit bei den Amerikanern gelangt waren. Endlich wird mir ein Protokoll vorgelegt.

Ich sammle meine Kräfte und höre mir an, wie es vorgelesen wird. Im Text finde ich nichts Verdächtiges.

Ich bin unsagbar müde, aber da fällt mir plötzlich, während ich dem Untersuchungsrichter in die kalten, jedoch verdächtig gutmütig dreinschauenden Augen blicke, die alte Regel ein, nichts zu unterschreiben, was man nicht selbst durchgelesen hat.

Ich werfe meinen Blick auf die erste Seite.

"Brauchst es nicht zu lesen." sagt Pawlow in verächtlichem Ton.

"Als ob wir es nötig hätten, dich Ekel zu betrügen."

Dennoch lese ich Seite für Seite. Wie immer ist das Protokoll vom Untersuchungsrichter mit der Hand geschrieben worden. Plötzlich finde ich, in der Mitte der vierten Seite, folgenden Passus:

"Als Lehrer in der Agenten- und Propagandistenschule Wustrau arbeitend, habe ich in meiner Eigenschaft als Bevollmächtigter der deutschen Spionageorganisation Abwehr aus den Reihen der Sowjetbürger und sowjetischen Kriegsgefangenen Agenten angeworben und zur weiteren Schulung in spezielle Spionageschulen geschickt, um sie in der Folgezeit in der deutschen Spionageorganisation Abwehr zu verwenden."

"Das hier werde ich nicht unterschreiben."

"Was soll das heißen?" fragt Suprunow mit gekräuselten Lippen.

"Ich werde es nicht tun, weil es nicht wahr ist. Nichts dergleichen habe ich Ihnen gesagt. Ich habe nicht in der Abwehr gedient!"

Schweigen.

Plötzlich befällt mich Luftmangel, das Herz zieht sich mir qualvoll zusammen, ich falle in Ohnmacht.

Eingehakt werde ich fortgeführt.

Schon ist Morgen, Wecken. Das Verhör hatte den ganzen Abend und die ganze Nacht über gedauert.

Moses Iljaschewitsch ist bereits aufgestanden. Wahrscheinlich sehe ich furchtbar aus. Als ich in die Zelle geführt werde, stehen Mitleid und Schrecken in seinen Augen. Ich bin so schwach, daß ich nur Zucker und etwas Kaffee zu mir nehmen kann. Brot zu essen, habe ich nicht mehr die Kraft. Auch sitzen kann ich nicht, aber ich *muß* sitzen! Tagsüber darf man ja nicht liegen.

Moses Iljaschewitsch geht in die Ecke, wendet sein Gesicht zur Wand und betet inbrünstig. Vor mir steht ein ganz anderer Mensch. Auch ich bete, und mir ist, als strebten unser beider Gebete zu *einem* Ort hin, zu dem Einen, der den Wert von allem kennt, den Wert des Gegenwärtigen, des Vergangenen und des Künftigen.

Wenn nicht so, dann auf andere Weise!

Unendlich lange zieht sich der Tag hin.

Am Abend, nach dem Essen, wieder zum Verhör. Dasselbe Vier-
mannsynedrion: Pawlow, Suprunow und zwei, deren Namen ich
nicht kenne. Wieder der Plan Ingermanland und das Unternehmen
Nr. 16. Die Stunden verstreichen. Jemand kommt, jemand geht, aber
das ist mir schon völlig gleichgültig. Ich sage etwas, merke jedoch, daß ich puren Unsinn zusammenrede.

Sie brüllen mich an, schütteln ihre Fäuste!

Endlich unterschreibe ich das Protokoll.

Alles schwimmt vor meinen Augen. Ich weiß nicht, was ich unterschrieben habe, erinnere mich nur, daß vom Plan Ingermanland und
vom Unternehmen Nr. 16 kein Wort drinstand.

Die Zeit steht still, wie damals, in der Gummizelle.

"Ach, du Scheusal!" schreit die namenlose Nr. 2, gießt Wasser in
ein Glas, trinkt, und speit mir plötzlich den Rest ins Gesicht.

Ich springe auf, fange aber zugleich an, ruhig zu überlegen.

Ringsum Wolken von Tabakrauch. Zwischen diesen Wolken sehe ich
den durchdringenden Blick des weißblonden Suprunow.

"Na, wie, hast unterschrieben? Laß mich dir vorlesen, was du unterschrieben hast!"

Im Protokoll steht, daß ich nach der Befreiung aus tschechischer
Gefangenschaft in Berlin lebend, 1946 und 1947 im amerikanischen
Geheimdienst gearbeitet und entsprechende Spionageaufträge aus-
geführt habe, die gegen die Sowjetmacht gerichtet waren.

"Das ist nicht wahr!" schreie ich. "Ich werde mich beim Staatsanwalt beschweren! Sie wenden bei mir uneuropäische Untersuchungsmethoden an!"

"Gut, wir reden noch miteinander."

Die Stege hallen unter den Tritten.

Türen knallen, Essentröge klappern. Es ist schon Morgen.

Die vergangene Nacht war die Nacht meiner schwersten Niederlage während der dreizehn Monate Untersuchungshaft...

"Nicht schlafen!"

Der Aufseher rüttelt mich am Arm.

"Sitzen Sie gerade!"

Moses Iljaschewitsch steht neben mir.

"Georgij, Sie sind eben eingeschlafen, ich wollte Sie wecken, kam aber nicht mehr dazu."

Ich esse schlecht und recht, mal gehe ich, mal sitze ich. Apathie und tödliche Müdigkeit wechseln mit nervöser Erregung.

Das Ruhesignal. Schnell ziehe ich mich aus. Sollte ich wirklich das Glück haben, schlafen gelassen zu werden?

"Zum Verhör!" Der Aufseher steht in der Zelle.

Vermutlich habe ich nur einige wenige Minuten geschlafen.

Wieder ein Kabinett, diesmal ein anderes.

Einer von den Namenlosen fehlt. An seiner Stelle ist ein anderer da, ein schmächtiger, magerer Mann von etwa dreißig Jahren. Sein Gesicht ist von Pickeln übersät.

Ich zucke zusammen, wo habe ich dieses Gesicht schon gesehen?

"Erkennen Sie mich nicht, Jurij Andrejewitsch? Können Sie sich an den Februar und März 1945 erinnern, an Heuberg, an den Stab von General Truchin? Sie waren Stabsdolmetscher und zeitweilig stellvertretender Chef der persönlichen Kanzlei von Generalmajor Truchin. Damals bin ich häufig bei Ihnen gewesen."

Jetzt entsinne ich mich dieses Mannes in der Uniform eines Leutnants der Wlassow-Armee.

"Erlauben Sie mir die Frage, wie Sie heißen?"

"Jetzt trage ich einen anderen Namen als damals. Ich bin ein langjähriger Mitarbeiter der sowjetischen Abwehr. Na, das ist aber nicht wichtig, wichtig ist etwas anderes. Wenn wir auch Gegner sind, Jurij Andrejewitsch, so könnten wir doch einen Weg zueinander finden."

Mein pickliger Bekannter ist sehr vorsichtig, sehr geschickt. Lange spricht er mit öliger Stimme von Kameraden in der Wlassow-Armee, wobei er fast Krokodilstränen vergießt. Ich spüre, wie sich seine Hand familiär auf meine Schulter legt. Sein Atem ist ganz nah an meinem Gesicht, einschmeichelnd schaut er mir in die Augen.

Nervöse Erregung schüttelt mich. Es gibt nichts Widerwärtigeres als die Versuche von Tschekisten, sich sanft zu geben!

"Aber warum sperren Sie sich denn so? Seien Sie doch nett!"

Und er umarmt mich noch fester.

Mein Ekel wächst immer mehr, aber ich halte an mich.

"Jurij Andrejewitsch!" fährt mein Versucher fort. "Ich habe viel Macht, mein Teuerster! Seien Sie nur offen, bocken Sie nicht!

Mich interessiert die Arbeit des Wlassowschen Sicherheitsdienstes, Sie waren ja in ihm tätig!"

Wieder eine Falle!

Vom Wlassowschen Sicherheitsdienst ist es nur ein Schritt zum deutschen SD, und damit auch zur *Abwehr*.

Dann aber ist meine Karrete futsch!

Ich fühle, wie sich meiner ein halbschlafähnlicher, halbbewußtloser Zustand bemächtigt. Vor meinen Augen tanzen bunte Fliegen. In den Ohren rauscht es wie das ferne Getöse eines Wasserfalls. Und inmitten all dieser Töne schlägt jemand auf einen Amboß, bum, bum, bum, und zugleich auch auf meinen Schädel.

Dann wird mir wieder ein Protokoll zugesteckt.

Ich aber begreife schon gar nichts mehr und verweigere entschieden meine Unterschrift.

Das war die dritte Nacht ohne Schlaf.

Ich schwanke beim Gehen, stolpere, stoße an Gegenstände. Richtiger gesagt, ich gehe nicht, sondern trete vielmehr auf der Stelle.

Moses Iljaschewitsch bittet mich, ihm zu helfen, eine Eingabe an den Gefängnisleiter und an den Staatsanwalt anzufertigen. Nach dem Mittagessen bringt man uns auf meine Bitte hin Papier, und ich mache mich an die Arbeit.

Moses Iljaschewitsch schildert dem Staatsanwalt die Untersuchungsmethoden in den schwärzesten Farben: den Karzer-Kühlschrank, das häufige Schlagen, die nächtlichen Verhöre. Es kommt dabei ein sehr eindringliches Dokument zustande, das heißt, natürlich für *uns* beide, wie es auf den Staatsanwalt wirken wird, ist völlig ungewiß.

Das zweite, an den Gefängnisdirektor gerichtete Schreiben berichtet in krassen Farben von verschiedenen Krankheiten und physischen Unpäßlichkeiten des Häftlings Ribak.

Während wir die Eingabe verfassen, führen wir eine medizinische Konsultation durch, um eine höchstmögliche Wirkung auf die in Barmherzigkeitsfragen sehr unbeweglichen Gehirne der Gefängnistschekisten zu erzielen. Bei der Krankheitsauswahl kommen wir zu dem Ergebnis, daß der Magen für die Bearbeitung durch einen Gefängnis-Äskulap das idealste Betätigungsfeld ist.

"Wenn ich Zusatzkost bekomme, halbieren wir sie." sagt Moses Iljaschewitsch. "Wir haben die Eingabe gemeinsam geschrieben."

Diese Erklärung rührt mich sehr.

Der Abend kommt, wieder naht die Zeit der Qualen.

Bekannte Gesichter, aber mein pickliger *Freund* ist diesmal nicht anwesend. Man bemüht sich, mir die Bedeutung des von mir unterschriebenen Protokolls begreiflich zu machen.

"Das ist ungesetzlich!" protestiere ich. "Die Sowjetmacht verbietet die Anwendung von Gewaltmaßnahmen im Untersuchungsverfahren. Ich habe diesen Blödsinn unter der Einwirkung von ungesetzlichen Untersuchungsmethoden unterschrieben und bestreite das, was ich unterschrieben habe."

"Sie sind wirklich reichlich gebildet." bemerkt Suprunow mit gutmütig-spöttischem Lächeln, und kalt fügt er hinzu:

"Sie werden noch viel unterschreiben müssen, und je schneller Sie das tun, desto besser für Sie! Auf Wiedersehen!"

An der äußersten Grenze...

Einzelzelle. Stille und Kälte.

Ich habe keine Bücher, übrigens könnte ich auch nicht in ihnen lesen. Das Bettenmachen dauert eine geschlagene Stunde. Das Guckloch ist fast ständig offen, ununterbrochen werde ich beobachtet.

Es wird Abend.

Die Minuten dehnen sich zu Stunden, die Stunden schrumpfen zu Minuten. Draußen heulen die Motoren, die Lüftungsklappe bebt.

Nein, das sind keine Motoren!

Das ist ja eine riesige Fliege, die in das Fangnetz der Kreuzspinne geraten ist, um sich schlägt und um Schonung bettelt. Aber es gibt kein Verschonen! Ringsum starren die eisernen Netze, ich sehe sie durch die Wände meiner neuen Zelle.

Übrigens verstehe ich nicht, weshalb die Spinne sich so abmüht, ringsum sind doch genug Fliegen! Sie laufen in endloser Zahl die Zellenwände entlang, schnellen vom Fußboden hoch und laufen durch die Decke hindurch.

Es gibt keine Decke, nur Haufen aufgescheuchter Fliegen.

Ich weiß, woher sie kommen. Sie nähren sich vom Fleisch und Blut der Tschekaopfer. Diese Idee ist so einfach, so einleuchtend! Komisch, daß sie mir nicht früher in den Sinn kam. Warum lärmt denn diese große Fliege so, warum schlägt sie so um sich?

Nein, das ist keine Fliege, das ist meine einsame, kranke und alte Mutter, die um ihren einzigen Sohn weint.

Balzac hat, glaube ich, gesagt, das Gesetz sei ein Spinnennetz, durch das die großen Fliegen hindurchstoßen, in dem die kleinen jedoch hängen bleiben. Das Sowjetgesetz aber fängt ausnahmslos alle Fliegen, die großen und die kleinen, die schuldlosen und die schuldigen. Balzac wußte nicht, daß das Sowjetgesetz eiserne Netze gesponnen hat, in denen sich früher oder später jeder verfängt.

Ich selbst bin eine große Fliege, ich schlage im Spinnennetz um mich, und das Gefängnis *scheint* nur ein Gefängnis zu sein, in Wirklichkeit ist es ein Riesenspinnennetz mit klebrigen Fäden. Es hängt über ganz Moskau, über ganz Rußland, die unermüdliche Spinne flicht es unbeirrbar und zielsicher. Mitunter zerreißt eine dreiste Hand einen der Fäden. Die feige Spinne flieht, versteckt sich in ihrem Loch und wartet ab, ob die Gefahr groß ist, oder ob sie sich bald wieder an ihre schreckliche Arbeit machen kann.

Und ich bin bereits in ihre Fänge geraten.

Ich sehe meinen Feind, die Zelle hat keine Seitenwand. Eine Zelle gab es überhaupt nie. Der Raum ist von einem ungeheuren behaarten Rumpf ausgefüllt. Schwarze, vielkantige Augen starren mich an. Fürchterliche Kiefer stehen gleich gigantischen Sicheln bereit, sich in mich hineinzubohren. Schaum träufelt von ihnen herab. Fest klammern sich die Greifer an die Fäden des Gewebes.

Blicke ich die Spinne an, zieht sie sich zusammen, als fühlte sie, daß noch Kräfte in mir sind. Sie entfernt sich, wird kleiner und kleiner. Dann schwillt sie wieder an, füllt sich mit Blut.

Ich verstecke mich vor ihr im äußersten Winkel der Zelle.

"Zum Verhör, zum Verhör, zum Verhör!" flüstert die Spinne immer lauter und lauter.

Ich falle irgendwohin und bemerke plötzlich, daß die Spinne das gescheite, listig lächelnde Blondgesicht Suprunows hat...

"Zum Verhör!" ertönt die metallische Stimme der Spinne.

Aber jetzt hat sie das Gesicht meines Korridoraufsehers, sie ist auch viel kleiner. Auch hat sie nur zwei Greifer, die in ganz gewöhnlichen abgeschabten Kittelärmeln stecken.

Die Spinne führt mich durch das Spinnennetz, ringsum dröhnen die Stege. Man schleppt mich zur Oberspinne, zu Suprunow. Ich will aber nicht, und sperre mich mit allen Kräften dagegen.

Die Spinne hat plötzlich vier Greifer, dann sechs...

Ich habe keine Kraft mehr, Widerstand zu leisten.

Ich weiß nicht, was für ein Kabinett das ist, und nun sehe ich, wie Suprunow sein wirkliches Antlitz enthüllt. Wie konnte ich nicht gleich darauf kommen, daß alle Untersuchungsrichter nichts anderes als Spinnen sind, von denen Suprunow die Hauptspinne ist.

Interessiert beobachte ich, wie sich an ihm ein großer, kugelförmiger Rumpf bildet. Zottige Fänge strecken sich aus.

Ich habe einmal gelesen, vielleicht in *Brehms Tierleben*, daß man eine große Spinne am leichtesten töten kann, indem man ihr etwas Spitzes ins Auge stößt.

"Kennen Sie den? Kennen Sie den?" schreit jemand und zeigt mit dem Finger auf die Fotos mir unbekannter Personen.

Ja, ja, gerade ins Auge!

Ich ergreife einen Federhalter und werfe mich auf die Spinne hinter dem Schreibtisch.

Ein starker Schlag auf die Brust, dann ins Gesicht. Glatter Steinboden. Noch ein Schlag. Die Füße der Spinnen tragen Stiefel!

Meine einzige Rettung ist unter dem Tisch.

Dorthin kann die Spinne nicht kriechen, sie ist zu fett.

"Raus unter dem Tisch da, du Dreckskerl!"

Ich springe unter dem Tisch wie ein Frosch, die Stiefel der Spinnen belagern mich von allen Seiten.

Ich denke an den Rat:

"Schlägt man dich, schütze mit dem Arm vor allem Leber und Herz! Laß dich nicht mit den Füßen in den Bauch treten! Das machen sie besonders gern..."

Unter dem Tisch bin ich von allen Seiten eingekreist, wie die römische Armee bei Cannae. An der Vorderfront attackieren mich Stiefel, von rückwärts drohen zwei Fäuste. Ich bekomme einen starken Schlag in den Rücken, der Atem stockt.

Ich fliege, fliege irgendwohin...

In der Zelle komme ich zu mir.

Der Rücken tut weh, der Kopf ist schwer. Eine Last liegt wie eine Bleiplatte auf der Stirn. Ich taste mit der Hand danach, die Bleiplatte erweist sich als Pflaster. Mir ist speiübel.

Neben mir stehen der leitende Gefängnisarzt, eine Schwester, irgendein Offizier und zwei Aufseher.

"Nun, wie ist Ihnen?" fragt mich der Arzt. "Bleiben Sie liegen, bleiben Sie liegen!" sagt er dann, als er sieht, daß ich mich aufrichten will.

Aber ich kann es ja auch gar nicht!

Sie entfernen sich. Wie schwer, wie schwer!

Es war nicht der erste Streit in meinem Leben, wohl aber bin ich zum ersten Mal zusammengeschlagen worden, und das ist ein Grenzstein besonderer Art!

Erst jetzt bin ich ein vollwertiger Gefängnisinsasse.

Es ist problematisch, mich im Bett aufzusetzen. In den Ohren dröhnt es. Nur mit Mühe esse ich. Das Brot lasse ich unberührt, schon vier Rationen haben sich angesammelt.

Draußen haben die Motoren wieder zu lärmen begonnen.

Aus allen Ecken kriechen gespenstische Schatten. Deutlich höre ich die Zurufe der Untersuchungsrichter und die Stimme meiner Mutter. Es befällt mich ein kläglicher Zustand von Angst, Scham und Hilflosigkeit, den alle an sich erfahren, denen es beschieden ist, den Beginn von Halluzinationen zu erleben.

Zeitgenössische Inquisitoren

"Zum Verhör!"

Beim Gehen muß ich gestützt werden.

Suprunow ist nicht da, aber Pawlow und der Schwarzbärtige, dessen Namen ich nicht kenne.

"Na, Treguboff, werden Sie sich wieder auf den Untersuchungsrichter stürzen?" fragt Pawlow nach einer Weile.

"Ich habe mich nicht auf Sie gestürzt."

"Nicht gerade auf mich, aber auf Suprunow."

"Ich habe mich auf niemanden gestürzt."

"Erlaub' mal! Hast's wohl vergessen? Weißt doch alles, was mit dir los war!"

"Wenn Sie mich nicht schlafen lassen, werde ich ganz den Verstand verlieren."

"Wirst ihn nicht verlieren, gar kein Grund dazu! Sagst uns die Wahrheit, kannst du schlafen. Sagst du sie nicht, passiert noch was anderes." fügt Pawlow finster hinzu.

"Sie geben also zu, daß Sie amerikanischer Spion waren." fängt er wieder von vorne an.

"Keineswegs!"

"Und wer hat das hier unterschrieben?"

Er zeigt mir mein Protokoll.

"Sie scheinen die Amerikaner sehr zu fürchten, da sie Ihnen überall vorschweben!"

Die Tür schlägt, Suprunow löst Pawlow ab.

"Was faselt er da von den Amerikanern?" fragt er in wegwerfendem Tonfall.

"Er meint, daß wir die Amerikaner fürchten."

"Die Sowjetunion ist so mächtig und stark, daß sie niemanden zu fürchten braucht!" doziert Suprunow leise und artikuliert. "Sehen Sie sich doch die Karte an! Jeder Krieg und jede Erschütterung führt nur dazu, daß die Sowjetunion immer stärker wird. Sie können nicht gegen Tatsachen angehen, die auf der Hand liegen.

Alle Staaten sind aus dem Krieg geschwächt hervorgegangen, sogar die Vereinigten Staaten, wir aber sind nur noch stärker geworden. Wenn nötig, kaufen wir einen beliebigen Amerikaner, mit all seinen angelsächsischen Eingeweiden. Erst kürzlich haben wir die überseeischen Tölpel dazu gebracht, die deutschen Faschisten, unsere schlimmsten Feinde, zu schlagen.

Unsere Politik ist klug, Treguboff!

Wenn wir es nötig haben, setzen wir uns mit ihnen an einen Tisch, veranstalten eine Konferenz und schmieren ihnen sozusagen Honig um den Mund. Und sie glauben daran! Sie denken tatsächlich, daß die Sowjetunion ihnen zuliebe anfängt, sich umzugestalten. Lassen wir sie in diesem Glauben!"

Plötzlich zieht der Namenlose einen Taschenspiegel hervor und hält ihn mir vor das Gesicht.

Ich pralle zurück, mein eigener Leichnam sieht mich an!

Mein Gott, ich bin ja gar nicht von Spinnen umgeben, sondern von Vampiren! Das ist keine Zelle und auch kein Kabinett, das ist die Gruft, in der ich einmal in meiner Kindheit geweilt hatte.

Ich war hineingegangen und hatte mich verirrt...

Leichname umgaben mich.

Der dort gegenüber sitzt an einem Grab und blickt mich durchdringend an. Von allen Seiten dringen rote Lippen auf mich ein!

"Dein Vater, Treguboff", sagt einer der Vampire. "hat sich am Arbeiterschweiß gütlich getan, und du willst Arbeiterblut schlecken!"

"Sie haben kein Recht, mein Blut zu trinken. Den sowjetischen Untersuchungsorganen ist das nicht erlaubt." sage ich ruhig.

"Schon gut, schon gut!" sagt der Vampir. "Du unglückseliger Simulant! Sag uns mal, kennst du einen Hauptmann Fuchs?"

"Nein!"

Die maschinengeschriebene Kopie eines Verhörprotokolls leuchtet vor mir auf. Namen auf Namen, Bezeichnungen der Abwehrabteilungen, und plötzlich lese ich, wie durch einen Nebel:

"Ich sandte den Bevollmächtigten der Abwehr, Georg Treguboff, nach Budapest, um Verbindung zu dem Genannten herzustellen."

Bedrückt schweige ich.

Wieder Fragen, Millionen von Fragen.

Immerzu taucht der Name Fuchs auf. Man schüttelt mich an der Schulter, stiert mir in die Augen. Vielstimmiges Geschrei.

Jacken, Achselstücke, Stiefel, Hände, Köpfe, Ärmel schießen verschwommen vorüber, ein fünfzackiger Stern, Orden, Knöpfe.

Jemand schwenkt ein Protokoll, es schwebt in der Luft, wie ein mystischer, einflügeliger Vogel.

Endlich fassen mich zwei Aufseher fest unter den Armen an und führen mich fort.

Ich bin wieder allein. Es ist schon Morgen.

Ich will mich hinlegen.

"Stehen Sie auf, Sie dürfen tagsüber nicht liegen!"

Die Zelle dehnt sich wie ein Fernrohr.

Das sagt mir sehr zu, also habe ich mehr Platz zum Spazierengehen. Gleich versuche ich, diesen Korridor entlangzugehen.

Vielleicht führt er mich nach Hause, nach Berlin.

Ich stehe auf und gehe, und je weiter ich gehe, desto länger wird der Korridor, und merkwürdigerweise fällt mir das Gehen gar nicht schwer. Ich bin schon weit. Ein, zwei, drei Biegungen, es werden immer mehr. Der Korridor interessiert mich nicht. Ich will weiter, fort von den Spinnen und Vampiren! Noch eine Biegung, und dann bin ich in den nach rauchigem Nebel riechenden Straßen Berlins.

Aber nach der nächsten Biegung finde ich mich wieder in der Zelle. Jemand rüttelt mich an der Schulter:

"Ihr Name? Fertigmachen zum Verhör!"

Ich werde hinunter geführt. Völlige Gleichgültigkeit hat mich ergriffen. Ich weiß, daß mir ein Unglück droht, schlimmer als der Tod. Der Wahnsinn steht an meiner Seite.

Am Himmel der Große Bär. Der *Schwarze Rabe*. Irgendwohin, ohne Sachen. Das Ohr fängt alle Laute, alle Geräusche auf.

Riegel rasseln, ein bekannter Ton, einmal, zweimal.

Das ist die Lubjanka.

Der vertraute Weg über den Hof nach unten, dann nach oben, ich werde in eine Box gesetzt.

Zwei Aufseher und ein Offizier. Man führt mich irgendwohin, abwärts. Die Treppe ist recht breit und abgenutzt, vierzig Stufen, dann eine Biegung und eine Eisentür.

Ich bin unter dem Ministerium.

Über der Tür ein grünes Licht. Ein kleines Riegelfenster, vielleicht zwanzig Zentimeter im Quadrat. Trotz des grünen Lichts über der Tür öffnet der Türwart das Fenster, er blickt hinaus, schließt es wieder und dreht den Schlüssel um.

Man führt mich weiter. Ein langer Korridor, sehr grelles Licht. Rechts und links Zellen, sie haben etwas Besonderes. Vorbildliche Sauberkeit. Im Korridor halten sich einige Aufseher auf, alle sind hoch gewachsen und sehr gut angezogen.

Man führt mich den Korridor entlang, wobei ich fest am Ellenbogen gehalten werde. Vor der ersten Tür hinter der Ecke wird Halt gemacht. Der Offizier öffnet das Guckloch.

"Schauen Sie hinein!"

Zuerst begreife ich überhaupt nichts. Vor meinen Augen zeichnet sich ein blendend weißer Fleck ab. Dann erst bemerke ich, daß das grelle, schneidend weiße Licht von einer sehr großen Lampe an der Zellendecke herrührt. Die Lampe ist von einem feinen Gitter umgeben. Die Zelle ist hoch und quadratisch. Es sieht aus, als sei sie von geisterhaft feinen Fäden eingesponnen. Inmitten des die ganze Zelle erfüllenden blendenden Lichts sehe ich nur einen dunklen Fleck. Eine Minute vergeht. Erst scheint mir die Zelle leer zu sein, aber die Augen gewöhnen sich allmählich:

In der Mitte der Zelle sitzt jemand auf einem Schemel, das Gesicht der Tür zugewandt.

Es ist ein Mann von etwa fünfzig Jahren. Sein Gesicht ist ungewöhnlich lang und hat breite Backenknochen. Sein Kopf ist ganz grau. Der Mann trägt einen deutschen Militärrock und lange, schwarze Hosen. Er blickt direkt auf das Guckloch, wahrscheinlich schon sehr lange. Seine Augen liegen tief, tief in ihren Höhlen.

Sie blicken, aber sie sehen nicht, sie sind auf etwas gerichtet, was hinter der massiven Tür zu sein scheint. In diesen Augen steht keine Angst, kein Schrecken, keine Erwartungsqual, ja, nicht einmal grenzenlose Verzweiflung, in diesen Augen steht - nichts! Und das ist das Furchtbarste.

Es sind nicht einmal die Augen eines Wahnsinnigen. Es sind die Augen eines Toten im Gesicht eines zweifellos Lebenden. Es sind Augen, die schon gestorben sind, während der Körper noch lebt...

Eine lange Zeit ist vergangen, seit ich sie gesehen habe, aber noch immer sind sie vor mir. Es waren die Augen eines Menschen, der die Grenze fürchterlichster Qualen bereits überschritten hatte, eines Menschen, der nichts mehr nötig hat, eines Menschen, den nichts mehr erschrecken oder verwundern kann, eines Menschen, der alles weiß, und zugleich nichts weiß. Diese Augen schauten irgendwohin, nach innen, in sich hinein, in jene Welt, die Gott untersteht, und nicht den Tschekisten der Lubjanka.

Ich weiß nicht, wer er war, dieses lebende Gespenst.

Ich weiß auch nicht mehr genau, wo diese Zellen lagen, und was für Zellen das waren, aber ich spüre es noch heute, daß ich damals mit einem der schaurigsten Geheimnisse der Lubjanka in Berührung gekommen bin.

"Na, gehen wir!"

Ich will einen Schritt zurück machen, und sacke auf den Fußboden, vom Stehen sind mir die Beine eingeschlafen.

"Du hast gesehen!" sagt der Offizier. "Paß auf, daß dir nicht dasselbe passiert, heb den Schwanz nicht zu hoch!"

"Wer ist das, was ist mit ihm?" entringt es sich mir.

"Wer? Du wirst es dort erfahren!"

Man schleppt mich nach oben. Die hell erleuchteten, endlosen Korridore erscheinen mir, mit ihrem Spinnennetz der Leitungen, jetzt, nach meinem Besuch im Keller, halbdunkel. Wieder die Box. Ich bekomme einen Krug Wasser, bitte um einen zweiten, da mich Durst quält, er wird mir aber abgeschlagen.

Wieder der *Schwarze Rabe*. In der Dunkelheit sehe ich noch immer die Augen des Sitzenden. Wer ist er, was hat er durchgemacht? Welche Geheimnisse birgt die Lubjanka noch?

Perpetuum mobile. Die Unterbrechung - ein Wunder

Das Lefortowo-Gefängnis. Durchsuchung.
Ich werde nicht in die Zelle geführt.
Zwei sitzen da, dann drei. Am Tisch - Suprunow. Ich begreife sofort, daß er die Expedition in den Lubjanka-Keller organisiert hat.
"Na, wie war die Reise, Georgij Andrejewitsch?"
Ich schweige.
"Sie zürnen uns wohl, Georgij Andrejewitsch? Denken wohl: 'Diese Tscheka-Bestien, was stellen sie mit den Menschen an!'
Aber eigentlich müßten Sie uns dankbar sein. Wir haben Ihnen gezeigt, was Ihnen droht. Gaben Ihnen quasi die Möglichkeit, durchs Schlüsselloch Ihr eigenes Schicksal zu betrachten. Diejenigen unserer Gegner, die aufrichtig alles bekennen, rühren wir mit keinem Finger an. Aber die, Treguboff, die in ihrer Lage mit uns zu kämpfen fortfahren, die vernichten wir! Und wenn wir sehen, daß ein Mensch ein abgebrühtes Gewissen hat, wie der, den Sie gesehen haben, dann verfahren wir erbarmungslos mit ihm. Und wenn es sich als notwendig erweisen sollte, werden auch Sie in so einer Zelle unter der Lampe sitzen, wie jener."
Ich höre mir diese Tirade an und schweige.
"Bis heute waren wir nicht davon überzeugt, daß Sie uns bei den Verhören an der Nase herumführen, und deshalb haben wir bei Ihnen bisher keine Sondermaßnahmen der Einwirkung angewandt. Jetzt aber sind wir völlig davon überzeugt, daß Sie bewußt und frech lügen, und daher bitten wir Sie, uns fortan keine Vorwürfe zu machen."
"Worin lüge ich denn, Ihrer Meinung nach?" frage ich und warte, ob er etwas über Berlin in den Jahren 1946 und 1947 sagt.
Aber Suprunow schweigt, offenbar will er Zeit gewinnen.
"Na, kehren wir zum Letzten zurück, sozusagen zum Casus Belli, zu Hauptmann Fuchs. Sie bestehen darauf, ihn nicht zu kennen?"
Ich schweige.

Sie fragen die ganze Nacht hindurch.

Man dringt in mich, versucht, mich zu überreden, droht. Noch irgendwelche anderen Namen fallen.

Am Tage läßt man mich nicht schlafen, erneut Halluzinationen.

Der fünfte Tag in Einzelhaft!

Mein Gott, womit habe ich dich erzürnt?

Der sechste, der siebte Tag!

Ich werde in die Badestube geführt, wasche mich, auf dem Boden sitzend, zum Stehen bin ich zu schwach.

Mein ganzer Körper juckt. Ich scheue davor zurück, an mir herabzusehen, so ausgemergelt bin ich.

Schon ist Mitte Oktober, ein düsterer, hoffnungsloser Herbst.

Einige Tage vergehen. Tage wie Nächte, Nächte wie Tage.

Ohnmachtsanfälle, Halluzinationen und Verhöre, Verhöre...

Es ist mir, als seien die Verhöre endlos, wie eine Schlange, die sich selbst in den Schwanz beißt.

Endlich bin ich wieder allein.

Plötzlich kommt mir der Gedanke:

"Warum sperre ich mich eigentlich? Ich kenne Hauptmann Fuchs doch ausgezeichnet, habe mit ihm zusammen gedient, kenne sein Gesicht noch gut. Es sieht ganz so aus wie das auf dem Kärtchen, das sie mir dutzende Male vorzeigten. Wahrscheinlich hatte sich in meinem Gedächtnis eine Lücke gebildet, so daß ich in all diesen Tagen meine Bekanntschaft mit Hauptmann Fuchs bestritt. Heute abend will ich ganz ehrlich sagen, daß ich ihn kenne!"

Abend. Das Ruhezeichen. Ich lege mich hin.

Den ganzen Tag über bin ich schwankend durch die Zelle gegangen, wobei ich mich an der Wand, am Tisch, der Bettstelle stützte. Jetzt werden sie mich gleich zum Verhör holen...

"Aufstehen!"

Ich mache mich ans Anziehen. Auf den Korridoren Türengepolter.

"Aufstehen, aufstehen!"

Die Türen schlagen. Schaufel und Besen werden zur Zellensäuberung hereingereicht.

Ein Wunder ist geschehen!

Im Verlauf von zwei Wochen die erste Nacht, in der man mich schlafen ließ. Mein Kopf ist ein bißchen klarer geworden, aber die Schwäche ist geblieben.

Ich werde in die Badestube geführt.

Ich bin doch soeben erst hingebracht worden?

Demnach ist eine Woche verstrichen! Welche Woche das war, weiß ich nicht, und auch nicht, welches Datum wir haben.

Angstvoll erwarte ich den Abend.

Heute holt man mich gewiß zum Verhör...

Halbanekdotische Erklärungen

Drei weitere Tage vergehen, niemand verlangt nach mir.

Ich fange an, heftigen Hunger zu verspüren, und ich habe fünf unberührte Brotrationen. Da beschließe ich, jeden Tag zwei aufzuessen. Viermal am Tag jeweils eine halbe Ration Brot zusätzlich, welche Freude!

Die Alpträume und Halluzinationen haben fast aufgehört.

Aus Langerweile nehme ich mir vor, die Tschekisten mit Eingaben zu belästigen. Hier ein Muster:

"An den Leiter der Untersuchungsabteilung beim MGB der UdSSR von Häftling Treguboff, G. A., Zelle Nr. 49, Lefortowo-Gefängnis

E i n g a b e

Ich bitte Sie, Ihre Aufmerksamkeit auf die völlig unzulässigen Untersuchungsmethoden zu richten, die von den Untersuchungsorganen bei mir angewandt werden. Die mich verhörenden Personen versuchen unter Anwendung physischer Gewalt und Handgreiflichkeiten, von mir die erforderlichen Antworten zu erhalten. Meine Gesundheit ist völlig untergraben. Ich bin körperlich und vielleicht auch seelisch schwer krank, aber desungeachtet werde ich schon längere Zeit Verhören unterworfen, bei denen Methoden angewandt werden, die von der sowjetischen Gesetzgebung streng verboten sind. Ich bitte, mein Gesuch nicht abzuschlagen und meine Angelegenheit zu überprüfen! Treguboff, Georgij A."

Analoge Eingaben richtete ich an den Gefängnisdirektor und an den Generalstaatsanwalt der UdSSR.

Ich schreibe diese Beschwerden mit nur geringer Hoffung auf Erfolg. In der Sowjetunion ist es so eingerichtet, daß ein Häftling erbitten und fordern kann, was er will, bewilligt wird ihm aber nur, was der Obrigkeit paßt.

Schreibe, bitte, beklage dich, protestiere, niemand verbietet es dir, das Resultat wird aber nicht zu deinem Gunsten ausfallen!

Ich übergebe meine Briefe dem Diensthabenden.

Noch drei Tage vergehen, keine Verhöre! Was bedeutet das?

"Fertigmachen mit Sachen!"

Wir gehen nicht weit. Die bekannte Tür der Zelle Nr. 72.

Fragend und erschrocken blickt Moses Iljaschewitsch mich an.

Eine Woche vergeht, die zweite. Wir schweigen beide hartnäckig. Ich versuche, nicht an die Zelle Nr. 49 zu denken.

Später erzähle ich ihm alles, was mit mir geschehen ist.

Drei Wochen lang bin ich völlig unzurechnungsfähig.

Die Halluzinationen sind allerdings vorüber, nur manchmal träume ich noch sehr deutlich von der Spinne. Langsam stellen sich meine Kräfte wieder her.

Der November vergeht, der Dezember. Starke Fröste. Ungeachtet unserer Schwäche machen Moses Iljaschewitsch und ich regelmäßig unseren Spaziergang. Mein Gefährte wird nur selten zum Verhör geholt, einmal in der Woche, oder in zwei Wochen, aber der Ablauf der Verhöre ist sehr brutal.

Kurz vor Neujahr wendet sich Moses Iljaschewitsch an mich:

"Georgij, ich werde mich beschweren! Wollen wir schreiben! Man hat mich *Schid* genannt, und das in der Sowjetunion. Ich rufe:

'Hier ist die Sowjetunion, Bürger Untersuchungsrichter!'

'Ach, du Admiral der palästinensischen Flotte!' sagt er. 'Du Schid, Schweinehund, zionistischer Scheißkerl, verdammtes Gekröse! Bekenne, wieviele du noch aus Posen herausgebracht hast, du Scheusal!'

Und so ging es weiter..."

Wir schreiben eine Eingabe. Nach einiger Überlegung beschließen wir, einen anderen Untersuchungsrichter zu verlangen. Ich betrachte das Vorhaben mit ziemlicher Skepsis, Moses Iljaschewitsch hegt jedoch noch Illusionen. Den Untersuchungsrichter kann man zwar auswechseln, aber damit ändert sich ja nichts.

Es liegt eben nicht am Menschen, sondern am System.

Die meisten der Untersuchungsgefangenen in den sowjetischen Gefängnissen schreiben etwas, bitten um etwas, beschweren sich über etwas, aber das Schicksal ihrer Eingaben ist überall gleich.

In Kleinigkeiten läßt sich manchmal etwas erreichen, wie etwa die Überführung in eine wärmere Zelle.

Doch keinerlei Bitten, keinerlei Beweise deiner Unschuld können an deinem Schicksal irgendetwas ändern! Dein Fall wird kollektiv entschieden, selbst eine persönliche Sympathie des Untersuchungsrichters oder Staatsanwaltes ändert nichts daran.

Ein nach § 58 Verhafteter ist bereits verurteilt.

Ich war mit einem Mann zusammen eingesperrt, der versehentlich anstelle eines Namensvetters verhaftet worden war. Wie alle anderen, mußte auch er ins Lager. Der nach § 58 Verhaftete hat nur eine Perspektive, das langsame Hinsterben im Lager, langsamer oder schneller, je nach seinem Gesundheitszustand, seinem Alter oder persönlichem Glück. Wenn man seine Frist abgesessen hat, wird man in den meisten Fällen in weit abgelegene Rayons verschickt, gewöhnlich ist es dort noch schlimmer als im Lager.

Der Verbannte ist der Letzte der Letzten der Parias.

Januar 1949. Mein zweites Neujahr im Gefängnis.

Langsam, sehr langsam komme ich in die Verfassung, in der ich vor Beginn der Verhöre gewesen bin.

Ende Januar erfüllt sich der Wunsch von Moses Iljaschewitsch, er bekommt einen neuen Untersuchungsrichter, einen Hauptmann, der sehr höflich ist und einen ganz anderen Charakter hat als sein Vorgänger Sidorow. Der schrie und schimpfte, drohte mit den Fäusten, aber er forderte ihn selten an und zermürbte ihn nicht. Der Neue ist überaus höflich, aber er ruft ihn alle drei bis vier Tage zum Verhör und behält ihn jedesmal fast die ganze Nacht. Unsere Rollen sind vertauscht. Ich war den ganzen Januar über nicht zum Verhör, Moses Iljaschewitsch hingegen fünfzehnmal!

Er läßt den Kopf hängen und fällt sehr ab.

Monate vergehen.

Mit jedem Tage wird unsere seelische Verfassung schlechter. Wir glauben beide, daß wir nie mehr aus dieser Zelle Nr. 72 hinausgelangen. Alles in der Zelle ist uns verhaßt und widerwärtig. Wir sind einer des anderen auch gründlich überdrüssig geworden.

Eine neue Methode psychiatrischer Diagnostik

Um elf Uhr abends werden wir beide geweckt, um in die Badestube zu gehen. Wir durchschreiten düstere Gänge.

Die Badestube im Lefortowo-Gefängnis besteht aus fünf Duschräumen, von denen jeder etwa dreimal drei Meter groß ist. Der Fußboden ist mit Kacheln belegt, er hat einen Wasserabfluß. Oben, an der Decke, ist eine gewöhnliche Dusche angebracht. Die Tür hat das unvermeidliche Guckloch. Auch während des Waschens werden wir aufmerksam beobachtet! Der Diensthabende reguliert die Dusche von außen. In der Regel ist sie entweder zu kalt oder zu heiß. Übrigens, es gibt auch gutmütige Wärter, die wissen, welch eine Freude die Badestube für einen Häftling ist, und versuchen, das Wasser so zu regulieren, daß er zufrieden ist.

Im Gang hören wir das Gespräch zweier Diensthabender:

"Gleich bringen sie diesen Deutschen, den aus Zelle Nr. 6." Ich hatte mit Moses Iljaschewitsch deutsch gesprochen, und die Wärter nahmen wohl an, daß wir kein russisch verstehen. "Weißt du, der, der immer mit sich selbst spricht." Wir beide spitzen die Ohren.

"Der Deutsche simuliert, das weiß ich bereits!"

"Er simuliert aber nicht nur, er hat wohl auch eine Schraube locker, der Deutsche. Vorige Woche stand ich dort auf dem Korridor. Tag und Nacht spricht er, immerzu, und schlenkert dabei mit den Armen. Hat unter Hitler wohl Reden geschwungen!"

"Als ob er ein Oratiel wäre!" antwortet die andere Stimme, offensichtlich stolz darauf, ein so gelehrtes Wort wie Orator oder Redner zu kennen, das er jedoch nicht aus dem Lateinischen, wohl aber von dem russischen Wort *oratj* für *schreien, brüllen* ableitet.

"Denkste, es ist leicht, herauszubekommen, ob er simuliert oder nicht? Das, mein Lieberchen, fällt auch den Ärzten schwer. Da haben sie einen ins Serbskij-Institut geschleppt, drei Monate war er da, und dann brachten sie ihn zurück und sagten, ein Simulant. Der Untersuchungsrichter schimpfte nach Noten. 'Drei Monate habe ich verloren!' schrie er."

"Na, Ärzte hin, Ärzte her, ich krieg jedenfalls gleich raus, was wirklich mit ihm los ist!"

"Nu, wie denn?"

"Ist er wirklich übergeschnappt, dann empfindet er keinen Schmerz, einem richtig Verrückten ist Schmerz egal! Jetzt, gleich, werden sie ihn in die Kabine führen. Wollen wir ganz sachte kochendes Wasser fließen lassen. Wenn er zu brüllen anfängt, simuliert er, und wenn nicht, dann ist er richtig verrückt!"

Durch das Rauschen des Wassers ist Gemurmel zu hören, dann vernehmen wir aufgeregte, sich überstürzende deutsche Worte, die nicht zu verstehen sind.

Zwei Minuten vergehen, dann ertönt plötzlich nebenan ein wilder Schrei:

"Verflucht noch mal, zu heiß, glühend heiß!"

Ein Gemisch aus russischen und deutschen Flüchen und Schimpfworten folgt.

Eine Tür klappt, wieder Stimmen, stampfende Schritte. Offenbar ist auf den Schrei hin ein Vorgesetzter angerannt gekommen.

"Was ist los?"

"Genosse Hauptmann, er versteht nicht russisch." berichtet der, der diese geniale Methode psychiatrischer Heißwasserdiagnostik ausgeklügelt hat.

"Warum schreit er denn?"

"Ich verstehen! Sehr Hitze! Schweinshunte!" schreit der Unglückliche.

"Was habt ihr gemacht? Wohl zu heißes Wasser hineingelassen?" fragt dieselbe befehlende Stimme.

"Wasser wie immer, Genosse Hauptmann! Er ist ganz verdreht, brüllt die ganze Zeit!"

"Na, gut, mag er schreien und sich dabei waschen, laßt aber kälteres Wasser ein! Kranke vertragen kein heißes Wasser!"

Der Deutsche murmelt so etwas wie Dank.

Eine halbe Minute darauf ertönt wieder ein wildes Geheul, der unselige Deutsche schreit: "Kalt!"

Endlich wird es still nebenan.

Der Vorgesetzte hat den Zwischenfall offenbar beigelegt und entfernt sich. Stille. Schweigend fahren Moses Iljaschewitsch und ich fort, uns zu waschen. Unwillkürlich schielen wir zur Brause hin, sie könnte ja plötzlich auch uns mit kochendem Wasser bedecken!

"Na, und du hast nicht dran geglaubt!" sagt ein krummnasiger Großer mit Fledermausohren, als wir an ihm vorbeigehen. Er steckt in einem grauen Bademantel. "Siehst du, ein Simulant! Der schlaue Deutsche!" wendet er sich an einen Kleineren und etwas Jüngeren.

Nach einer Weile hören wir wieder Schreie und Gemurmel im Korridor. Der unglückliche Verbrühte wird durchgeführt.

Trotz seines entlarvten Simulantentums hält er weiterhin seine Predigten.

Ein Beispiel für medizinische Hilfe

Mitte März hebt ein neues Malheur an - Zahnverfall.

Die Wange tut mir weh. Beim Morgenkontrollgang sage ich dem Diensthabenden, daß ich zum Zahnarzt gehen will. Der Zahnarzt besucht das Lefortowo-Gefängnis freitags. Heute ist Dienstag, demnach muß ich die Schmerzen nur zwei Tage aushalten. In der Nacht von Donnerstag auf Freitag möchte ich beinah die Wand hochkriechen, so weh tut es. Endlich kommt der Wärter.

"Sie haben sich zum Arzt gemeldet?"

Ich bestätige.

"Name, Initialen?"

Das Arbeitszimmer des Zahnarztes ist sehr primitiv eingerichtet, es gibt nicht einmal einen elektrischen Bohrer. Der Zahnarzt erweist sich als Frau, sie ist fett wie eine Zieselmaus.

"Zeigen Sie, was Sie da haben!"

Der Haken dringt in den Mund ein, wie eine feindliche Armee in ein bezwungenes Territorium. Ein unbeschreiblicher Schmerz!

"Wir müssen ziehen!" sagt die Zieselmaus.

Ich blicke in ihr aufgedunsenes, gleichgültiges Gesicht und denke: "Ist schon besser, laß sie ziehen!"

Es kommt vor, daß ein Untersuchungsrichter ausdrücklich Weisung gibt, die Zähne eines Untersuchungshäftlings nicht zu kurieren, um ihn gehörig zu quälen.

Später erfuhr ich, daß diese Zahnärztin in ihrer Art eine Berühmtheit war. Sie galt als eine der gemeinsten Tschekistinnen. Wenn ich nicht irre, hat sie drei Gefängnisse bedient, die beiden Lubjanka-Gefängnisse und das Lefortowo. Sie arbeitet nachlässig.

Einmal hatte sie einem Patienten ein Drahtstück in den hohlen Zahn gejagt und brachte es fertig, den Draht unmittelbar am Nerv abzubrechen. Der Häftling fluchte in den wüstesten Ausdrücken und beriet dann mit ihr die theoretische Frage, was nun zu tun wäre. Die eine Möglichkeit war, einen starken Magneten zu beschaffen, den es, wie sich erwies, im Gefängnis nicht gab. Die andere, eine Säure einzuträufeln, die nicht den Zahn, wohl aber das Metall zerfrißt. Die Säure wurde eingeträufelt, und die Folge davon war, daß die Aufseher dem Gemarterten eine Zwangsjacke anziehen mußten.

Ich will gerade sagen, sie möge mir den Zahn unter Betäubung ziehen. Aber wie ich den Mund öffnen will, sehe ich ihre wässrigen, brauenlosen Augen mit unsäglicher Verachtung auf mich gerichtet.

"Gut!" denke ich. "Dann zieh eben so! Ich sterbe lieber, bevor ich dich um etwas bitten werde!"

Die mir vertraute Zange taucht auf, und das Martyrium beginnt. Erst klopft sie mit dem Häkchen den Zahn ab, jeder Schlag dringt mir bis ins Mark. Ich muß sagen, die hochverehrte Gefängnisärztin ist in ihrer Kunst von dem berühmten tschechowschen Ziegenbeinzahnarzt nicht weit entfernt. Aber meine physischen Kräfte reichen bei weitem nicht an die des von ihm gequälten Diakons heran. Die Zange gleitet, mir ist, als regnete es Feuer vom Himmel.

Die Prozedur dauert etwa fünfzehn Minuten. Ganz zur Verzweiflung gebracht, versuche ich, die Ärztin in den Finger zu beißen.

Endlich, endlich ist die Tortur beendet!

"Sehen Sie, wie schnell!" sagt sie zu mir.

Ich bebe vor Wut.

Der anwesende Wärter ist in Schweiß gebadet, man hat ihm wohl einen Astralzahn gezogen. An seinen Augen sehe ich, daß er mich bedauert. Wahrscheinlich weiß er selbst, was Zahnschmerzen bedeuten. Ich schweige und werfe nur einen vernichtenden Blick auf meine Quälerin, die davon aber ganz unberührt bleibt.

Ins Unbekannte

Schon ist es Mai. Der russische Frühling! Selbst im Gefängnis ist sein erquickender Atem zu spüren.

Wir versuchen, die Lüftungsklappe morgens so lange wie möglich offen zu halten, und möglichst lange spazieren zu gehen. Aber daraus wird nichts, die für den Spaziergang angesetzte Zeitspanne beträgt nach wie vor fünfzehn Minuten.

Moses Iljaschewitsch verzagt nicht und schreibt mit meiner Hilfe Eingaben an alle möglichen und unmöglichen Stellen. Bitten sind darin, Verdammungen, Anklagen und Flehen.

Das Resultat ist gleich Null.

Endlich kehrt Moses Iljaschewitsch nach einem Verhör strahlend in die Zelle zurück

"Schluß! Morgen unterschreibe ich Paragraph 205 betreffend die Beendigung der Untersuchung, vielleicht aber auch Paragraph 206?" fügt er träumerisch hinzu.

"Was ist das für ein Paragraph 206?"

"Der ist aus dem Prozeßkodex der UdSSR, und betrifft die Beendigung des Untersuchungsverfahrens und Entlassung des Häftlings aus dem Gewahrsam."

Am nächsten Morgen wird Moses Iljaschewitsch zum Verhör geführt. Spät in der Nacht kehrt er völlig niedergeschlagen zurück.

"Den ganzen Tag über habe ich meinen Fall gelesen, der dort aufgeschrieben ist, wie im Talmud. Was steht da nicht alles drin! Ich sage dem Untersuchungsrichter:

'Das unterschreibe ich nicht!'

'Sie haben schon alles unterschrieben.' sagt er darauf. 'Und der Staatsanwalt hat sein Gutachten abgegeben. Jetzt bleibt Ihnen nur, nach Paragraph 205 des Prozeßkodex der UdSSR zu unterschreiben oder nicht. Wenn Sie sich weigern, kommt Ihr Fall ohnehin vor Gericht. Vor dem Gericht können Sie Protest einlegen oder erneute Untersuchung fordern.'

Als ich von einer neuen Untersuchung hörte, erstarb ich. Ein da capo mit denen bedeutet, nochmals ein halbes Jahr Gefängnisse und Karzer. So habe ich denn unterschrieben!"

Am 22. Mai 1949 wird Moses Iljaschewitsch Ribak aus der Zelle abgeholt. Er ist schrecklich nervös. Mit zitternden Händen schnürt er sein Bündel und verliert dabei irgendwelche Lappen.

Nun steht ihm etwas bevor!

Ich versuche nach Kräften, ihn zu beruhigen und ihn davon zu überzeugen, selbst, wenn ihm das Lager drohe, so würde es sich doch nicht mehr als um ein paar Jahre handeln...

Kasan oder Spezialobjekt

"Zum Verhör!"

Ein anderes Kabinett, größer und komfortabler.

Fragend sieht Pawlow mich an.

"Na, wie geht's, Treguboff?"

"Wie üblich, etwas mitgenommen."

"Sind selbst daran schuld, mein Bester - Sie waren allzu widerborstig! So geht es nicht, wir erreichen ja doch, was wir wollen! Sie sind ja gar nicht mehr einem Menschen ähnlich, Treguboff, und trotzdem kabbeln Sie sich noch immer mit uns herum. Oder wollen Sie vielleicht nach Kasan oder ins Spezobjekt?"

Damals wußte ich noch nicht recht, was das *Spezialobjekt* eigentlich ist, aber später hat man mir ausführlich darüber berichtet.

Das Spezialobjekt, oder, anders gesagt, das Suchanow-Gefängnis, ist in den Kellern eines Klosters in der Umgebung von Moskau untergebracht. Dort ist alles darauf angelegt, die ohnehin schon deprimierte Seelenverfassung des Gefangenen endgültig zu zerbrechen. Die Kellerzellen sind feucht und kalt. Alle Häftlinge werden sofort Karzerbedingungen unterworfen. In der Regel sitzen sie in Einzelzellen. Grabesstille. Unbeweglich stehen in den Korridoren die Gestalten der Aufseher. Alles wird schweigend verrichtet, als sei man in ein Land lebender Toter geraten.

Man stellt eine Frage, der inspizierende Feldwebel bringt aber nur zwei Sätze hervor, ganz gleich, was ihm gesagt wird:

"Sind Sie fertig?" und "Gut, ich werde es melden!"

Andere Worte kann man von ihm nicht zu hören bekommen.

Im Spezobjekt kann man für einen oder zwei Monate, ein halbes Jahr oder länger festgehalten werden, so lange, wie es dem Untersuchungsrichter, oder vielmehr dem Leiter der Untersuchungsabteilung beliebt, der seine Genehmigung erteilen muß.

Das Spezobjekt ist für den Untersuchungsgefangenen die schwerste Prüfung, und es ist immer ein Zeichen davon, daß sich das MGB *ernsthaft und lange* mit einem beschäftigt hat.

Über *Kasan* wurde mir und Moses Iljaschewitsch Ribak viel von Professor Schühlein (1957: Maler) erzählt, der von dort zuerst in die Lubjanka überführt wurde und anschließend in unsere Zelle im Lefortowo-Gefängnis geriet. In der unmenschlichen Praxis der Sowjetunion kommt es vor, daß ein Mensch weggeschafft werden muß, daß er sozusagen aufhören muß, tatsächlich zu existieren.

Diese oder jene Erwägungen mögen dazu führen, daß man ihn nicht verurteilen und ins Lager schicken kann - die betreffende Person könnte eventuell kraft ihres Formats in der Lage sein, die Sowjetmacht zu kompromittieren, oder es lassen sich aus formellen Gründen keine Beschuldigungen vorbringen und so weiter.

So ein Mensch wird dann verhaftet und im Verlauf der Untersuchung für gemütskrank erklärt. Das Untersuchungsverfahren wird abgeschlossen, und der Häftling in die Psychiatrische Gefängnisklinik nach Kasan überführt.

Für einen gesunden Menschen ist diese Perspektive fürchterlich, da in Kasan auch wirklich Kranke untergebracht sind. Es ist nicht leicht, nach Kasan zu gelangen, aber von dort herauszukommen, ist noch viel schwieriger. Wer dorthin geraten ist, ist nicht einmal ein rechtloser Häftling und Gefangener, er ist überhaupt kein rechtsfähiger Mensch, sondern nur ein unzurechnungsfähiger Kranker.

Wann er für gesund befunden wird, entscheiden die entsprechenden Sowjetorgane. Kommentare hierzu sind überflüssig.

Kasan und Spezobjekt sind gewissermaßen Scylla und Charybdis.

Damals wußte ich noch nicht, daß die Untersuchung meines Falles bereits in ihr Endstadium getreten war, die Untersuchungsorgane aber noch einen letzten Versuch machten, etwas von mir zu erfahren, obwohl sie schon beinah davon überzeugt waren, daß ich kein großes Tier gewesen bin.

Professor Schühlein ist ein sehr kluger Mensch, die Jahre seines Aufenthalts in Kasan sind jedoch nicht spurlos an ihm vorübergegangen. Manchmal sagt er seltsame Dinge und bringt Daten durcheinander, wobei sich herausstellt, daß er gleichzeitig an verschiedenen Orten gewesen sein müßte.

Er hält sich selbst für so etwas wie einen Psychiater, und ich merke, daß er mich intensiv beobachtet.

Endlich kann er nicht mehr an sich halten und erklärt mir mit tragischer Stimme, seiner Meinung nach sei ich ein sehr kranker Mann, der an Schizophrenie leide.

Diese Feststellung wirkt sehr fatal auf mich.

Vielleicht hat er wirklich recht? Ich habe doch schon Halluzinationen des Gehörs gehabt und seltsame Dinge gesehen!

Der *Zeuge* Lebedew

Juni. Alles steht in Blüte. Der Sommer triumphiert.

An einem schönen, sonnigen Tag wird Professor Schühlein aus der Zelle fortgebracht. Wieder bin ich allein.

Ende Juni, ich sitze schon zehn Tage in Einzelhaft, kommt der Aufseher mit dem Befehl: "Zum Verhör!"

Pawlow sieht mich giftig von der Seite an.

Er wählt eine Rufnummer. Die Tür öffnet sich. Der Diensthabende tritt ein, und hinter ihm ein Mann, dem man das Gefängnis gegen den Wind ansieht. Sein Gesicht ist mir unbekannt.

Nein, ich habe ihn noch nie gesehen.

"Na, Treguboff? Zusammengebrochen?"

"Was soll denn zusammengebrochen sein?" frage ich.

"Wieso - was?! Ihre Verteidigung natürlich!"

"Was für eine Verteidigung? Wovon sprechen Sie?"

Der Mann wird an die gegenüberliegende Wand gesetzt, fünf Meter von mir entfernt. Schweigen.

"Treguboff, kennen Sie diesen Mann?"

"Nein, ich kenne ihn nicht, habe ihn nie gesehen."

"Aber das ist doch Lebedew!"

Ich schweige.

"Und Sie, Lebedew, kennen Sie diesen da?" fragt er den anderen.

"Ja, ich kenne ihn!" bestätigt der.

"Wer ist es?"

"Das ist Treguboff, Georgij Andrejewitsch."

"Kennen Sie ihn unter diesem Namen?"

"Nein, 1947 führte er den Namen Georg Tregeboff, als deutscher Staatsangehöriger."

Pawlow wirft mir einen triumphierenden Blick zu.

"Na, Treguboff, kennen Sie diesen Mann immer noch nicht?"

"Ich kann nur wiederholen, was ich bereits gesagt habe. Dieser Mann ist mir nicht bekannt."

"Denken Sie gut nach, wann und wo Sie mit ihm zusammengetroffen sind!" empfiehlt Pawlow überlegen lächelnd.

"Meiner Meinung nach - nirgends! Aber ich kann mich natürlich irren."

"Lebedew, berichten Sie hübsch der Reihe nach über Ihre Beziehungen zu Treguboff!"

"Ich lernte Treguboff im Dezember 1946 in Berlin kennen, in einem Bierlokal in der Ebertstraße. Wir kamen ins Gespräch, saßen zwei Stunden zusammen, und gingen dann auseinander. Mein neuer Bekannter gefiel mir, er nannte sich Georg.

Zwei Monate lang haben wir uns in verschiedenen Bierstuben getroffen, dann hat er mich auch im Sowjetsektor besucht."

Ich schweige. Alles, was Lebedew da sagt, hat nichts mit mir zu tun. Entweder lügt er mit Absicht, oder aber er verwechselt mich mit jemand anderem.

"So etwa nach drei Monaten sagte mir dieser selbe Tregeboff, er hatte mir inzwischen seinen Familiennamen mitgeteilt:

'Sie sind ein guter Mann, Wassilij Wassiljewitsch, aber Ihre Leute zahlen Ihnen zu wenig!' Dann fügte er hinzu: 'Als gescheiter Mensch müssen Sie doch einsehen, daß Sie bei der Sowjetmacht keine Karriere machen können. Wir werden Ihnen besser helfen!'

Ich frage ihn darauf: 'Wer sind diese *wir?'*

Er antwortet: 'Wir doch, die Amerikaner!' "

Ich strapaziere ehrlich mein Gedächtnis und weiß nun schon ganz genau, daß ich diesem Lebedew nie begegnet bin, weder als Lebedew, noch unter einem anderen Namen, und schon gar nicht in meinem letzten Berliner Jahr vor der Verhaftung. Was wollen sie eigentlich von mir, und was soll ich tun, wenn sie wieder versuchen, allerhand Bekenntnisse aus mir herauszupressen?

"Sagen Sie mal, Lebedew, hat Treguboff Ihnen nicht gesagt, wer und was er ist?"

"Ja, später hat er mir gesagt, er sei der Leiter einer weißemigrantischen Terrororganisation NTS in Berlin."

Nach Anhören dieser Tirade halte ich es für zweckmäßig, mich in das Gespräch einzuschalten.

"Gestatten Sie mir, Bürger Untersuchungsrichter, dem Bürger Lebedew eine Frage zu stellen?"

"Stellen Sie sie ihm!"

"Ich soll Ihnen gesagt haben, daß ich als Leiter der weißen Terrororganisation NTS tätig sei?"

Lebedew sieht mich ruhig an: "Ja, so haben Sie sich ausgedrückt!"

"Und dabei habe ich die Bezeichnung *Weißemigranten-Terrororganisation* gebraucht?"

"Ja, genau so!" behauptet er nochmals.

"Bürger Untersuchungsrichter, der Bürger Lebedew sagt nicht die Wahrheit! Solch eine Phrase habe ich niemals von mir gegeben, das ist ausgeschlossen! Kein einziges Mitglied des Bundes würde den NTS so bezeichnen! So nennt man ihn in der Lubjanka!

Das ist einfach lachhaft, Bürger Untersuchungsrichter! Das ist kein Verhör, das ist eine Komödie!"

"Hören Sie mal, Treguboff, Sie sind aber reichlich in Fahrt gekommen, haben sich von den Verhören erholt und sind zu forsch geworden! Ich rate Ihnen, Treguboff, den Schwanz nicht zu hoch zu tragen!"

Wie ein murmelnder Bach plätschert Lebedews Rede dahin.

Eingehend berichtet er, welche Spionageaufträge ich ihm gegeben haben soll. Nach seinen Worten galt es unter anderem, Brücken von unten zu fotografieren, dort, wo die Stahlgerüste auf ihren Pfeilern ruhen.

Plötzlich zieht Pawlow ein Flugblatt mit dem Dreizack aus der Aktentasche, fraglos ein Flugblatt des Bundes, gesehen hatte ich so eines aber noch nicht.

"Kennen Sie das?" fragt er Lebedew.

"Aber natürlich! So eines hat Treguboff mir gegeben."

"Wann?"

"Im Juli 1947."

"Demnach hat er Sie überredet, nicht nur für den amerikanischen Geheimdienst tätig zu sein, sondern auch für den NTS."

"Ja, so war es!"

"Bürger Untersuchungsrichter, erlauben Sie mir, den Zeugen Lebedew zu fragen, wie ich an den Tagen, an denen ich mit ihm zusammengekommen bin, angezogen war!"

"Fragen können Sie später!"

Wieder schweige ich.

"Also, Sie bekräftigen in Bezug auf Treguboff alles, was Sie in den Protokollen unterschrieben haben?"

"Ja, Wort für Wort!"

"Gut, Sie können gehen."

"Na, Treguboff, schief gegangen?" fragt Pawlow familiär.

"Nein, im Gegenteil, an dem, was dieser Lebedew sagt, ist nicht ein einziges Wort wahr. Das sind nicht einmal Lügen, sondern meiner Meinung nach einfach Fieberphantasien eines Verrückten."

"So, so! Und das hier kennen Sie auch nicht?"

Pawlow zieht einige Flugblätter aus seiner Aktentasche.

"Sehen Sie sich das an!" Er reicht mir die Blätter hin.

Es sind fünf verschiedene Flugblätter.

Zwei tragen den Dreizack und stammen zweifellos vom Bund, zwei andere offenbar auch vom NTS, aber ohne Dreizack. Das fünfte enthält einen Aufruf ukrainischer Separatisten.

Alle Flugblätter sind mir unbekannt.

Ich bohre meine Augen in sie hinein. Was die Bundesflugblätter angeht, so sind sie offensichtlich nach dem Krieg herausgebracht worden, aus ihnen klingen neue, mir unbekannte Töne.

"Na, haben Sie Ihre Erzeugnisse durchgelesen?" fragt Pawlow spöttisch lächelnd.

"Ja, ich habe sie durchgelesen, aber es sind nicht *meine* Erzeugnisse, ich habe sie nie zuvor gesehen!"

Angestrengt versuche ich, herauszubekommen, wo sich die Falle verbirgt. Es muß sie doch geben! Sollte man mich wirklich auf so naive Weise irreführen wollen? Das kann doch nicht sein!

"Sagen Sie, Treguboff, wer ist Oberführer Kroeger? Waren Sie mit ihm bekannt?"

"Persönlich nicht, aber als ich im Stabe Truchins gedient habe, kamen Papiere von ihm zu uns."

Nach vier Stunden stellt Pawlow plötzlich die Frage:

"Wie oft haben Sie ihm eigentlich Flugblätter zukommen lassen?"

Ich kann nur verneinend den Kopf schütteln.

Der Untersuchungsrichter öffnet das Fenster. Eine herrliche Sommernacht. Der Himmel ist von Sternen übersät. Mir kommen Kants Worte in den Sinn: "Zwei Dinge erfüllen das Gemüt mit immer neuer und zunehmender Bewunderung und Ehrfurcht: Der bestirnte Himmel über mir und das moralische Gesetz in mir."

Ihre Beeinflussungsmethoden und meine Reaktionen darauf

Der Morgen bricht an, als man mich, völlig erledigt, in die Zelle zurückführt. In der Zelle bin ich allein. Tagsüber läßt man mich natürlich nicht schlafen. Lesen kann ich nicht.

Am Abend wieder Verhör. Diesmal wird ein anderer Trick angewandt. Drei Quälgeister sind da, und etwa alle zehn bis fünfzehn Minuten kommt ein Vorgesetzter und fragt:

"Ist das Treguboff?"

Darauf antwortet einer: "Ja, Treguboff."

Der Ankömmling brummt dann vielsagend: "Treguboff? Hm..." und verschwindet.

Nach vielleicht dem zwanzigsten Besuch dieser Art spüre ich, wie ein hysterischer Zustand sich meiner bemächtigt. Ich möchte aufspringen und mich mit letzten Kräften in diese widerlich fette, von einem Puschkin-Backenbart umrahmte Visage krallen. Halluzinationen habe ich vorläufig nicht, aber ich sehe ihnen mit Schrecken entgegen. Ich weiß, daß ich am Serbskij-Institut oder an Kasan nicht vorbeikomme, falls ich eine bestimmte Grenze überschreite.

Die dritte Nacht dieses während meiner gesamten Haftzeit sinnlosesten Verhörs. Aus Nervenüberreizung zittere ich am ganzen Körper und spüre, wie meine Lider unwillkürlich zucken. Auf dem Kopf scheint mir ein großes, schweres Kissen zu liegen, das elektrischen Strom aussendet.

Diesmal ist nur ein Untersuchungsrichter da, und zwar derselbe, der das letzte Mal hereinkam, "Ist das Treguboff?" fragte und daraufhin vielsagend gebrummt hatte. Angeekelt blicke ich auf seinen Backenbart, nehme mich aber zusammen.

"Gestehen Sie, was Sie in Wirklichkeit waren!" brüllt er, ein Protokoll in der Hand haltend. "Sie waren SS-Obbergruupenfjurer!"

Er liest dieses für ihn so schwierige deutsche Wort in haarsträubendem Akzent von einem Blatt ab und schaut mich dabei triumphierend und fragend zugleich an.

Zuerst schien es mir, als hätten wieder Halluzinationen begonnen, so sinnlos war das, so dumm! Ich, ein sogenannter russischer Untermensch, soll voller General der Waffen-SS gewesen sein! In den Zeilen des Protokolls jagen einander Zahlen und Namen, meine persönlichen Berichte an Himmler werden erwähnt.

Das also bedeutet Lebedew mit seinem Gefasel!

Ich beginne, dunkel zu ahnen, daß im Labyrinth der Lubjanka irgendeine Panne passiert ist. Da ist etwas anderes in die Schreibmaschine geraten. In der Lubjanka wimmelt es auf dem Gebiet der mechanischen Arbeiten von völlig ungebildeten Mitarbeitern.

Plötzlich habe ich einen glänzenden Einfall, diesen verflixten Backenbartmenschen muß ich auf die Schippe nehmen!

Ich warte keine weiteren Fragen ab, sondern bekenne mit reuiger Miene, daß ich tatsächlich ein Sünder sei, ich sei SS-Obergruppenführer gewesen, hätte mich aber gescheut, es einzugestehen.

Mein Backenbärtiger springt auf, wie ein Teufelchen aus der Kiste, reibt sich seine kleinen, molligen Hände, und seine Augen werden ganz ölig vor Begeisterung.

"Na, sehen Sie, Treguboff! Das hätten Sie uns schon längst sagen sollen, das wäre für Sie und für uns besser gewesen. Los, schreiben wir das Protokoll!"

Ich verzapfe einen hanebüchenen Unsinn!

Ich glaube, daß selbst in der Lubjanka nur selten ein so albernes Zeug in ein Protokoll gerät. Mit Genuß schildere ich die Zeit der Machtergreifung Hitlers, meine intimen Gespräche mit ihm. Ich beschreibe, wie Himmler mir auf die Schulter klopft, und denke mir einen territorialen Bereich aus, in dem ich das Kommando geführt habe! Überhaupt, ich entwickle eine Beredsamkeit, der gegenüber Chlestakow und Nosdrjow (Gestalten aus Gogols *Revisor* und seinen *Toten Seelen)* die reinsten Waisenknaben sind!

Der Untersuchungsrichter ist ganz aus dem Häuschen geraten. Er ruft einen Begleitsoldaten, der bei mir im Kabinett bleiben soll, während er selbst davonrennt und nach fünf Minuten mit einer Tafel Schokolade und fünf Mandarinen wiederkommt.

Unter das Protokoll setze ich feierlich meine Unterschrift.

Zu guter Letzt bitte ich den Untersuchungsrichter mit kläglicher Stimme, er möge mir mit Rücksicht auf meine schwere Lage erlauben, tagsüber zu schlafen.

"Alles, alles bekommst du, mein Junge!" Er läuft im Kabinett hin und her. "Ach, du alter Pirat, warum hast du bloß nicht früher gestanden!" Ich mache Schafsaugen. Endlich führt man mich fort.

Der Untersuchungsrichter hat sein Wort gehalten. Am nächsten Tag sagt der Diensttuende beim Kontrollgang:

"Legen Sie sich hin, ruhen Sie sich aus. Sie dürfen am Tag liegen!"

Ich schlafe wie ein Toter. Zum Mittagessen werde ich geweckt. Trotz der Tagesruhe bin ich schwach, wie ein Küken, kann kaum die Füße schleppen. In meinen Ohren klingt es. Sechs Tage lang bin ich wie im Himmel, schlafe Tag und Nacht. Nur zu den Mahlzeiten bin ich wach, esse und schlafe wieder ein.

Endlich, an einem schwülen Juliabend, werde ich zum Verhör beordert. Es ist dasselbe Zimmer, in dem ich Chlestakow imitierte, wo ich mir eine nie bekleidete Charge anmaßte, wo der SS-Obergruppenführer Treguboff das Licht der Welt erblickte.

Ein älterer Major sitzt da, er hat ein hageres, intelligentes Gesicht, sieht mich von der Seite an und scheint in sich hineinzulachen.

"Nehmen Sie Platz!" Ich setze mich. Langes Schweigen. "Georgij Andrejewitsch, eigentlich sollte man dich für solche Streiche gründlich versohlen!"

Ich schweige.

"Was haben Sie da unserem Hauptmann bloß vorgesetzt! Was sind *Sie* denn für ein SS-Obergruppenführer!? Unseliger Schwätzer, Sie!" Auf seinem Tisch taucht das Protokoll auf. "Na, was haben Sie hier zusammengeschrieben? Daraus geht hervor, daß Sie, fast noch als Kind, bei Hitler Adjutant gewesen waren. Wie kann man nur so flunkern! Unser Hauptmann, der Sie verhört hat, ist nicht sonderlich beschlagen. Die Schreibkraft hatte es nicht so aufgeschrieben. Die Frage lautete, ob Sie Obersturmführer gewesen waren, und nicht etwa Obergruppenführer. Wenn man Ihnen morgen ein Protokoll zuschöbe, in dem etwa stünde, Sie seien ein japanischer Samurai, würden Sie das auch unterschreiben?"

"Selbstverständlich würde ich es unterschreiben."

"Wie!?"

"Ich sagte, daß ich alles unterschreiben würde. Ich quäle mich jetzt schon bald zwei Jahre herum. Kam da vor einer Woche dieser Untersuchungsrichter, trommelte mit seinen Fäusten und schrie mich an. Da habe ich eben unterschrieben!"

"Und was haben Sie damit erreicht?"

"Ich habe eine ganze Woche geschlafen. In der letzten Zeit peinigen Sie mich mit allem möglichen Unsinn!"

"Mit was für einem Unsinn?"

"Zum Beispiel mit diesem Lebedew. Das ist alles gar nicht wahr, ich wurde aber drei Tage lang gequält und nicht schlafen gelassen. Da beschloß ich, alles zu unterschreiben!"

"Nun, ich möchte Ihnen doch raten, so etwas nicht zu tun!"

"Sie haben gut raten, Bürger Chef, Sie sind kein Häftling!"

Der Major antwortet nicht, zerreißt in aller Ruhe das phantastische Protokoll und wirft es in den Papierkorb.

"Daß mir so etwas nicht wieder vorkommt, Treguboff!" sagt er. "Ihr Fall nähert sich seinem Ende."

Ich weiß mich vor Freude kaum zu lassen.

Ist das wirklich wahr?!

ÜBER DEN BERG
Beim Militärstaatsanwalt

Wieder die qualvolle Prozedur einer Fahrt zur Lubjanka!
Es geht in die siebte Etage. Im Kabinett vier Männer, unter ihnen
mein Untersuchungsrichter Schaklejn, und eine Frau.
"Sie befinden sich beim Militärstaatsanwalt." erklärt Schaklejn.
Der Staatsanwalt, Oberstleutnant Kotow (übrigens der gleiche, mit
dem seinerzeit auch Alexander Solschenizyn zu tun gehabt hatte),
ist ein Mann von über dreißig Jahren und trägt hellblau umkantete,
silberne Achselstücke. Ohne Eile sieht er die Akten meines Falles
durch, worauf er den Anklagebeschluß aufsetzt, in den er den gleichsam entschuldigenden Passus aufnimmt:
"Erzogen inmitten der kapitalistischen Gesellschaft und nicht vertraut mit den Entwicklungsgesetzen der menschlichen Gesellschaft
nach der Lehre von Karl Marx, hätte ich es für meine Pflicht gehalten, diejenige Gesellschaftsordnung zu verteidigen, in die ich hin-
eingeboren wurde, in der ich aufwuchs und meine Erziehung erhielt,
das heißt, die bürgerlich-kapitalistische Ordnung Deutschlands, die
in der Folgezeit ihre höchste Entwicklung in der Form des Faschis-
mus erreicht hatte."
Der Gebäudeteil, in dem sich das Kabinett befindet, liegt am Dserschinskij-Platz. In die vordere Wand des Zimmers ist ein riesiges
Fenster eingelassen. Kotow bemerkt, daß meine Blicke sich auf den
Platz konzentrieren.
"Na, Treguboff, du hast Moskau wohl noch nicht gesehen? Schau
es dir ruhig an!"
Moskau ist ein einziges Lichtermeer. In der Ferne, über den Türmen
des Kremls, brennen dunkelrote Sterne. Rechts liegt das große Ge-
bäude, in dem der Ministerrat der UdSSR untergebracht ist.
Staatsanwalt Kotow hat die Bearbeitung meines Falles abgeschlos-
sen und fordert mich auf:
"Lesen Sie das durch und unterschreiben Sie!"
Ich lese das Dokument und unterschreibe es.
Die Formalitäten sind beendet.
Wieder der *Schwarze Rabe*, das Lefortowo-Gefängnis und die Zelle
Nr. 72.

Nach zehn Tagen werde ich in einen anderen Gebäudeflügel überführt, nach ganz oben. Ich komme in die Zelle Nr. 174, die viel heller ist und freundlicher aussieht.

Eine besondere Begegnung

Ein blonder Mann in mittleren Jahren betritt die Zelle. Sein Gesicht ist von Leid gezeichnet, er lächelt jedoch und gibt sich ruhig. Wir machen uns bekannt, nennen unsere Namen, und dabei höre ich den mir vertrauten Namen Redschenkoff (1957: Namen nicht genannt). Er ist ein angesehenes Mitglied des NTS.

So eine Begegnung ist sehr traurig, zugleich jedoch auch freudig.

Er wurde in der Tschechei verhaftet, vielmehr interniert, und von dort ins Lager Sachsenhausen überführt. Von 1945 bis 1947 wurde er ohne jegliche Beschuldigung festgehalten, erst nach zweieinhalb Jahren begann das MGB dort, sich näher mit ihm zu befassen.

Jetzt bin ich nicht mehr allein.

Es stellt sich heraus, daß er in den gleichen Zimmern verhört worden ist wie ich. Von ihm erfahre ich die Schicksale vieler Kameraden und Freunde, die Schicksale vieler, die in die Hände der Sowjetorgane gefallen sind, aber auch die mancher anderer.

Neue Perspektiven eröffnen sich. Wir koordinieren in unseren Gesprächen alles, was wir vom Bund wissen, von seinem Kriegs- und Nachkriegsgeschick, und so gewinnen wir beide ein klareres Bild.

Das Untersuchungsverfahren meines neuen Freundes ist anders als das meinige durchgeführt worden. In einer Hinsicht hatte er es schwerer (er ist länger eingesperrt als ich), in anderer leichter.

Ihm wie mir ist klar, daß der NTS die Waffen nicht gestreckt hat, ja, vermutlich unterdessen sogar noch stärker geworden ist.

Abschluß der Untersuchung

August, September.

Etwa Mitte September werde ich zum Verhör zitiert.

"Heute wird Ihr Fall abgeschlossen." erklärt Schaklejn. "Sie müssen sämtliche Protokolle Ihres Verfahrens durchlesen."

Er legt mir einen gewichtigen, in graugrünes Papier eingebundenen Band vor, außerdem noch einen kleineren. Auf beiden steht: "Der Fall Treguboff."

Eine dritte Akte behält Schaklejn bei sich auf dem Tisch.

Naiv bitte ich ihn, mir auch diese Akte zum Durchlesen zu geben. Verneinend schüttelt er den Kopf, und ich begreife, daß darin Verfahrensdokumente gesammelt sind, die ich nicht sehen darf. Diese Geheimakte ist etwa anderthalb Finger dick.

Aus den mir zugänglichen Papieren ersehe ich, daß mein alter Bekannter Hauptmann Kasakow der Initiator meiner Festnahme gewesen war. Das erste Dokument hebt sehr feierlich an:

"Ich, Hauptmann Kasakow, habe den Fall Treguboff, Georgij Andrejewitsch, geprüft und bin zu dem Ergebnis gekommen, daß Treguboff, Georgij Andrejewitsch, nicht nur Mitglied der antisowjetischen Weißemigranten-Terrororganisation NTS ist, sondern auch unter dem dringenden Verdacht steht, Spionage zugunsten der Organe des amerikanischen Abwehrdienstes zu treiben."

Und weiter folgt:

"In Anbetracht dessen, daß Treguboff, G. A., sich Untersuchung und Gericht entziehen könnte, wurde beschlossen, Treguboff, G. A., zu arretieren." Und noch:

"Chef des 6. Operativsektors Oberst... einverstanden."

"Staatsanwalt der Kommandantur der Stadt Berlin... einverstanden."

Dann folgte eine Vielzahl der unterschiedlichsten Dokumente:

Meine eigenen Protokolle, niedergeschrieben vom Untersuchungsrichter, Protokollkopien und Auszüge aus den Kopien von Protokollen solcher Personen, die über mich ausgesagt haben. Da treten Offiziere und Soldaten der Wlassow-Armee auf, Kursusteilnehmer der Sonderlager des Ostministeriums und viele andere, mir bekannte, aber auch gänzlich unbekannte oder längst meinem Gedächtnis entfallene Personen.

Alle ihre Angaben sind von meinem Standpunkt aus im allgemeinen recht objektiv. Ich werde als weißer Emigrant bezeichnet, was durchaus zutrifft, ferner als Mitglied des NTS, was auch stimmt, und schließlich als Erzfeind der Sowjetmacht - ganz richtig!

Ich überstürze mich nicht und sehe jedes Dokument gründlich durch, wobei ich versuche, die Operationstechniken der sowjetischen Geheimdienstmethodik aufzuspüren.

Da sagt Schaklejn plötzlich mit einem Lächeln, als habe er meine Gedanken erraten:

"Sie suchen wohl operative Daten, Treguboff? Dort sind keine, die sind hier!" Dabei hebt er die Mappe hoch, die er in der Hand hält. "Wegen Ihrer Kljutschewskaja brauchen Sie sich nicht zu beunruhigen! Diese Frau hat Sie ordentlich auf die Schippe genommen. Auch die andere, die Ballettfee, hat gut gearbeitet."

"Damals war es wahrscheinlich nicht allzu schwer, mich auf die Schippe zu nehmen, Bürger Untersuchungsrichter."

"Das stimmt schon. Immerhin, hast du denn nicht bemerkt, daß man hinter dir her war?"

"Natürlich, aber wo sollte ich hin? Ohne Freunde, ohne Geld und Hilfe? Manchmal hatte ich nicht mal ein Stück Brot!"

"Konntest du denn nicht aus Berlin flüchten?"

"Vielleicht wäre es möglich gewesen, ich brachte es aber nicht zuwege."

"Natürlich wäre es sehr schwer für dich gewesen, dich zu retten, deine Chancen standen eins zu neunundneunzig. Du bist richtig vorgegangen, als du versucht hast, die Kljutschewskaja zu bearbeiten. Es ging nur nicht auf, sie war fest in unserer Hand. Sag mal, die Baronin Clodt von Jürgensburg, ist das eine Verwandte von dir?"

"Nein, keine Verwandte, aber sie kennt meine Mutter gut, beinah von Kind auf."

Nachdenklich blättert Schaklejn in der geheimnisvollen Mappe.

Sein Schweigen ist beredter als alle Worte.

Ich lese noch einmal alles durch, das Protokoll mit den Aussagen Lebedews über mich kann ich jedoch nicht finden.

"Wo sind denn die Aussagen jenes Lebedew?" frage ich.

"Was für ein Lebedew?"

"Nun, es ist Ihre Sache, zu wissen, was das für ein Lebedew ist. Er hat das Blaue vom Himmel über mich zusammengeredet, und da fragen Sie mich, wer er ist!"

Schaklejn grinst: "Ich kenne keinen Lebedew, Treguboff!"

Natürlich kennt er ihn, aber offenbar ist jetzt weder der Ort noch die Zeit, um über ihn zu sprechen.

Endlich ist alles Material in meinem Kopf registriert, und wenn mein Gedächtnis nicht versagen sollte, werde ich noch lange alle Peripetien der offiziellen Seite meines Falles behalten.

Höflich erkundigt sich Schaklejn, ob ich noch mehr Zeit benötige, um mich mit meinem Fall vertraut zu machen, denn nach dem Gesetz darf man mich zeitlich darin nicht beschränken. Ich kann die Unterlagen prüfen und kennen lernen, so lange ich will.

Spät in der Nacht leiste ich die Unterschrift nach Paragraph 205 über den Abschluß des Untersuchungsverfahrens.

Der ehemalige Partisan Stupin

Nach einigen Tagen gerät ein Hauptmann Stupin, ehemals Offizier der Sowjetarmee, zu uns in die Zelle.

Er war in deutsche Gefangenschaft geraten und flüchtete dann zu den Partisanen.

Ein Epos über rauchende Scheiterhaufen in den Wäldern Belorußlands und Gefechte entlang der Bahnstrecken zieht an uns vorüber. Dann ist er wieder in der Sowjetarmee und legt als Panzeroffizier den Siegesweg bis Berlin zurück. Er wurde wiederholt verwundet und kontusioniert, das rettet ihn jedoch nicht.

In der Sowjetunion gilt die Formel:

"Dafür, daß du gekämpft hast, gebührt dir Dank, dafür aber, daß du zu Beginn des Krieges in Gefangenschaft geraten bist, wirst du dich zu verantworten haben!"

Und so befindet sich Stupin im Untersuchungsgefängnis.

Offensichtlich ist er ein sehr kraftvoller und schneidiger Mensch, sein seelischer Zustand weist jedoch bereits Risse auf.

"Oft träume ich von der Vergangenheit und bin wieder mitten im Panzerangriff... ringsum Feuer... ich höre es krachen... Georgij Andrejewitsch, wieviele Jahre habe ich am Krieg teilgenommen, ich war bei den Partisanen, und was habe ich nicht alles erlebt. Aber den Etappenhengsten von der Tscheka ist das alles egal!" fügt er böse hinzu.

Armer Stupin! Der wievielte in der Reihe jener bist du, die das MWD bis an die Grenze des Wahnsinns gebracht hat?

Früher war Stupin Mitglied der Partei gewesen. Er wurde in einem Kinderheim erzogen und sagt von sich selbst:

"Einen waschechteren Kommunisten als mich konnte man schwer finden. Ich habe alles getan, was man von mir verlangt hat!"

Mitte Oktober 1949 werden wir drei, Redschenkoff, Stupin und ich, ins Butyrki-Gefängnis überführt. Es ist dem MWD unterstellt. Unsere Zelle Nr. 102 ist brechend voll, bis zu siebzig Menschen hausen darin. Aber Butyrki ist nicht mehr Lubjanka, nicht mehr Lefortowo, tagsüber kann man schlafen, soviel man will, und in der Zelle gibt es viel Vergnügliches.

Mein Fall ist abgeschlossen, auch das ist eine große Erleichterung. Wochen vergehen, Monate... Tabakqualm, Gesichter, Gespräche...

Zur Regierungszeit von Mütterchen Katharina soll an der Stelle des jetzigen Butyrki-Gefängnisses nur der runde Turm gestanden haben, der noch heute erhalten ist. Seinerzeit war Pugatschow in ihm eingesperrt, der sich zum Zaren Peter III erklärte und die untere Wolga in Aufruhr brachte, damals ein großer Verbrecher und Blutsäufer. Im Vergleich zu den heutigen Tschekisten war er jedoch ein unschuldiges Kind! In den Jahren des Militärkommunismus und während der NEP-Periode wurden in den Hungerstreik getretene Häftlinge in den runden, leeren und kalten Pugatschow-Turm gebracht, wo sie, auf dem Steinboden liegend, zwischen dem Abbruch des Hungerstreiks und elendigem Verrecken wählen konnten.

Seit damals ist der Butyrki-Komplex viel größer geworden. Die Sowjetobrigkeit hat eine Reihe neuer Gebäude errichtet, eines von ihnen hat einen merkwürdigen, pseudomaurischen Stil. Dieses Haus eingeschlossen, sind die Gebäude von zwanzig- bis dreißigtausend Menschen verschiedenster Art bevölkert.

Im Hof des alten Komplexes steht die frühere Gefängnis-Kirche, die zu einem Wohngebäude umgebaut worden ist. In den Mauern wurden Fenster angebracht, den Glockenturm trug man ab. Wenn Gefangene vorbeigeführt werden, blicken sie mit einem Gefühl von Trauer, Scham und Verwirrung zu diesem Haus hinüber.

Butyrki ist eines der größten Gefängnisse der Welt, in der Sowjetunion gibt es aber noch größere. Kenner nennen zum Beispiel das gigantische Gefängnis in Taschkent, das Charkower Gefängnis und andere. Butyrki ist ein riesiges Labyrinth von Bauflügeln, Korridoren, Durchgängen, Verbindungsgängen, Treppen, Zellen und Boxen. Kein einziger Häftling, und mag er noch so lange im Butyrki gesessen haben, kann sich rühmen, das ganze Gefängnis zu kennen.

Butyrki ist eine kleine, autonome Stadt, eine Stadt in der Stadt!
Gerüchtweise verlautet, im Butyrki-Gefängnis sei 1950 die berühmte Dora Kaplan gestorben, die seinerzeit auf Lenin geschossen hatte. Seitdem soll sie ununterbrochen gefangen gehalten worden sein und bis zu ihrem Tod die Gefängnisbibliothek verwaltet haben.

Am 3. Januar heißt es vor dem Abendbrot: "Zum Verhör!"

Ich zerbreche mir den Kopf, was das bedeuten soll.

Man führt mich in den berühmten grünen *Spiegel-Saal*.

Dunkelgrüne Kacheln bedecken die Wände bis zu einer bestimmten Höhe. Kenner behaupten, das Butyrki-Gefängnis sacke langsam ab, *es versinke in der Hölle*, und das sei auch der Grund dafür, daß die Kacheln Risse bekommen und platzen.

Mir wird klar, daß ich aus dem Butyrki-Bereich hinausgeführt werden soll, denn die Durchsuchung ist ganz besonders gründlich.

Draußen ist grimmiger Frost. Nebelschwaden ziehen den Boden entlang. Die Begleiter stecken in prächtigen Halbpelzen und Stiefeln. Ich werde in den *Schwarzen Raben* gesetzt. Vor Kälte beginne ich zu zittern. Endlich rasseln die Riegel, einmal, das zweite Mal.

Ich kenne diesen Ton, wir sind in der Lubjanka!

Unter den Tritten knirscht der glänzende Schnee. Myriaden von Funken sprühen in den Strahlen der milchweißen Kugellampen der Lubjanka-Kabinette auf. Die sechste Etage, die Thermopylen, das Kabinett Nr. 693a. Wieder bekannte Gesichter.

"Hat man Ihnen noch nichts bekannt gegeben?"

Ich merke, daß Smirnow das Urteil meint, und spitze die Ohren.

"Nein, bisher noch nicht."

"Also, Treguboff, Ihr Verfahren ist nun abgeschlossen, bald werden Sie ins Lager fahren. Gleich wird sich ein Genosse mit Ihnen unterhalten. Ich hoffe, daß Sie sich anständig benehmen werden. Können Sie gehen?"

"Ja, das kann ich."

Ich sehe, wie einer der Hereingekommenen meine Empfangsorder schreibt. Mir wird ein Zeichen gegeben. Ich werde weit, in ein anderes Gebäude geführt. Das Kabinett ist verhältnismäßig klein, zwei sitzen am Tisch, leise summt das Radio. Links befindet sich eine mit weichem Stoff beschlagene Tür. Einer der Sitzenden erhebt sich und geht hinein. Dann kommt er zurück:

"Treten Sie ein, Treguboff!"

Ich trete ein. Ein Zimmer mittlerer Größe, ein großer Spiegel, eine Seltenheit in der Lubjanka, und ein Schreibtisch. Die blendenden Strahlen der grünen Lampe brechen sich im Würfel des kristallenen Tintenfasses und spiegeln sich im großen Spiegel wider.

Am Tisch sitzt eine Frau.

"Grüß dich, Jura, erkennst du mich nicht?" erklingt eine ruhige, etwas spöttische Stimme.

Das ist so unwahrscheinlich, daß ich einen Augenblick lang zur Salzsäule erstarre. Dann ist mir, als zögen sich Decke, Zimmer und alles übrige in die Länge, wie Spiegelbilder auf einem Flaschenhals. In kaltem Schweiß gebadet, gehe ich zum Sessel.

Eine gepflegte Hand gießt Wasser in ein Glas.

"Trinken Sie das aus, Jurij Andrejewitsch, und erholen Sie sich etwas. Mein *Jura* von früher scheint Sie ein wenig verwundert zu haben!" Es ist dieselbe Stimme.

Ich setze mich. Zwei Zeitabschnitte fließen zu einem zusammen, das Berlin von 1944 und jetzt, Moskau 1950. Aber zwei Personen können nicht zu einer einzigen zusammenfließen, jene, vor sechs Jahren, und diese, die jetzt vor mir sitzt.

Jene hatte das Gesicht einer jungen, vierundzwanzigjährigen Frau über dem schneeweißen Kragen eines dunkelblauen Kleides. Das Gesicht war von harter Arbeit ermüdet, aber hübsch. Besonders gefielen mir die grauen Augen, aus denen eine tiefe, nicht eigentlich weibliche Nachdenklichkeit sprach. Wir schlossen Bekanntschaft bei meinem Besuch eines der Ostarbeiterlager. Dann gelang es mir, ihr eine andere Arbeit zu beschaffen. Sechs Wochen später hatte sich in ihrem Zimmerchen bereits ein ansehnlicher Packen Bundesliteratur angehäuft. Sie war gescheit und verstand alles, was ich ihr sagte. Einmal gestand sie mir, sie sei Woroschilowschütze gewesen und trotz ihrer Jugend bereits Mitglied der Partei.

Sie bat mich, sie in die Kirche zu führen. Ich brachte sie zur Nachodstraße. Sie stand rechts von der Ikone des Erlösers und schaute unverwandt zum Altar. Das war aber nicht die Aufmerksamkeit eines betenden Menschen, etwas anderes interessierte sie.

"Jurij Andrejewitsch, würden Sie nicht gern in Rußland zu Gott beten?" fragte sie mich später.

Vera erriet wohl meinen Plan, sie zu einem Mitglied des Bundes zu machen. Sie las und arbeitete alle Schriften durch, die ich ihr gab. Aber auf meinen Vorschlag, sie unmittelbar in die Arbeit des Bundes einzuführen, ging sie nicht ein. Es blieb mir nichts anderes übrig, als zu warten, und so wartete ich.

Manchmal schien es mir, als wollte Vera mich etwas fragen, nach etwas fragen, was sie quälte, und worüber mit mir zu sprechen sie sich scheute.

Über Deutschland und die Deutschen sprach sie fast nie mit mir. Aber offenbar haßte sie sie glühend, und was noch schlimmer war, sie verstand dieses zweifellos große Volk überhaupt nicht. Sie versuchte nur, sich mein Verhältnis zu den Deutschen klarzumachen, und die wirkliche Haltung des NTS gegenüber Deutschland herauszufinden, die ich ihr auch nicht verheimlicht habe.

Einigemal berührte sie, allerdings sehr vorsichtig, mein Verhältnis zur Sowjetmacht.

Mitunter sah sie mich unverwandt nachdenklich an, als messe sie mit einem feinen Instrument mein Gesicht und das, was es birgt. Ich entsinne mich noch gut unseres letzten Gesprächs.

Ich mußte ins Ungewisse wegfahren. Zum letzten Mal setzte ich ihr meine Anschauungen auseinander, wobei ich ihr auch die Perspektive der unvermeidbaren Niederlage Deutschlands darstellte.

"Und der Bund?" fragte sie. "Er wird doch zusammen mit Deutschland zugrunde gehen"

"Oh, nein, das wird er nicht! Wir haben eine Zukunftsperspektive. Sie ist zwar noch sehr undeutlich und es wird nicht einfach sein, sie durchzusetzen, aber sie ist vorhanden."

Ohne ein Wort zu sagen, zog Vera an ihrer Zigarette.

Dann trennten wir uns. Ich hatte die ganze Zeit über das Gefühl, daß ideell und persönlich eine Wand zwischen uns stand. In der letzten Zeit duzten wir uns sogar, aber auch das änderte nichts.

Schließlich vergrub ich sie in das tiefe und weite Archiv meines Gedächtnisses, in jenes Archiv, das alle die Menschen enthielt, die in Bezug auf den Bund mit einem großen oder auch kleinen Fragezeichen versehen waren.

Hinter dem Namen Vera stand ein großes Fragezeichen.

"Jura, was macht dich so nachdenklich?"

Ich antworte nicht. Dann wird mir ein Ministeressen gebracht.

Ich esse schnell, da ich sehr hungrig bin, und sie weiß das.

Sie steht auf und stellt das schwarz lackierte Tablett auf einen kleinen Tisch in der Ecke. Ich sehe ihre reizvolle Gestalt. Sie trägt eine schwarze Seidenbluse, einen grauen, etwas zu kurzen Rock, und neue, sehr schmale Chromlederschuhe.

"Ja, Jura, schon damals, 1944 in Berlin, wollte ich mich mit dir aussprechen, aber ich hatte Angst. Es wäre ja auch nutzlos gewesen. Wesen und Sinn des Bundes hatte ich sehr gut begriffen, und ich weiß noch alles, was du mir damals gesagt hast. Ich liebte dich sehr, und es erboste mich, daß du immer nur vom Solidarismus und den grünen Romanen gesprochen hast. Eines Tages wollte ich dir alles sagen, was ich niemandem sagen durfte:

'Ich bin Oberleutnant der Staatssicherheit und mit einem Sonderauftrag betraut!'

In meinen Augen warst du damals der vollendete Typ eines bornierten Mannes, in deinen Augen standen ein geradezu kälberner Idealismus und hoffnungslose Torheit geschrieben. Hättest du mich den Deutschen angezeigt, wenn du gewußt hättest, wer ich bin?"

Ich weiß genau, daß ich das niemals getan hätte, blicke sie jedoch fest an und sage:

"Unverzüglich wäre ich hingegangen und hätte dich angezeigt, ohne mich zu schämen. Du bist ein Feind, und damit basta!"

Vera sieht mich an und lehnt sich an den Stuhlrücken.

"So ist es recht! Wenn du gleich gesagt hättest, du hättest mich nicht angezeigt, so wäre alles zu Ende! Aber du lügst, wie ein Schüler, du hast mich geliebt und hättest mich nicht denunziert. Auch ohnedies hättest du mich nicht angezeigt. Du sagst das jetzt nur so, weil du dich ärgerst und dich nicht gemein benehmen willst. Du hättest mich nicht verraten, das ist klar, aber einer von uns wärst du auch nicht geworden. Gerade so kann ich dich brauchen! Du zürnst auch nicht ohne Grund. Hätte *ich* dich doch herausgefischt! Und nicht diese Kljutschewskaja!"

Ein langes, bedrücktes Schweigen.

"Ich kenne die Geschichte deiner Entführung aus dem Theater mit Hilfe dieser... Kljutschewskaja und der Ballerina Trofimowa. Natürlich hast du einen Bock geschossen! Aber vielleicht auch nicht, alles hängt allein von dir ab!"

"Von mir hängt gar nichts ab."

"Doch, gerade alles, sonst wärst du nicht in diesem Kabinett. Dein Verfahren ist abgeschlossen, Untersuchungsapparat und Spionageabwehr brauchen dich nicht mehr. Du bist schon *gespalten*, aus dir ist nichts mehr herauszupressen, und dein Geschick ist beschlossene Sache. Töten werden wir dich nicht - bei uns gibt es keine Todesstrafe mehr, sie wurde abgeschafft!" Vera trommelt mit ihren polierten Nägeln auf einen Aktendeckel, und ihre grauen Augen schleudern schnelle, und wie mir jetzt scheint, recht böse Blicke. "Gut, ich sehe schon, daß du mir nicht glaubst! Natürlich, du hast recht. Wenn es nötig ist, vernichte ich dich! Aber das brauchen wir nicht. Hast dir ein Viertel abgehauen, wie es in den Lagern heißt. Du weißt, was fünfundzwanzig Jahre bedeuten?"

Schweigen.

"Sieh mal, Jura, dein NTS kämpft für Rußland, aber die Sowjetmacht tut doch alles, um Rußland stark zu machen. Dein Platz ist bei uns. Abakumow weiß alles von dir, ich habe selbst mit ihm gesprochen, und er hat mich ermächtigt, dieses Gespräch mit dir zu führen. Alles wird dir verziehen, alles vergessen werden. Vergiß nicht, der Bund hat dich verraten und deinem Schicksal überlassen! Du bist ihm gegenüber zu nichts mehr verpflichtet."

Mir ist, als säße dort am Tisch die frühere Vera, und ich denke daran zurück, wie sie mit mir in der Kirche an der Nachodstraße war. Innerlich zittere ich und fühle, wie ich schwankend werde. Dann taucht vor meinem geistigen Auge das alte, in Leder gebundene Evangelium meiner Mutter auf, die Worte des Bundeseides kommen mir in den Sinn, die umgekommenen Mitglieder des NTS ziehen an mir vorüber, die von der Kugel Getroffenen, in den Lagern zugrunde Gegangenen oder in der Emigration von der Tuberkulose Dahingerafften.

In einem endlosen Zug schreiten sie an mir vorbei.

Sie alle wollten leben, so wie ich, Alte und Junge, Männer und Frauen, und haben getreu dem Eid ihr Leben dahingegeben.

Ich weiß, sie wollen mir jetzt nur ein Wort sagen: "Verräter!"

Ich erhebe mich von meinem Stuhl, auch Vera steht auf.

"Und ich, das aktive Mitglied des Bundes, Treguboff, sage Ihnen jetzt, was ich damals in Berlin zu sagen unterließ. Ich fordere Sie auf, Ihre Pflicht gegenüber dem gemarterten Volk zu erfüllen und am Kampf gegen das volksfeindliche Regime teilzunehmen!"

"Du, du mich?! Nein, Jura, hier, am Dserschinskij-Platz, ist es zu spät, mich anwerben zu wollen! Du fällst keinen Baum, der nicht für dich geschaffen ist. Du willst nicht? Nun, später wirst du es bedauern!"

Die Telefonscheibe dreht sich. Das Gespräch ist beendet.

Sie und ich, wir beide, sind sehr erschöpft und erzürnt.

Vera tritt an den anderen Tisch heran. Ich versuche, keinen Blick mehr auf ihre Gestalt zu werfen.

Ganz kraftlos bin ich, vor mir Leere. Das Letzte, was ich sehe:

Sie stützt sich auf den Tisch und sieht mich eindringlich und böse an...

"Führen Sie dieses feindliche Subjekt weg!" sagt sie irgendwem, vielleicht dem Diensthabenden.

Damals, in Berlin, hatte ihr voller Name Vera Stepanowna Polsunkowa gelautet.

Korridore, eine Box, die Ausgangstür, der *Schwarze Rabe*, bläuliche Nebelschwaden, grimmige Kälte. Und über all dem die reinen, fernen Sterne... Überall, in der Dunkelheit, blickt Vera mich an.

Wieder Butyrki, die Zelle. Alle schlafen.

Erst jetzt wird mir bewußt, daß ich alle Schiffe hinter mir verbrannt habe. Die Audienz bei Vera ist mir teurer zu stehen gekommen als ein Monat nächtlicher Verhöre.

Jetzt bin ich mir jedoch sicher, daß mein Fall abgeschlossen ist.

Aber wer weiß, welch bodenlose Strudel menschlicher Qualen dem MGB noch zu Gebote stehen?!

Vielleicht ist das, was ich als Ende betrachte, nur der Beginn von neuen und noch schwereren Prüfungen?

In der Zelle der Todeskandidaten

Am dritten Tag werde ich aufgerufen.

"Treguboff, mit Sachen!"

Ich verabschiede mich von allen, sie sind mir wie nahe Verwandte. Ich werde abwärts geführt, in eine Zelle mit zwanzig Personen. Sie alle haben die Unterschrift zum Paragraph 205 bereits hinter sich und erwarten ihr Urteil.

Einer nach dem anderen wird hinausgerufen. Ich gehe als Letzter.

Am Tisch sitzt ein feistes Subjekt. Seine spärlichen Haare sind sorgfältig glattgekämmt. Der Mann hält mir eine äußerst törichte Predigt. Ich bin ganz ruhig und schweige.

Dann gibt er mir ein Zeichen, ich soll aufstehen, und liest vor:

"Nach dem Beschluß der Sonderkommission beim Ministerrat der UdSSR sind Sie für schuldig befunden worden, Verbrechen gegen die Sowjetunion gemäß Paragraph 58.4, 8/19, 11 und andere gegen die Sowjetmacht gerichtete Verbrechen begangen zu haben. Sie werden dafür zu fünfundzwanzig Jahren Besserungs- und Arbeitslagerhaft verurteilt.

Unterschreiben Sie! Und danken Sie Gott, daß Sie sich in einem demokratischen Land befinden, in jedem anderen Land wären Sie erschossen worden. Fünfundzwanzig Jahre entsprechen der Todesstrafe, aber die wurde bei uns abgeschafft."

Bevor ich unterschreibe, nörgele ich wegen der Worte:

Und andere gegen die Sowjetmacht gerichtete Verbrechen.

"Erlauben Sie, was bedeutet das, *andere Verbrechen*? Habe ich etwa hier, bei Ihnen in Moskau, eine Bank ausgeraubt?"

Der Rundliche fährt auf: "Werden Sie nicht unverschämt!"

Ich verliere die Selbstbeherrschung:

"Das Sowjetregime ist es, das sich erdreistet hat, ein Urteil *so* zu formulieren! Schließlich geht es um *mein* Leben!"

"Sie wollen wohl in den Karzer? Das könnte durchaus passieren!"

Es wäre sinnlos, die Unterschrift zu verweigern.

Ich unterschreibe und gehe, an der Tür wartet der Diensthabende. In der Box, in die ich gerate, sind noch zwei weitere zu fünfundzwanzig Jahren Verurteilte.

Nach dem Mittagessen werden wir in ein anderes Gebäude geführt. In der dortigen Zelle sind wir fünfzehn Mann, alles *Fünfundzwanzigjährige.*

Ich treffe einen alten Bekannten, der ehemals sowjetischer Vizekonsul in Schanghai gewesen war.

Dann ist da noch eine Figur mit einigem Kolorit, der Jude Bijelinson, in der Vergangenheit ein prominenter Beamter des Marineministeriums. Während des Krieges war er in Amerika gewesen...

In der neuen Zelle, der Zelle für Todeskandidaten, herrscht ein anderes System. Sie hat drei Schlösser, zwei Riegelschlösser oben und unten, ein gewöhnliches Schloß in der Mitte.

Die Bettstellen sind aus Eisen, sie sind fest mit der Wand ver-schraubt und werden auf einen säuberlichen, mit einer Nummer versehenen Kasten herabgelassen, der ihnen als Stützfläche dient, so kommt das Lager zustande. In dem Kasten kann man seine per-sönlichen Sachen unterbringen.

Die fünfundzwanzig Jahre bedrücken niemanden besonders. Die Leiden haben die Empfindungen abgestumpft. Solch einen Zeitraum in die Empfindungs- und Vorstellungswelt aufzunehmen, ist im Grunde ja unmöglich. Auch ist die Hoffnung auf eine Wendung des Schicksals stark. Jeder erzählt seine Geschichte, alle, bis auf Bijelin-son, sind gegen das Sowjetregime. Er erklärt uns:

"Ich bleibe auch jetzt das, was ich schon immer gewesen bin, und glaube, daß ein Versehen unterlaufen ist."

Am fünften Tag werden wir in die Badestube geführt, wobei uns gesagt wird, daß wir unsere Wäsche waschen dürfen. Es ist klar, daß unser Abtransport kurz bevorsteht. Gründlich waschen wir unsere klägliche Lumpenwäsche.

Mir fällt ein, daß ich meinen Kameraden aus der Zelle Nr. 102 versprochen habe, ihnen eine Nachricht über meine Haftdauer zu-kommen zu lassen. Ich hatte mit ihnen vereinbart, an einer be-stimmten Stelle der Tür einen Kreis einzukratzen, in diesen den Buchstaben T zu setzen und darunter die Strafdauer. Während ich diese Operation durchführe, macht sich ein nackter Kamerad vor dem Guckloch zu schaffen und schirmt mich ab. An der Tür sind viele Zeichen, fast alle enthalten die Zahl 25 oder 20. Sehr selten kommt die 15 vor. Die Sowjetorgane machen ganze Arbeit!

Nach dem Bad bereiten sich alle in der Zelle auf den Abtrans-port vor, es wird genäht und zusammengeknotet...

Aus dem *Schwarzen Raben* in den Stolypin-Waggon

Per Etappe! Gibt es ein schlimmeres Wort als dieses?! Der Etap-pentransport ist ein Weg ins Unbekannte, vielleicht ins Nichtsein. Eine neue, schreckliche Welt tut sich auf, eine Welt voller bö-ser Überraschungen und Leiden. Wie schlecht wir es auch bisher hatten, so sind wir doch am Leben geblieben! Jetzt aber steht uns eine Reise durch unbekannte Kreise einer dantischen Hölle bevor.

Am 16. Januar 1950 werden wir der Reihe nach aufgerufen. Die Familiennamen, Vornamen und Vatersnamen werden kontrolliert. Wir werden nach unten geführt, dort ist auch schon der *Bahnhof.* Wir sind schon einmal in diesem Zimmer gewesen, seinerzeit, bei der Aufnahme ins Butyrki-Gefängnis.

Wir ziehen uns nackt aus, es folgt die Durchsuchung, alles wird gründlich betastet. Die den Häftlingen persönlich gehörenden Sachen werden zurückgegeben, Ledergürtel, Krawatten, Schnürsenkel. Einer meldet, sein Schuhwerk sei schadhaft, bei dieser Kälte könne er damit nicht auf Reisen gehen. Daraufhin werden ihm ganz unmögliche Latschen ausgehändigt. Leises Schimpfen ist zu hören.

Zwei Konvoiführer tauchen auf. Das bedeutet, daß es zwei Transporte in verschiedene Richtungen geben wird. Der Konvoiführer hat Pakete in Verwahrung, die alle Personalpapiere enthalten. Diese Pakete sind versiegelt. Der Konvoiführer hat nicht das Recht, sie zu öffnen. Erst, wenn der Transport an seinem Bestimmungsort angekommen ist, dürfen sie geöffnet werden. Wenn das ein Lager ist, gelangt das Paket in die *Spezialabteilung* des Lagers, das ist ein besonderes Büro für Personalangelegenheiten.

Jedes Paket ist mit einem Zettel beklebt, auf dem Familienname, Vorname und Vatersname, Geburtsjahr, Staatsangehörigkeit und der Bestimmungsort vermerkt sind. Auch der Ausgangsort des Transports ist auf diesem Blatt notiert. Schließlich wird auf das Paket noch ein Foto des betreffenden Häftlings geklebt.

Der Konvoiführer nimmt erst die Pakete in Empfang, dann übernimmt er entsprechend die Gefangenen, wobei er sehr gründlich das Foto mit der vor ihm stehenden Person vergleicht. Anschließend bestätigt er den Empfang durch seine Unterschrift.

Von diesem Augenblick an ist nur noch der Konvoiführer für die zu transportierenden Häftlinge verantwortlich.

Wir werden auf den Hof des Butyrki-Gefängnisses hinausgeführt. Mehrere *Schwarze Raben* stehen bereit, zwei Milizionäre in Uniformen, die an die der zaristischen Polizisten erinnern, umkreisen sie. Die Begleitmannschaft ist sehr grob. Wir klettern, einer über den anderen, mit Sack und Pack in die *Schwarzen Raben.* Es gibt sogar Glückliche, die Koffer besitzen. Vorn, zwischen der Tür, die uns von der Begleitmannschaft trennt, und der Ausgangstür setzen sich zwei mit Maschinenpistolen bewaffnete Konvoisoldaten.

Sie sind in vortreffliche, weiße Lederhalbpelze gekleidet und tragen an ihren Füßen prachtvolle Tschjosanki (besonders gute Filzstiefel).

"Nicht rauchen! Keine Unterhaltungen! Stillsitzen! Was blinzelt ihr euch da zu?" Immerzu diese groben Anpfiffe während der Fahrt.

Unentwegt demonstrieren unsere Begleiter bewußt und mit aller Macht, wie sehr sie uns verachten.

An einem Eisenbahndamm steigen wir aus. Noch ein Auto trifft ein. Es ist sehr kalt, aber alle schwitzen vor Schwäche.

In unserem Transport sind etwa dreißig Frauen, die meisten sind Deutsche, aber auch Russinnen und Estinnen sind darunter.

Alles in allem sind wir etwa hundert Menschen.

Die Konvoileute scheinen etwas getrunken zu haben. Sie schimpfen, das Kommando "Halt!" ertönt, und von neuem hören wir die symbolischen Worte, die von jetzt an viele bis an ihr Lebensende begleiten werden:

"Verkrümelt euch nicht! Alle Weisungen der Wachmannschaft sind sofort zu befolgen! Ein Schritt nach rechts, ein Schritt nach links bedeutet Flucht. Die Konvoisoldaten machen ohne Warnung von der Waffe Gebrauch!"

Wir werden weitergetrieben. Matte Lichtflecke auf den Schienen, um die Laternen sprühen kalte Funken in wildem Reigentanz. Die Wege laufen auseinander, und stoßen dann wieder zusammen. Heiser und böse heulen die Hunde. Hie und da tauchen beleuchtete fünfstöckige Häuser auf und zeigen uns ein friedliches Leben, den behaglichen Schimmer ihrer Tischlampen.

"Schneller, schneller!"

Solche, die größeres Gepäck haben, stolpern immer wieder. Einige werfen ihre Bündel und Koffer fort, andere greifen nach ihnen und schleppen sie mit.

Vor uns sind Baracken. Dort werden wir zusammengetrieben, zu einem Haufen zusammengedrängt. Der Konvoiführer geht fort, um zu telefonieren, dann kehrt er zurück und schimpft greulich, wie ein Fuhrknecht. Offenbar ist etwas schief gegangen. Wieder jagt man uns in die *Schwarzen Raben*. Wir fahren, aber nicht lange.

Erneut wird ausgeladen und losmarschiert.

Eine Frau, die ein Bündel trägt, fällt auf die Schienen und betet: "Ich bin eine wahre Christin..."

Auch ein Mann fällt hin. Alle bleiben stehen. Hundegebell, Flüche.

206

Endlich kommen wir bei einem Stolypin-Waggon an. Das ist ein gewöhnlicher Eisenbahnwaggon für Passagiere, der zur Zeit des Ministerpräsidenten Stolypin nach der Revolution von 1905 für den Transport von Sträflingen umgebaut wurde. Er steht da, als zittere er vor Kälte. Die Kolonne macht Halt.

Der Konvoiführer läßt uns nach seiner Liste passieren, er wird den Transport bis zu seinem Bestimmungsort begleiten.

Im Wagen ist es dunkel, in den Abteilen herrscht eine Hundekälte. Ringsum vernehme ich viele junge Stimmen. Wir nehmen in drei *Etagen* Platz. Unten kann man nur sitzen, in anderthalb Metern Höhe entsteht eine zweite Etage, wenn man die Liegepritschen hochklappt und den Durchgang zwischen den Bänken überdeckt, und noch einen Meter höher sind wieder zwei Liegepritschen angebracht. Dort wird meistens das Gepäck verstaut, aber sie können auch von zwei Leuten zum Liegen benutzt werden.

In unser Abteil werden zuerst zwölf Menschen hineingestopft. Das ist nicht einmal so übel, und die Temperatur beginnt zu steigen. Jemand hat sogar einen Kerzenstummel...

Die vordere Wand war entfernt worden und durch ein Stahlgitter ersetzt, auch die Tür ist vergittert. Das Abteilfenster ist mit Brettern zugenagelt, nur ein kleines Fenster, dicht unter der Decke, ist übrig geblieben. Tagsüber dringt das Licht durch die Fenster des Gangs vor dem Abteil, nachts brennen in dem ganzen Gefangenenwaggon nur zwei Lämpchen an den Einstiegstüren.

Die Gittertür rasselt, wir müssen noch fünf Leute in unser Abteil aufnehmen. Jetzt sind wir siebzehn, wie Heringe in einer Tonne! Es kommt auch vor, daß fünfundzwanzig Menschen in solch ein Abteil hineingepfercht werden. Einige hatten sich schon schlafen gelegt, nun mußten sie wieder aufstehen, damit der Platz neu verteilt werden kann. Plötzlich ertönt vom Korridor das Kommando: "Fertigmachen zum Austreten!"

Das ist ein sehr *liberales* Verhalten, der Konvoiführer hätte uns ja auch *nicht* herauslassen können!

Nach Ablauf einiger Stunden ist es im Abteil fürchterlich schwül geworden. Trotz unserer Bemühungen streikt der Ventilator. Schließlich opfert jemand seinen Schuh, dumpfe Schläge hallen. Eine ganze Stunde quälen wir uns ab, endlich ist der Ventilator offen, und wir verspüren einige Erleichterung.

Am Morgen haben alle infolge der Hitze Herzklopfen und Kopf-weh. In der oberen Etage herrscht eine unerträgliche Schwüle. Wir haben ein besonderes Etagenverfahren eingeführt, wir wechseln regelmäßig die Plätze, um nicht zu ersticken. Zum Glück hat sich in unserem Abteil eine ausgezeichnete Gemeinschaft gebildet. Etwa die Hälfte sind Moskauer Studenten, junge, lebensfrohe Menschen.

Der Waggon steht noch immer an Ort und Stelle. Wenn wir erst losfahren, wird natürlich alles leichter sein. Wir bekommen kein Wasser. Einer von uns hat eine Feldflasche und gibt denen zu trinken, die schon ganz erschöpft sind.

Aus den Nachbarabteilen sind Rufe zu hören:

"Chef, gib uns Wasser!"

Eine Frauenstimme ruft auf deutsch nach Wasser.

"Ich habe kein Wasser." erklärt der Transportführer phlegmatisch. "Später wird es Wasser geben!"

Endlich läßt man uns aus dem Waggon ins Freie. Einer stopft sich schmutzigen Schnee in den Mund. Einige Studenten schleppen ein ziemlich sauberes Stück Eis ins Abteil.

Um zehn Uhr werden die Rationen verteilt. Es gibt pro Tag siebenhundert Gramm Brot und zweihundertfünfzig Gramm Heringe. Auf die siebzehn Mann unseres Abteils kommen achteinhalb Heringe. Eine trübe, salzige Brühe tropft von ihnen auf den Boden herab. Alle fangen gierig zu essen an. Die Vorsichtigeren raten, keinen Hering zu essen. Ich entschließe mich zum Verzicht, eingedenk des mir im Gefängnis erteilten Rats:

"Iß keinen Hering auf dem Transport, denn man weiß nie, ob es Wasser gibt. Wenn nicht, verlierst du den Verstand!"

Viele verzichten auf den Hering, und wer ihn will, bekommt so einen ganzen *Etappenwalfisch*, wie er im Jargon heißt.

Um die Mittagszeit beginnt der Älteste, uns anhand der Geleitpakete zu überprüfen. Der Waggon steht immer noch.

"Chef, wann fahren wir?"

"Bald, wenn's dem Krebs beliebt."

"Und wohin geht es?"

"Dorthin, wo der Eisbär im Juli in Filzstiefeln geht!"

Jemand singt in krächzendem Baß: "Kolyma, Kolyma, der Planeten bester, zwölf Monate lang Winterzeit, Sommer sind die Reste!"

"Ruhe dort, Schluß mit dem Singsang!"

Jeder erzählt seine Geschichte. Jede ist anders, aber in vielem sind alle gleich.

Abend, es ist bereits dunkel. Im Waggon verzweifelte Rufe:

"Che-e-ef, Wasser!"

"Laßt uns austreten!" Jemand rüttelt am Gitter.

"Laß das Gitter in Ruhe!" schreit der Wachtposten.

Irgendwo hysterisches Frauenlachen.

Abfahrt! Gespräche mit revolutionären Studenten

Die Nacht ist angebrochen. Es riecht nach Hering. Ein Glück, daß ich keinen gegessen habe. Die Heringsesser quälen sich fürchterlich. Aber auch die, die keinen zu sich genommen haben, werden von Durst gemartert. In der Nacht krachen plötzlich die Puffer aufeinander. Wir sind angehängt worden.

"Na, jetzt sind wir wohl über den toten Punkt hinaus!"

Während der Nacht wird mal gefahren, dann wieder gehalten. Als der Morgen graut, fahren wir endgültig los.

"Wir haben Lossino-Ostrowsk passiert!" sagt jemand.

"Fertigmachen zum Austreten!" rufen die Begleiter.

Das erste Abteil wird geöffnet. Die Prozedur des Austretens sieht so aus: Die Gittertür wird aufgeschoben, ein Wachmann steht davor und läßt die Häftlinge einzeln hinaus. Beim Abort steht ein zweiter Wachmann. Lange darf man im Abort nicht verweilen, und wehe dem, der keinen gesunden Darm hat. Die Hitze, die salzige Kost und der Mangel an regelrechter Ernährung und Wasser unterbinden zumeist seine normale Funktion, und der befohlene Gang zum Austreten wird zum Hohn. Die Häftlinge stolpern, auf dem Korridor bereits die Hose aufknöpfend laufen sie zum Abtritt, und ebenso laufen sie zurück, wobei sie ihre Unaussprechlichen straff ziehen. Einer fällt hin und kriecht auf allen Vieren weiter.

"Dalli, dalli!" raunzen die Wachmänner.

Dann folgt das Aufräumen des Abteils. Irgendwie kratzen wir den übel riechenden Brei aus Heringsköpfen, Heringsschwänzen und Gräten, schmutzigen Lappen und allerhand Abfall zusammen. Das Säubern des Ganges ist eigentlich Sache der Wachmannschaften, aber die sind natürlich zu erhaben, um sich derart zu erniedrigen.

So fällt in der Regel das Reinigen der Gänge den weiblichen Häftlingen zu. Nach dem Reinemachen werden die Heringe ausgegeben. Die Häftlinge witzeln, es sei sogar fraglich, ob der Herrgott den Hering geschaffen habe, so ein ekelhaftes Zeug!

An einer Haltestelle wird endlich ein Eimer trüben, mit Schnee vermischten Wassers gebracht.

"Das ist für vierundzwanzig Stunden!" sagt der Konvoisoldat warnend und rauh zugleich.

Der Eimer enthält 15 Liter Wasser für 17 Menschen. Die Studenten aus Moskau zeigen Umsicht und Energie. Es wird beschlossen, jedem einen Krug voll zu verabfolgen, der Rest wird aufgehoben.

"Man müßte einen Apparat erfinden, der beim Nahen eines Spitzels bei hundert Metern Entfernung zu heulen anfinge, oder Hunde so dressieren, daß sie sich von selbst in diese Kerle verbeißen!"

"Ja!" sagt ein anderer. "Wenn wir solche Hunde hätten, dann würden wir jetzt nicht ins Ungewisse gekarrt werden."

Ein dritter meint: "Wir sind ja alle noch nicht mit Moos bewachsen. Aufrichtig gesagt, uns hat man nichts fälschlich angehängt, wir haben ganz bewußt dieses Risiko auf uns genommen. Wir waren eine kleine Studentengruppe."

"Erlauben Sie, was hatte es mit dieser Studentengruppe auf sich? Warum hat sie sich gebildet, und welches Ziel verfolgte sie?"

"Sehr einfach, Georgij Andrejewitsch, ein Kampfziel."

"Kampf? Wollen Sie damit sagen, daß Sie sich den Sturz des kommunistischen Regimes zum Ziel gesetzt hatten?"

"Genau das!"

"Waren Sie sich denn darüber im Klaren, gegen wen Sie da angetreten sind?"

"Aber sicher! Wir wußten, was wir wollten. Unser Programm war ganz einfach: Einführung des privaten Handels, Schluß mit der Kollektivisierung, Freiheit des Wortes, Liquidierung des Terrors, eine freie Lebensordnung nach Beseitigung der Diktatur Stalins."

"Sie sollte aber nicht so liberal sein, daß die Kommunisten nach einem Jahr wieder zur Macht gelangen könnten, wie unter der Provisorischen Regierung." wendet ein anderer ein. "Glauben Sie mir, Georgij Andrejewitsch, in der Studentenschaft gibt es nicht wenige antisowjetischen Gruppen, von den Leninisten bis hin zu solchen mit dem Gedankengut weißer Emigranten."

Mein Gesicht ist wohl eine einzige Frage: "Was für Emigranten?"

"Das sind die sogenannten *Nazmaltschiki* (Nationale Jünglinge, in der Emigration kursierender Spottname für NTS-Mitglieder) vom Nationalen Bund des Schaffens der jungen Generation. Haben Sie denn nichts von ihnen gehört? In Deutschland gab es sie doch auch! Ach, verzeihen Sie, ich vergaß, daß Sie Deutscher sind. Da haben Sie wohl nicht auf die russischen Angelegenheiten geachtet."

Ich stelle mich etwas dumm:

"Ich kann mich nicht erinnern. Was sind denn das für Leute, und weshalb haben sie einen so komischen Namen?"

"So werden sie von allen genannt. Sie wollen ein Rußland ohne Kommunisten und ohne Deutsche: sehr naiv, aber hochgemut!"

"Wo haben Sie denn diese Nazmaltschiki angetroffen?"

Der Student der Moskauer Universität lächelt:

"Die Erde ist erfüllt von Gerüchten, Georgij Andrejewitsch! Irgendwo wurden sie angetroffen. Aber daß Sie, obwohl Sie in Berlin gelebt haben, nichts von diesen Nazmaltschiki gehört haben, und das bei Ihren Kenntnissen über Deutschland und Rußland, das ist doch etwas eigentümlich!" Ich lächle still.

Allmählich gehen wir dazu über, unsere wechselseitigen Interviews gleichsam zu synchronisieren, und dabei tauschen wir spitzbübische Blicke aus. Ich erfahre viel, sehr viel vom Kampf der sowjetischen Jugend gegen den Kommunismus. Auch über den Bund erfahre ich einiges. Ich wußte ja gut, daß der Bund während des Krieges in den von den Deutschen besetzten Gebieten der Sowjetunion eine umfangreiche Tätigkeit entfaltet hatte, aber ich hatte nicht geahnt, wie tief diese Arbeit in die breiten Massen der dort wohnhaften Bevölkerung eingedrungen war. In den Berichten der Studenten tauchten ein mir sehr geläufiger Name sowie die Namen einiger entfernter Bekannter auf. Mir wurde klar, daß aller Wahrscheinlichkeit nach viele Menschen in der Sowjetunion den NTS kennen, wenn ich selbst auf diesem Transport von ihm höre.

Wasser!

Der Zug stößt und donnert über die Schienen. Nach den Stößen zu urteilen, muß die Strecke in einem miserablen Zustand sein.

Über mir erzählen sie sich Geschichten, sie erscheinen mir sinnlos und schrecklich blöde. Man kann sich schwer unterhalten. Die Schwächeren dämmern vor sich hin oder sind einer Ohnmacht nahe. Alle schielen nach den kläglichen Resten Wasser im Eimer und warten, wie Beduinen in der Wüste, auf die langersehnte Stunde der Wasserausteilung. Tantalusqualen!

Es wird Abend. Die vereisten Fenster laufen vom Sonnenuntergang rosig an.

"Chef, Wasser!" schreit jemand aus einem entfernten Abteil.

"Das ist nur eine kleine Haltestelle, hier gibt's kein Wasser." sagt der Wachmann mit gleichmütiger Stimme.

Am Morgen des dritten Tages ist Lärm und Eimergeklapper aus einem der Abteile zu hören. Ein quengelnder Baß brüllt:

"Ihr Viecher, nehmen einem den Atem! Laß den Deckel los!"

"Kerls, laßt den Unsinn!" ruft ein anderer.

Wüstes Geschrei und Geheul: "Sie erwürgen einen!"

Stiefelgetrampel, Konvoisoldaten kommen angerannt. Alle Häftlinge kleben ihre Nasen ans Gitter. Jemand wird weggeschleift.

"Im dritten Abteil sind sie sich wegen des Wassers in die Haare geraten, Bandera-Leute mit Kriminellen!"

"Fahren denn auch Kriminelle mit uns?" fragt einer erstaunt.

"Anzunehmen, da sie so aufeinander losgehen."

"Die gibt's doch überall!" ertönt es aus der Ecke.

Ein richtiger Fall wird daraus. Jemand wird verhört. Als Corpus Delicti wird ein beim Streit stark eingebeulter Eimer weggetragen.

Wir machen Halt, fahren weiter, dann stehen wir wieder. Schließlich schlummere ich ein.

"Chef, Wasser!" ruft eine klägliche Frauenstimme.

"Hier gibt's kein Wasser, Tantchen, wir sind jetzt unterwegs."

"Dann etwas Schnee!"

"Auch das noch! Davon kriegt man Typhus."

Es ist so heiß, daß man kaum atmen kann. Wir entkleiden uns, das Abteil ist voll von nackten, skelettmageren Körpern.

Sofort schreiten die Wachsoldaten ein:

"Die Hemden anziehen, schnell!"

"Es ist uns zu heiß, können es anders nicht aushalten!"

"Chef, der Alte bei uns ist ganz starr geworden, liegt wohl im Sterben." sagt im Nachbarabteil eine leise, gedämpfte Stimme.

Alle sind so erschöpft, daß sie sich nicht einmal dafür interessieren, was dort passiert ist. Unsere Begleiter haben eingesehen, daß sie den Bogen überspannt haben, der Alte ist einem Herzanfall erlegen.

Am nächsten Morgen, es ist bereits der fünfte Reisetag, werden wir nicht mehr so wild zum Abort gejagt. Ein mit Wasser gefüllter Eimer wird gebracht.

"Chef, bitte noch etwas Wasser!"

"Haben keine Eimer mehr, wohin soll ich's eingießen?"

"Wir trinken gleich diesen Eimer leer!"

Der Eimer ist leer, ein zweiter wird gebracht. Wieder trinken wir alles weg, nur ein kleiner Rest wird noch in die Krüge gegossen. Es ist ein unbeschreibliches Erlebnis, wenn man nach dem Genuß von salzigem Hering in unbegrenzter Menge Wasser trinken kann! Im Bauch ist eine beglückende Fülle! Aller Kummer ist vergessen, und man versinkt im Nirwana...

Der sechste Tag. Unser Zustand ist derart, daß wir nicht mehr miteinander sprechen können. Wir haben kaum noch Kraft, das Abteil ein bißchen aufzuräumen. Die Zunge ist wie Blei. Alle haben erdfahle Gesichter, verspüren eine unmenschliche Erschlaffung des ganzen Körpers. Das Herz schlägt mit Unterbrechungen, in heftigen Stößen. Einer atmet ganz schwer, ein anderer liegt apathisch da, jemand betet. Neben uns steht der Tod.

Der ratternde Wagen, diese Hölle auf Rädern, ist in graublaue Finsternis getaucht. Wie Blitze flammen die Strahlen einer Taschenlampe auf, ein Konvoimann leuchtet vom Gang aus kontrollierend in das Innere des Abteils.

Am siebten Tag wird während eines Aufenthalts zur Durchsuchung geschritten. Sie gucken unter die Bänke, inspizieren den Fußboden, die Rückwand, das kleine Fenster oben. Es ist vorgekommen, daß Transporthäftlinge es fertig brachten, während der Fahrt den Boden des Abteils auszuheben und durch das entstandene Loch zu fliehen. Diese Visitation raubt uns allen die letzten Kräfte.

Wir sammeln den in den Ventilator gewehten Schnee ein. Die Transportethik gebietet, diesen Schnee gleichmäßig zu verteilen. Jeder bekommt ein Häuflein Schneekristalle in die Hand gedrückt.

Am achten Tag stoße ich auf dem Weg zum Abort hart an die Wand und falle auf die Knie.

"Was ist mit Ihnen?" fragt teilnahmsvoll eine weibliche Stimme.

Ein Wachmann hilft mir auf. Ich muß etwas essen, ein Hering wird meine Rettung sein! Ich fühle, daß ich nicht ganz ehrlich gegen mich selbst bin, aber ich kann nicht mehr widerstehen. Vor meinen Augen geistert ein fetter, zartrosa Hering.

Am neunten Tage esse ich einen Hering, und sofort gesellt sich zu den Hungerqualen ein schrecklicher Durst. Durst! Dieses Wort reckt sich zum Himmel empor, es pocht im Dröhnen der Räder, im Knirschen der Puffer und rast mit dem Zug dahin, es ist unwiderstehlich. Vor meinem geistigen Auge rollen kristallene Tropfen.

Einer fragt den Diensttuenden: "Wohin bringt man uns?"

"Sie werden es dort schon erfahren."

"Sagen Sie uns doch, wohin es geht!" bohrt der Häftling nochmals.

"Zurück in den Mutterleib, zur Umarbeitung!" Alle verstummen.

"Laß meine Mutter aus dem Spiel!" Jetzt klingt die Stimme böse.

"Was sind das für Gespräche!" meint ein anderer.

Wieder Schweigen.

Die Schwächsten unter uns sind ganz am Ende und essen fast gar nichts. Einer füttert den anderen aus dem Krug mit angefeuchtetem Brot. Ich kann überhaupt nicht schlafen. Der Hering treibt mich fast zum Wahnsinn. Wenn ich nicht so schwach wäre, hätte ich mich längst gegen das Gitter geworfen. Schlaflosigkeit auf dem Transport bedeutet, daß die Qualen jeweils noch um die Nacht verlängert werden.

Das Gebiet der Lager

Nachts sieht man, was sich auf beiden Seiten der Bahnstrecke tut. Erfahrene Leute haben festgestellt, daß wir schon an Kirow vorbei sind und uns auf der berühmten Magistrale nach Workuta befinden, die quer durch die Autonome Republik Komi läuft. In den Nächten sehe ich zwischen drückenden Trugbildern, wie wir an Lagern vorüberfahren, die längs der Hauptstrecke liegen.

Die Lager haben in der Regel die Form eines mehr oder weniger akkuraten Rechtecks. An den Ecken stehen die mit ihren Scheinwerfern leuchtenden Wachttürme, die wie die Dreibeiner vom Mars in einem utopischen Roman von Herbert G. Wells aussehen.

Schon so manche Nacht fahren wir immer wieder an Lagern vorüber. Erst später erfuhr ich, daß die gesamte Hauptstrecke nach Workuta von Lagern umgeben ist, die, wie Sterne in den Sternbildern, in einem ungeheuren Lagersystem miteinander verbunden sind. Leute, die Bescheid wissen, behaupten, daß die Lagerbevölkerung der Republik Komi zahlenmäßig die freie Bevölkerung dieser Republik bei weitem übersteigt. In der Sowjetunion gibt es viele Gegenden, in denen die Gefangenen hinter Stacheldraht zahlreicher sind als die sogenannten freien Bewohner, aber die Republik Komi hat darin wohl alle Rekorde geschlagen.

Heute haben sie uns aus eigenem Antrieb Wasser gebracht.

Aber nachts rächen sich die Götter an den zu Unbeherrschten. Von Mitternacht an ertönen klägliche, mit unwahrscheinlichen Flüchen untermischte Schreie:

"Chef, laß uns raus, zum Austreten!"

"Geht nicht, trinkt weniger!"

"Ich habe ja fast gar nichts getrunken!"

"Dann wart' bis zum Morgen."

"Chef, laß mich raus, ich kann nicht mehr!"

Es treibt einer Krise zu. Statt des einen Wachhabenden erscheinen zwei. Immer wieder blitzen Laternen auf. Schließlich kommt es zur Katastrophe. Im vierten Abteil, in dem die unruhigsten Gesellen sitzen, fängt einer an, verstohlen direkt durch das Gitter auf den Korridor Wasser zu lassen.

Ein Deutscher deklamiert mit Galgenhumor:

"Es klappert die Mühle am rauschenden Bach, klipp-klapp!"

"Aufhören mit diesem Unfug!"

Mit brennender Laterne kommt ein Diensthabender gelaufen, noch auf dem Gang zieht er seine Pistole.

Von der zweiten Etage ergießt sich ein Strahl beinah auf seinen Kopf, ein zweiter Strahl folgt, auch von oben.

"Hör auf, du faschistisches Schwein! Ich werde schießen!" schreit der Konvoisoldat und klopft mit dem Pistolenkolben aufs Gitter.

Aber es ist schon zu spät.

Er steht im Kreuzfeuer, wie Napoleon bei Waterloo.

Phlegmatisch ertönt als Antwort:

"Meine Mutter heißt nicht Swinja, sondern Chawronja!"

"Der Konvoi wird gebadet!" kreischt einer.

Die Kameraden des Belagerten eilen zu seiner Unterstützung herbei. Er ist aber schon aus der Feuerlinie heraus, da dem Gegner die Munition ausgegangen ist.

Der Konvoiführer erscheint, er hat nur Unterhosen und Stiefel an, den Mantel hat er über die Schulter geworfen.

"Was soll das heißen? Was ist das für eine Schweinerei? Wer pißt hier auf den Korridor? Und dazu noch einer Militärperson auf den Kopf!" Und blöde drohend fügt er hinzu: "Ich werde euch alle gleich der Karzerordnung unterstellen!"

Damit verschwindet der unheilverkündende Offizier, sich fest in seinen Mantel hüllend.

Die ganze Nacht über, bis in den frühen Morgen hinein, sind Flüche, Flehen, Bitten und Spektakel zu hören. Am Morgen sieht der Wagengang aus, als ob es stark geregnet hätte.

Der elfte Tag. Wir haben Aufenthalt.

Durch die Wände des Waggons dringt lautes Schimpfen zu uns herein. Eine Frauenstimme kreischt:

"Ach, du Parasit, du Ekel, du turkestanische Spinne! Fährst hier die Menschen im Käfig spazieren, und kommst da noch zu mir angekrochen! Am liebsten würde ich deine himmelblauen Achselklappen bespucken! Bin selbst an der Front gewesen! Du bist mir ein Held! Solche wie dich hab' ich gut gekannt und über die Schulter geschmissen!"

Schmachvoll zieht sich der Soldat in den Waggon zurück.

Nach diesem Zwischenfall hebt sich bei allen die Stimmung.

"Schneidig, diese Mädchen, lassen es nicht zu, daß wir beleidigt werden!"

"Ja, sie können diese Konvoikerle nicht ausstehen. Sie arbeiten an der Strecke und sehen immerfort, wie ein Gefangenentransport nach dem anderen nordwärts fährt, und es nimmt kein Ende..."

"Frauen sind anders als Männer." meint einer seufzend. "Sie lassen sich nicht so leicht einschüchtern!"

"Ja, Kameraden, die ganze Sowjetmacht hält sich ja nur durch Terror!"

Zwölf Tage sind vergangen, der dreizehnte Tag hebt an.

Fast alle sind krank und völlig abgestumpft. Für alle Fälle teile ich den Studenten die Adresse meiner Mutter in Berlin mit, und ich merke mir die Moskauer Anschriften der Studenten.

Drei von uns sind völlig am Ende. Sie wollen nichts essen, und in ihren Augen steht die absolute Ruhe der Verzweiflung, jene Ruhe, die einen Menschen überkommt, wenn er ausgelitten hat und nichts mehr erwartet als den Tod.

Vierzehn Tage und Nächte ununterbrochenen Transports.

Die Beine sind stark angeschwollen. Am Tag versinke ich in einen Schlaf voller wirrer Träume.

Der fünfzehnte Tag.

Die Studenten unterhalten sich leise.

"Workuta, Jungs, wir sind angekommen - Tatsache!"

"Vielleicht schleppt man uns noch weiter?"

"Weiter geht es nicht, hier ist Endstation."

Die Konvoimannschaft trifft ihre Vorbereitungen zum Aussteigen. Die Gefangenen sind in einem fürchterlichen Zustand. Es herrscht ein schreckliches Durcheinander.

So gut es geht, schnüre ich mein Bündel.

Etwas ist hinzugekommen, meine studentischen Freunde haben mir eine Decke und ein Handtuch gegeben.

DIE LAGER
WORKUTA. IM DURCHGANGSLAGER
Der Bahnhof Komsomolskaja

Die purpurne Sonne hängt tief über dem Horizont. Ein seltsamer, metallisch tönender Laut schwirrt in der Luft - es ist nicht zu bestimmen, woher er kommt. Zweistöckige Holzhäuser. Rechts liegen, fast versteckt hinter Schneewehen, halbverfallene Baracken...

"Bahnhof Komsomolskaja!" entziffert einer.

Unsere Kolonne wird jetzt von einer anderen Konvoimannschaft begleitet. Ringsum Bajonette und Hunde. Wir schleppen uns mit den letzten Kräften dahin. Wer nicht gehen kann, wird von den Sanitätern des Durchgangslagers getragen.

Ich stolpere bei jeder Unebenheit des Bodens.

Endlich sind wir angelangt. Stacheldraht, Wachttürme, von Posten besetzt. Am Tor verblichene Losungen, daneben eine Wachstube. Überall Draht, Draht, Draht...

Das Tor steht offen.

Unsere Aufnahme beginnt. Die Familiennamen werden vorgelesen, wir müssen mit dem Vor- und Vatersnamen antworten. Die Pakete mit den Unterlagen zur Person werden der neuen Obrigkeit ausgehändigt. Die Gefangenen betreten das Lager.

Ein vogelgesichtiger Lageraktivist kommandiert laut:

"Der ganze Transport in die Badestube! Nicht auseinanderlaufen!"

Die Badestube ist eine düstere Baracke. Drinnen ist es kalt, immer wieder wird die Außentür geöffnet. Deutsche Kriegsgefangene bedienen die Badestube.

Jeder wird der sogenannten *Sanbearbeitung* unterzogen. Man zieht sich aus. Alle Kleidungsstücke, bis auf die Ledersachen, werden an einen eisernen Ring gehängt und anschließend *durchdämpft*, das heißt, desinfiziert. Man setzt sich auf einen nassen, kalten Stuhl. Ein Friseur rasiert einen überall, bei den Frauen werden die Köpfe jedoch nicht rasiert. In der Badestube erhält jeder zwei Kübel mit kochendem Wasser, das ist die Norm. Das kalte Wasser ist nicht rationiert. Irgendwo in der Ecke wird noch um Wasser gebettelt...

Ich wasche mich sitzend, stehen kann ich nicht mehr. Dann ziehe ich die vom Dämpfen heißen Sachen an.

Die Badestube ist fast leer. Alle sind weggegangen.

"Deine Fahrtgenossen sind in der Baracke, nur die Kranken werden noch gewaschen." sagt ein in Reithosen steckender Mann. Er ist der Verwalter der Badestube, auch ein Häftling.

Ich trete hinaus. Schon dunkelt es.

Die Baracke ist lang gestreckt, wie ein Sarg, zwei Öfen, zwei vergitterte Fenster. Es ist kalt, obwohl beide Öfen lebhaft brennen. Jemand röstet etwas. Ich nehme auf den Brettern am Eingang Platz, nicht weit vom Ofen. Um mich sind nur Unbekannte. Die Moskauer Studenten befinden sich am anderen Ende der Baracke. Es zieht mich dorthin, aber da ist alles besetzt.

"Wie heißt du?" fragt mich mein Nachbar, ein junger Bursche mit rundem Gesicht und kuriosem Haarschopf. "Hast du schon einen Löffel?" Verständnislos sehe ich ihn an. "Das erste, was man sich im Lager beschaffen muß, ist ein Löffel. Womit willst du sonst essen? Der Olle in der Ecke dort verkauft Löffel. Kauf dir einen!"

"Ich besitze nicht eine einzige Kopeke!"

"Hm!" Der junge Mann nimmt mich in Augenschein. "Na gut, hier hast du einen Rubel."

Er zieht ein angefettetes Papier aus der Tasche. Gleich darauf bin ich im Besitz eines Löffels. Er ist aus Eisen und verrostet, aber immerhin - ein Löffel!

"Der heutige Transport zum Mittagessen!"

Der Kantinenvorsteher holt uns ab. Er ist ein großer, stämmiger Bursche in einer Joppe und sieht ganz wie ein Ganove aus.

Der Speiseraum ist niedrig und dunkel. Es ist sehr eng. In der hinteren Ecke ist ein Fenster, durch das das Essen hineingereicht wird, durch Wolken von Kohldampf sieht man die Köche hantieren. Daneben ist ein zweites, kleineres Fenster. Dort wird das Brot geschnitten. Weich klopfen die Messer.

Jeweils zehn Mann werden an einen Tisch gesetzt, die Brotausgabe beginnt. Wer mit dem Transport angekommen ist und noch nicht im Arbeitseinsatz steht, hat Anspruch auf 750 Gramm, morgens gibt es 400 Gramm und abends 350 Gramm. Das Brot ist feucht und schlecht durchgebacken. Dann wird auf Tabletts, die aus gehobelten Brettern bestehen, das Essen gebracht: 500 Gramm Kohlsuppe, in der ein Glückspilz mal ein bohnengroßes Stückchen Fleisch erwischen kann, und 250 Gramm Grütze. Alle bleiben hungrig, und sofort beginnt die Jagd nach weiteren Brotrationen.

Jeder kombiniert hin und her. Für irgendeinen Plunder wird Brot eingetauscht, oder ein Hering. Zwar ist es verboten, fremde Baracken zu besuchen, aber dieses Verbot wird immerfort verletzt.

Zum Abendessen gibt es den zustehenden Rest Brot und wieder Suppe und Grütze. Der Küchenchef hält eine laute Predigt - im Laufe des Tages sind unerklärlicherweise zweiundzwanzig Rationen Brot zu viel vereinnahmt worden. Er droht mit allerhand Strafen.

Es fällt mir schwer, eine obere Pritsche zu erklimmen. Unten aber kann man kaum schlafen, es ist kalt und zugig.

Ärztliche Untersuchung

Am nächsten Tag werde ich zusammen mit einigen anderen zur ärztlichen Untersuchung geholt. Das ist der Anfang der allgemeinen Untersuchung des gesamten Transports.

Es untersucht eine freie Ärztin, die die Achselstücke eines Hauptmanns trägt. Diese Tokarewa-Gurewitsch ist eine recht unangenehme Dame. Sie untersucht sehr oberflächlich. Übrigens ist an den Transporthäftlingen auch nicht viel zu untersuchen, alle sind dünn wie Gerippe. Jeder versucht, festzustellen, in welche Kategorie er eingestuft worden ist, aber nur wenigen gelingt das. Es liegt auch so auf der Hand, daß die allermeisten nur mit der sogenannten *leichten individuellen Arbeit* bedacht werden können.

Alle Lagerhäftlinge werden je nach ihrem Gesundheitszustand in verschiedene Arbeitskategorien eingeteilt. Es gibt drei Kategorien: Gehört man zu der ersten, so muß man die schwersten Arbeiten ausführen. Wenn man zur zweiten gehört, hat man theoretisch den Anspruch, mit leichterer Arbeit beschäftigt zu werden, und in der dritten Kategorie mit noch leichterer. Die dritte Kategorie gibt es aber nicht immer und nicht in allen Lagern. Mitunter kommt statt der dritten eine Kategorie 2a vor. Nach der Kategorie für leichte, individuelle Arbeiten kommen noch Invalidenkategorien, je nach dem Grad der Arbeitsunfähigkeit des Häftlings. Auf diese Weise werden diejenigen Häftlinge eingeteilt, die über Tage zu arbeiten haben.

Die andere Hälfte der Gefangenen arbeitet unter Tage. Sie haben auch drei Arbeitskategorien: Die erste im Bergwerk, die zweite im Bergwerk, und auch die dritte im Bergwerk!

Natürlich sind diese Arbeitskategorien sehr problematisch. Ihre Festsetzung ist immer Sache eines angestellten Zivilarztes und erfolgt aufgrund halb- oder vierteljährlicher Untersuchungen. Und wenn es der Obrigkeit gefällt, kann sie stets die Arbeitskategorie eines Häftlings abändern, ihn zum Beispiel aus der zweiten in die erste versetzen. Es ist sehr schwer, dagegen zu protestieren, da man völlig rechtlos ist. Diese Aufteilung hat allerdings nur dort Bedeutung, wo ein Überschuß an Arbeitskräften vorhanden ist. Wo es an ihnen mangelt, setzt die Lagerleitung die Häftlinge dort ein, wo es ihr nötig erscheint.

Der Produktionsplan muß erfüllt werden, das ist das A und O der kommunistischen Planwirtschaft. Dieser *Wahrheit* wird alles zum Opfer gebracht. Die Lagerobrigkeit weiß, daß ein Häftling, dem man allzu schwere Arbeit überträgt, sehr schnell schlapp macht oder womöglich zum Invaliden wird, und damit das *Gerümpel* im Lager bildet. Wenn man aber dem Häftling eine Arbeit überträgt, die seinen Kräften entspricht, so kann man aus ihm alles, alles, bis zum letzten Atom seiner Arbeitsnützlichkeit, herausquetschen.

Daher ist die sogenannte *wirtschaftliche Behandlung der Arbeitskräfte* nichts anderes als das sehr grausame Spiel einer Katze mit den ihr ausgelieferten Mäusen.

Nach den ärztlichen Untersuchungen erörtern wir ihre möglichen Resultate.

Die erste Begegnung mit Blatnojs

Plötzlich erhebt sich Geschrei.

"Die Baracken nicht verlassen!" ruft der Aufseher gebieterisch, der aus irgendeinem Grunde unsere Abteilung aufgesucht hat.

Von allen Seiten kommen Aufseher und Offiziere gelaufen.

Eines der kleinen Barackenfenster klirrt, ein schreckverzerrtes Gesicht mit weit aufgerissenem Mund zeigt sich.

"Was ist eigentlich los? Ein Streit...?" fragt jemand.

"Was heißt Streit? Die Blatnojs murksen die Ssukas ab, oder umgekehrt, wer wird daraus schlau! Wir werden es bald erfahren!"

"Worauf wartet ihr denn? Man muß sie doch auseinander bringen, schändlich so etwas!"

"Auseinander bringen? Wer soll denn Lust haben, ein Messer in den Bauch zu kriegen? Bei denen, mein Lieber, geht so was hurtig!"

"Das sind die richtigen, diese Lagermaden!"

Die Aufseher führen einen fort, wohl in den Isolator, so heißt das Lagergefängnis. Bleiche, wutverzerrte Gesichter sind zu sehen. Auf Decken werden die Opfer herausgetragen, die Körper von zwei Erstochenen und fünf Verwundeten. Einer krümmt sich vor Schmerzen und stöhnt, er bittet um Wasser, zugleich aber schimpft er wütend und verwünscht jemanden.

"Sie werden alle zur Ersten Operationsabteilung des Lazaretts gebracht. Die Chirurgen dort sind nicht übel, aber sie werden wohl kaum einen von ihnen retten können."

Die übrigen Verwundeten werden von zwanzig Soldaten mit Maschinenpistolen bewacht, um eventuelle Versuche zu vereiteln, ihnen vollends den Garaus zu machen. In der Regel dürfen die Aufseher das Lager nicht bewaffnet betreten, aber diesmal ist augenscheinlich eine Ausnahme gemacht worden.

(Anmerk. Als Blatnojs werden verurteilte Kriminelle bezeichnet, *vom blatj zu leben,* bedeutet, auf Kosten anderer zu leben. Die im Lager als *ehrlichen Diebe* bezeichneten Blatnojs leben vom Diebstahl, drücken sich vor jeder Arbeit und zwingen auch andere nicht zu arbeiten, während die *Ssukas* (Hündinnen) genannten Kriminellen mit der Lageradministration kollaborieren, sämtliche unteren führenden Posten im Lager besetzt halten und ihre Mithäftlinge, also auch die *ehrlichen Diebe,* zur Arbeit zwingen. Zwischen diesen beiden Gruppen herrscht ein ständiger Krieg mit Mord und Totschlag.)

Es dunkelt. Am Himmel leuchtet ein Stern nach dem anderen auf. Ich suche den Polarstern. Er steht fast im Zenit. Wir befinden uns am 68. Breitengrad, etwa 111 Kilometer hinter dem Polarkreis!

Im Westen färbt sich der Himmel purpurrot, als ob ihn die Grausamkeit und die Bosheit der Menschen erzürnten. Zuerst ist der Vorgang nicht recht zu begreifen. Dann aber wird uns klar, daß es das Nordlicht ist. Der purpurne Vorhang beginnt zu schillern von tausenden grünen und roten Nadeln, die sich vereinigen und sich wie eine magische Rolle entfalten. Sie verblassen, erlöschen, sprühen wieder auf und drehen sich im Reigentanz.

Der ganze Himmel scheint in wunderbaren Bränden zu flammen...

Und plötzlich verschwindet alles.

Bedrückt stehen wir da. Viele denken wohl dasselbe wie ich. Vor einer Stunde haben hier Menschen einander gemordet, Gefährten im Unglück, schier für ewige Zeiten im Lager eingesperrt, während die strenge Natur des Nordens mit ihrer ganzen herben Macht den Schöpfer des Alls rühmt.

Mußte das sein, und wer ist daran schuld?

"In die Baracken!"

Am nächsten Tag wird ein kleines, zehnköpfiges Arbeitskommando zusammengestellt. Es wird uns gesagt, daß wir unsere Sachen mitnehmen sollen. Jemand schreit:

"Seht mal an, diese Glückspilze?"

"Wieso?"

"Zu den Weibern fahrt ihr, ins Frauenlager, zur Ziegelei!"

Die Ziegelei

Wir sind angekommen, alle sehr durchgefroren. Ein Offizier nimmt uns in Empfang.

"Ihr werdet im ganzen zwei bis drei Tage hier bleiben. Wir bringen euch in einer besonderen Zone unter. Zu den Frauen wird nicht gegangen, man läßt euch auch nicht herein. Der Baracke dort bleibt fern, sie ist von einem besonderen Frauenkontingent belegt. Die Arbeit ist nicht schwer, ihr müßt die Bretter höher stapeln. Sie würden sonst im Wasser liegen, wenn die Schneeschmelze kommt."

Der Offizier entfernt sich. Man bringt uns ein Essen, das viel besser ist als das Essen im Durchgangslager. Dazu kommt plötzlich noch ein Geschenk der Frauen, ein Stoß steinhart getrockneter Brotrationen, in einer zusammengeknoteten Decke. Jeder erhält zwei Rationen. Hungern werden wir also nicht!

Am ersten Tag ging ich nirgends hin, ich habe immerfort Brot gekaut. Aber am zweiten Tag, nach der Arbeit, fiel mir plötzlich ein, daß der Arzt mir geraten hatte, mehr spazieren zu gehen.

So verließ ich denn die Baracke. Es war schon Abend. Am Rande des Lagers stand dicht an der Zonengrenze die geheimnisvolle Baracke des Frauen-Sonderkontingents. Sie war von Stacheldraht auf neuen Pfosten umgeben. Ein kalter, milchiger Nebel senkte sich auf das Lager nieder und vermischte sich schnell mit der Nacht.

Die Scheinwerfer leuchteten matt, sie konnten das Dunkel kaum durchdringen. Ich schritt ganz nah am Stacheldraht der Sonderbaracke entlang. Links erhoben sich riesige Schneewehen. Plötzlich etwas Dunkles von rechts, von hinten und von links. Ich blieb stehen. Aber schon hielten zwei feste Frauenhände mein Handgelenk umklammert. Der Draht war säuberlich durchgeschnitten und zur Seite gebogen. Im Zaun gähnte ein Loch.

"Na, kriech schon durch!" befahl von hinten eine Frauenstimme. Mit der Mütze und dem Ärmel blieb ich am Draht hängen. Behutsam machte mich eine Hand in einem recht eleganten Handschuh frei, der eine glockenförmige Stulpe hatte.

Wir betreten die Baracke. Grelles elektrisches Licht. Die Baracke besteht aus einer einzigen Abteilung. Ich spüre den starken Duft von billigem Parfüm. Alles strömt Behaglichkeit und Wärme aus. Fast alle Frauen sind jung, viele von ihnen ausgesprochen hübsch. Ihre Kleidung ist teils männlich, teils weiblich. Ich bemerke einige Seidenkleider, Halbschuhe und sogar Seidenstrümpfe. Daneben Filzstiefel, einfachere und elegantere Schafspelze, gewöhnliche Stiefel. Eine Frau schläft. Ich sehe nur ihren offenen, grellroten Mund, und ein hellblaues Band in ihrem Haar.

Aus der Tiefe des Raumes, der von graublauem Tabakrauch erfüllt ist, dringen trunkene Stimmen zu mir. Dort wird geraucht und getrunken. Von allen Seiten wenden sich mir sehr bleiche Gesichter zu, sie haben leuchtend rote Lippen und glänzende Augen. Einige Frauen halten sich umarmt. Eine Halbnackte richtet sich von ihrer Pritsche auf und schaut, die Zigarette im Mund, auf mich herab, dann gähnt sie in aller Gemächlichkeit und nestelt an ihrem bunten Kopftuch.

"Führ ihn hierher, Gapka! Was steht ihr da herum?" ertönt aus der Tiefe der Baracke gebieterisch eine wenig angenehme Stimme. Griffgewohnte Finger umfassen wieder mein Handgelenk.

"Nun, mein Junge, geh schon!" ermuntert mich eine Stimme. Mir fällt auf, daß die Baracke sehr sauber ist. Über den Pritschen hängen kleine Mullvorhänge, versehen mit reinweißen Stickereien.

"Aber zieh erst die Schuhe aus, Junge!" sagt die gleiche Stimme hinter mir. "Auch Gott, der Herr, gebot Moses, seine Stiefel abzulegen!"

"Laßt ihn in Ruhe!"

Am anderen Ende der Baracke stand links in der Ecke ein gewöhnliches, breites Bett, das so gar nicht ins Lager-Milieu paßte. Auf ihm lag eine Frau von etwa dreißig Jahren. Sie war kräftig und hoch gewachsen, jedenfalls wirkte sie im Liegen so auf mich. Ihre Gesichtszüge waren nicht eigentlich schön, aber ausdrucksvoll und sprachen von Entschiedenheit und starkem Willen. Ihre rechte Brust fehlte. Beide Arme lagen auf der Decke, die Finger der schmalen und nicht zerarbeiteten Hände trugen viele Ringe. Unter einer Mähne blonder Haare sahen ihre Augen mich an. Sie betrachtete mich mit gelassener Verachtung. So hatte mich nicht einmal einer meiner Untersuchungsrichter angesehen. Dieser ruhige, unverwandte Blick erinnerte mich an eine Schlange, die ein Kaninchen in Augenschein nimmt. Aber eine Schlange verschlingt das Kaninchen einfach, sie verachtet es wohl kaum.

Ich aber machte eine Figur, für die ein beliebiger Varietébesitzer, der Sinn für tragikomische Nummern hat, viel gezahlt hätte:

Mager und blaß stand ich da, mit eingefallenen Wangen, in geflickten wattierten Hosen, in einer plumpen, grauen Tuchjacke und in übergroßen Galoschen aus gummiertem Stoff, die ich über dicke Wattestrümpfe gezogen und mit Schnüren festgebunden hatte. Eine Vogelscheuche hätte sich geniert, neben mir stehen zu müssen.

"Wozu magst du nütze sein, du putziger Vogelschreck? Was soll ich mit solch einem Lumpengestänge anfangen?" fragten diese gebieterischen Frauenaugen. Und plötzlich sagte eine ruhige Stimme: "Taugst du überhaupt zum Mann, Freier?"

Ich begriff, ich mußte etwas tun, um zwischen ihr und mir einen menschlichen Kontakt herzustellen, sonst... Aber was?

Da kam mir, vielleicht das einzige Mal in meinem Leben, ein genialer Gedanke. Ich verbeuge mich, so, wie ich mich einst stets verbeugt hatte, und sage höflich:

"Gestatten Sie, daß ich mich vorstelle - Treguboff."

Mein Fausthandschuh fällt zu Boden. Ich will ihn aufheben und berühre dabei unwillkürlich den Arm der Frau. Da küsse ich ihr die Hand, so, wie früher meiner längst verstorbenen Tante, einer sehr aristokratischen Dame, in ihrem Empfangszimmer.

"Georgij Andrejewitsch." füge ich hinzu und richte mich auf.

Langeweile, Zorn und Verachtung sind aus ihren gebieterischen, bösen Augen verschwunden. Sie erhebt sich und setzt sich auf das Bett. Anstelle ihrer rechten Brust sehe ich eine schreckliche, blaupurpurfarbene Narbe.

"Nehmen Sie Platz, Georgij Andrejewitsch." sagt sie. "Sie sind wohl eben erst mit dem Transport gekommen... Ich werde Valja genannt, oder auch Valka."

Ich setze mich auf ihr weiches Bett und nehme die Mütze ab.

"Ist das aber ein magerer Junge!" höre ich eine Stimme hinter mir.

Erst jetzt bemerke ich, daß das Bett von etwa vierzig Frauen umringt ist. Einige tragen Röcke und dünne Lackschuhe, andere Reithosen, und manche stecken in soliden, warmen Filzjoppen.

In den Augen Valentinas stehen Verwunderung und Mitleid.

Meinen Blick bemerkend, sagt sie:

"Diese alle sind meine Schar, ein buntes Völkchen! Na, was steht ihr hier herum?" faucht sie die Neugierigen an.

Die Frauengruppe um das Bett wird kleiner, aber ich spüre, daß jede meiner Bewegungen von einem reichlichen halben Hundert unsichtbarer Augen kontrolliert wird.

"Hungrig?" fragt Valentina.

"Ja, sehr."

"Wie lange im Gefängnis?"

"Zweieinhalb Jahre."

"Was diese Scheusale alles anstellen! Wir sind beide enttäuscht." sagt Valentina. "Sie, weil ich Sie hierher gelotst habe..."

Sie beendet den Satz nicht und sieht mich nur fragend an.

Und ich fahre statt ihrer fort:

"Und Sie, weil der auf Ihren Befehl hin Herangeschleppte einem Mann kaum ähnlich sieht..."

"Ich wollte Ihnen ja nichts tun, war nur sehr neugierig. Es hieß, aus dem Durchgangslager seien Frische hergekommen, darunter ein Deutscher mit russischem Familiennamen. Nun, meine Mädchen hatten gesehen, wie Sie das Lager abschritten. Da gab ich ihnen einen Wink. Ich wollte Sie gern besehen! Wo saßen Sie ein?"

Ich erzähle in Kürze meine Gefängnisbiografie...

Es riecht nach etwas sehr Schmackhaftem.

Auf dem weiß gedeckten Nachttisch taucht plötzlich eine Pfanne auf, gefüllt mit Spiegeleiern, geröstetem Brot und Speck.

"Essen Sie! Willst du auch Honig?" fragt Valentina sanft und fügt hinzu: "Ich trinke jeden Tag ein Glas Honig mit flüssigem Fett. Ich habe meine Norm, wie im Gesetz, doch auf Männer gibt es keine Norm... Aber sag, Georgij, was willst du denn jetzt beginnen?" fragt sie plötzlich.

Die ganze Zeit wirft Valentina *Du* und *Sie* durcheinander.

"Ich weiß nicht." sage ich unsicher. "Ich fühle mich so elend, daß ich am liebsten ins Krankenrevier gelegt werden möchte, mag die Obrigkeit es wollen oder nicht. Bin ich erst einigermaßen aufgepäppelt, kann man weitersehen."

"Ja, man wird dich gewiß ins Revier legen, und dann mit Schreibarbeiten beschäftigen. Na schön, aber sag, Georgij, was gibt es in der Freiheit?"

"Ich weiß nur, was bis zum September 1947 geschehen ist..."

Ich esse. Die Speckstückchen tauen mir im Mund.

Mit einem silbernen Löffel mischt Valentina in einem Glas ein Getränk, das aus Honig und Gewürzen zu bestehen scheint. Dann schiebt sie das Glas von sich fort.

"Trink das aus!"

"Und Sie?"

"Ich will nicht! Bei deinem Anblick bleibt einem ja alles im Halse stecken."

Wir unterhalten uns friedlich, wie alte Bekannte.

Valentina, die Blatnoj-Königin, erzählt mir viel, sehr viel aus ihrem Leben. Sie entstammte einer gebildeten Familie. Aber, wie das unter den Daseinsbedingungen eines Unrechtregimes so verbreitet ist, zerfiel die Familie infolge verschiedener Repressalien der Obrigkeit. Valentina geriet auf die Straße, dann in die Verbrecherwelt Moskaus. Ihr Mann war ein *Bärenfänger*, wie die Safe-Knacker, die Aristokraten unter den Kriminellen, genannt werden. Und dann ging es eben immer so weiter...

"Ja, Georgij!" bemerkt Valentina. "Nach zwei Jahren spreche ich mit dir zum ersten Mal so, wie ich es schon beinahe verlernt habe."

Sie macht eine Bewegung. Dabei bemerke ich an ihrem Arm eine weitere Narbe. Sie errät meine Gedanken.

"Ja, ich bin arg zerschnippelt worden, Georgij, das war vor vier Jahren. Damals hatte ich schwer getrunken, war ganz benebelt und legte mich aufs Bett, und als ich erwachte, waren fünf über mir.

Alle waren Ssukas, und angeführt wurden sie von Anka Glista (Bandwurm), die ich selbst ein halbes Jahr zuvor beinah umgebracht hätte. Na, sie warfen mich zu Boden, zwei setzten sich auf mich und zwei hielten mich an den Armen fest. Was halfen mir da die Messer, Georgij, die ich in den Stiefeln stecken hatte? Die Anka Glista aber steht da und liest mir mein Urteil vor:

'Dies und das, und dafür und hierfür...'

Wie ein Schaf hätten sie mich abschlachten können, aber sie wollten mich quälen und ihren Spaß daran haben, daß ich in ihren Händen war, und obendrein betrunken. Die Anka lachte und kitzelte mich mit ihrem Messer an der Kehle, und ich konnte in meiner Angst nur mit den Beinen auf den Fußboden trommeln.

Aber sie hatten sich verrechnet, diese Huren, da kamen meine ehrlichen Mädchen! Der Anka wurde der Bauch halb aufgeschlitzt, zwei andere wurden ebenfalls ganz schön zugerichtet, aber nicht bis zum Tode, und zwei sind davongelaufen. Aber sie werden mir nicht entkommen! Für die Verletzten kam bald das Ende, die zwei anderen leben noch. Fünf Jahre wurden mir dafür zudiktiert. Da, siehst du?" Sie zeigt mir die blaurote Narbe an ihrer Brust.

"Ja, so lebe ich eben!" fährt sie nach einer Weile nachdenklich fort. "Damals hatten sie mir nur den Arm aufgeschlitzt, die Brust haben sie mir später abgehackt. Hatten mir aufgelauert, als ich aus der Sanitären Abteilung herauskam, zielten auf den Kopf, aber ich schaffte es, mich zurückzuwerfen, und so trafen sie mit dem Beil die Brust. Ich bin natürlich hingeknallt, und habe auch zwei Monate fest gelegen. Ja, viel hat es gegeben, Georgij, sehr viel, alles kann man gar nicht erzählen!"

Dennoch erzählt sie mir noch und noch, und vor mir offenbart sich die viele Millionen zählende Unterwelt der Blatnojs. In dieser Unterwelt gibt es eine eigene Aristokratie, eigene Parteien und Sklaven, eigene Führer und sogar ein eigenes Familienleben.

Zweifelsohne gehörte Valentina zu der sozialen Spitze dieser Verbrecherwelt. Sie berichtet mir von ihren primitiven und tierischen, auf ihre Art jedoch streng logischen Gesetzen.

Die Welt der Blatnojs!

Eine Flasche Wodka ist zum Beispiel eine Art höchste Glückseligkeit. Das Leben in diesen Kreisen endet jedoch fast immer, früher oder später, mit aufgeschlitztem Bauch im Lagertotenhaus.

Ich mache Bekanntschaft mit einer Welt, von der man in Europa fast gar keine Vorstellung hat.

"Was soll ich denn machen, Georgij?" fragt Valentina. "Sieh, du bist ein kluger Mann, wie kann man auf die Dauer so leben? Ständig aufeinander losgehen, bis man selbst abgemurkst und auf dem Bettlaken fortgetragen wird?! Weißt du keinen Rat?"

"Ich weiß keinen, Valentina."

"Na gut, es ist spät geworden. Morgen reden wir weiter. Ihr da, laßt ihn durch und zeigt ihm, wo das Loch ist." befiehlt sie leise.

Als ich durch die Baracke zurückgehe, liegen die meisten Frauen bereits, und von den oberen und unteren Pritschen begutachten mich verächtlich und lachend zahlreiche böse und kalte weibliche Augen, am stärksten ist jedoch das aus ihnen sprechende Erstaunen fühlbar. Erst viel später begriff ich die Ursache hierfür.

Frost. Die grünen Fichtennadeln des Nordlichts.

Das Loch im Drahtzaun.

"Dort ist deine Baracke, rechter Hand, und verirr dich nicht! Sonst müssen wir uns deinetwegen vor Valentina verantworten."

Jetzt begleiten mich nur zwei Frauen, und ich werde auch nicht mehr an den Armen festgehalten.

Am nächsten Tag war ich wieder bei Valentina. Niemand brauchte mich einzufangen, sie winkten mir einfach über den Drahtzaun zu. Diesmal war Valentina ganz angekleidet. Sie machte einen ausgesprochen eleganten Eindruck. Ihr Gesicht war leicht geschminkt, und mir kam sofort der Gedanke, sie habe vielleicht früher etwas mit der Bühne zu tun gehabt.

Ich sagte ihr einige erlesene Komplimente, und sie fühlte sich sichtlich geschmeichelt. Wir unterhielten uns wie alte Bekannte.

Eine der Dienerinnen Valentinas, sie hatte ihrer vier, brachte eine Gummiwärmflasche herbei, in der es gluckste.

"Dreh den Verschluß auf und ruf Mokriza und Utka!" befahl Valentina dem Mädchen, das mir durch seinen unruhigen Blick und den um den Kopf geschlungenen schwarzen Zopf auffiel.

"Wir wärmen dich gleich auf!" sagte sie dann, zu mir gewandt.

Mokriza (weiße Made) erwies sich als eine sehr in die Höhe geschossene Blatnoj-Göre, während die Utka (Ente) genannte Frau klein und pummelig war.

Der Verschluß der Wärmflasche wird abgeschraubt.

"Trink!" befiehlt Valentina lächelnd, nimmt jedoch zuerst selbst einen tüchtigen Schluck. "Trink, Schorka, du Pechvogel! Wenn du schon mit uns Ganövchen zusammen bist, dann leb' auch danach! Mit mir ist nicht gut Kirschen essen!"

Ich versuche zu mogeln und nur einen mikroskopisch kleinen Schluck zu nehmen, aber Valentina überlistet mich. Sie drückt auf die Wärmflasche, und ein brennender, greulicher Fusel spritzt mir in den Mund. Die Augen gehen mir über, ich schnappe nach Luft. Die Baracke dröhnt vor Gelächter...

Ich werde wieder auf das Bett gepreßt, jemand stopft mir etwas Fettiges in den Mund.

"Trink, du Unglücksberliner!" ruft Valentina mir zu, und weiß sich vor Lachen nicht zu lassen.

Ich verlasse die Baracke mit Hilfe der *Adjutanten* Valentinas, und lege den größten Teil des Weges auf allen Vieren zurück...

In diesen Tagen gehe ich nicht zur Arbeit. Ich werde überhaupt nicht dazu aufgefordert. Valentina hat das so befohlen, das ist ihre *Protektion*.

Aber alles in dieser Welt nimmt ein Ende.

Plötzlich werde ich wieder ins Durchgangslager zurückbeordert. Dagegen ist sogar Valentina machtlos. Ich konnte gerade noch bei ihr vorbeispringen und mich von ihr verabschieden. Sie steckte mir einen umfangreichen Packen mit allerhand Eßbarem und gute Filzstiefel zu. Ihre letzten Worte waren:

"Denk an mich, Schorka, vergiß mich nicht! Ich schicke dir noch Fressalien!"

Während ich im Durchgangslager war, hat sie mir tatsächlich zweimal Proviantpäckchen geschickt, und einmal erhielt ich sogar einen Brief von ihr. Ich antwortete ihr und fügte meinem Brief ein aus meiner Zahnbürste geschnitztes kleines Kreuzchen bei...

Zwei Jahre später soll Valentina irgendwo, ich glaube, an der Inta, ermordet worden sein.

An einem neuen Ort. Sklavenaufkäufer

Die Tage vergehen. Ich mache mich mit meinem neuen Aufenthaltsort vertraut, lebe mich ein, so gut es geht.

Es gelingt mir auch, dieses und jenes Eßbare über die Norm hinaus zu organisieren. Die Beköstigung ist schlecht, aber immerhin besser als der Salzhering vom Transport. Außerdem ist man in frischer Luft. Immerfort gehe ich spazieren.

Sklavenaufkäufer sind eingetroffen. Das sind die Leiter der verschiedenen Bergwerke.

Alle werden in die Baracken getrieben, die Türen geschlossen, und die Stubendienstler davor postiert. Die Aufkäufer lebender Ware erscheinen in Begleitung der Lageraufseher.

Wir stehen und warten darauf, was passiert.

Ein wohlgenährtes Subjekt im Pelz erklärt lautstark:

"Gesucht wird ein hochqualifizierter Tischler, der nicht dem Flußlag untersteht!"

Was bedeutet Flußlag?

In dem Gebiet um Workuta gibt es zwei Lagersysteme. Das eine ist das Workutlag, zu dem mehrere Bergwerke und Lager gehören. Hier sind hauptsächlich *Alltagsleute* oder Gefangene nach § 58 untergebracht, sofern sie nicht einem Regimelager unterstehen. Das andere System ist das Flußlag, genauer, das Flußlag des MWD. Es umfaßt eine Reihe von Lagern, in denen vornehmlich Schwerverbrecher zusammengefaßt sind. Die Lager des Flußlag werden zum Teil durch Gefangene komplettiert, die zu schwerer Zwangsarbeit verurteilt wurden.

Demnach bedeutete dieser Aufruf, daß der Sklavenhändler aus einem Lager des Workutlag gekommen war.

Weitere Sklavenhalter benötigen Mechaniker, Chauffeure, kurz, alle Berufe, bei denen in der Sowjetunion Mangel besteht.

Hat ein Sklavenhändler seinen Sklaven erhalten, notiert er dessen Familien-, Vor- und Vatersnamen, den betreffenden Paragraphen und die Dauer der Haft. Besorgt erkundigt er sich nach seiner Gesundheit, denn keiner will anstelle eines qualifizierten Schweißers einen arbeitsunfähigen Invaliden bekommen. Beinah werden, wie beim Pferdekauf, die Zähne in Augenschein genommen.

Nach Beendigung der Auktion entfernen sich die Sklavenhändler. Alle sind in gedrückter Stimmung.

Am nächsten Morgen werden aus der Kultur- und Erziehungsabteilung Zeitungen zur Lektüre gebracht. Am Abend sind verschiedene Zeitungen verschwunden. Eine Untersuchung beginnt.

Jemand hat gesehen, wie ein pockennarbiger, bebrillter Tattergreis Zeitungen zerriß, um sich daraus seine Machorkastäbchen zu drehen. Der Alte wird überführt und der Obrigkeit gemeldet. Der Verlust von lagereigenen Zeitungen in einer Baracke kann dazu führen, daß Zeitungen überhaupt nicht mehr geliefert werden, worunter dann die ganze Barackenbelegschaft leidet. Der Schuldige wird für drei Tage in den Isolator gesteckt.

Am Tag darauf kommt nach dem Mittagessen eine Kommandanturordonnanz angerannt.

"Ist hier ein Treguboff?"

Ich werde zur Kommandantur geführt.

Am Tisch sitzt ein gepflegter junger Offizier. Er ist wahrscheinlich der Lagerbevollmächtigte für *operative* Angelegenheiten (Sicherheit des Lagerbetriebs). Er ist merklich darauf aus, Eindruck zu machen, erkundigt sich nach meinem Namen und fragt dann:

"Welcher weißgardistischen Emigrantenorganisation haben Sie angehört?"

"Ich bin Mitglied des NTS."

"Was ist denn das?"

Ich berichte ihm kurz, was es mit dem NTS auf sich hat.

"Und warum befassen Sie sich hier mit dieser Agitation? Haben Sie denn noch nicht genug? Zu wieviel Jahren Zwangsarbeit sind Sie verurteilt worden, zu zwanzig oder fünfundzwanzig?"

"Überhaupt nicht zu Zwangsarbeit. Ich wurde zu fünfundzwanzig Jahren Besserungs- und Arbeitslager verurteilt."

Er stellt mir einige Fragen nach meinen Kenntnissen auf philosophischem Gebiet.

"So, Sie können gehen."

Ich entferne mich. Was hat das bloß zu bedeuten?

Auf des Rätsels Lösung brauche ich nicht lange zu warten.

Nach einer halben Stunde erscheint ein anderer Soldat:

"Treguboff, mit Sachen!"

Eilends verabschiede ich mich.

Ich werde direkt in den Isolator geführt.

Ein älterer Lagerbeauftragter mit hagerem, strengem Gesicht zeigt mir die Anordnung und befiehlt mir, zu unterschreiben.

Ich lese: "In den Isolator, für drei Tage!"

Alles wird mir weggenommen, alles, bis auf meine Jacke.

Im Isolator. Zur Arbeit abgestellt.

Eine Zelle, Pritschen... Ich bin nicht allein. An der griesgrämigen Stimme erkenne ich den alten Zeitungsfledderer. Außerdem sitzen dort noch zwei besinnliche, ältere Leute mit Ohrenklappenmützen und ein ziemlich zerlumpter Mann.

Die beiden Mützenmänner werden zum Verhör gerufen, das direkt hinter der Tür, im Korridor des Isolators, vorgenommen wird.

"Wieso untersteht ihr euch, den diensttuenden Soldaten zu schlagen?" läßt sich die Stimme eines unsichtbaren Vorgesetzten vernehmen. "Wohin soll es denn führen, wenn jeder den Diensthabenden auf den Rücken legt und ihm die Beine über den Kopf biegt?"

"Warum hat er die Diebe gedeckt?"

"Wissen Sie denn genau, daß er es war?"

"Ich weiß das! Er hat ja auch eine so widerliche Fratze."

"Daß mir so ein grober Unfug nicht mehr vorkommt, verstanden?"

Suppe in Tonschüsseln und Brotrationen werden gebracht.

Nebenan beschimpfen sich Blatnojs in ihrem Jargon. Von fern dringen schrille Frauenstimmen zu uns. Ein unruhiger, dumpfer Schlaf. Mein bebrillter Leidensgenosse stöhnt und röchelt unentwegt.

Um zehn Uhr morgens rasselt das Schloß.

"Wer beginnt hier mit T?"

Ich trete hinaus.

"Nehmen Sie das Brot in Empfang."

"Wohin soll ich? In die Baracke?"

"Kontrollieren Sie Ihre Sachen!"

Die Handschuhe fehlen, die ich auf dem Transport geschenkt bekommen hatte. Mit enttäuschter Miene bringt sie der Aufseher her. Ich werde zur Wache geführt, umringt von drei Soldaten sowie einem sympathisch versonnenen Hund. Der Gefreite hat mein Begleitpaket. Meine Personalien werden geprüft. Und dann geht es los.

In der eisigen Luft schwingt immer derselbe metallische Ton. Ganz tief am Horizont steht mattorange die Sonne, umkränzt von ihrer Aureole. Ringsum Schneewehen, Baracken, Kohlenhaufen, vereiste Hügel, die Fördertürme der Schächte, Stacheldraht. Ich bemerke viele Wachtposten vor den Speichern, Soldaten der MWD-Truppen mit hellblau umkanteten roten Achselklappen, in Halbpelzen und Filzstiefeln, mit Gewehren oder Maschinenpistolen.

Ich werde einen verschneiten Weg entlang geführt. Die Wachtposten sehen mich gleichmütig-fröhlich an. Es geht sich recht schwer. Aber der Aufenthalt in frischer Luft tut mir nach der dumpfen Zelle sehr gut. Rechter Hand ist die starke Krümmung des zugefrorenen Workutaflusses zu sehen, der in die Petschora mündet. In der Ferne eine eisstarrende Pontonbrücke. Lastkraftwagen kriechen wie Käfer auf ihr dahin. Das Stahlgerüst einer Eisenbahnbrücke. Am anderen Ufer, spielzeugklein, ein Kohlenzug. Alles ist von dem orangegelben, unwirklichen Licht der Polarsonne übergossen. Links ist ein in Rauch gehüllter, konusförmiger Hügel zu sehen. Ein Karren fährt auf ihn zu und läd Gestein ab.

"In diesem Schacht wirst du arbeiten." sagt der Konvoiführer. "Das ist der Kapitalschacht, Lager Nr. 1." fährt er fort.

Das gesamte Territorium des Bergwerks und das Lager sind von einem doppelten Stacheldrahtzaun umgeben. Außerdem stehen noch zwei niedrigere Stacheldrahtzäune da, die die sogenannte Verbotene Zone abgrenzen. Vier Reihen Stacheldraht!

Das Tor. Darauf natürlich wieder Losungen:

"Arbeite heute besser als gestern, und morgen besser als heute!"

Und dann etwas bescheidener:

"Trenne gewissenhaft die Kohle vom Gestein!"

Ich werde zur Wache geführt.

"Heda, Narjadtschik, nimm den in Empfang!"

Ein stämmig gebauter Mann erscheint. Er trägt gute Stiefel und eine schwarze Arbeitsjoppe aus Gummituch. Auf seinem Rücken, an der Mütze und am rechten Hosenbein sind Nummern angebracht, Buchstaben und Nummern. Ich begreife - ein Zuchthäusler!

Ich betrachte die Gesichter der mir Entgegenkommenden. Die Lagerinsassen sehen nicht schlecht aus, man wird also leben können.

Ich werde in ein niedriges Gebäude geführt. Es ist die Sanitätsabteilung. An ihren Wänden hängen mehrere Plakate mit Aufrufen zum Arbeitsschutz, wie etwa:

"Bergmann, kämpfe gegen Verletzungen im Betrieb!"

Ich werde in ein dickes Buch eingetragen. Das ist das Zugangsund Abgangsbuch des Lagers.

Wachleute erscheinen und durchsuchen mich.

"Als Neuankömmling kommen Sie zunächst für drei Wochen auf Krankenstation."

Diese Aussicht sagt mir sehr zu.

Die Krankenstation ist eine einstöckige Baracke. Rechts vom Eingang befindet sich die Erste Therapeutische Station, links die Zweite. In der Mitte sind die Korridore, rechts und links durchnummerierte Krankenzimmer. Es gibt spezielle Krankenzimmer für Tuberkulosekranke, Magen- und Herzkranke usw.

Zur Krankenstation gehören eine eigene Badestube und zwei Aborte im Gebäude selbst. Das ist ein großer Luxus!

WORKUTA. DER KAPITALSCHACHT
Begegnung mit einem alten Bekannten

"Herrje, was für ein magerer Mensch!" Mit diesen Worten empfängt mich die Krankenschwester.

Man bringt mir eine Schüssel mit Suppe. Alle meine Sachen gebe ich in der Stationskammer ab. Ich werde in die Badestube geführt, wo ich auch saubere Wäsche erhalte. Dann wird mir ein Platz in der Baracke zugewiesen.

Die Kranken sehen gleich, was ich brauche, und bringen mir mancherlei, der eine ein Stück Brot, ein anderer eine Blechschüssel mit Abendkost. Ich erzähle und esse, esse, esse... Der Feldscher kommt: "Treguboff, zum Arzt!"

Ich trete ein. Im Zimmer sitzen zwei Männer in weißen Kitteln.

"Erkennen Sie mich nicht, Jurij Andrejewitsch?"

Nein, ich habe ihn nicht erkannt.

Es ist Dr. Silajenko (1957: Namen nicht genannt), ein guter Bekannter von mir aus Deutschland, ein junger Arzt. Seinerzeit hatte ich ihm zusammen mit meinen Freunden einige bescheidenen Gefälligkeiten erwiesen, und nun sehen wir uns auf der Krankenstation des Kapitalschachts wieder. Wir tauschen unsere Eindrücke aus.

Er gesteht freimütig, daß mein Anblick ihn erschreckt hat, und daß er mich nie erkannt hätte, wenn ich nicht beim Eintreten meinen Namen genannt hätte.

"Sie sind um zehn Jahre gealtert, Jurij Andrejewitsch!"

Der mir unbekannte andere Arzt ist ein Doktor Lesnitschij (1957: Dr. Polewoj) aus Odessa. Später habe ich diesen liebenswerten und überaus kultivierten Menschen sehr zu schätzen gelernt.

"Sie wissen noch nicht, Jurij Andrejewitsch, an welch schrecklichen Ort Sie geraten sind." sagt Dr. Lesnitschij. "Vier Reihen Stacheldraht, und das Hauptkontingent bilden zu Zwangsarbeit verurteilte Zuchthäusler, also nach Auffassung der Obrigkeit Schwerstverbrecher, und dazu die Gruben! Nun, Sie wird man gewiß nicht ins Bergwerk schicken. Beachten Sie, daß hier der Vollzugsbevollmächtigte des Lagers eine wütende Aktivität entfaltet. Das ganze Lager ist von einem Spitzelnest umsponnen. Seien Sie bei Gesprächen sehr vorsichtig, man wird Sie auf Schritt und Tritt provozieren.

Trauen Sie niemandem! Und wenn hier, auf der Krankenstation, die erste Andeutung eines politischen Gesprächs auf Sie zukommt, so sagen Sie, Sie sind müde und brechen das Gespräch ab..."

"Ich werde Ihnen helfen." sagt mein Bekannter aus Deutschland. "Aber zunächst gehen Sie und erholen sich!"

Um Mitternacht, in der Geisterstunde, steht ein etwas linkischer, älterer Mann an meinem Bett:

"Treguboff, der Regimechef verlangt nach Ihnen!"

Noch halb schlafend gehe ich mit ihm zur Kammer. Am Hauptdurchgang wird der Fußboden mit Glas abgerieben, dafür erhalten die Kranken einen zweiten Schlag Suppe.

Ich ziehe mich in der Kammer an.

In der Kommandantenbaracke übergibt mich mein Begleiter dem Diensthabenden. Der Alte will mich schützen:

"Er steht unter Quarantäne, er ist krank."

"Ich werde ihm schon bei mir eine Quarantäne einrichten!" lautet die Antwort des Soldaten.

Ich unterschreibe einen Wisch und werde weitergeführt.

Beim Verlassen der Krankenstation hatte mir der Kammerverwalter noch nachgeschrien: "He du, meine Wäsche!"

Ich habe tatsächlich noch Stationswäsche an.

Ich werde in ein Gebäude gebracht, das durch einen mit Stacheldraht versehenen Bretterzaun vom Lager getrennt ist. Das ist wieder ein Isolator! So gut wie alles wird mir abgenommen, meine eigenen Sachen kommen auf eine Liste. Wenigstens kann ich meine Tuchjacke behalten. Wieder im Karzer! Aber er ist warm, und ich kann mich hinlegen. Da schaut ein dicker Mann herein:

"Du bist doch der Deutsche? Komm mal raus!"

In der Wachstube sitzen der Aufseher und ein ungewöhnlich feister Häftling. Ich bin völlig apathisch und schrecklich müde.

Das Geheimnis der Aufforderung klärt sich schnell:

Dem Diensthabenden sind meine amerikanischen Hosen angenehm aufgefallen. Sie sind zwar etwas abgetragen, aber trotzdem noch recht gut. Der Dicke spielt den Makler. Mir ist alles einerlei. Ich erkläre mich bereit, die Hosen gegen fünf Rationen Brot abzutreten. Das Verzeichnis meiner Sachen wird umgeschrieben, die amerikanischen Hosen fehlen jetzt darin, sie sind unter dem Halbpelz des Soldaten verschwunden...

Ich werde in eine Baracke geführt, in der zwei Reihen Pritschen stehen, lege mich auf eine der Pritschen, und dann weiß ich von nichts mehr. Erst am zweiten Tag erfahre ich, daß ich mich in der BUR befinde, das ist eine Baracke mit verschärftem Strafvollzug.

Roman Romanowitsch - ein Dieb von internationalem Rang

Wecken. Suppe und Brot bringt derselbe dicke Kerl.

Das Hosenabkommen ist offenbar nicht in Vergessenheit geraten, denn vor mir liegen zwei Brotrationen. In der Baracke sind sieben Gefangene untergebracht. Wir schließen Bekanntschaft.

"Wie hat Ihnen unser Roman Romanowitsch Gurta gefallen?" fragt mich einer.

"Was für ein Roman Romanowitsch?"

"Der das Brot gebracht hat!"

"Was zeichnet ihn aus?"

"Einen zweiten wie ihn findest du im ganzen OLP nicht!"

(Anmerk. OLP: Einzelnes Lager, das zusammen mit anderen OLP ein Lagersystem mit besonderem Namen bildet, z.B. Flußlag)

"Was heißt hier, im ganzen OLP? Einen solchen Dieb kannst du in der ganzen Sowjetunion nicht auftreiben! Erzähl mal, Mischa, wie war das mit der Farbe?"

Mischa grinst:

"Ja, dieses Dickmaul Roman Romanytsch hat einmal eine ganze Kanne mit Farbe stibitzt, so zehn Kilo, direkt aus dem Speicher der Kommunalen Verwertungsabteilung, und dann im Schnee vergraben. Jemand hat ihn verpfiffen, die Kanne wurde gefunden. Erst wurde Roman Romanytsch hier in diese Baracke gesteckt und dann dem MWD-Bevollmächtigten vorgeführt.

Ich stand damals gerade in dessen Vorzimmer, hatte dort was zu tun und hörte durch die Tür das Geweine und Beteuern unseres Roman Romanowitsch. Da kam der Meister der Schneiderwerkstatt mit neuen Uniformhosen für den MWD-Offizier. Die Sekretärin sagt ihm, daß der Hauptmann gerade besetzt sei, worauf der Schneidermeister die Hosen über die Stuhllehne hängt und sagt:

'Bitte, übergeben Sie die Hosen dem Bürger Hauptmann, er weiß Bescheid.'

Ich höre, wie der Hauptmann die Tür öffnet und sagt:

'Na, ich verzeihe dir noch dieses eine Mal! Aber daß mir so ein Banditentum nicht wieder vorkommt!'

Der verweinte Roman Romanowitsch kommt heraus und schlägt sich mit der Faust an die Brust:

'Ich bin schon umerzogen, Bürger Chef!'

'Na, mach dich fort!' ruft ihm der Hauptmann gnädig zu.

Und unser Roman Romanowitsch trollt sich heim...

Fünf Minuten vergehen. Die Sekretärin:

'Der Schneider hat Ihre Hosen gebracht, Genosse Hauptmann. Hier hängen sie...' Sie sieht sich um, aber auf der Stuhllehne gähnende Leere. Alle haben denselben Gedanken.

'Ja!' sagt der Hauptmann. 'Ich sehe, daß er sich umerzogen hat! Vor lauter Reue hat er meine Hosen als Erinnerung mitgenommen. Ruft mir diesen Schurken mal gleich wieder her!'

Eine halbe Stunde später wurden sowohl die Hosen als auch Roman Romanowitsch in irgendeinem Winkel des Lagers aufgestöbert. Wieder weinte er und versprach Besserung. Zwei Wochen Isolator und drei Monate BUR wurden ihm aufgebrummt!"

Damit beschließt Mischa seinen Bericht. Alle lachen.

In einem Bergwerk außerhalb der Kategorie

Mich interessiert, wohin ich geraten bin, und daher frage ich meine Leidensgefährten aus.

"Sie befinden sich hier im Ersten Lagerbezirk der Grube Kapitalschacht. Sie ist schon fünfzehn Jahre in Betrieb und stark ausgebeutet. Außerdem gibt es hier viel Knallgas, das Bergwerk steht außerhalb jeder Kategorie. Sie wissen doch, daß in der Sowjetunion die Gruben je nach ihrer Gasmenge in drei Kategorien eingeteilt werden. Die dritte Kategorie enthält die Höchstmenge an Methangas, bei der man die Leute noch in der Grube arbeiten lassen kann. Aber hier, in Workuta, arbeitet die Lagerbelegschaft auch in Gruben, die zu keiner der drei Kategorien gehören. Hier sind etwa viertausend Mann untergebracht, die Hälfte arbeitet in drei Schichten in der Grube. Die übrigen werden über Tage mit bergbaulichen und zum Teil auch anderen Arbeiten beschäftigt."

(Anmerk. Ende der 50er oder Anfang der 60er Jahre gab es im Kapitalschacht eine furchtbare Schlagwetter-Explosion, bei der Hunderte meiner Leidensgenossen ums Leben kamen.)

Von meinen neuen Bekannten erfahre ich auch einiges über das Lagerleben im allgemeinen.

Alle Gefangenen unterstehen dem MWD, oder vielmehr einer besonderen MWD-Organisation, der sogenannten GULAG (Staatlichen Verwaltung der Lager). Diese stellt auf dem Vertragsweg die Arbeitskräfte den unterschiedlichen Industriebetrieben zur Verfügung. Hier, im Workutagebiet, ist das Kombinat Workut-Ugolj (Workuta-Kohle) der Hauptkäufer der Arbeitskräfte.

Es zahlt natürlich dem MWD für die Arbeit eines jeden Häftlings einen Betrag, und das MWD unterhält für dieses Geld erstens die Gefangenen, zweitens sich selbst, und drittens führt es noch geringe Summen an den Staat ab. Außer dem Hauptkäufer, dem Kombinat Workut-Ugolj, gibt es noch eine Reihe kleinerer Arbeitskraftkäufer, wie zum Beispiel die Verwaltungen der Gorstroj (Städtische Baugesellschaft), Dorstroj (Straßenbau) und andere.

Das MWD versucht natürlich, für seine Arbeitskräfte möglichst viel Geld zu bekommen, aber das jeweilige Unternehmen hält sich bei seinen Zahlungen streng an die staatlich festgesetzten Sätze. Daher ist das MWD darauf aus, einen gefangenen Bergmann wie zwei freie Bergleute arbeiten zu lassen.

Nehmen wir an, daß das Kombinat für die Dauer eines Monats hundert Arbeiter angefordert hat, und daß diese freien Arbeiter für das betreffende Arbeitsvorhaben ausreichen. Das MWD wird jedoch nicht für die Zahl der gestellten Arbeiter bezahlt, sondern für den Umfang der geleisteten Arbeit. Daher erzwingt es die Durchführung des betreffenden Arbeitsvolumens durch fünfundsiebzig arbeitende Häftlinge, erhält jedoch so viel Geld, wie auf hundert freie Arbeiter entfallen wäre.

Die Gebieter über die Arbeitskräfte der Konzentrationslager haben sich ständig mit einer Betriebs- oder Kombinatsleitung auseinanderzusetzen, wobei beide Seiten auf Kosten der rechtlosen Sklaven ihr Schäfchen ins Trockene zu bringen versuchen. Beim MWD, wie bei dem Betrieb, ist der oberste Grundsatz, aus dem schuftenden Häftling alles herauszupressen, was seine Arbeitsfähigkeit hergibt, und dabei für seinen Unterhalt so wenig wie möglich aufzuwenden.

Das MWD ist bestrebt, die Lagerinsassen möglichst billig zu ernähren. Andererseits muß die Beköstigung aber so ausreichend sein, daß der Gefangene seine Kräfte, und somit seine Arbeitsfähigkeit, nicht verliert. Die Lagerhäftlinge werden zu 150 bis 170 Personen in einer Baracke untergebracht. Auf den Pritschen stehen jedem sechzig Zentimeter in der Breite als Schlafplatz zu, das ist der eigene Platz des Häftlings. Die Baracken sind feucht, im Winter bildet sich Eis in ihren Ecken. Auf diese Weise braucht das MWD nur ein Minimum an Mitteln für den Wohnraum aufzuwenden.

Die Kleidung der Häftlinge ist nachlässig zusammengeschneidert aus den schlechtesten und billigsten Stoffen. Das einzige, was von ihr verlangt wird, ist, daß der mit ihr bekleidete Häftling bei Außenarbeiten keine Erfrierungen erleidet, das heißt, nicht vorzeitig zum Invaliden wird. Die Tuchjacke muß zwei Jahre lang tragbar sein, Unterwesten werden für ein Jahr, mitunter auch für zwei Jahre ausgegeben. Die Lagerinsassen sehen aus wie ein Haufen Vagabunden. Für medizinische Hilfe werden nur ganz geringe Mittel aufgewendet. Von einem Massensterben in den Lagern kann zwar nicht mehr gesprochen werden, die Sterblichkeit ist aber doch sehr hoch. Unentwegt muß der Häftling arbeiten, während er langsam dahinstirbt!

Das Leben in der BUR

Der ehrenwerte Roman Romanowitsch erscheint ziemlich oft. Sein dickes Gesicht wirkt ruhig und selbstbewußt. Außer ihm sind noch zwei Leute da, die den Stubendienst versehen, der Pole Petro, der einen Arm verloren hat, ein sehr sympathischer und intelligenter Mann, und der alte Wassjka Martschenko, ein kleiner, schmächtiger Kerl. Er ist allzu quecksilbrig und reichlich unverschämt. Sein Ruf ist ziemlich schlecht, und allen ist er gehörig zuwider. Es heißt, daß er zu enge Beziehungen zu der Wachmannschaft und den Vorgesetzten der Exekutive unterhält.

Arbeit gibt es in der BUR genug. Der Hof ist sauber zu halten, der angewehte Schnee muß über den Zaun weggeschippt werden. Das ist gar nicht so einfach, da der Zaun recht hoch ist. Schneestürme sind für das ganze Lager ein gemeinsames Unglück. Der Kampf gegen den Schnee ist für alle eine zusätzliche Last.

Ist der Barackeneingang zugeschneit, muß der Schnee entfernt werden, einerlei, ob man müde ist oder nicht. Die Zufahrtswege müssen ebenfalls sauber gehalten werden. Dabei werden die regulären Arbeiten keinen Augenblick unterbrochen.

Wir BUR-Leute werden bei härtestem Frost zur Arbeit in die Militärunterkunft geholt. Dort müssen die Baracken in Ordnung gebracht werden, der Abfall ist zu beseitigen, der Fußboden abzuwaschen. Das Militär ist dicht beim Lager einquartiert, vielmehr, im Lager selbst, aber auf einem Terrain, das vom eigentlichen Lager durch einen mit Stacheldraht umwickelten Holzzaun abgetrennt ist. So kommt es, daß es fünfzig Meter von den Häftlingsbaracken entfernt Baracken gibt, in denen Maschinengewehre sind. Die Zentralverwaltung des Lagers liegt am Hügelhang. Auf dem Gipfel des Hügels befindet sich die Industriezone mit dem Bergwerk und allem, was zu ihm gehört.

Die Truppe ist etwa zwei Kompanien stark, ein Drittel von ihnen ist mit Maschinenpistolen bewaffnet. Tag und Nacht stehen Posten auf den Wachttürmen rings um das Lager und die Industriezone. Oben sind Schilderhäuschen mit Glasfenstern und besonderen Vorrichtungen, mit denen Maschinengewehre und Maschinenpistolen betätigt werden können.

Alle vier Stunden werden die Posten abgelöst, dabei geht folgende Zeremonie vor sich:

Der Wachablösende führt den neuen Posten heran, und die Wache rapportiert:

"Übergebe die Bewachung der Volksfeinde!"

Der Meldungsempfänger antwortet:

"Posten zur Bewachung der Volksfeinde übernommen!"

Der MWD-Soldat darf keine Sekunde lang vergessen, daß er es mit *Volksfeinden* zu tun hat, andernfalls könnte er womöglich auf seltsame Gedanken kommen!

Der Weg in den Militärsektor führt durch die Wohnzone. Diesem und jenem gelingt es, schnell in eine Baracke zu laufen, und etwas Tabak oder Brot zu organisieren. Machorka wird direkt in die Taschen geschüttet, das Brot an Ort und Stelle in den Mund gestopft.

In der BUR gibt es genug Kohlen, der Ofen glüht, dennoch ist es nur in seiner unmittelbaren Nähe warm. Nachts wird die tagsüber durchnäßte Kleidung am Ofen getrocknet. Schlafen kann man nur auf den oberen Pritschen, unten ist es zugig und kalt.

In der BUR laufen die Neuigkeiten über die wichtigsten Lager-ereignisse ein, über die Verletzungen in der Grube, die in den Isolator gesteckten Häftlinge...

Dabei fällt oft der Name des gefürchteten Vollzugsbeauftragten Hauptmann Woronin.

"Ja!" wird von ihm gesagt. "Wenn er das Lager abgeht, so steckt er unweigerlich gleich sieben Mann in den Isolator."

Ich erkundige mich, was es mit Hauptmann Woronin auf sich hat. Die Antwort lautet:

"Sie werden schon noch mit ihm Bekanntschaft schließen!"

Das klingt ja recht tröstlich!

Eines Tages erscheint im Lager der Regimechef Leutnant Awdejew. Er befragt alle nach dem Anlaß ihrer Haft, auch ich komme dran und antworte:

"Ich weiß es nicht, Bürger Leutnant."

"Wieso? Wer sind Sie?"

Ich nenne meinen Namen. Awdejew pfeift vielsagend:

"Ja, ich weiß, für Sie ist Hauptmann Woronin zuständig."

"Wer ist das?"

Der Leutnant schweigt. Dann fragt er:

"Warum sind Sie so mager?"

"Ich war bis vor kurzem im Gefängnis."

"Und wie schauten Sie früher aus?"

Eine leise Stimme aus dem Hintergrund antwortet: "In Deutschland hatte er einen Bauch, wie jeder anständige Deutsche!"

Ein anderer äußert voller Überzeugung:

"Und hier, in der Sowjetunion, wird es noch mehr Bäuche geben, bei uns lebt sich's ja so reich!"

Einige werden vorfristig aus der BUR entlassen. Vor Freude lassen sie Tabak- und Brotreste zurück...

Draußen heult der Schneesturm. Spätabends verkündet mir der Diensttuende, ich soll ohne Sachen mitkommen. Ich stapfe los. Am Tor steht schneebedeckt Leutnant Awdejew und sagt mir:

"Zu niemandem ein Wort über das Bevorstehende, Treguboff!"

Wir gehen etwa zweihundert Schritte durch das pfeifende Schnee-gestöber, das weiße Gewirbel der Schneeflocken. Eine niedrige Ba-racke mit großen Fenstern. Von Stacheldraht umgeben und halb versunken in Schneewehen liegt sie da.

Wie man zum Spitzel geworben wird

Ein warmes, behagliches Arbeitszimmer.

Ein hoch gewachsener, hagerer Mann empfängt mich. Er steckt, wie der gestiefelte Kater, in riesigen Filzstiefeln. Auf dem Uniformrock sind Hauptmannsachselstücke zu sehen. Das ist also Hauptmann Woronin! Er hat ein recht gescheites, mageres Gesicht, seine Nase ist spitz, wie ein Schnabel. Er gibt sich den Anschein, als fühle er sich durch meinen Besuch geschmeichelt.

Das nun beginnende Gespräch erinnert mich an die Lubjanka.

"Sie haben in der Abwehr gearbeitet?"

"Nein, man hat mich nicht genommen, ich war zu dumm dazu!"

"Wie denn das?"

"Es war halt so."

Woronin klingelt. Ein Essen wird gebracht, in Fett schwimmender Schmorkohl.

"Essen Sie, wenn Sie hungrig sind, Treguboff!"

Ich bedanke mich und esse natürlich.

Dann bringt der Hauptmann das Gespräch vorsichtig auf die Hoffnungslosigkeit meiner Lage, auf meine schwache Gesundheit...

"Wir werden Sie doch ins Bergwerk schicken müssen, Treguboff, die Arbeit dort dürften Sie aber wohl kaum ertragen."

Ich stimme ihm bei.

"Nun, Treguboff, helfen Sie uns, dann wollen wir Ihnen helfen!"

"Ich bin immer bereit, Ihnen zu helfen, aber womit?"

"Sollten Sie das wirklich nicht kapiert haben?"

"Verzeihen Sie, ich verstehe nicht ganz."

"Sagen Sie, wollen Sie nicht für das Sowjetregime arbeiten?"

"Durchaus, jedoch nicht im Lager." Woronin verzieht sein Gesicht. Ich fahre erläuternd fort: "Ihre Arbeit, Bürger Hauptmann, liegt mir nicht. Ich bin ein beruflich qualifizierter Mensch, und außerdem bin ich gläubig..."

Schweigen.

"Nun, gehen Sie, Treguboff! Sie werden es noch bedauern, wir sehen uns noch."

Er wählt eine Telefonnummer. Die Ordonnanz erscheint.

Ich weiß selbst, daß ich etwas zu bedauern habe. Die erste Attacke wurde abgeschlagen, was aber wird mit der zweiten sein?

Im Weggehen frage ich:

"Warum werde ich in der BUR festgehalten, Bürger Hauptmann?"

"Aus Erwägungen des Regimes, und Sie werden Ihre Zeit abzusitzen haben!"

Wieder schaukeln die Laternen im Wirbelsturm...

Noch zwei Wochen vergehen. Die Letzten verlassen die Baracke. In der ganzen BUR bin ich allein übrig geblieben. Es ist sehr kalt. Ich kann nicht schlafen. Die ganze Zeit muß ich auf den Ofen aufpassen. Kaum schlafe ich ein, löscht dieses verflixte Ungetüm aus! Tagsüber muß ich den Fußboden waschen, Kohlen tragen...

Ich versuche, das Angenehme mit dem Nützlichen zu verbinden, und lege mich an den äußersten Rand der Pritsche, um rechtzeitig zu spüren, wenn der Ofen auszugehen droht. Aber, wie die größten Schlauberger, bin ich meistens doch der Dumme.

Ich schlafe ein, plötzlich fliege ich auf einen Stoß Schlacke. Der Feuerhaken fällt herab, ein gräßliches Gepolter. Das Schloß rasselt.

"Was tobst du hier, Treguboff?" fragt der eintretende Wachmann.

"Der böse Geist hat mich heimgesucht, Chef!"

Erschrocken starrt der Diensthabende mich an.

"Hüte deine lose Zunge! Gibt es denn wirklich Teufel?"

"Es muß sie wohl geben, wenn sie mich von der Pritsche heruntergezogen haben!"

"Bekreuzige dich, Treguboff!"

"Pflegen *Sie* sich denn zu bekreuzigen, Bürger Chef?"

"Wenn's niemand sieht, tu ich's, und denke an meine Mutter."

Barackenstubendienst

Unerwartet, einen Tag vor dem Termin, werde ich entlassen und in die KETsch, die Kommunale Verwertungsabteilung, geführt. Am Tisch sitzt ein Offizier im Halbpelz, den goldene Achselstücke zieren. Das ist der Chef der KETsch, Hauptmann Grigorjew. Er liebt es, wenn die Häftlinge ihn mit *Bürger Gardehauptmann* anreden, ein völliger Blödsinn, da es bei den MWD-Truppen keine Garde gibt.

Mein Schicksal ist schnell entschieden. Ich werde zum Stubendienst in die 5. Baracke abkommandiert. Stubendienst gilt als leichte Arbeit, für mich aber erwies sie sich als reinste Zwangsarbeit.

Die Tageseinteilung eines Stubendienstlers ist folgende:

Um drei Uhr in der Früh muß er aufstehen, dann kommen nämlich die Leute der Nachtschicht zurück und legen sich schlafen. Bis sechs Uhr muß der Fußboden abgewaschen sein. Um sechs ist allgemeines Wecken, die erste Schicht erhebt sich. Der Boden wird mit Wasser begossen und bis zur Bewußtlosigkeit mit der Katjuscha, einem Drahtbesen, abgeschrubbt. Dann wird das Wasser mit dem Besen zu den Türen gefegt, wo es mit Hilfe von Lappen in einem Kübel gesammelt wird. Natürlich wäre es einfacher, ein Loch zu bohren und das Wasser unter der Baracke abfließen zu lassen. Das ist zwar streng verboten, wird aber, wie vieles andere Verbotene, mit Erfolg praktiziert. Es ist bloß wichtig, das Loch so zu tarnen, daß die Obrigkeit es nicht findet.

Nach Aufräumen ihres Abschnitts säubern alle Stubendienstler gemeinsam den Korridor und den Waschraum. Sie waschen ferner die Trinkwassergefäße aus. Endlich müssen sie aus dem Wasserkessel abgekochtes Wasser zum Trinken sowie ungekochtes Wasser zum Waschen heranbringen. Dann den Schnee wegfegen und den Dreck und Staub entfernen, der sich unter den Matratzen ansammelt, und tausenderlei andere Dinge verrichten. Außerdem ist der Stubendienstler dafür verantwortlich, daß in seiner Sektion keine Streitigkeiten, Diebstähle und Skandale vorkommen.

Sobald der Fußboden abgewaschen ist und die aus Lappen zusammengenähten Matten ausgebreitet sind, hat der Mann vom Stubendienst darauf zu achten, daß niemand seinen Abschnitt mit schmutzigem Schuhzeug betritt. Jeder, der seine *geweihte Schwelle* überschreitet, hat seine Schuhe auszuziehen und in Holzpantinen zu schlüpfen. Das macht jedoch allerhand Umstände. Es ist viel einfacher, in Filzstiefeln, Halbschuhen, Sandalen oder weiß der Teufel worin, hin- und herzulaufen, und es macht gar nichts, wenn hinter einem schmutzige Pfützen aus getautem Schnee zurückbleiben. Sie zu entfernen, ist Sache des Stubendienstlers. Aber da steht er schon am Eingang, wie Zerberus, der Höllenhund:

"Zieh deine Stiefel aus, du Aas!" empfängt er liebenswürdig den Neuankömmling.

"Lieber Landsmann, nur auf einen Augenblick!"

"Zieh sie aus, du gelbe Mißgeburt, sonst lasse ich dich nicht in die Sektion!"

Je nach der Gewichtigkeit des Äußeren des Stubendienstlers, dem Umfang seiner Fäuste und seinem Zungenschlag, unterwirft sich der Ankömmling, oder auch nicht. Es gibt aber Vertreter der Lageraristokratie, für die so gut wie gar keine Gesetze gelten. Sie lassen sich eher den Kopf abreißen, als daß sie ihre Stiefel ausziehen.

Über alle Stubendienstler herrscht der *Pompobyt*, der Gehilfe des Barackenverwalters für Wohnfragen, über allen Pompobyts aber steht der sie in Angst und Furcht haltende Barackeninspizient. Von dieser Sorte gibt es in der ganzen Lagerverwaltung nur zwei, sie sind so etwas wie Lagerpolizeichefs. Bereits ihre unmittelbaren Vorgesetzten sind freie Beamte des MWD.

Den freien Mitarbeitern des MWD unterstehen auch die sogenannten *Narjadtschiki* (narjad: Befehl), Arbeitsanweiser oder Aufseher über die Arbeiten, ebenfalls Häftlinge, die von ihnen Befehle über die auszuführenden Arbeiten empfangen und sie an die Leiter des betreffenden Arbeitsabschnitts und an die Brigadiere weitergeben.

Ganz unten auf der Stufenleiter des Lagers steht der *Rabotjaga*, der einfache Häftlingsarbeiter, der alle anfallenden Arbeiten durchzuführen hat. Über ihm stehen alle, die ihm Anweisungen zu geben haben, also schon über ein wenig Macht verfügen.

Hier sind vor allem die Brigadeführer zu nennen. Sie greifen nicht selbst zu, sind aber für die Arbeit der Brigade verantwortlich und haben tägliche Berichte über die ausgeführten Arbeiten zu verfassen. Der Produktionsnorm entspricht auch die Verpflegung, die der Brigade zugebilligt wird.

In der Regel gibt es drei verschiedene Verpflegungskategorien. Manchen Brigaden steht überhaupt keine bessere Verpflegung zu. Das sind Pariabrigaden, zum Beispiel solche, die nur aus Häftlingen der Kategorie für leichte, individuelle Arbeiten zusammengesetzt sind.

So hängt denn das Schicksal eines Häftlingsarbeiters in erster Linie von seinem Brigadeführer ab. Kann der ihn nicht riechen, so mag er bis zur Bewußtlosigkeit schuften, der Brigadeführer wird ihm dennoch keine größere Normerfüllung gutschreiben, und das bedeutet schlechte Verpflegung.

Liegt bei einem Rabotjaga die Normerfüllung unter 50 %, so erhält er Strafverpflegung, dreihundert Gramm Brot und nur eine Schüssel Suppe am Tag. Sinkt seine Normerfüllung aber noch weiter ab, so kommt der Unglückliche in den Isolator.

Und all das hängt letztendlich vom Brigadeführer ab.

Ist man jedoch sein Günstling, so braucht man keinen Finger zu rühren, und dennoch stehen einem alle Lagervergünstigungen offen.

In jeder Brigade hat der Brigadeführer noch einen Gehilfen, der gewöhnlich die Schreibarbeiten der Brigade besorgt. Dieser Gehilfe stellt die Listen zusammen und verfaßt die Berichte, in denen er seinen Chef in einem möglichst günstigen Licht erscheinen läßt. Zumeist handelt es sich dabei um einen Intellektuellen, der sich dem poltrigen Brigadeführer angepaßt hat und ihm Spitzeldienste leistet. Die Brigaden sind unterschiedlich groß, manche zählen nur zehn bis fünfzehn Mann, andere bis zu einigen hundert. Die Extreme sind aber selten, in der Regel sind die Brigaden dreißig bis siebzig Mann stark.

Über den Brigadeführern erhebt sich, wie die Vendômesäule über Paris, der *Prorab*, der Arbeitsleiter, und über ihm ein Ingenieur, zum Beispiel ein Ingenieur von der KETsch, der Kommunalen Verwertungsabteilung. Der Ingenieur ist nach oben für die gesamte Wirtschaft des betreffenden Organisationsbereichs verantwortlich.

Den großen Produktionsverwaltungen, wie etwa dem Gorstroj, der Städtischen Bauverwaltung, unterstehen viele Brigaden, Dutzende von Brigadeführern und mehrere Arbeitsleiter.

Die Hierarchie im Schacht

Das System der Arbeitsorganisation ist bei den Bergleuten etwas anders. Die Arbeit in der Grube gilt als besonders wichtig. Die Grube ist der Betrieb Nummer 1, erst danach kommt alles andere.

Die höchste Position, die ein Häftling im Schacht erreichen kann, ist die eines Abschnittleiters. Der Kapitalschacht hatte im ganzen wohl zweiundzwanzig Abschnitte. Es gab noch zwei weitere verantwortungsvolle Posten, die von Häftlingen bekleidet wurden, die des Verkehrsleiters des Schachts und des Lüftungsleiters. Für diese Funktionen war zusätzlich je ein freier Vorgesetzter bestimmt, so daß diese Positionen doppelt besetzt waren. Die Gefangenen, die sie innehatten, waren gewöhnlich gute Fachleute, die freien Angestellten dagegen in der Regel krakeelende Verwaltungshengste.

Diesen Leitern sind in der Grube die *Desjatniki* direkt unterstellt, die jeweils über eine Gruppe von Arbeitern stehenden Vorarbeiter.

Für jeden Abschnitt gibt es vier, für jede Schicht einen, der vierte steht für alle Fälle in Bereitschaft. Außerdem gibt es noch eine Reihe Vorarbeiter für spezielle Aufgaben, wie den Streckenvortrieb, die Ventilation, den Transport, die Mechanik, die Arbeiten über Tage. Insgesamt sind über hundert Vorarbeiter im Schacht tätig.

Alle genannten Personen genießen eine privilegierte Stellung, sie leben in den besseren Baracken und schlafen auf besseren Bettstellen. Die Schlafplätze in den Baracken sind nach dem sogenannten Waggonsystem angelegt: zwei Plätze oben, zwei unten. Der Durchgang ist etwa sechzig bis siebzig Zentimenter breit. Auf zwei Plätzen schlafen gewöhnlich drei Personen. Ein Vorarbeiter aber hat in der wärmsten Ecke der Baracke sein eigenes, hölzernes Bett mit einem Laken für sich allein und einer Decke erster Güte. Außerdem erhält er Prämien, natürlich nur bei Erfüllung des Plans.

Im Jahr 1950 gab es noch keinen Arbeitslohn. Erhöhte Produktion wurde mit besserer Verpflegung oder einer Prämie belohnt, die aus Bons bestand, für die man am Verkaufsstand Lebensmittel erhalten konnte. Bis 1952 durften die Lagerinsassen überhaupt kein Geld bei sich haben. Wer eigenes Geld im Gefängnis besessen hatte, mußte es bei der Einlieferung ins Lager abgeben. Es kam auf ein persönliches Konto, von dem auf Wunsch des Häftlings einzelne Beträge an einen Verkaufsstand überwiesen wurden, der seine Waren gegen Geld abgab, vorausgesetzt, daß etwas vorrätig war.

Die Arbeitsorganisation im Bergwerk Kapitalschacht stellt also eine regelrechte Pyramide dar, wie übrigens in jedem sowjetischen Betrieb. Obgleich im Sowjetland angeblich die klassenlose Gesellschaft Wirklichkeit geworden war, und auch in den Lagern keine Klassen existierten, ist die Sowjetunion nichts anderes als ein Staat mit einem erbarmungslosen Klassen- und Kastensystem. Das Lager aber ist ein genauer Abklatsch des Sowjetstaates, nur treten hier die widerwärtigen Züge des despotischen Kastenstaates besonders kraß hervor.

Wodurch wird das Geschick eines Lagerinsassen bestimmt?

Welches Gesetz läßt ihn auf der Stufenleiter seines Lagerdaseins emporklimmen, oder ins tiefste Elend hinabstürzen?

Es ist ein Gesetz, das in der ganzen Sowjetunion wirksam ist, das Gesetz eines schonungslosen und bestialischen Existenzkampfes, im Verein mit einer von niemandem in die Schranken gewiesenen allmächtigen und alles beherrschenden Pfuscharbeit.

(Anmerk. Da die am grünen Tisch festgesetzten Normen, von deren Erfüllung so viele lebenswichtige Faktoren abhängen, nur durch Betrug erreicht werden können!)

In den Konzentrationslagern hat dieses Gesetz seinen unerbittlichsten Ausdruck gefunden, seine theoretischen Erwägungen haben hier geradezu virtuose Anwendungsformen entwickelt.

Im Lager geht es nicht darum, wie man sein Leben einrichtet, oder um einen Platz an der Sonne, es geht vielmehr buchstäblich um Leben oder Tod. Hast du den einen Tag lebend überstanden, dann danke Gott, und überleg, wie du den nächsten überstehst!

Das ist das Credo im Lager!

Im Lager muß man, wie in der Feuerlinie an der Front, sein Leben jeden Tag, jede Minute und jede Sekunde verteidigen. Das Lagersystem ist wie ein gigantischer Wasserstrudel, der jeden Menschen in die Tiefe, ins bodenlose Nichts, herabzieht. Und dieses Strudels muß man sich permanent erwehren, sonst hört man auf zu sein.

Die rettende Blutvergiftung

Als Stubendienstler arbeite ich wie ein Zuchthäusler:

Ich wasche die Fußböden, schleppe Wasser aus dem Kessel, der zum Glück nicht weit entfernt ist (manchmal fällt das tückische Faß auf dem schlüpfrigen Boden um), und ziehe mit einem Schlitten die schweren, mit Kohle gefüllten Kästen bergauf, wobei mein Herz so heftig schlägt, als wollte es mir die Brust zersprengen.

Mein Bein beginnt zu schmerzen, es ist angeschwollen, rote Streifen zeigen sich. Ich suche die Sanitätsabteilung auf. Ich habe Fieber, 38,5 Grad. Die Diagnose lautet: Blutvergiftung.

Ich werde in die Zweite Chirurgische Station gelegt. Sie ist in einem langen, einstöckigen Haus untergebracht, das ziemlich windschief dasteht. Gewaschen, rasiert und untersucht, gebe ich meine persönlichen Sachen ab. Auf der Station haben die Patienten nur Krankenwäsche an. Ich habe nun mein eigenes Bett, und bekomme noch eine Krücke. Unter der Matratze habe ich einen Schatz versteckt, ein kleines, von mir selbst zusammengestelltes russisch-englisches Wörterbuch. Ich habe mir vorgenommen, im Lager Englisch zu erlernen, da ich diese Sprache so gut wie gar nicht kenne.

Ein Wörterbuch muß man im Lager sorgfältig verstecken. Bis auf Briefe wird alles Geschriebene von den Aufsehern erbarmungslos konfisziert. Im Lager sollen keine Sprachen erlernt werden, und die Sprache des Feindes schon gar nicht!

Der Oberarzt der Station ist ein sehr sympathischer Lette, ein vorzüglicher Chirurg, Dr. Katlaps (1957: Ziplaps).

"Wir werden Sie ein bißchen operieren, Treguboff, aufschneiden, wie die Kaukasier sagen! Sind Sie ein geduldiger Mensch?"

Bei der Frage nach meiner Duldungsfähigkeit fängt es in meiner Herzgrube zu zwicken an, kalter Schweiß tritt mir aus den Poren.

Dr. Katlaps tröstet mich:

"Ist nicht so schlimm! Sie liegen etwa einen Monat bei uns und ruhen sich aus!"

Einen ganzen Monat auf Station - welch ein Glück!

Ausruhen, Englisch treiben. Einer der Feldschere spricht recht gut englisch. Er ist Ukrainer, hat an der Universität Lemberg studiert, und gehörte, nach seinen Andeutungen, einer Untergrundorganisation des ukrainischen Separatisten Bandera an.

Am Donnerstag soll operiert werden. Ich hüpfe mit meiner Krücke herum und spreche mir Mut zu. Vor den übrigen Kranken spiele ich den Forschen, an meinem Herzen aber kratzen die Katzen.

Dr. Katlaps neckt mich: "Als tapferer deutscher Soldat werden Sie sich natürlich ohne Narkose operieren lassen. Ich werde nur eine kleine örtliche Betäubung vornehmen."

Der tapfere deutsche Soldat zeigt jedoch gar keine Begeisterung! Ich liege auf dem Operationstisch.

"Wir werden Sie gleich ein wenig betäuben." kündigt der Feldscher Repetzkij (1957: Kusnezkij) an. "Sie können doch etwas aushalten?"

"Ich? Etwas aushalten? Ich bin ein Feigling erster Sorte! Ich werde gleich losbrüllen, so daß es im ganzen Lager widerhallt!"

"Na, meinetwegen, geben wir ihm eine Vollnarkose!" sagt Dr. Katlaps, und lächelt verschmitzt. Später hat er mir erzählt:

"Im Lager wird die Arbeit des Arztes sehr erschwert. Die Medikamente sind knapp. In der vorigen Woche mußte ein Magengeschwür mit örtlicher Betäubung operiert werden, sie langte aber nur bis zur Hälfte der Operation. Als der Bauch zugenäht wurde, konnten drei Feldschere und vier Sanitäter den Patienten kaum halten, bis die Operation beendet war.

Alles ist kontingentiert, es reicht vorne und hinten nicht. Außerdem bringt es die Sanitätsabteilung noch fertig, Arzneimittel verschwinden zu lassen, und zwar besonders die Betäubungsmittel. Wir haben ein Schränkchen mit Medikamenten, die strenger Abrechnung unterworfen sind. Ich als Stationsarzt darf über keinen Tropfen verfügen, ohne über ihn Rechenschaft abzulegen.

Die freie Schwester und der Chefarzt aber schleppen alles fort, was ihnen gefällt. Und ich bekomme obendrein noch Vorwürfe, wenn ich nach bestem Wissen und Gewissen über das verfüge, was wirklich dringend benötigt wird.

'Es scheint, daß Sie zu viele Ampullen verbrauchen!'

'Erlauben Sie, ich hätte für diese Operation eigentlich sechs gebraucht, habe aber nur drei verwendet, wobei sich der Patient vor Schmerzen gewunden hat, wie ein Wurm!'

'Na gut, jetzt haben Sie drei Ampullen verbraucht, und beim nächsten Mal sehen Sie zu, mit zwei auszukommen.'

'Da soll ich wohl ganz ohne Narkose operieren?' Schweigen.

Sparsamkeit! Ein verrückter Sparsamkeitsfimmel! Nur die menschlichen Leiden machen ihnen nichts aus." schloß Dr. Katlaps seinen Bericht.

Alle meine freie Zeit verwende ich dazu, so viel wie möglich in Erfahrung zu bringen. Dabei stelle ich fest, daß mein Weg durch die Höllenkreise des MWD keineswegs außerordentlich war. Alle, mit denen ich zusammen liege, haben dicht gefüllte Zellen hinter sich, Hunger, Schläge, eisige und nasse Karzer.

Die meisten Patienten waren zu Zuchthaus verurteilt worden.

"Ja, Georgij Andrejewitsch, jetzt ist es leichter geworden, Sie sind ja erst kürzlich eingetroffen. Aber mehrere von uns sitzen hier bereits seit 1943. Damals begann man erst mit der Errichtung neuer Lager. Nichts war da, die Menschen starben, wie die Fliegen. Man wurde in die Tundra geführt. Dort standen Zelte. Lebt, wie es eben geht! Kein Speiseraum, keine Badestube, kein Krankenrevier. Wollt ihr leben, so baut euch Baracken! Der Konvoi erging sich nur in Schimpfereien. Dann wurden Baracken errichtet, da drin saßen die Gefangenen hinter Schloß und Riegel. In derselben Kleidung mußte der Arbeiter in der Grube schuften und in der Baracke ausruhen, in derselben schmutzigen und nassen Leibwäsche schlafen, die er beim Kohlenhauen anhatte!

Wie kann es bloß noch Menschen geben, die das überstanden haben! Von zehn ist vielleicht ein einziger übrig geblieben. Die Brigadeführer waren halb verrückt, halb sadistisch. Allerdings sind die meisten von ihnen zusammen mit den Gefangenen zugrunde gegangen. Es verging kaum ein Tag, an dem kein Brigadeführer ermordet wurde..."

Auf dem Hof taut es, der April geht seinem Ende zu. Am Tage tröpfelt es in der Sonne, nachts friert es. Der Polarwind heult. Das Bein verheilt, was mich sehr freut, aber gesund werden bedeutet auch die baldige Entlassung aus der Krankenstation. Ideal wäre es, wenn die Heilung möglichst langsam vor sich ginge.

Ende April gibt es eine tolle Sensation:

Sowjetische Kampfflieger haben über der Ostsee einen amerikanischen Bomber abgeschossen! Diplomatischer Protest!

Die Stimmung der Lagerinsassen hebt sich blitzartig.

"Im Mai wird der Krieg ausbrechen!" prophezeit strahlend ein Este. "Alle sagen das!"

Statt der amerikanischen Geschwader erscheint jedoch etwas weit Schrecklicheres, nämlich die leitende Ärztin Tokarewa-Gurewitsch. Sie erklärt allen den Krieg, die Verfolgung der Kranken beginnt. Viele werden aus dem Krankenhaus hinausgeworfen, obwohl sie noch nicht ausgeheilt sind. Ich komme zur *Brigade für verschiedene Arbeiten*, zum *Schwarzen Hundert*, wie sie im Lagerjargon heißt.

Das Schwarze Hundert

Das Schwarze Hundert besteht aus dem hoffnungslosesten Lagerpack. In diese Brigade geraten alle, die aus diesen oder jenen Gründen nicht in eine Produktionsbrigade aufgenommen werden können: halb Verrückte und ganz Verrückte, manisch Besessene, Hysteriker, Subjekte, die zu nichts taugen, und zu denen offenbar auch Georgij Andrejewitsch Treguboff gehört, und allerhand Erzfaulpelze, von denen es heißt, eher würden Himmel und Erde vergehen, als daß sie sich zu einer Arbeit zwingen ließen.

Im Frühjahr 1950 war das Schwarze Hundert etwa dreihundert Mann stark. Ein Teil von ihnen tat irgendetwas, etwa als außeretatmäßige Ordonnanzen bei den Mächtigen dieser Welt.

Sie waren Laufburschen oder Heizer in den Diensträumen, wo sie sich als furchtbare Speichellecker aufführten. Zumeist aber konnte man beim besten Willen nicht feststellen, womit sich irgendein Iwanow tatsächlich beschäftigte. So kannte ich einen, der offiziell zur Müllabfuhr gehörte, faktisch aber einen illegalen Brothandel betrieb. Das Schwarze Hundert hatte seinen Handleser und Astrologen...

Wenn die Narjadtschiki plötzlich Arbeitskräfte für irreguläre, außerplanmäßige Tätigkeiten benötigten, zum Beispiel, um irgendwo den Schnee wegzuschippen, griff man auf die Rabotjagi des Schwarzen Hundert zurück. Normen wurden nicht vorgegeben, es wurde ja auch nur die erste, das heißt, die schlechteste Verpflegung geliefert. Wenn die Kerle des Schwarzen Hundert die Zügel der Selbstdisziplin jedoch völlig schleifen ließen und überhaupt nichts mehr tun wollten, dann wurden sie auf Strafverpflegung gesetzt.

Brigadeführer des Schwarzen Hundert war eine Pole namens Oniskewitsch (1957: Stasewitsch), durchaus kein übler Mensch. In Wirklichkeit aber wurde alles von unserem Narjadtschik Karim (1957: Karimow) geleitet, einem ganz abgefeimten Kasachen. Beim Disponieren über die Arbeitskräfte sowie dem ständigen Lavieren zwischen den widerstrebenden Interessen zeigte er eine virtuose Geschicklichkeit. Wie alle seine Kollegen aus jener Zeit wußte er sofort, wer zu welchen bestimmten Arbeiten herangezogen werden konnte, und wer nicht. Ich galt bei ihm als *Rabotjaga aus den Reihen der schwächlichen Intelligenzler*, die man wohl auf Arbeit schicken kann, aber nicht anbrüllen darf, weil sie sonst schwermütig werden...

Es ist Mitte Mai. Die Schneeschmelze ist in vollem Gange. Dem Vollzugsbeauftragten fiel vom Barackendach ein drei Kilo schwerer Eiszapfen auf den Kopf. Dafür sitzt nun der stellvertretende Barackenverwalter für drei Tage im Isolator. Streng logisch!

Ich erhalte Kunststoffschuhe und Fußlappen. Wir gehen los, um Schnee auseinanderzufegen, damit er schneller wegtaut. Wir arbeiten am Tor, das zur Militärzone führt. Außer unseren Vorgesetzten beaufsichtigen noch zwei Offiziere unsere Arbeit.

"He, Alterchen, schaufeln Sie mal schneller, nur Banditen essen das Sowjetbrot umsonst!"

Opfer der tschekistischen Aufmerksamkeit ist ein vielleicht sechzigjähriger Mann. Er zwinkert schuldbewußt und schaufelt mit seinen letzten Kräften drauflos, jedoch ohne besseres Ergebnis.

Einer tritt für den Alten ein:

"Bürger Chef, er ist alt, kann's nicht anders."

"Bist du etwa Brigadeführer? Beide vortreten!" Der Alte und sein unglückseliger Advokat treten vor. Fleißig notiert sich der Tschekist die Zuchthäuslernummern der beiden, und plötzlich erspäht er noch ein Opfer. "Sie da, wieso ist Ihre Nummer verwischt? Wieso ist sie nicht zu erkennen?"

"Die Jacke ist feucht geworden, Bürger Chef, und da ist die Nummer auseinander geflossen."

Angeekelt liest der Offizier die halb zerflossene Nummer von der zerrissenen, schmutzigen Jacke ab, deren Gürtel aus einem Scheuerlappen besteht. Die Offiziere begnügen sich mit diesen drei Opfern und entfernen sich schließlich majestätisch.

"Die verdammten Köter!" zischt einer ihnen nach.

Um vier Uhr stapfen wir naß und hungrig in durchnäßten Schuhen durch die Pfützen nach Hause. Bei der Wache werden wir noch durchsucht. Lautes Geschimpfe! Kaum haben wir unsere Zone erreicht, stürzen wir uns auf das Mittag- und Abendessen.

Die Kantine

Die Kantine ist das pompöseste Gebäude im Lagerbezirk: verputzt und unter dem Giebel mit acht Säulen verziert, versucht es kläglich, das Moskauer Bolschoj-Theater zu kopieren. An der Rückseite des Kantinengebäudes befindet sich die dort angebaute Küche. Der Speiseraum selbst ist ein großer Saal, in dem viereckige Tische aufgestellt sind. Rechts befindet sich ein Podium, auf dem ebenfalls Tische stehen. Von dort aus führt eine Tür in einen anderen, etwas kleineren Speisesaal. Direkt gegenüber ist die Essenausgabe, wo man das Essen durch ein Fenster herausgereicht bekommt. Links davon liegt der Raum, in dem das Geschirr gewaschen wird.

Jeden Morgen, bevor er zur Arbeit geht, erhält der Häftling seine ihm zustehende Brotration und einen Kupon für das Essen. Das ist ein kleiner Papierabschnitt von drei Zentimetern Länge und einem Zentimeter Breite, der mit einer geheimnisvollen Buchstabensignatur versehen ist, die jeden Tag ausgewechselt wird, damit die Kupons nicht nachgemacht werden können, was aber dennoch geschieht.

Auf dem Kupon sind Frühstück, Mittag- und Abendessen verzeichnet, aber die meisten Rabotjagi holen sich ihr Essen nur zweimal am Tage, morgens vor der Arbeit und abends danach. Abends werden zwei Mahlzeiten auf einmal eingenommen, was nicht schwer ist, da es zum Abendessen nur Suppe und Brot gibt.

Das Mittagessen besteht aus einer Schüssel dünner Suppe, zumeist Kohlsuppe (500 Gramm), in der mitunter winzige Fleischbrocken schwimmen, und aus Grütze (250 Gramm). In der Regel handelt es sich um Haferbrei. Die Rabotjagi witzeln, daß in der Sowjetunion die Pferde hungern. Manchmal gibt es auch Perl- oder Hirsegraupen. Dieser Brei wird mit Pflanzenöl übergossen gereicht. Außerdem wird stückweise verabfolgt: in der schlechtesten Kategorie ein in Fett gerösteter Pontschik (eine Art Krapfen oder Pfannkuchen), in der mittleren Gruppe gibt es zusätzlich ein Stück Fleisch, und in der besten ein *großes* Stück Fleisch (35-40 Gramm!).

Jede der drei Verpflegungsarten hat ihren besonderen Platz in der Kantine. Rechts essen die Übertagearbeiter, links die Grubenarbeiter. Häftlinge, denen nur die dürftigste Verpflegung zusteht, müssen sich in den kleinen Speisesaal begeben. Sie nehmen ihr Essen am Fenster selbst in Empfang. Sonderverpflegung erhalten alle Mitarbeiter der Lagerverwaltung, zu denen die Pompobyts, die Gebäudeaufseher, die Narjadtschiki, Ärzte, Feldschere, Buchhalter und andere gehören.

An jedem Tisch sitzen vier Leute. Der in einer schmutzig weißen Jacke steckende *Kellner* sammelt die Kupons von mehreren Tischen auf einmal ein. Ist er routiniert, kann er gleichzeitig bis zu acht Tische bedienen. Er stapelt die Tabletts übereinander und bringt so mit einem Schlag zweiunddreißig Schüsseln an den Mann.

Der 1. Lagerbezirk beherbergt viertausend Menschen. Trotz seiner Größe reicht der Speisesaal für diese Massen nicht aus. Morgens herrscht ein unvorstellbares Gedränge. Hinter dem Rücken eines jeden Essers stehen schon drei, vier andere. Natürlich könnte man eine Stunde früher aufstehen, um ohne Hetze zu frühstücken, das ginge aber zulasten des so kostbaren Schlafes. Die Küche arbeitet fast vierundzwanzig Stunden lang, da die Grube in drei Schichten beschickt wird. Zwischen zehn Uhr abends und zwei Uhr morgens wird alles gesäubert, die Fußböden werden gewischt und kleinere Reparaturen vorgenommen. Zwischen vier und vier Uhr dreißig muß das Frühstück fertig sein, jede Verzögerung ist verboten.

Oft kommt es zu ·Mißverständnissen und Skandalen, zum Beispiel, wenn einer einen falschen Kupon bekommen hat, oder auf seinem Kupon ein falsches Essen steht. Geschrei erhebt sich, Schüsseln fliegen durch die Luft, heiße Suppe ergießt sich über die Menschen, und ein unbeschreibliches Gefluche schallt durch den Raum.

In dieser Situation helfen nur die Fäuste und ein tüchtiges Mundwerk. Schließlich muß der *Kommandant* Ordnung schaffen. Es gibt zwei Kommandanten, einen für den Tag und einen für die Nacht.

Die meisten Rabotjagi gehen gleich nach dem Abendbrot schlafen. Der Arbeitstag ist zu Ende, der Schlaf ein beglückendes Versinken und Vergessen. Im Schlaf leidet man nicht. Aber viele haben auch andere Interessen. Wie im normalen Leben, so kann man auch im Lager seine Wünsche und Liebhabereien haben, in seiner Freizeit Freunde oder die klägliche Lagerbücherei besuchen, also so etwas wie Kulturpflege treiben. Wer einen Bleistift hat, kann schreiben, er muß allerdings damit rechnen, daß ihm alles weggenommen wird, und schließlich der Isolator oder die BUR winkt.

Im Lager spürt man jedoch so deutlich wie nirgends sonst, daß ein ewiger Geist im Menschen lebendig ist, daß auch in dieser Atmosphäre absoluter Unfreiheit der schöpferische, göttliche Funke glüht und das freie Denken pulsiert.

Viele Menschen im Lager lernen etwas, oder sie belehren andere, vervollkommnen sich in ihren Kenntnissen, und das alles geht vor sich, obgleich die Lagerverwaltung derartige Tätigkeiten geradezu verfolgt. Ich beschäftige mich heimlich mit Englisch und Philosophie. Das ist mir eine große Hilfe.

Appell

Um acht Uhr abends ist Appell. Eigentlich sind in den Regimelagern zwei Appelle am Tag vorgeschrieben, morgens und abends, aber beim 1. Lagerbezirk wird aus irgendwelchen Gründen eine Ausnahme gemacht.

Aus dem Kesselraum ertönt ein Pfiff, das ganze Lager erstirbt. Während des Appells müssen sich alle Lagerinsassen ruhig verhalten. Solange die Aufseher unterwegs sind, kann man noch schnell in die Baracke schlüpfen.

In der Regel darf man sich während des Appells nur in der eigenen Baracke oder am Arbeitsplatz aufhalten. Der Pompobyt muß über alle Rechenschaft ablegen, die zu der ihm unterstellten Baracke gehören. Beim Appellsignal schlafen die meisten schon.

"Aufstehen zum Appell!" schreit der Stubendienstler.

Alle sind gereizt, niemand will sich erheben. Hie und da wird geflucht. Einer fragt:

"Kann ich liegen bleiben, ich bin krank!"

"Kranke gibt's hier nicht, alle aufstehen!"

In jeder Sektion stellen sich die Häftlinge längs den Pritschen in Doppelreihen auf. Zuerst nimmt der Stubendienstler eine vorbereitende Zählung vor. Dann taucht aufgeregt der Pompobyt auf. Die Tür schlägt, und mit Schwaden eisiger Luft stürzt der Diensthabende in die Baracke. In der Hand trägt er einen kleinen Kasten mit der Kartothek. Der Stubendienstler rapportiert dem Diensthabenden:

"In Sektion Nr. 1 der 17. Baracke siebzig Häftlinge und Zuchthäusler als Insassen. Anwesend: siebenundvierzig, auf Arbeit außerhalb der Zone: neunzehn, innerhalb der Zone: vier."

Der Diensthabende hört sich das gnädig an. Dann ruft er nach der Kartothek die Namen der Insassen auf, zum Beispiel:

"Treguboff!"

Dann habe ich zu antworten:

"Georgij Andrejewitsch, geboren 1913!"

Sind alle Namen aufgerufen, folgt die Frage:

"Ist jemand nicht aufgerufen worden?"

Schweigen bedeutet, daß alle genannt wurden. Dann zählt der Diensthabende ab, wobei sich oftmals herausstellt, daß der Stubendienstler sich verzählt hat. Blitz und Donner über ihn!

Der Diensthabende ist für seine zwei bis drei Baracken verantwortlich. Er soll möglichst alle Häftlinge nach ihrem Aussehen kennen, ihre Stimmungen beobachten, und besonders gefährliche Gruppen, aber auch die Blatnojs, kleinen Lagerdiebe, Nichtstuer und Raufbolde, stets im Auge behalten. Er soll *betreuen*, das heißt, die Berichte der Barackenspitzel entgegennehmen, Konflikte schlichten und seine Aufgaben insgesamt so durchführen, daß die höheren Vorgesetzten nicht mit Bagatellsachen überlastet werden.

Ist der Appell mit dem entsprechenden Signal beendet worden, können die Häftlinge sich wieder innerhalb des Lagers bewegen.

Nach der Zählung in den Baracken und in allen Lagersektoren werden die Daten in eine spezielle Abteilung geleitet, wo die endgültige Kontrolle vor sich geht. Das Resultat muß hundertprozentig mit dem Listenbestand übereinstimmen. Stimmen die Zahlen nicht, wird der Appell wiederholt, was sehr quälend ist.

Der Fußlappendieb

Das Schwarze Hundert ist die diebischste Gesellschaft im ganzen Ersten Lagerbezirk. Das nasse Gelumpe wird zum Trocknen aufgehängt. Am Morgen findet einer seine Fußlappen nicht. Fußlappen sind Mangelware! Plötzlich bekommt der Geschädigte einen Zettel:

"Verdrisch den Schalupa, er hat die Fußlappen geklaut!"

Der Betroffene stürzt sich auf Schalupa, der zu Boden fällt und auf ukrainisch losheult:

"Gott, wofür strafst du mich?"

"Für die Fußlappen!" erklärt phlegmatisch der Ankläger und zieht aus Schalupas Tasche die verschwundenen Lappen heraus.

Alle lachen aus vollem Halse.

Wegen Unfähigkeit abgesetzt

Völlig unerwartet werde ich zum Pompobyt der 33. Baracke ernannt. Sie ist erst kürzlich errichtet worden, hat nur eine Abteilung und ist sauber, wie aus dem Ei gepellt. Nur Vorarbeiter, also eine privilegierte Schicht, sollen in ihr untergebracht werden. Ich werde, eine hohe Gnade, zum Leiter der Lagerzentrale, und dann zum Leiter der Kommunalen Verwertungsabteilung gerufen. Wie aus einem Füllhorn prasseln Richtlinien und Anweisungen auf mich herab. Schnell merke ich, daß meine Ernennung unter einem unheilverkündenden Stern steht, jemand ist gegen mich eingenommen.

Zunächst stellt man mir drei Stubendienstler. Wirklich arbeiten kann nur einer von ihnen, die zwei anderen sind Greise. Ich stürze mich gleich auf tausenderlei Dinge. Trinkwassertonnen, ein Radiolautsprecher und vieles andere muß beschafft werden. Die Vorarbeiter sind ein verwöhntes Volk, sie verlangen sogar Möbel!

Rings um die Baracken sind Abzugsgräben ausgehoben, aber sie stürzen immer wieder ein, da man sie nicht abgesichert hat. Unentwegt muß man Lehm aus ihnen herausschaufeln. Eine Arbeit, wie am *Gewand der Penelope!* Schon nach wenigen Tagen bemerke ich, daß den meisten Pompobyts meine Ernennung nicht behagt. Kastengeist ist spürbar. So beschließe ich, mich zu verdrücken.

Außerdem lassen einige Freunde durchblicken, daß ich *nicht von ungefähr* zum Pompobyt ernannt worden sei. Ich weiß, was diese Formulierung bedeutet. (Anmerk. Die Obrigkeit wird Spitzeldienste als Gegenleistung von mir verlangen!) Zu allem Unglück bezecht sich einer meiner zukünftigen Wohnungsinhaber und stürzt in den Lehmgraben. Selbstverständlich werde ich dafür verantwortlich gemacht! Dieser Fall kommt mir zur Hilfe. Ich habe ein recht scharfes Gespräch mit dem *Bürger Gardehauptmann Grigorjew,* und am nächsten Tag, direkt vor der Einquartierung der Vorarbeiter, erfahre ich von meiner Degradierung vom Pompobyt zum Stubendienstler.

Aber davon wollte ich nichts wissen, und so bin ich wieder in die Baracke des Schwarzen Hundert geraten. Wie lieb und vertraut mir all die alten Vagabunden erscheinen! Ehrlich quälen sie sich ab und machen ihre schwere Lagerarbeit, und ich bin wieder unter ihnen! Sie bedauern mich und schmähen die Lagerherren wegen der mir widerfahrenen *Ungerechtigkeit.* Ich aber bin froh und ruhig, der Leuchtturm von Alexandria ist zur rechten Zeit eingestürzt!

Wieder die lehmverschmierte Jacke.

Ich kämpfe mit den lehmigen Rinnsalen der übel riechenden Gräben. Eine stumpfe Spitzhacke, glitschige Balken. Ich trotte in völlig durchnäßten Stiefeln über aufgeweichte Wege...

Polarfrühling. Sonne und Regen, Schneegestöber und Tauwetter.

Unerwartet werde ich zum Lebensmittelmagazin abkommandiert. Was ist das wieder für ein böser Streich!

Das Lebensmittelmagazin

Manche Gefangene erhalten von daheim Pakete und Geld. Das Geld wird, wie ich bereits gesagt habe, auf ein besonderes Konto eingezahlt und auf Wunsch des Häftlings dem Verkaufsstand zugeleitet, wo er kaufen kann, was gerade vorrätig ist.

Natürlich interessieren sich alle nur für Fette, Zucker und Fleischprodukte, aber gerade diese *Luxusgüter* gibt es sehr selten. Welch Gipfel der Freude, wenn jemand ein Kilo Margarine erwischt hat! Nun läßt sich aber ein größeres Quantum an Lebensmitteln nicht in dem für jeweils zwei Personen bestimmten Nachttischchen aufbewahren. Plötzlich bemerkt man, wie all die so sorgsam gehüteten Werte dahinschwinden. Es ist schwer, den Dieb zu erwischen, und unmöglich, ihn zu entlarven.

"Warum verwahrst du sie auch im Nachttisch?" wird jeder fragen. "Sie sollen doch im Magazin gelagert werden, und nur dort!"

Das Magazin befindet sich in einem großen Gebäude, unter einem Dach mit der Badestube, der Wäscherei und dem Kesselraum. Für jeden, der Lebensmittel zur Aufbewahrung abgibt, wird ein Bestandskonto eröffnet und ein mit einer Nummer versehener Kasten angelegt, der seine Schätze aufnimmt. Auf einer Karte werden der Name des Besitzers, seine Lagernummer und die Nummer seines Kastens vermerkt, dann werden alle von ihm eingelieferten Waren nach Menge und Art eingetragen. Wenn ein Häftling Lebensmitteln abholt, wiegt der Magazinleiter die entsprechende Menge ab und vermerkt, wieviel Rest verbleibt. Alles muß schriftlich bestätigt werden. Die Arbeit des Magazinleiters ist mühselig und verantwortungsvoll. Neue Konten müssen eröffnet werden. Bei der Entgegennahme muß er alles genau abwiegen, damit er später nicht in Bedrängnis kommt. Natürlich will jeder, der ihm ein Kilo Speck zur Aufbewahrung gegeben hat, später auch genau ein Kilo wieder erhalten.

Im Sommer 1950 hatte das Lebensmittelmagazin des Ersten Lagerbezirks fast achthundert *Klienten* und nur drei Mann Personal: den Leiter, mich, als seinen Schatten, und einen Stubendienstler, der den Fußboden waschen und für Ordnung und Sauberkeit sorgen mußte. Ihm oblag auch, die erforderlichen Botengänge zu machen, und vor allem mußte er stets auf dem Posten sein, um rechtzeitig das Auftauchen unerwünschter, mit Beilen oder Messern bewaffneter Gäste zu bemerken. Die laufende Arbeit lag ganz auf den Schultern des Leiters und mir. Außer der Ausgabe und dem Empfang der Lebensmittel mußten von Zeit zu Zeit alle Kästen und ihre Inhalte kontrolliert werden. Jeden Sonnabend war die sogenannte Bewegung der Kästen vorzunehmen, das heißt, die Kästen unserer neuen Klienten mußten aufgestellt und die leer gewordenen Kästen entfernt werden.

Die Kästen müssen ihrer Nummernfolge entsprechend aufgestellt werden. Wenn ein Kasten an einen falschen Platz geraten ist, kann man ihn stundenlang suchen, bis er wieder gefunden wird.

Der Geschäftsbetrieb spielt sich in etwa so ab:

Der Häftling Iwanow tritt an den Stand und nennt seinen Namen. Seine Karte liegt vor, auf ihr ist verzeichnet, daß er den Kasten Nr. 296 hat. Ich trabe los, finde den Kasten, hole ihn hervor, um ihn nach vorn zu tragen, vom Inhalt das Gewünschte abzuwiegen, alles genau auf der Personenkarte einzutragen und schließlich quittieren zu lassen. Auch der Leiter gibt seine Unterschrift, und der Besitzer von Nr. 296 entfernt sich, wobei er Flüche an die Adresse der diebischen Magazinverwalter murmelt.

Der nächste muß beliefert werden, Nr. 511. Ich renne los, denn im Magazin gibt es für mich kein Gehen oder Herumstehen, sondern nur Gehetze. Kasten Nr. 511 ist nicht zu finden, aber er *muß* da sein, wenn es die entsprechende Karte gibt. Demnach ist er in der Hetze irgendwo falsch abgestellt worden. Jetzt muß ich in wildestem Tempo alle achthundert Kästen durchgehen. Die Folge davon ist eine arge Verzögerung, und die Schlange der Wartenden bricht in fürchterliches Gefluche aus.

Die Arbeit im Magazin beginnt früh morgens und dauert, bei einer zweistündigen Mittagspause, bis zum Abendappell. Habe ich meine Arbeit beendet und die Kästenkartothek in Ordnung gebracht, begebe ich mich in meine Baracke. Der Leiter bleibt im Magazin, wo er ein kleines Zimmer mit eigenem Bett hat. Dieses Privileg des Magazinleiters ist nach Lagerbegriffen ein ungeheurer Luxus. Die Tür wird mit Hilfe von zwei riesigen Haken abgesperrt.

Der Leiter des Magazins ist ein Lette namens Albert Radelnieks. Er bekommt von zu Hause herrliche Pakete, und ist nicht sonderlich daran interessiert, sich zusätzlich hintenherum zu bereichern. Diese Pakete hatten wohl auch die Obrigkeit dazu bewogen, ihn zum Magazinleiter zu ernennen, um dadurch allzu schlimme Diebereien auszuschalten. In seiner Heimatstadt Riga hatte Radelnieks als Verkäufer in einem Lebensmittelgeschäft gearbeitet. Zweifellos war er ein ehrlicher Mensch. Hier aber erklärte selbst er, daß man im Lebensmittelmagazin geradezu stehlen muß.

"Wieso *muß* man stehlen?" frage ich naiv.

"Es muß doch geschmiert werden, Georg! Nicht wahr?"

"Wieso schmieren? Wen denn?"

"Diesen und jenen Vorgesetzten!"

"Sind denn alle diese Epaulettenträger darauf angewiesen, sich be-
stechen zu lassen?"

"Aber nein, nicht die freie Obrigkeit! Unsere eigenen Mithäftlinge,
von denen es abhängt, ob ich meinen Posten behalte oder nicht."

"Hängt das denn von den Gefangenen ab? Sie nehmen die Ernen-
nungen doch nicht vor!"

Vielsagend seufzt Radelnieks auf:

"Georg, Georg, man sieht gleich, daß Sie ein Deutscher sind! Überall
suchen Sie nach logischen Zusammenhängen. Auch hier herrscht Lo-
gik, aber nicht die Ihre! Natürlich kann kein Häftling einen gegen
den Willen der Obrigkeit auf einen guten Posten setzen. Hat man
ihn aber inne, so kann man immer verstänkert werden! Vergessen
Sie nicht, daß es im Lager mehr als genug Neider gibt. Möge die
Obrigkeit noch so sehr ihre Hand über Sie halten, ein Häftling, der
schlau und gewandt ist und irgendeinen Einfluß hat, kann Ihnen
immer ein Bein stellen. Also, mein lieber Georg, es muß hie und da
geschmiert werden, damit man mir, und mit mir auch Ihnen, kein
Bein stellt. Sie können mir aber glauben, Georg, daß im ganzen
Workutagebiet und in allen Lebensmittelmagazinen dieser Art niemand so wenig beiseite schafft wie ich!"

Allmählich lebe ich mich in die Tätigkeit ein, die mir schier über
den Kopf zu wachsen droht.

Ich versuche, darüber hinwegzusehen, wenn mein Patron an bestimmten Tagen verstohlen unter seiner Jacke irgendwelche Päckchen verschwinden läßt und sich aufmacht, um den Mächtigen dieser Welt im *Lebensmittelblock* seine Reverenz zu machen.

Unser höchster Vorgesetzter ist der Leiter der Intendanturabteilung
(TschIS). Diese Dienststelle zerfällt in zwei Unterabteilungen. Die
erste und zweifellos wichtigste ist der sogenannte Lebensmittelblock.
Ihm untersteht das Proviantlager, wo alle zur Beköstigung des Lagerbezirks bestimmten Lebensmittel angeliefert werden. Ferner gehören
dazu die Küche, die Kantine und das Lebensmittelmagazin. An der
Spitze der Küche und des Proviantlagers stehen freie Vorgesetzte,
während die beiden *Kantinen-Kommandanten* (einer für den Tag, der
andere für die Nacht) Häftlinge sind, und das Lebensmittelmagazin
leitet, wie bereits gesagt, der Zuchthäusler Albert Radelnieks.

Die zweite Unterabteilung der TschIS ist der Sachenblock. Ihm obliegt die Versorgung des ganzen Lagerkontingents mit Bekleidung. Ihm steht auch ein freier Vorgesetzter vor, sein Gehilfe ist jedoch ein Häftling. Wie überall in den Lagern, kommandiert und stiehlt die freie Obrigkeit, während die Gehilfen aus den Reihen der Gefangenen zwar ebenfalls stehlen, aber auch arbeiten. Der Gehilfe des TschIS-Chefs ist ein gewisser Bokarew, der den pompösen Titel eines TschIS-Inspektors führt. Er ist ein gutmütiger, dicker Mann von unerschütterlicher Ruhe und mit einem Anflug von Pfiffigkeit.

Das paßt auch zu seiner Position: Er hat fast fünfzehn Jahre in Konzentrationslagern verbracht, und ist dennoch am Leben geblieben. Seine zweifellos sehr schwierige Stelle hat er schon lange inne, und alle Lagerinsassen sind sich darin einig, daß er dafür sehr brauchbar ist und für die Arbeitshäftlinge tut, was er kann.

Zum Beispiel hatte er mir, als ich unerwartet und auch nur für kurze Zeit Pompobyt wurde, eine neue Überjacke zugewiesen, was eigentlich gegen die Vorschrift verstieß.

Im Lebensmittelblock ist noch ein Pitezkij tätig, er ist Buchhalter, ein alter Kanzleifuchs und wahrer Wundertäter. Auf der Basis von Küchenabfällen hat er auf dem Wirtschaftshof eine Schweinefarm improvisiert. Ein gutes Dutzend Schweine von Nilpferdgröße wird dort gemästet, und die Gewinne fließen in die Taschen der TschIS-Leutchen.

Eines Tages sprach mich ein mir unbekanntes, obskur wirkendes Subjekt an. Es trug eine Moskwitschka und Chromlederstiefel.

"Einen Augenblick, Genosse Treguboff!"

Wir gehen in eine fremde Baracke. Aufmerksam sieht das Subjekt mich an und sagt:

"Wir sind hier sechzehn Mann, Genosse Treguboff, sorgen Sie dafür, daß ich pro Nase ein Kilo Zucker in der Woche bekomme."

"Ich habe keinen Zucker, Genosse."

"Wieso nicht? Sie arbeiten doch im Lebensmittelmagazin!"

"Ich bin dort noch nicht lange tätig, und habe das Klauen nicht gelernt. Auch hat mein Chef die Augen überall."

"Das ist doch dieser Lette in Reithosen?"

"Ja, eben der."

"Stiehlt der etwa nicht? Diese zerquetschte Laus aus Riga?"

"Das weiß ich nicht. Ich selbst kann es jedenfalls nicht."

"Macht nichts, wirst es schon noch erlernen! Na gut, ich werde mit deinem lettischen Klotz ein Wörtchen reden, und dann auch noch mal mit dir!" Und während dieser Worte huschen allerhand flinke Burschen um uns herum.

Am Abend berichte ich Radelnieks über diese Verhandlungen.

"Die hiesigen Blatnojs machen sich an Sie heran, Georg. Um Gottes willen, geben Sie ihnen nicht ein einziges Gramm! Gibt man dem einen etwas, kommen gleich zehn andere gelaufen, und alle kann man doch nicht zufrieden stellen, die Säcke reichen ja nicht! Man braucht bloß weich zu werden!"

"Wird es denn keine Unannehmlichkeiten geben?"

"Mag sein, aber es gibt hier nur wenige Blatnojs, und die sind ziemlich klein und häßlich. Georg, ich hatte mal eine Affaire im 6. Lagerbezirk. Sie brachen bei mir ein und suchten mit Beilen bewaffnet alle Winkel ab. Ich dachte schon, sie würden mich ohne weiteres totschlagen, aber sie verschonten mich. Fünf Säcke schleppten sie weg, und dann verschanzten sie sich in ihrer Baracke. Die Aufseher kamen mit Maschinenpistolen angerannt.

Die Kerle aber standen da, schwangen ihre Beile und brüllten: 'Keinen Schritt weiter, ihr Packzeug, wir schlagen euch tot!'

Zwei von ihnen wurden erschossen. Ja, Georg, gegen solche Sachen können wir uns nicht versichern lassen!"

Später machten sich noch wiederholt dunkle Elemente an mich heran. Alle möglichen Leute wollten plötzlich mit mir befreundet sein, milde Überredungen wechselten mit unmißverständlichen Drohungen. Einige wirklich gute Freunde hänselten mich:

"Na, Georgij Andrejewitsch, Sie haben sich ja herausgemacht, den Olymp bereits erklommen!"

Und andere fügten bissig hinzu: "Sie werden aber auch gar nicht dick, Georgij Andrejewitsch! Immer noch sind Sie wie ein halber Dystrophiker, und so trocken wie ein Kaspifisch während des Militärkommunismus! Das Fett schlägt bei Ihnen wohl nicht an!"

Und wieder andere geben mir *nützliche Ratschläge*:

"Im Magazin muß man mit Verstand stehlen, Georgij Andrejewitsch. Aus jedem Kästchen ein bißchen! Vom Speck eine so dünne Scheibe, daß der Besitzer nichts bemerkt, nicht viel, nur zwanzig Gramm. Es bleibt ja nicht bei *einem* Happen! Und mit der Waage muß man umzugehen verstehen, den Hokuspokus kennen!"

Solche Gespräche fielen mir sehr auf die Nerven, und das ewige Gezeter im Magazin wurde mir immer mehr zuwider. Die Lagerinsassen sind die launenhafteste Kundschaft der Welt! Beim geringsten Anlaß beginnen sie zu schreien, greifen nach den Gewichten auf der Waage oder bespucken die Lebensmittel.

Ich begann, mich nach einer anderen Arbeit umzusehen...

Krieg in Korea

An einem Juniabend die üblichen Radioneuigkeiten.

Plötzlich kommt Erregung in die Stimme des Ansagers:

"Provokation der Syngman Rhee Regierung in Süd-Korea... Als Antwort auf diese Provokation der Marionettenregierung rückt die Volksarmee Nord-Koreas siegreich nach Süden vor..."

Die Lagerinsassen hängen an den Lautsprechern.

"Die Schweinehunde kassieren Korea ein!" sagen die Pessimisten.

Plötzlich hat General MacArthur seine Truppen marschieren lassen. Im ganzen Lager herrscht Jubel, und auch in der Baracke werden muntere Reden geführt:

"Mit unserem Pack kann man keine andere Sprache sprechen! Mit dem Scheit auf's Maul!"

"Und unsere Freien da oben schneiden Grimassen! Einer hat sich 'nen Orden angehängt, und Gardehauptmann Grigorjew läuft mit verzerrtem Gesicht herum!"

"Die Katze wittert, wessen Fleisch sie gefressen hat!"

"Wenn es einen großen Krieg gibt, bleibt nichts von ihnen übrig! Nicht mal unter einem Elektronenmikroskop wird man dann noch einen Kommunisten ausfindig machen können."

"Damit haben sie bestimmt nicht gerechnet, daß MacArthur vorrücken würde, ein schneidiger General!"

"Schneidig ist er schon, aber die Politiker zotteln hinter ihm her!"

Ankömmlinge aus anderen Lagern berichten, daß sich auch dort die Stimmung unter den Häftlingen schlagartig gehoben hat.

Die Lagerobrigkeit geht wie begossen umher. Die wildesten Antreiber sind plötzlich äußerst höflich und zuvorkommend geworden. Es heißt, daß aus Moskau hohe Tiere angekommen seien, um die Tschekisten des Workutlag und des Flußlag zu instruieren.

Außerordentliche Maßnahmen werden erörtert, *für den Fall, daß...*

Auf dem Flugplatz von Workuta ist eine Kette von drei Militärflugzeugen aufgetaucht. Häufig kreisen sie am blaßblauen Himmel über der grünen Tundra.

Die Tage vergehen. Die Ereignisse in Korea entwickeln sich, und es ist klar, daß die Roten Erfolge haben.

Von Baracke zu Baracke wird ängstlich geflüstert, beim Chef des Lagerbezirks lägen geheimnisvolle Pakete mit der Aufschrift:

"Zu öffnen im Kriegsfall oder bei Unterbrechung der Verbindung."

"Was aber in ihnen drinsteckt, na, das ist wie bei dem Buch mit den sieben Siegeln." sagt mein Zimmernachbar.

"Das ist doch kein Rätsel! Das sind Instruktionen, wie man uns alle im äußersten Fall zu vernichten hat..."

In den folgenden Tagen ist nur vom Korea-Krieg und von der Möglichkeit eines *großen Krieges* die Rede. Abends in der Baracke:

"Ha, wenn die Amerikaner über den Lagern Waffen abwürfen, so würden wir schon dafür sorgen, daß den Tschekisten Hören und Sehen verginge!"

"Meinst du wirklich?"

"Ja, denkst du denn, die Kumpels würden über dem Lager niedergegangene Maschinenpistolen abgeben!?"

"Es gibt solche und solche Kumpel!"

"Gewiß! Aber dem Regime wollen sie alle an die Gurgel!"

Ein Fremder betritt die Baracke, alle verstummen, denn für solche Gespräche muß man unter Umständen schwer büßen.

Beim Einschlafen stelle ich mir vor, wie auf unzählige Lager von Flugzeugen Fallschirme mit Maschinenpistolen niederschweben, wie die Waffen in den Händen der abgehärmten Lagerinsassen klirren, und das ganze, so wichtige Kohlengebiet des Nordens, vierzig Gruben, plötzlich zum Herd des Aufstandes in der Sowjetunion wird.

Es ist schon tiefe Nacht. Ich ertappe mich bei diesen Gedanken und erkenne, daß sie vorläufig völlig fruchtlos sind. Es gibt keinen Krieg, und niemand wirft Waffen über den Lagern ab.

Nur in Korea lodert das Wetterleuchten der Kämpfe...

In den folgenden Tagen wenden sich einige Lagergefährten mit der Bitte an mich, ihnen beim Erlernen der englischen Sprache behilflich zu sein, und das, obwohl manch einer wegen einer englischen Grammatik bereits in der BUR gesessen hatte.

Die Kommission

Währenddessen aber bereitet sich das Lager für die Frühlings- und Sommerzeit vor. In Erwartung der Kommission, die das Lager für die warme Jahreszeit begutachtet, wetteifern alle Lagerbezirke des Flußlag miteinander, denn jeder Lagerbezirkschef möchte beim Wettbewerb den ersten Platz ergattern. Es geht nicht so sehr um die Ehre, wohl aber um die damit zusammenhängende Geldprämie, die recht hoch ist, an die fünfundzwanzigtausend Rubel.

So üben denn Lagerbezirkschefs und die Lagerverwaltung auf die Gebäudechefs und Pompobyts Druck aus, diese auf die Stubendienstler, und die wiederum auf die Barackenbelegschaft.

Alles wird sauber gemacht, die Entwässerungsgräben werden gereinigt und vertieft, und an den Seiten durch Grasplatten befestigt, die Holzstege zwischen den Baracken repariert, und zum Teil sogar erneuert. Für die Pompobyts, die Gebäudeaufseher und alle anderen Vorgesetzten, haben schwere und ehrenvolle Tage begonnen.

In Autos und Kaleschen kommen hohe Herrschaften angefahren. Ein besonderes Signalsystem wird eingeführt, und beim Nahen der Gewaltigen ertönt *Alarm.*

Die Pompobyts machen Stielaugen und suchen zusammen mit den Stubendienstlern längs der Gräben nach weggeworfenen Zigarettenstummeln. Es braucht nur einem der goldbetressten Leutchen etwas nicht zu gefallen, und sofort verliert der Pompobyt sein Amt.

Ein kecker, flinker Bengel kommt zum Magazin gerannt und verlangt auf Geheiß des Gebäudeaufsehers zwanzig Kästen.

"Was für Kästen?" fragt Radelnieks, als ob er ihn nicht begreift.

"Kästen, in denen die Lebensmittel verwahrt werden."

"Und wozu werden sie gebraucht?"

"Zum Wegschaffen von Müll und Kippen im ganzen Lagerbezirk."

"Ich werde euch die Kästen nicht geben, ich habe keine übrig, und die Kästen, die Lebensmittel enthalten, kann ich nicht entbehren."

"Sie wissen doch, daß es sich um einen Befehl des Gebäudechefs handelt?"

"Ich unterstehe ihm nicht. Gehen Sie zum Leiter des Lagerbezirks! Wenn er es befiehlt, gebe ich die Kästen heraus."

Der Bursche verschwindet.

"So ein Gesindel! Lebensmittelkästen für Zigarettenstummel!"

Mengen von weißem und rotem Kies werden auf die Wege geschüttet. Rings um die Baracken werden klägliche Verzierungen angebracht, und die Pfosten des Stacheldrahtzauns geweißt. Überall im Lager sind Weißbinder mit Pinseln in ihren Händen zu sehen.

Endlich ist der Festtag angebrochen. Vom Tor der Wohnzone aus bewegt sich eine große Tschekistenmeute, etwa siebzig Menschen. Alle, Männer wie Frauen, tragen Achselstücke. An ihrer Spitze schreitet Hauptmann Ananskij, der Chef unseres Lagerbezirks, umringt von seinen Paladinen. Die Chefs der anderen Flußlag-Bezirke folgen.

Aus allen Winkeln wird die Prominenz beobachtet.

Die Pompobyts eilen geschäftig hin und her, um allem den letzten Schliff zu geben. Den Kumpels wurde befohlen, sich entweder hinzulegen, oder vollständig bekleidet umherzugehen, auf gar keinen Fall jedoch nur halb bekleidet.

Vor der Bade- und Waschanstalt hat sich der Speichellecker Samochwalow postiert. Er ist der Leiter dieses *Kombinats*, ein berüchtigter Schmeichler und Spitzel. Samochwalow ist jedoch nicht einfach ein Spitzel, sondern der ungekrönte König aller Spitzel, sozusagen ein Resident des MWD im Lager. Selbst die Aufseher fürchten ihn.

Plötzlich ruft unser Stubenhengst: "Die Kommission kommt zu uns!"

Radelnieks und ich stürzen in saubere, weiße Kittel, die wir eigentlich während der Magazinarbeit tragen sollten. In Wirklichkeit aber hängen sie am Nagel, bereit für den Fall, daß die Obrigkeit uns besucht. Gewöhnlich arbeiten wir in fettigen und zerrissenen Kitteln. Radelnieks stolpert über eine Bank. Ich gerate mit der Faust in eine Tüte Mehl, eine weiße Wolke steigt empor. Von den Ständen rollt irgendein Holzklotz herab, und aus einem der Kästen fliegt ein gewichtiges Stück Speck zu Boden. Radelnieks trabt los, um die Obrigkeit zu empfangen. Aber die Kommission geht vorbei.

Alles scheint ausgestanden zu sein. Ich verlasse das Magazin und folge der Prozession, wobei ich eine gewisse Distanz wahre.

Aus einer Baracke kommt eine unförmige Gestalt mit abgetragenen Schuhen an den bloßen Füßen heraus. Sich schlaftrunken die Augen reibend, will der Mann sich im sauberen Graben erleichtern. Aus seiner zerrissenen Hose leuchtet hell sein Penis, als ob er fragen wollte, na, wie gefalle ich Ihnen, meine Damen und Herren? Der Gebäudeaufseher macht verzweifelte Zeichen, der Stubendienstler springt um die Ecke der Baracke, um von dort ein Signal zu geben.

Aber es ist zu spät, die Szene wurde bereits fixiert.

Verschämt wenden sich die geschminkten und in eleganten Uniformen steckenden Tschekistinnen ab.

"Welche Baracke? Der Name des Pompobyts?" zischt Hauptmann Ananskij. "Ich werde diesem Schweinehund den Schwanz abreißen! Was soll das heißen? Ist das Ordnung!?"

Im Gegensatz zu ihm sind die anderen Bezirkschefs mit diesem Vorfall sehr zufrieden, da er ein Minus für den Ersten Lagerbezirk bedeutet. Man geht weiter. Ein Kommissionsmitglied bückt sich und angelt angeekelt aus einem Gebüsch einen Lappen hervor. Endlich betreten alle die Baracke Nr. 26.

Nach einigen Minuten stürzt ein Häftling heraus:

"Ein Unglück! Sie wühlen unter den Öfen herum!"

Nach ungeschriebenem Lagergesetz befinden sich unter den Öfen die Abfallgruben der Baracke. Hier wird der ganze Müll hineingestopft, aber sie bergen auch alle Gegenstände, die vor den Augen der Obrigkeit versteckt werden müssen: Eisen, Messer, kleinere Hämmer und Nägel. Nach der Lagerordnung darf sich in der Baracke kein einziger Gegenstand aus Eisen befinden, selbst die Feuerhaken müssen aus Holz sein.

Der Häftling berichtet, einer der hohen Gäste habe mit dem Besenstiel unter dem Ofen herumgestochert und mit mephistophelischem Lächeln die unwahrscheinlichsten Gegenstände hervorgezaubert, Messer seien zum Glück nicht darunter gewesen. Dafür kam eine Pulle Spiritus zum Vorschein, auch alte pornographische Ansichtskarten schlüpften ans Tageslicht.

Hauptmann Ananskij habe fast der Schlag gerührt. Auf ein Zeichen von ihm rannten welche zu den anderen Baracken, um dort den Befehl zu übermitteln, alle Abfälle unter den Öfen wegzuscharren.

Aber das war für die Katz! Die Kommission schaute unter keinem Ofen mehr nach. Dafür entdeckte sie im Graben eine tote Ratte. Die Prämie schwamm davon, und Ananskij zeigte hinter dem Rücken der Kommissionsmitglieder den Pompobyts drohend seine Faust.

Ganz unerwartet besuchte die Kommission uns und das Magazin auf dem Rückweg doch! Aber bei uns wurde alles in Ordnung befunden. Erst nach dem Weggang der Kommission entdeckten wir in einem Proviantkasten Butter neben Machorka, was den Vorschriften vollkommen widersprach.

Vor lauter Freude veranstalteten wir ein Festmahl. Taktvoll unterlasse ich Fragen nach der Herkunft des ukrainischen Specks und der steinharten Wurst. Wie Pilatus wasche ich meine Hände in Unschuld, und überlasse es Radelnieks, sich Gedanken zu machen, während ich mit Genuß den knusprigen, gebratenen Speck verspeise.

Für Patriotismus in den Isolator

Der Krieg in Korea ist noch immer in aller Munde.

"Die Kommunisten schlagen die Amerikaner!" sagt einer, und läßt den Kopf hängen.

Brigadeführer Balgazkij, der über Tage beschäftigt ist, erzählt:

"Bei mir sind zwei Rabotjagi, die einen Knall haben, so ein Bürschchen Kaspuzkij und der Este Tamm. Plötzlich schießen sie los:

'Wir sind Patrioten, in Korea fließt Blut!' und schreiben eine Eingabe an Hauptmann Ananskij, in der sie darum bitten, als Freiwillige zur Volksarmee nach Korea geschickt zu werden.

Ananskij läßt sie zu sich kommen und fragt nach ihren Namen.

'Ah, Kaspuzkij und Tamm! Ich werde euch zeigen, wo Korea liegt!' Und greift nach dem Telefon. 'Rufen Sie den Diensthabenden!' Der Mann kommt. 'Die zwei für acht Tage in den Isolator!'

Und so wurden sie eingesperrt. Geschah ihnen recht! Als Zwangsarbeiter bei den Sowjets soll man das Maul nicht so weit aufreißen und keine patriotischen Gefühle entwickeln."

Nebenan ist von General MacArthur die Rede.

"Eine Schlafmütze ist dein MacArthur!"

"Wieso denn? Die Demokraten lassen ihm keinen freien Lauf. Er selbst ist ein ganzer Kerl, würde gleich die Atombombe schmeißen."

"Würde sie nicht auch uns auf den Kopf fliegen?"

"Hoffst wohl heimlich auf Unsterblichkeit? Mag ich auch auf den Lauf gehen, Hauptsache, Stalin geht ebenfalls dabei kaputt!"

Nach einigen Tagen taucht auf dem Zaun des Wirtschaftshofs ein Bild von MacArthur auf: Der General in Kanonenstiefeln, seltsamerweise mit einem napoleonischen Dreispitz und einem großen Bauch. In der Hand hält er eine Atombombe, auf der deutlich *Atom* geschrieben steht. Über seinem Kopf sind ein Säbel und sein Name *MacArthur* zu sehen.

"Holt mir diese Künstler her!" poltert Ananskij.

Jemand wird in den Isolator gesteckt.

Die Rabotjagi bekommen den Befehl, den Kreidegeneral mit nassen Lappen vom Zaun zu entfernen. Der General verschwindet.

Hauptmann Woronin wird beurlaubt, auf seinen Posten wird ein neuer *Oper* gesetzt, Hauptmann Klimow, der als friedlicher Mann gilt. Aber auch ihm gelingt es nicht, die Portraitisten festzustellen.

Aus dem Lebensmittelmagazin ausgeschieden

Man hat mich aus dem Magazin entfernt. Das kam nicht ganz unerwartet für mich. Schon früher hatten die Alleswisser im Lager davon gesprochen, daß die Vorarbeiter und Narjadtschiki auf mich und Radelnieks eine Stinkwut hätten, weil wir ihnen nichts zu den Feiertagen bringen. Nun hatte aber Radelnieks in Hauptmann Ananskij einen guten Rückhalt, während ich keinerlei Protektion genoß. Es ist halt so, wie in der berühmten Fabel von Krylow, wer sich still verhält, ist der Schuldige! Eigentlich war ich nicht böse darüber. Das Lebensmittelmagazin ist eine von Intrigen umwitterte Einrichtung, und bei dieser Arbeit ist es ziemlich schwer, Freunde zu gewinnen.

Wieder werde ich dem Schwarzen Hundert zugeteilt, aber heute, am Entlassungstag, wird mir Erholung gewährt. Ich liege in einem stillen Winkel hinter der Therapeutischen Station. Gegenüber befindet sich ein Treibhaus, ein langes Gebäude, das von einfachen Rabotjagi nicht betreten werden darf. Seine Südwände sind verglast, eine eigene Dampfheizung versorgt es mit Wärme. Offiziell dient es der Verschönerung des Lagers, tatsächlich sind nur die Vorgesetzten und freien Angestellten Nutznießer der Schnitt- und Topfblumen.

Die Kranken wärmen sich an der Sonne. Die meisten haben ernste Leber- und Nierenleiden, offene Tuberkulose, Drüsenstörungen oder ein zerrüttetes Nervensystem. Einer zeigt mir sein eiterndes Wadengeschwür, eine gelbliche, offene Wunde von zehn bis etwa fünfzehn Zentimetern Länge und gut zehn Zentimetern Breite.

"Ich habe sie schon seit drei Jahren." sagt der Kranke.

"Wird sie denn nicht behandelt?"

"Natürlich! Aber kaum ist sie einigermaßen zugeheilt, muß ich wieder zurück in die Grube."

Bei einem anderen ist das ganze Gesicht von einer rosafarbenen Flechte zerfressen. Ein dritter geht auf Krücken. Er leidet an Knochentuberkulose und muß jeden Tag die Verbände wechseln. Einige Leute haben vom Kohlenstaub eitrige Augen. Aus dem Fenster schauen einige, die an Rose erkrankt sind. Heute ist ein besonders warmer Sonnentag, aber sie dürfen nicht hinausgehen. Sie haben rote, geschwollene Gesichter, wie Aussätzige. Sie alle sind Menschen, deren Gesundheit vom sowjetischen Bergwerk zerstört worden ist, sie sind nur noch Schatten ihrer selbst. Dennoch glauben sie noch an etwas, sie lächeln sogar und scherzen. Alle sind davon überzeugt, daß der Koreakonflikt der Anfang vom Ende der Sowjetherrschaft ist, und daß General MacArthur ihnen zur Zweiten Therapeutischen Station hin die Helferhand entgegenstrecken wird.

Aus den offenen Türen strömen immer neue Kranke, um die Sonne zu genießen. Sie tragen nur Unterwäsche, und Holzpantinen an ihren nackten Füßen. Der alte Machnowskij, der an Knochentuberkulose leidet, bekreuzigt sich inbrünstig beim Anblick der Gotteswelt, die jenseits des Polarkreises so dürftig und arm ist. Er nickt mir freundlich zu. Hier weiß man schon, daß ich aus dem Lebensmittelmagazin *gegangen worden* bin.

"Alles hat sein Gutes, Georgij Andrejewitsch. Ist doch eine knifflige Sache dort, und schwer, das Gewissen rein zu behalten. Bei der allgemeinen Arbeit gibt es wenigstens keine Neider."

An mir und dem Feldscher geht ein etwa fünfundvierzigjähriger Mann vorüber. Er hat leicht gekrümmte Beine, bereits grau melierte, schwarze Haare und lebhafte, dunkle Augen.

"Machen Sie sich mit dem bekannt!" ermuntert mich der Feldscher. "Dieser Jack Guralski (1957: Harry Sapurskij) ist wohl der einzige Amerikaner in unserem Lager. Hier wird er einfach Jakow Jakowlewitsch genannt."

Auch ein Landsmann

Kurz darauf berichtet Jack:

"Mein Großvater war ein polnischer Jude, und mein Vater wanderte Ende des vorigen Jahrhunderts nach Amerika aus, dort wurde ich auch geboren.

Andere machten Karriere und entfalteten sich, in unserer Familie aber ging alles ziemlich schief. Die Findigkeit der Angelsachsen paßte nicht so recht zu unserer tief gläubigen Familie. Ich arbeitete, hielt es aber nicht lange an einer Stelle aus. Manchmal hatte ich sogar Geld. Dann wieder bekam ich eins mit dem Eisenbahnschlüssel über's Schulterblatt, und ich lernte, wie ein Filmheld, mit den Händen voran aus Güterwagen zu springen.

Ich hatte viel freie Zeit, besonders im Winter, und begann, ab und an etwas zu lesen, und, wie alle vom Schicksal benachteiligten Menschen, nach der Lösung des Rätsels zu suchen, warum es den einen gut und den anderen schlecht geht.

Da brach in Rußland Revolution aus, und es ist ja bekannt, wie die *Große Proletarische* in den jüdischen Elendsvierteln in Bronx aufgenommen wurde. Viele fuhren gleich nach Rußland. Wir mochten ja den Zaren nicht, hatten die Pogrome nicht vergessen. Wie es kam, weiß ich nicht recht, aber ich begann, mich mit dem Kommunismus anzufreunden, und beileibe nicht ich allein! Damals erkrankten viele in den Vereinigten Staaten an dieser gefährlichen Krankheit, gerade unter den Juden. Es gab aber auch wohlsituierte Leute, die plötzlich zu Kommunisten wurden.

Ich sah, daß es in den USA noch lange keine proletarische Revolution geben würde, und beschloß, dorthin zu fahren, wo sie bereits gesiegt hatte. Ich nahm mit dem Sowjetischen Konsulat Verbindung auf, man bezahlte mir die Überfahrt nach Wladiwostok, und so fuhr ich denn los, den Sozialismus zu bauen.

In der ersten Zeit lebte ich nicht schlecht. Ich arbeitete als Dolmetscher. Englisch und Russisch beherrsche ich ja, auch Deutsch kann ich ganz gut, und Dolmetscher waren in Rußland ja immer Mangelware. Dann heiratete ich.

Nun kam der Krieg, und ich sah die Kehrseite!

An der Front erstickten die Menschen im Blut, in der Etappe aber herrschte blanker Zynismus, und dann die Sonderabteilungen! Als schließlich der Krieg aus war, gingen mir endgültig die Augen auf. Ich sah, was sie mit den siegreichen Soldaten im Zivilleben machten. Das war ein einziger Skandal!

Und nun in Moskau: Dort gibt es Frühstücksstuben, auch *Amerikankas* genannt, eine Art bescheidener Imbiß. Dort stehen große Flaschen mit Schnaps, und natürlich gibt es auch etwas zu essen.

Auf großen Platten liegen Brote belegt mit Wurst, Schinken und Käse, aber sie sind unwahrscheinlich teuer, und nur die wenigsten können sie sich leisten. So heißt denn das oberste Gesetz: trinken, trinken, trinken, und in dem wundertätigen Naß ersaufen Kummer und Enttäuschung.

Wie gern hätte ich rückgängig gemacht, was nun aber zu spät war. Vor dem Krieg hatte ich die größte Dummheit meines Lebens begangen und die sowjetische Staatsangehörigkeit angenommen

Da habe ich nun mal in so einer Amerikanka frei heraus meine Meinung gesagt, und dabei auch Stalin erwähnt. Außerdem habe ich mir auch im Dienst den Mund verbrannt, und es geschah. Irgendwelche Genossen haben mich verpetzt, und ich wurde eingesperrt. Militärtribunal, § 58, Absatz 10, Agitation gegen die Sowjetmacht, fünfundzwanzig Jahre. Ich saß sowohl in der Lubjanka, als auch im Gebietsgefängnis, und dann in Workuta, in verschiedenen Lagern. Ende 1948, Anfang 1949 war ich im 40. Schacht, von dort kam ich hierher. Jetzt arbeite ich auf dem Bau, habe es sehr schwer, ein halb verrückter Brigadier aus Galizien, obendrein Antisemit."

Jack verstummt und läßt traurig den Kopf hängen.

"Was denken Sie, Jack, was wird bei dieser Korea-Affaire herauskommen?"

"Das weiß ich wahrhaftig nicht." antwortet er, offenbar mit ganz anderen Gedanken beschäftigt.

Und so haben wir denn auch nicht weiter über Korea gesprochen.

Mordanschlag im DOK

Etwa ein Monat ist vergangen. Jack und ich sind eng befreundet, obgleich wir ganz verschiedene Menschen sind. Jack meint:

"Ein Mensch bis vierzig ist der Text, wer die vierzig überschritten hat, der Kommentar zu diesem Text! Und ich bin schon drüber!"

Wir sind fast in allem verschiedener Meinung, in einem Punkt aber stimmen wir überein:

Er erfaßt ungewöhnlich scharfsichtig alle geheimen Triebkräfte des Sowjetregimes und seiner Maßnahmen, und sogar die scheinbar positiven Handlungen der Sowjets werden von ihm sofort als die üblichen volksfeindlichen Betrügereien entlarvt.

Jack wechselt seinen Arbeitsplatz. Es hatte sich herausgestellt, daß ihm die Kategorie *leichte, individuelle Arbeit* zusteht, und daß die für ihn zuständigen Narjadtschiki ihn widerrechtlich einer Baubrigade zugeteilt hatten. Jetzt wird er ins DOK überführt, in das Holzverarbeitungskombinat. Im DOK werden vor allem Holzklötze zum Pflastern der Wege im Workutagebiet angefertigt, hauptsächlich für die Hauptstraße, die Komsomolskaja.

Jacks Arbeit besteht darin, von Zeit zu Zeit zusammen mit einem Halbinvaliden einen großen Kasten Sägespäne hinauszutragen und auf einen brennenden Holzstoß zu schütten. Hier werden schon seit Jahren alle Abfälle der Holzverarbeitung verbrannt. Tausende von Tonnen Brennstoff werden unter freiem Himmel unnütz verschwendet. Der Holzstoß brennt Tag und Nacht. Nachts beleuchtet er die Tundra mit einem Kranz unstet flackernder Flammen.

Im DOK sind Streitigkeiten und Raufereien an der Tagesordnung. Der bescheidene und feinfühlige Intellektuelle Jack Guralski paßt nicht zu den Leuten im Holzhof. Sie hassen ihn mit jenem Haß, den mitunter überreizte, verbitterte und tief unglückliche Menschen einem anderen gegenüber entwickeln, wer dieser andere auch sei.

Zu Jacks Glück arbeitet dort ein junger Deutscher namens Barteß. Einige Schurken hatten sich einen Plan ausgedacht, der Jack beinah das Leben gekostet hätte. Dicht an dem Gang, den er beim Hinaustragen seines Sägespänekastens passieren muß, arbeitet eine Kreissäge. Er hat ganz nahe an diesem ständig kreisenden und wild kreischenden, gezahnten Ungeheuer vorbeizugehen. Ringsum ist es halb dunkel, die Luft ist voller Staub, viele Leute drängen sich herum, die Maschinen lärmen. Dem Deutschen Barteß war die Aufgabe zugedacht, in einem geeigneten Moment den schwächlichen Jack unter die Kreissäge zu stoßen, und sich dann damit zu rechtfertigen, Jack sei mit ihm zusammengeprallt und trage selbst die Schuld. Die primitiv denkenden Halunken waren davon überzeugt, daß der in der Hitlerzeit erzogene junge Barteß willig auf ihren Vorschlag eingeht. Barteß lehnte dieses Ansinnen jedoch kategorisch ab, worauf er unter irgendeinem Vorwand an einen anderen Arbeitsplatz versetzt wurde. Es gelang ihm jedoch, Jack zu warnen, der daraufhin einen Antrag auf Versetzung stellte.

Nach einigen Tagen wurde erneut der Versuch gemacht, Barteß herumzukriegen.

Barteß aber erklärte in seinem gebrochenen Russisch, es sei eine Gemeinheit, einen Lagerkameraden umzubringen.

"Du selbst dann viel schlimmer als Jude, du dann Hund, und Jack ist guter Mensch!"

Später berichtete Barteß:

"Weiter weiß ich nicht, was geschah. Plötzlich lag ich auf der Erde, viele kamen über mich und schlugen mich mit ihren Fäusten. Sie stopften mir Sägespäne in den Mund, beinah wäre ich erstickt."

Er wurde aber herausgehauen.

Am nächsten Tag ging Jack nicht zur Arbeit, und damit entkam er wohl einem schrecklichen Tod. Zum Glück erwies sich, daß er einen Bruch hat. Damit vermochte er zu begründen, daß er *keine schweren Lasten* tragen könne, und so entrann Jack glücklich der Verbrecherhöhle des DOK...

Es ist schon August. Nachts wird es empfindlich kalt. Das Gras der Tundra beginnt zu vergilben. Im Sommer macht die Tundra einen seltsamen Eindruck. Im Juni, wenn der letzte Schnee verschwunden ist, an einigen Stellen bleibt er übrigens den ganzen Sommer über liegen, bedeckt sich die Tundra mit üppigem, saftigem Gras, und sie beginnt zu leben. Ein Blumenteppich schmückt die grüne Grasdecke mit seinem Bunt, aber die Blumen duften fast gar nicht. Vorherrschend ist der, wie die Lagerinsassen, äußerst klägliche Hahnenfuß. Unter den Wurzeln der Zwergbäume und der Grasdecke zirpen und tummeln sich unzählige Lemminge.

Doch kaum sind zwei Monate verstrichen, beginnt die Tundra zu sterben.

Versetzung zum Proviantlager

Ein neuer Wendepunkt meines Schicksals.

Ich werde in die Kommandantenbaracke zitiert. Im Vorzimmer sitzen ein paar elend aussehende Subjekte.

Ich werde zum Chef des Lagerbezirks geführt.

Es stellt sich heraus, daß im Proviantlager eine Stelle frei ist.

"Dort werden Sie nicht zu hungern haben." sagt Hauptmann Klimow. "Aber kommen Sie häufiger zu uns, meiden Sie Ihre Freunde nicht!" Und ein freundliches Lächeln begleitet seine Worte.

Ich merke gleich, wonach das riecht!

Drei Tage später suche ich das Proviantlager auf. Die Baracke, in der es untergebracht ist, liegt inmitten des Wirtschaftshofs, sie hat keine Fenster. Sie ist in mehrere Abteilungen unterteilt, in der einen werden Fette, Konserven und Hülsenfrüchte aufbewahrt, in einer anderen stehen auf wackligen Holzregalen Säcke mit Mehl. In der hinteren Ecke ist so etwas wie ein Kontor, mit Büchern und Rechnungsakten.

Auf der anderen Seite des Hofes liegt eine einzelne Baracke, die sogenannte Fischbaracke. Dort stehen schmutzige, nasse Fässer mit gesalzenen Fischen und Kohl. Auch ein großer Haufen angefrorener Kartoffeln ist zu sehen.

Die Arbeit im Proviantlager ist schwer. Fässer müssen gerollt und Säcke getragen werden. Alle zehn Tage ist für viertausend Menschen Zucker auszuteilen, was im Lagerjargon *Zucker zerbomben* genannt wird. Im Proviantlager gibt es auch Milch, was eine ganz besondere Verlockung für die gesamte Ganovenbruderschaft bedeutet.

Die Arbeit beginnt nach dem Abendessen und endet erst am nächsten Morgen, wann genau, hängt von den Umständen ab.

Verwaltet wird das Proviantlager von einer etwa vierzigjährigen, frei angestellten, parteilosen Frau namens Jurpalowa. Sie genießt keinen besonders guten Ruf. Wie es heißt, hat sie die Angewohnheit, sich aus den Arbeitern des Proviantlagers ihren Günstling auszusuchen und ihn zum verantwortlichen Leiter zu machen.

Dieser Leiter sorgt für Ordnung, führt die Speicherbücher, nimmt die Lebensmittel in Empfang und gibt sie aus. Die Verwalterin ist lediglich für alles verantwortlich und hat dafür zu sorgen, daß die Arbeiter so wenig wie möglich stehlen.

Es geht nicht so sehr darum, daß die Arbeiter etwas nehmen und selbst verzehren, denn ein Proviantlager, in dem Lebensmittel für mehrere tausend Menschen aufbewahrt werden, kann nicht merklich schrumpfen, wenn vier Arbeiter, die Verwalterin und ihre Familie für ihre eigene Beköstigung etwas fortnehmen. Das geschieht natürlich, und ist beinah eine geheiligte sowjetische Tradition.

Man kann nicht im Wasser schwimmen, ohne naß zu werden!

Niemandem würde es einfallen, einen im Proviantlager arbeitenden Menschen dafür zu verurteilen, daß er zur Suppe aus angefaultem Kohl ein mit Lagerbutter bestrichenes Brot ißt.

Vielmehr handelt es sich darum, daß sich um jeden, der im Proviantlager arbeitet, mit unersättlich knackenden Kiefern all jene Leutchen gruppieren, die über irgendeine Macht verfügen, und sei es nur die geringste.

Die unübersehbare Armee der Lagerverwaltung ist eine genaue Kopie der das ganze Land zerfressenden sowjetischen Bürokratie. Die Ehrlichen Diebe, die Ssukas, Raffgierigen, Faulenzer, Pfuscher und Betrüger, sie alle denken nur daran, mit einem Arbeiter des Proviantlagers bekannt zu werden, ihn einzuwickeln, zu überlisten, wie ein Huhn in der Küche zu rupfen, und wie eine Zitrone auszupressen. Um dieses Ziel zu erreichen, sind alle Mittel recht. Mit Drohungen wird gearbeitet, mit Erpressungen, Einschüchterungen, Betrug, Fälschungen, und auch mit schlichtem Raub.

Und wenn man als Betroffener noch so entgegenkommend ist, das hilft einem gar nichts: Was und wieviel man auch geben mag, immer ist es zu wenig, niemand sagt einem Dank, und keiner hilft dir, wenn du ins Unglück gerätst.

Das animalische Gesetz des Lagerlebens lautet:

Eigne dir an, soviel du kannst, homo homini lupus est, und den Fallenden stoße! Nicht Auge um Auge oder Zahn und Zahn, sondern für *einen* Zahn ein ganzes Gebiß, und wegen *eines* Auges kannst du dich nicht einmal mit dem ganzen Kopf loskaufen!

Daher ist es denn das erste und dringlichste Bedürfnis des Proviantlagerleiters, sich solche Arbeiter zu sichern, die nur mäßig klauen und das Gestohlene selbst aufessen, sozusagen *nur für den eigenen Wanst sorgen*, ohne sonst etwas beiseite zu schaffen. Lagerbezirkschef und Vollzugsbeauftragter suchen für das Proviantlager entweder verdiente Spitzel aus, oder lebensuntüchtige Intellektuelle, die ihrem ganzen Wesen nach nicht zu stehlen verstehen, nicht so sehr infolge hoher moralischer Qualitäten, sondern aus Mangel an Begabung dafür. In den Augen des Vollzugsbeauftragten ist ein Proviantlagerarbeiter, der in sich die Eigenschaften eines Spitzels mit denen eines in höheren Regionen schwebenden Intelligenzlers vereint, das ideale Geschöpf Gottes.

Ein Spitzel war ich zwar nicht, aber immerhin wirkte ich wie die Karrikatur eines Intellektuellen, und wenn mich die Vorgesetzten zur Arbeit ins Proviantlager schickten, so hegten sie wohl den Plan, mich auch zum Spitzel zu machen.

Die Kunst des Diebstahls

Das gesamte Handelsnetz, die Basen, Magazine und Speicher, sie alle sind gesegnete Stellen, in denen es der Mensch mit Werten zu tun hat, die real sind, und nicht nur auf dem Papier stehen. In den Augen der Sowjetbewohner haben sie eine so starke Anziehungskraft, daß jeder versucht, dorthin zu gelangen, sei es mit rechten oder mit unrechten Mitteln. Und bist du einmal drin, so halte dich fest und lasse nicht zu, daß irgendjemand dich von deinem Posten verdrängt!

Der wahre Sowjetmensch ist ein Homo sapiens, der gut zu stehlen versteht. Und das Proviantlager im Lager ist, wie jedes Proviantlager im Staat, die Hohe Schule für die Wissenschaft des Stehlens.

Die *Bearbeitung* der Milch beginnt bereits auf der Milchfarm, wo ihr die entsprechende Menge Wasser beigegeben wird. Dann kommt auf der Sammelstelle weiteres Wasser hinzu, und erst nach dieser Prozedur wird die Milch ans Proviantlager geliefert.

Wir stellen einen gut getarnten Wachtposten an den Eingang des Lagers für den Fall, daß jemand von der Obrigkeit unvermutet auf der Bildfläche erscheint, und drehen den Deckel ab.

Am Rande schimmert die Milch bläulich.

"Das ist ja reines Wasser!" flüstert in tragischem Ton der aus Kiew stammende Leiter Alexej Lewtschuk (1957: Toptschuk).

"Ja!" meint ein anderer. "Es bleiben uns vielleicht fünf Liter, nicht mehr! In der vorigen Woche aber haben die Mechaniker Lärm geschlagen und erklärt:

'Wir würden ja nichts sagen, wenn man Wasser in die Milch gegossen hätte, aber hier fängt man jetzt an, Milch ins Wasser zu gießen!'

Na, da hat der Lagerbezirkschef eine Probe Milch in versiegelter Flasche zur Analyse in die Stadt geschickt, und es wäre zu einem fürchterlichen Skandal gekommen, aber zum Glück wurde unterwegs die Flasche gegen eine andere mit echter Milch ausgetauscht."

Die Manipulation ist gerade beendet, da ertönt von der Tür her Schlangengezisch, das mit unserem Wachtposten vereinbarte Signal. Wir entfernen uns von dem Gefäß.

Der jüngere Aufsichtsoffizier, ein rothaariges Bürschchen von etwa zwanzig Jahren, dringt zu uns herein.

"Guten Tag, na, wie geht's euch Schelmen?" fragt er, offenbar gut gelaunt.

Lewtschuk macht ein fröhlich-feierliches Gesicht:

"Guten Tag, Bürger Chef!"

Wir anderen verkrümeln uns in die Winkel.

Nach fünf Minuten geht der Offizier auf den Ausgang zu, wobei er sich die Lippen leckt. Lewtschuk murrt:

"Einen ganzen Liter Milch mit Zucker hat er ausgeschleckt, ein Kilo Weißbrot mit Butter aufgefressen, und dann deklamiert er noch:

'Bei allem ist Gewandtheit erforderlich, Sachkenntnis und Training, man muß anzugreifen wissen, und auch abzuwarten...' "

"Sollten wir nicht Meldung machen?"

"Dann wird er sagen, er weiß von nichts, und sein Chef glaubt ihm mehr als dir!"

"Und wie steht es mit dem Zucker?"

"Beim Zucker ist es nicht so schlimm, denn Zucker ist hygroskopisch. Georg, Sie sind ein gebildeter Mann, wissen Sie was *hygroskopisch* bedeutet?"

"Meines Wissens heißt das: *Feuchtigkeit anziehend.* "

"Genau! Man muß einen Eimer Wasser zwischen die Säcke stellen. Der Zucker zieht dann das Wasser an und wiegt hinterher mehr. Morgen fangen wir mit der Zuckerausgabe an, ihr werdet sehen, wie man's macht. Wiegt außerdem immer etwas weniger ab."

"Das ist aber doch Betrug! Sollen wir denn die Lagerinsassen, solche wie wir selbst sind, beim Zucker übers Ohr hauen?"

"Das ist kein Betrug, Georgij, sondern System. Hier stiehlt, glaube ich, sogar die Luft! Na gut, macht weiter. Schluß mit der Debatte! Das Fleisch muß in Ordnung gebracht werden."

Wir wiegen das Fleisch nach, es sind genau 813 Kilo.

Da erscheint Gladyschew, der Leiter des Aufsichtsdienstes Nr. 2, einer der eifrigsten Anraunzer. Er zeigt eine Anweisung über zwei Kilo Fleisch vor.

"Treguboff, bedienen Sie den Chef, schnell!" ordnet Lewtschuk an. Dann wendet er sich mit beflissener Miene an Gladyschew:

"Nehmen Sie doch Platz, Bürger Chef!"

"Macht nichts, ich steh' ein bißchen." knurrt Gladyschew leutselig.

Ich nehme ein ausgeschlachtetes ganzes Stück Fleisch vom Haken und mache mich daran, es auf dem Holzklotz zu zerteilen.

Dabei merke ich sofort, daß ich nicht zum Fleischer tauge.

Lewtschuk zischt mir zu:

"Treguboff, Sie wollen wohl das Proviantlager mit der BUR vertauschen? Ist denn das Fleisch? Den Vorgesetzten geben Sie immer die besten Stücke, und ohne Knochen, und wiegen Sie nicht ganz so genau, sonst müssen Sie bald in der BUR fronen."

Geradezu virtuos schneidet er die leckersten Stücke ab, dann eilt er nach hinten. Zurückkehrend wickelt er das Fleisch in mehrere Papierhüllen. Mit einem huldvollen Lächeln verabschiedet Gladyschew sich von Lewtschuk und entfernt sich, wobei er munter sein Einkaufsnetz schwingt.

"Na, diese Wolke ist vorübergezogen!" sagt Lewtschuk erleichtert.

"Warum holt er sich denn Fleisch von hier?" fragt mein Kollege Urwanzew. "Kommt ihm das wirklich zu?"

Lewtschuk erläutert:

"Er bekommt jeden Monat eine bestimmte Ration zugewiesen. Ich weiß nicht, warum er sich diesmal so vorgedrängt hat. Gewöhnlich kommen diese Adler am Monatsende angeflogen, und oft gleich ein paar auf einmal. Das ist günstiger, weil sie dann weniger verlangen. Am besten ist es, wenn sie mit ihren Frauen ankommen, dann paßt die eine auf die andere auf..."

Urwanzew eilt aus der Fischbaracke herbei:

"Zu wenig Tomatenpüree!"

"Fehlt viel?" fragt Lewtschuk.

"Zwei Kilo!"

"Vom ganzen Faß?"

"Nein, vom halben."

"Bringen wir gleich in Ordnung. Im selben Aufwasch wollen wir auch den Fisch überprüfen. Sukonnikow, nehmen Sie eine Kasserolle mit Wasser mit. Treguboff, mir nach!" Wir begeben uns in die Fischbaracke. "Auf denn, Urwanzew, gießt vier Kilo hinein! Auch sieben Sünden werden nur einmal bestraft! Das für den Hausgebrauch!"

Urwanzew beginnt, Wasser, dem Mehl beigegeben worden ist, in das Tomatenpüree zu gießen.

"Treguboff, Sie Schlafmütze, rühren Sie schneller! Und gießt langsamer, mit einem ganz dünnen Strahl." Nach zehn Minuten ist die Prozedur beendet. Betrübt schaut Lewtschuk ins Faß:

"Zu flüssig! Noch ein Kilochen Mehl hinein, aber vom Ausschuß!"

Wir zerbomben den Zucker

Am folgenden Tag gibt es eine zusätzliche Arbeit, die Zuckerverteilung steht bevor. Zuerst kommen die Listen aus der Buchhaltung. Hinter jedem Namen steht die Menge Zucker, die dem betreffenden Häftling zusteht. Sie richtet sich nach dem Grad seiner Normerfüllung. In den jenseits des Polarkreises liegenden Lagern beträgt die kleinste Zuckerration 17 Gramm pro Tag, das entspricht dem niedrigsten Verpflegungssatz, beim mittleren gibt es 23 Gramm, und bei dem dritten und *reichlichsten* noch einige Gramm mehr. Diejenigen, die böswillig ihre Norm nicht erfüllt haben und nur Strafverpflegung beanspruchen können, erhalten überhaupt keinen Zucker.

Die Zuckerausgabe ist eine komplizierte Sache.

Kein Proviantlagerarbeiter kann alle Lagerinsassen vom Sehen her kennen, und Ausweise stehen ihnen nicht zu. Es kam häufig vor, daß jemand im Proviantlager erschien, sich etwa Iwanow nannte, in der Liste quittierte, den Zucker bekam und verschwand. Eine Stunde später kreuzt nun der echte Iwanow auf, und es gibt einen Höllenkrach! Seit einiger Zeit ist man dazu übergegangen, die Rabotjagi brigadenweise zum Zuckerempfang antreten zu lassen, und zwar mit ihrem Brigadeführer an der Spitze, der alle seine Leute persönlich kennt und sich für ihre Identität verbürgen kann.

In anderen Fällen kommt der Brigadeführer auch allein, wobei er Säckchen in der Anzahl seiner Untergebenen mitbringt. Es kann aber auch passieren, daß man bei uns einen Brigadeführer nicht persönlich kennt. Dann wird er vom Pompobyt begleitet, der feierlich seine Person bezeugt.

Die Ausgabe beginnt. Aus dem Proviantlager krieche ich durch eine Öffnung in die sogenannte *Zuckerdose*, einen niedrigen, angebauten Bretterverschlag. An einem kleinen, hell erleuchteten Fenster befinden sich die Waage, ein Tragbrett mit Zucker und ein Schaufelchen. Auf meinen Knien liegt die Liste. Neben mir sitzt der Pompobyt Chrustizkij. Heute ist seine Baracke Nr. 27 dran. Dort hausen Bergmannsbrigaden. Der Rabotjaga nennt seinen Namen und reicht mir sein Säckchen zu. Laut nenne ich das ihm zustehende Quantum Zucker. In diesem Fall quittiert der Pompobyt, der die Bewohner seiner Baracke kennt.

Der Rabotjaga entfernt sich, der nächste kommt an die Reihe...

Am nächsten Tag kommen drei Arbeiter aus der 1. Baracke und erklären, man habe ihnen zu wenig Zucker gegeben, er sei schlecht gewogen. Lewtschuk zeigt auf ein Täfelchen am Fenster, auf dem steht: *Sofort am Fenster das Gewicht kontrollieren!* und fragt: "Wie habt ihr denn dieses angebliche Untergewicht festgestellt?"

Eine Stimme aus der Menge: "Sie sind heute zum Verkaufsstand gelaufen und haben's nachwiegen lassen!"

"Oh, wie gewissenhaft!" faucht Lewtschuk. "Hier habt ihr noch sechzig Gramm, und laßt euch nicht mehr bei mir blicken!"

Das Kleeblatt verschwindet.

"Das haben sie fein gedreht!" sagt der Führer der gerade Zucker empfangenden Brigade. "Natürlich lügen sie! Wenn man ihnen aber nichts gibt, laufen sie zum *Oper* (Anmerk. Operativen Bevollmächtigten, oberste Polizeiinstanz im Lager), und der Krach ist da!"

Am Abend kommen noch sieben Mann mit offensichtlich aggressiven Absichten:

"Hör mal, du hast uns gestern nicht genug Zucker gegeben?"

"Und was habt ihr gestern festgestellt?"

"Bei dir ist die Waage ja nicht zu sehen! Wie sollen wir wissen, was du da zusammenwiegst?"

"Wie sehen's denn die anderen? Keiner macht Radau, nur ihr allein!"

"Wir gehen hier erst weg, wenn du uns noch mehr Zucker gibst!"

"Ich habe keinen Zucker für euch! Ihr habt euren bekommen, verduftet!"

"Wir gehen nicht fort!"

"Gut, dann werde ich mit der Zuckerausgabe aufhören."

Lewtschuk macht eine Bewegung, als wolle er die Lampe auslöschen und das Fenster schließen. In der Menge, die zum Zuckerempfang gekommen ist, erhebt sich Lärm.

Einer packt den Anführer der Protestler energisch am Kragen.

"Mach, daß du fortkommst, Freundchen! Du hast deinen Anteil erhalten, und sollen wir deinetwegen ohne Zucker bleiben?"

Der Jackenkragen knistert in den Nähten, eine Rauferei beginnt.

"Ruft den Diensthabenden!"

Zwei Hüter der Lagerordnung tauchen auf.

"Was ist hier los?" Die Leute schweigen. "Ihr habt euren Zucker bekommen, macht euch fort! Erst ißt du die Hälfte auf, und dann jammerst du, du hättest nicht genug gekriegt!"

"Ja, dieser Radaumacher da, der mit dem Bärtchen, hat gestern seinen Tee mit genau dem Zucker getrunken, den er zu wenig bekommen hat!" ertönt eine spöttische Stimme aus der Menge.

"Schnauze, du Dreckskerl! Tschekistenlecker!" donnert der Rädelsführer der Zuckerjäger. Aber die Meuterer ziehen sich doch zurück, da sie merken, daß ihr Spiel verloren ist.

"So geht das jeden Tag!" stöhnt Lewtschuk. "Und wer ist nun dran, welche Brigade?"

Das Zuckerzerbomben geht wieder seinen Gang. Schnell leeren sich die Säcke. Mein Kopf raucht: vom Geschrei, von den Grammangaben, Brigadenummern, den Namen der Brigadeführer und Pompobyts. Raschelnd rinnt der Streuzucker in die schmutzigen Säckchen. Einem ist das seine zerrissen, der kostbare Zucker endet im Schmutz. Alle wiehern schadenfroh.

"Morgen machen wir Schluß!" erklärt Lewtschuk mit erloschener Stimme.

Es ist Abend. Mein ganzer Körper schmerzt. Die *Zuckerdose* wird von innen verriegelt. Bald ist Appell, aber dennoch klopfen kräftige Fäuste an die Tür. Morgen müssen wir die Zuckerverteilung beenden, und, wenn es irgend geht, die Milch austeilen, sonst wird sie womöglich sauer. Dann gäbe es endlose Scherereien, Protokolle und Unterschriften, eine ganze Affaire...

Mit letzten Kräften gehen wir daran, die für die große Küche bestimmten Lebensmittel auszuliefern.

Der Küchenchef, ein Häftling, nimmt sie nach dem Frachtbrief in Empfang. Auf großen, am Eingang stehenden Waagen wird alles mit peinlicher Genauigkeit abgewogen. Wir schleppen Säcke mit Graupen und Mehl herbei. Diese Dinge werden vom Küchenchef ohne besondere Debatten übernommen, aber bei der Ausgabe von Fleisch und Fett hebt das Konzert an.

"Deine Dezimalwaage ist locker und wackelt! Weiß der Kuckuck, was sie anzeigt!" schreit der Küchenchef.

Lewtschuk wehrt sich: "Halt die Klappe! Ich liefere richtig aus, und die Waage ist geprüft."

"Bei *dieser* Waage muß das noch bewiesen werden!"

Der Küchenchef will um jeden Preis *mehr* bekommen, unser Lewtschuk aber *weniger* liefern. Mit flimmernden Augen, wie hungrige Wölfe, verfolgen alle das Schwanken der Waagebalken.

"Du bist schlimmer als Judas!"

"Schweig, du Faschist! Hitlerknecht!" kontert Lewtschuk.

Unterwegs fällt ein großes Schlachtstück vom Wagen in den lehmigen Dreck. Aus dem Dunkel schallt wüstes Geschimpfe herüber.

Jefrem Jefremowitsch Kobtschik

Mit der allgemeinen Küche sind wir fertig, nun kommt die Krankenküche dran, die von Jefrem Jefremowitsch Kobtschik geleitet wird. Der ist wirklich eine ganz besondere Falkenart! Er schimpft nie, und ist von *der Sorte* sowjetischer Vorgesetzer, *die sich weich betten, aber hart schlafen.* Er erhält zwar nur verhältnismäßig wenige Lebensmittel, aber sie sind weit gehaltvoller als die für die allgemeine Küche bestimmten.

Kobtschik beißt nicht um sich wie ein Hund, so, wie der Chef der allgemeinen Küche, aber er jammert uns sanft die Jacke voll, die im Lager die Weste vertritt. Dabei appelliert er an unser Gewissen und hebt die Augen gen Himmel. Alle wissen, daß er sich bei der Obrigkeit großer Autorität erfreut, besonders beim Vollzugsbevollmächtigten des Lagers. Außerdem ist er gescheit und schlau, immer ruhig und selbstbeherrscht, mithin für uns ein gefährlicher Gegner. Seine etwas trüben, leicht hervorstehenden blauen Augen sehen buchstäblich alles.

In einer der Büchsen sind die Bohnen leicht angeschimmelt.

"Sie werden sehen!" sagt Lewtschuk. "Kobtschik wird es gleich bemerken! Na, Sukonnikow, schüttel mal die Bohnen durch!"

Es wird gemacht.

Drei Büchsen mit einwandfreien Bohnen nimmt Kobtschik ohne Beanstandungen in Empfang, aber die Büchse mit den durcheinander geschüttelten Bohnen erweckt sofort seine Aufmerksamkeit.

"Ja, meine Teuren, diese Bohnen taugen nun wirklich nicht. Seid so nett und tauscht sie um!"

"Du machst deinem Namen alle Ehre, du bist wirklich ein Falke! Dir darf man nicht in die Fänge geraten, sonst murkst du einen gleich ab!"

Endlich ist die Übergabe der Lebensmittel für die Krankenküche beendet. Beide Parteien überschlagen ihre Verluste.

In Kobtschik sieht Lewtschuk das Gleiche, was Napoleon nach der Schlacht bei Aspern-Esslingen in Erzherzog Karl gesehen hatte: nämlich einen Gegner, der ihm einigermaßen ebenbürtig war.

Innerlich beben beide vor Wut. Endlich entfernt sich Kobtschik, wobei er nicht vergißt, sich höflich zu verbeugen.

Lewtschuk wischt sich den Schweiß vom Gesicht.

"Ist das ein Gauner! Der bringt es fertig, einem beim Gehen die Schuhsohlen von den Stiefeln zu schneiden!"

Und Sukonnikow ergänzt: "Als Gott, der Herr, ihn schuf, hat er selbst zu weinen angefangen!"

Alle lachen.

Jetzt muß nur noch das Proviantlager aufgeräumt werden. Danach werden alle Räume versiegelt, in denen Lebensmittel enthalten sind, nur das Lagerbüro bleibt unversiegelt. Anschließend wird das Siegel der Jurpalowa übergeben, der Verwalterin.

Nach dem Versiegeln können wir uns endlich etwas ausruhen.

Wir sind so müde, daß wir kaum etwas essen wollen. Der findige Lewtschuk hat jedoch für ein gutes Abendessen gesorgt.

"Sie essen wohl zum ersten Mal Geklautes?" fragt er mich. "Macht nichts, werden sich dran gewöhnen!"

Und ich überzeuge mich davon, daß ein gestohlenes Essen genau so gut schmeckt wie eine ehrlich erworbene Mahlzeit.

Der Überfall der Schönen Valentina

Tagelang hämmern wir im Regen Fässer zusammen. Die leeren Behälter, Kisten und Säcke müssen an die Proviantbasis zurückgeschickt werden. Ich verwandle mich in einen zünftigen Böttcher, über und über naß und schmutzig rolle ich die Fässer.

Am Abend sitzen wir zusammen beim Essen, der halbtote Lewtschuk, Sukonnikow, Urwanzew, das Stubenfaktotum des Proviantlagers Sleskin und ich. Sleskin hat soeben seinen Beobachtungsposten verlassen, kein Vorgesetzter ist zu sehen.

"Urwanzew, stellen Sie sich an die Tür!" sagt der vorsichtige Lewtschuk.

Im gleichen Augenblick sind auf den wackligen Dielenbrettern des Korridors klappernde Absätze zu hören.

Zürnend, wie Pallas Athene, steht die Boizowa vor uns, die Leiterin der Sanitätsabteilung, auch die *Schöne Valentina* genannt. Sie trägt einen durchsichtigen Regenmantel über einem zitronengelben Seidenkleid. Wie erstarrt bleiben wir auf unseren Plätzen sitzen. Entrüstet blickt sie auf den appetitlich in Butter schwimmenden Fisch, läuft rot an, dreht sich um und rennt fort, noch bevor einer von uns ein einziges Wort sagen kann.

Lewtschuks Gesicht ist ganz grau geworden:

"Na, Jungs, jetzt hat unser Lager nichts mehr zu lachen! Die saust direkt zum *Oper*, und wir alle werden aufgeschrieben! Ein schreckliches Biest! Sleskin, was mußtest du auch von der Tür weggehen? Hättest du wenigens jemanden gerufen, du Rindvieh! Bist wohl nicht im Krieg gewesen? Wo gibt es denn so was, daß ein Wachtposten eigenmächtig seinen Platz verläßt!?"

Schuldbewußt blinzelt Sleskin mit den Augen. Wir haben unseren Kriegsrat noch nicht beendet, da kommt eine Ordonnanz aus der Intendantur angelaufen.

"Was war denn bei euch los? Vor einer halben Stunde kam die Boizowa zu uns gerannt, rot wie ein Krebs, und ab ins Büro des Chefs. Ich höre, wie sie schreit:

'Ich kam hinein, niemand steht auf und beachtet mich! Wie die Schweine fressen sie staatliche Lebensmittel!'

Verständnislos fragt der Chef: 'Wer? Wer frißt was?'

'Im Proviantlager! Wie heißen sie doch? Ja, der Lewtschuk und seine Kumpane!' Sprach's und entschwand!"

"Und wohin? Hast du das nicht gesehen? Wenn sie zum *Oper* gelaufen ist, gibt's eine schlimme Pleite!"

"Kann schon sein!"

Am nächsten Tag sind jedoch keine Folgen zu spüren.

Wir werden nicht zum *Oper* zitiert, und auch der Intendanturchef schweigt sich aus. Lewtschuk meint:

"Vielleicht geht der Kelch doch noch an uns vorüber. Aber daß mir jetzt immer jemand an der Tür steht!"

Ein ausgeklügeltes Sicherheits- und Signalsystem wird ausgearbeitet. Während vier verschnaufen, stehen Sleskin und Mursik Wache, dann werden sie von zwei anderen abgelöst, um ebenfalls speisen zu können. Ich spüre, daß ich trotz des guten Essens immer dünner werde. Die schwere Arbeit geht offenbar über meine Kräfte.

Frische Fische sind eingetroffen, das ist eine große Seltenheit.
Eine der Kisten ist entzwei. Ein Fischkopf mit tragisch geöffnetem
Maul guckt heraus.
"Die Kiste ist runtergefallen, als wir über ein Schlagloch fuhren."
erklärt der Chauffeur. "Ich habe ein Protokoll darüber."
Das Protokoll trägt die Unterschrift eines Milizionärs.
"Demnach sind zu wenige Fische in der Kiste?"
"Was sollte ich denn machen? Sie ist eben runtergefallen und ging
kaputt. Diese verdammten Schlaglöcher, du weißt doch, wie sie das
Auto schütteln!"
"Na, gut, das wäre also die Kiste! Und wo ist der Fisch?"
"Wie soll ich das wissen?"
Der Chauffeur fährt weg. Lewtschuk räsoniert:
"Hat erst selbst die Kiste vom Auto geschmissen, dann den Fisch
rausgenommen und das Protokoll verzapft, mindestens fünf Kilo
Fisch hat er geklaut. Überall muß man seine Augen haben! Kaum
schaust du weg, schon bemogeln sie dich beim Abwiegen, oder,
noch schlimmer, klauen's dir vom Auto, wenn so'n ganzes ge-
schlachtetes Tier nicht zu groß ist. Die von der Proviantbasis sind
eine regelrechte Gaunerbande! Da ist mal folgendes passiert:
Ein Fahrer wollte die Basis verulken. Er kam mit seinem kleinen
Sohn angefahren, ließ ihn aber unter der Plane im zugedeckten
Auto liegen. Sobald die von der Basis sehen, daß der Chauffeur
Fliegen fängt, machen sie sich ans Auto heran und kriegen ein
Rind am Bein zu fassen. Der kleine Bengel aber hält das geschlach-
tete Tier am anderen Ende fest. Die Kerle ziehen und ziehen, und
alles ohne Erfolg. Da aber hat der Junge zu schreien angefangen,
sein Vater kam angelaufen, und die Übeltäter flitzten fort. Was gab
das für ein Gelächter! Um den Chauffeur zu besänftigen, haben sie
ihm drei Kilo Filet geben müssen."

Die Lageristen werden zerschlagen

Die Lagerverwalterin Jurpalowa geht wohl ihren letzten Tagen entgegen. Oft läuft sie mit verweinten Augen herum.

Sie beschuldigt Sukonnikow, sie beim Operativen Bevollmächtigten Klimow verpetzt zu haben. Sukonnikow bekreuzigt sich und schwört Stein und Bein, das sei nicht der Fall.

"Das war eine Dummheit!" schreit sie so laut, daß es durch das ganze Proviantlager schallt. "Und außerdem eine vorzeitige Dummheit!"

Der Chef des Lagerbezirks hat eine Kommisson berufen. Eine ganze Meute erscheint, auch zusätzliche Arbeiter tauchen auf. Die Restbestände werden registriert. Lewtschuk ist offensichtlich sehr nervös. Die zerlassene Butter wird aus ihren ursprünglichen Fässern in zuvor abgewogene, leere Fässer umgepackt. Das ist meine Aufgabe. In fettigem Kittel und in Schweiß gebadet schmiere ich mit einer Holzschaufel die Butter raus und rein, von einem Faß ins andere. Die Fässer sind zu groß und gehen kaum durch die Tür. Mit viel Mühe werden sie senkrecht auf die Waage geschleppt.

Zwanzig Fässer mit Fisch sind soeben von der Basis eingetroffen. Auf allen ist das Nettogewicht sowie das amtliche Gewicht der Verpackung verzeichnet. Die Fässer sind ganz. Der Vorsitzende der Kommission macht dennoch Schwierigkeiten und verlangt, daß der ganze Fisch noch einmal gewogen werden soll.

"Wer gibt Ihnen das Recht, die amtlich festgestellte Tara nicht zu akzeptieren und Überprüfung zu verlangen?"

"So nehme ich die Sendung nicht an!"

"Aber es ist doch klar, daß der amtliche Stempel für das richtige Gewicht bürgt!"

Mit Schrecken erwarten wir den Ausgang des Streits. Schließlich werden die Fischfässer doch so übernommen, wie sie sind.

Jetzt kommt der Sauerkohl an die Reihe. Dabei stellt sich heraus, daß zweieinhalb Kilo fehlen. Zwei Kilo sind natürlich eine Bagatelle, Sauerkohl kommt in die Suppe und zählt eigentlich kaum. Es wäre etwas anderes, wenn mehrere Fässer Sauerkohl fehlen würden, den übrigens viele gar nicht essen. Aber die sinnlose Pedanterie und die Sucht, einem anderen eins auszuwischen, ist den sowjetischen Bürokraten so sehr in Fleisch und Blut übergegangen, daß alle Leichenbittermienen machen. Auf den Gesichtern der Kommissionsmitglieder spiegelt sich heuchlerisches Entsetzen.

"Ich bitte Sie, es fehlen mehr als zwei Kilo Sauerkohl! Wie kann so etwas passieren?"

Schadenfroh lächelnd und prahlerisch mit ihren Tscheka-Achsel-stücken glänzend, setzt die ganze Gaunergesellschaft von Verwaltungsleuten ein gewichtiges Protokoll über das Fehlen von zwei Kilo und sechshundert Gramm Sauerkohl auf!

Wie sich später herausgestellt hat, bestand der Sinn dieser Komödie darin, die Jurpalowa als Verwalterin des Proviantlagers auszubooten. Wir haben nur die Außenseite jener gemeinen Intrige gesehen, die von der Leitung des Konzentrationslagers angezettelt wurde, um eine eigene Kreatur an die Spitze des Proviantlagers setzen zu können, mit der gemeinsam es sich besser stehlen ließe.

Flüsternd erzählt Sleskin, die Jurpalowa habe in einem Winkel gesessen und geweint. Spätabends, nachdem die Übernahme der Restbestände beendet war, und sich, bis auf den Sauerkohl, nirgends Untergewicht herausgestellt hatte, kam plötzlich Hauptmann Klimow selbst angelaufen.

"Genossin Jurpalowa, wie erhalten Sie die Milch, nach Kilo oder in Litern berechnet?"

"Nach Kilo!"

"Und wie geben Sie die Milch aus?"

"Nach Litern, aber das ist ja dasselbe!"

"Nein, das ist nicht dasselbe! Wie kann man nach Kilo empfangen und nach Litern verteilen? Das ist doch Betrug!"

Die Jurpalowa merkt, daß sie hereingefallen ist. Selbstverständlich war dieser Vorwurf des Betrugs unsinnig, aber da alle wissen, daß bei der Milchausteilung mit dem Litermaß gemessen wird, konnte sie nicht behaupten, die Milch nach Kilogramm berechnet zu verteilen. Mit zufriedener Miene entfernt sich Hauptmann Klimow.

Das Lager wird versiegelt. Lewtschuk geht ganz verdüstert umher.

Die Jurpalowa muß das Proviantlager übergeben, ein Mann namens Poljanskij übernimmt es. Dieser junge Sowjetmensch macht keinen üblen Eindruck. Er liebt es, sich einen hinter die Binde zu gießen, Fusel zu schlecken, wie die Rabotjagi es nennen. Wieder die reinste Zwangsarbeit, erneut wird alles gewogen. Endlich hat Poljanskij das Proviantlager übernommen, Lewtschuk bleibt Vorarbeiter. Der neue Chef leidet an Verfolgungswahn, überall wittert er Spitzel.

Die Tage gehen dahin, plötzlich wird uns Urwanzew genommen.

"Mag er gehen, dieser Spitzel!" sagt Poljanskij.

Dann geht auch Sukonnikow weg.

Es wird mir geradezu peinlich, weiterhin hier zu bleiben, ringsum schmutzige Intrigen... Ich mache eine Eingabe und bitte, mich wieder dem Schwarzen Hundert zuzuweisen, meiner alten *Brigade für verschiedene Arbeiten*.

Es ist schon Oktober, der Winter naht. Nachts beginnt es, stark zu frieren. Der erste Schnee ist gefallen. Der Schmutz auf den Wegen verhärtet sich. Tagsüber jagt der Wind kalte Regenschauer vor sich her. Die Rabotjagi werden naß und zittern vor Kälte. Endlich bleibt der Schnee liegen. Mein zweiter Workutawinter.

Für wieviele Winter werden meine Kräfte reichen?

Nach einer Weile merke ich, daß Lewtschuk sich in seinem Verhalten mir gegenüber verändert, und eines Tages erklärt er mir in offiziellem Ton, daß ich aus dem Proviantlager versetzt werde, aber nicht zum Schwarzen Hundert, sondern in die Brigade Klimow (hat nichts zu tun mit Hauptmann Klimow, dem Operativen Bevollmächtigten). Das ist ungünstiger. Die Brigade Klimow ist eine KETsch-Brigade (Kommunalverwaltung, somit in der Bewirtschaftung des Lagers tätig). Höflich verabschiede ich mich von allen, wobei ich versteckten Triumph auf Lewtschuks Zügen bemerke.

In Gedanken gelobe ich mir, mich niemals mehr *einzurichten*, für wie lange Gott mich auch zum Lageraufenthalt verurteilt haben möge, und mich einer anrüchigen, weil mit zweifelhaften Vorteilen verbundenen Arbeit zuteilen zu lassen.

Ich gelobe IHM und meinem Gewissen, von diesem Tage an stets die gewöhnliche, beschwerliche Fron auf mich zu nehmen.

Mit Mühe gelingt es mir, den Wirtschaftshof noch einmal zu betreten, man wollte mich schon nicht mehr hineinlassen. Unterwegs treffe ich Lewtschuk. Sein Gesicht ist krampfhaft verzerrt. Verstört blickt er mich an und dreht mit zitternden Händen eine Zigarette.

"Auch ich bin entlassen, Georgij! Was ist bloß für ein Unglück über uns gekommen? Ich habe mich selbst nicht geschont, und wie ein Hund die Wirtschaftsbestände gehütet. Um ein Haar hätten die Blatnojs mich umgebracht, im ganzen Lagerbezirk habe ich mir Feinde gemacht. Wenn ich schuldig bin, so soll man mich bestrafen, aber nie und nimmer entlassen!"

Poljanskij gibt das Proviantlager wieder ab, kaum daß er Zeit gehabt hat, sich einzuarbeiten. Sein Nachfolger ist der Wolgadeutsche Zickler. Aber das Proviantlager interessiert mich schon nicht mehr.

In der KETsch-Brigade von Klimow

In der Klimow-Brigade werde ich mehr als frostig empfangen. Die weggejagten Proviantleute genießen zwar Popularität, aber keineswegs Zuneigung. Der gewöhnliche Rabotjaga ist davon überzeugt, daß ein Proviantlagerarbeiter nichts anderes zu tun hat, als staatliche Lebensmittel zu stehlen. Außerdem halten die meisten alle Proviantarbeiter für Spitzel.

Ich habe meinen Platz auf den oberen Pritschen. Wir schlafen zu dritt, es ist sehr eng, dafür aber warm.

Wecken ist um fünf Uhr. Meine Brotration liegt bereits zusammen mit dem Essenkupon am Kopfende des Bettes. Ich ziehe meine plumpen Schuhe an, an denen noch Mehl vom Proviantlager klebt. Der Gehilfe des Brigadeführers betrachtet sie zweifelnd und sagt: "Nach den Oktoberfeiertagen wird es Filzstiefel geben."

Um sieben Uhr geht es zur Arbeit. Auf dem Weg, der zur Stadtwache führt, haben sich bereits Hunderte von Rabotjagi versammelt. Sie alle sind nicht ausgeschlafen. Die Aufstellung zur Arbeit beginnt. Es weht ein kalter Wind. Vereinzelte Schneeflocken drehen ihre Kreise. Der Frost ist nicht hart, vielleicht sieben bis acht Grad, aber der Wind, der eisige Wind! Er schneidet einem ins Gesicht und dringt tief in die Lungen.

"He, ist der Konvoi gekommen?"

"Ist jemand vom Gorstroj da?"

Am geschlossenen Tor stehen die Aufseher und ihr diensthabender Vorgesetzter, der den Gang zur Arbeit leitet. Fünf, sechs Aufseher, drei oder vier Narjadtschiki in trefflichen Joppen, Halbpelzen, Filzumhängen und Stiefeln, Leute aus der Herrenschicht der Lagerbezirksverwaltung. An der anderen Seite der Wache warten die Begleitmannschaften. Jeder Trupp hat den Auftrag, eine bestimmte Arbeitskolonne zu ihrem besonderen Einsatzpunkt zu führen. Erst werden die für den Gorstroj (Städtische Baugesellschaft) Arbeitenden hinausgelassen, gut zwanzig bis fünfundzwanzig Brigaden.

"Grobstroj, raus!" schreit jemand, wobei er den von den Häftlingen erfundenen Namen benutzt (Grobstroj: Sargbau). "Das Tor!"

Vorn wird zuerst ein kleines Tor geöffnet. Zwischen ihm und dem Haupttor liegt eine Sperrzone. Die Lagerinsassen haben nicht das Recht, von sich aus bis zum Haupttor zu gehen.

Dann öffnet sich kreischend das aus Balken und Stacheldraht angefertigte Haupttor, die *Königspforte,* wie die Häftlinge es nennen. (Anspielung auf die mittlere Tür der Altar und Kirchenraum trennenden Ikonostase einer orthodoxen Kirche, die nur der Priester passieren darf).

Der Gang zur Arbeit vollzieht sich so:

Ein Narjadtschik ruft die betreffende Brigade auf:

"Brigade Nr. 29, Gorstroj! Brigadeführer Perwonjuk, vortreten!"

Alle, die zu der aufgerufenen Brigade gehören, stellen sich paarweise auf. Die Aufseher durchsuchen die Häftlinge, damit sie nichts Verbotenes mitnehmen können. Auf die Arbeit kann man eigentlich nichts von seinem persönlichen Kram mitnehmen, nur das Arbeitswerkzeug und ein Stück Brot.

Dann zählt der Narjadtschik die herausgetretenen Paare ab, und der Diensttuende folgt seinem Beispiel. Achtzehn Paare, demnach umfaßt die Brigade Nr. 29 insgesamt 36 Mann.

Die nächsten Brigaden werden aufgerufen. Die Lagerhäftlinge passieren das Tor, unausgeschlafen, halb hungrig, in abgetragenen und schmutzigen, lehmverschmierten Jacken. Ein eisiger Wind weht.

Jenseits des Tores stellen sich alle in Fünferreihen auf.

Das Kommando ertönt: "Marschordnung zu fünfen!"

Der zuständige Narjadtschik notiert:

"Zur Arbeit für den Gorstroj aus dem Lagerbezirk abmarschiert 619 Mann."

Dieselbe Zahl vermerkt der Wachhabende am Tor.

Am Abend müssen von den Arbeitsstellen des Gorstroj 619 Mann zurückkehren, die der Wachhabende für den Lagerbezirk wieder in Empfang nimmt.

Nach Passieren des Lagertores unterstehen die Häftlinge nicht mehr der Hauptverwaltung, von diesem Augenblick an ist die Begleitmannschaft für ihre Schützlinge voll verantwortlich.

"Richtung, zu fünfen! Kein Geschwätz!" kommandiert der Konvoiführer.

"Fertig zum Abzählen!" kommandiert ein anderer, wobei er seine Maschinenpistole schwenkt. "Erste Reihe, fünf Schritt vor! Zweite, dritte, vierte... Keine Gespräche!"

Die abgezählten Reihen treten ihre fünf Schritte vor und bleiben stehen. Leises Schimpfen ist zu hören:

"Zählen schon wieder, die Konvoigelehrten!"

"He, Chef, zähl schneller, wir sind durchgefroren!"

"Nicht schwatzen! Zweiunddreißig, dreiunddreißig, fünfunddreißig, vierzig." Bei jeweils zehn Mann macht der Konvoiführer ein Zeichen in sein Notizbuch. Endlich ist die Zählung beendet.

"Hundertvierundzwanzig, einer fehlt!"

"Mach hin, Chef!" grollen die Häftlinge.

"Alles rühren, eingehakt!"

"Nach Verlassen des Lagerbereichs unterstehen die Häftlinge ausschließlich der Befehlsgewalt des Konvois und haben alle Befehle *widerspruchslos* auszuführen!" skandiert der Konvoiführer laut. "Ein Schritt nach links, ein Schritt nach rechts gilt als Fluchtversuch. Die Begleitmannschaft macht ohne Warnung von der Schußwaffe Gebrauch. Marsch!"

Die Kolonne zieht sich auseinander. Die Fünferreihen marschieren eingehakt. Auf unebenen Wegen ist das eine Qual, mal fliegt man auf den Vordermann, dann stößt man mit dem Hintermann zusammen. Jemand gleitet aus, strauchelt...

"Geh weiter, du Bocksteufel! Bist mir gerade aufs Hühnerauge gesprungen!"

"Du pockennarbiges Scheusal, Sauresahnekrokodil, halt den Rand!"

Der Weg ist sechs, sieben Kilometer lang, dauert also über eine Stunde. Heute marschiert unsere Brigade, wer weiß, warum, neben einer Gorstroj-Brigade.

Müde und in Schweiß gebadet kommen wir endlich an.

Beim Neubau handelt es sich um zwei vierstöckige Häuser, die als Tschekistenquartiere vorgesehen sind. Unserer Brigade fällt die undankbarste Aufgabe zu, da sie aus Leuten unterschiedlichster Qualifikationen zusammengesetzt ist.

Wir haben den Kalk zum Verputzen der Wände heranzuschaffen. Der Kalk wird weit unten, in einer beheizten Baracke, gelöscht. Ein älterer, ziemlich stämmiger Rabotjaga wird mir als Partner zugeteilt. Ein schwerer Holzkasten wird bis zum Rand mit Mörtel gefüllt. Wir beide schleppen sein Gewicht von siebzig Kilo treppauf, bis zum dritten Stockwerk. Dort oben haben wir Träger es mit zwei Arbeitern zu tun. Sie lassen uns kaum Zeit, zurück zur Löschbaracke zu gehen, um den Kasten neu zu füllen. Der ganze Körper klebt vor Schweiß, das Herz will zerspringen.

Oben, in der dritten Etage, nehmen die Arbeiter den Mörtel gewandt mit der Kelle auf und bewerfen die mit Latten bedeckten Wände. Die graue Masse haftet schlecht, gut die Hälfte fällt auf den Fußboden.

"Ihr Rabotjagi, seid uns nicht böse, weil wir euch immerzu so antreiben! Aber der Mörtel taugt nichts, reine Pfuscharbeit, die nicht hält. Sieh dir das an!" Mit tragischer Miene zeigt der Verputzer auf den verdreckten Boden.

"Wieso ist der Mörtel so schlecht?" fragt mein Kollege.

"Am Kalk wird gespart, das meiste ist Lehm und Sand. Weiß Gott, wohin der Kalk hintenherum gerät? Verschoben wird er, um beim Renovieren irgendwelcher Wohnungen verwendet zu werden!"

Mittags sind wir vollkommen erledigt. Zum Glück machen die Verputzer eine Pause, auch wir kramen unsere feuchten, klebrigen Brotstücke hervor. Da kommt einer der Antreiber angestürzt:

"Was habt ihr's euch hier bequem gemacht? Los, helft, den Mörtel zu mischen!"

"Bevor wir nicht gegessen haben, rühren wir uns nicht vom Fleck. Wir sind auch nur Zubringer, das ist ohnehin Schwerstarbeit!"

"Bist wohl zur Kur hergekommen?"

"Scheinst selbst ein Kurgast zu sein!"

"Was ich mache, geht dich nichts an! Ich leite die 72. Brigade!"

"Dann kommandier doch deine eigene Brigade, wir gehören zur Brigade Klimow."

"Und wo ist Klimow?"

"Er ist nicht mit herausgekommen."

"Na, das werde ich dir ankreiden!" Schimpfend entfernt sich der wütende Brigadier.

Wir sind so hundemüde, daß wir kaum essen können. Hier, in der Baracke, ist es wenigstens warm, unsere Gesichter brennen noch von dem schneidenden Wind.

Hinter der Steinmauer erhebt sich Lärm. Jemand heult auf. Man sieht einen verwahrlosten Rabotjaga weglaufen, wobei er sich einen schmutzigen Lappen an die Nase hält.

"Was ist da los?"

"Ein Brigadegehilfe hat ihm zwei Schläge versetzt. Er hat einen Bruch, und weigerte sich, einen schweren Kasten zu heben, und da hat ihm der Kerl ein paar gepflastert."

"Sie haben kein Recht, uns zu schlagen, aber ab und zu rumst es doch!"

Die Arbeit beginnt wieder. Der schwere Kasten drückt so auf die Arme, daß sie von selbst nachgeben. Immer häufiger ist ringsum erzürntes Schimpfen zu hören. Alle arbeiten mit den letzten Kräften. Um sechs Uhr ertönt das langersehnte Dröhnen einer eisernen Stange an einer aufgehängten Schiene.

Die Brigadeführer holen ihre Leute von den Arbeitsstellen. Da ist nicht viel zu *holen*, denn alle haben aus Entkräftung bereits vor einer Stunde von selbst zu arbeiten aufgehört.

Nun stellen die Brigadeführer gemeinsam mit dem Bauführer und den freien Vorgesetzten fest, was tagsüber geleistet worden ist. Beide Seiten lügen kräftig, und die Lagerleute mogeln fürchterlich. Die freien Vorgesetzten wollen die vollbrachten Arbeiten möglichst herabsetzen, denn die Gorstroj-Verwaltung möchte keine Pfuscharbeit bezahlen, andererseits haben es die Lagervorarbeiter und die Brigadeführer in der Kunst, anderen Sand in die Augen zu streuen, zu wahrer Virtuosität gebracht.

"Hier!" sagt ein Brigadeführer seinem Widerpart, einem der freien Chefs. "Die Wand verputzt und gestrichen, dazu die Decke, zwei Arbeiter."

Einer meiner Bekannten flüstert mir zu:

"Die Wand war schon gestern zur Hälfte verputzt. Ich habe es selbst gesehen. Dazu ist der Putz schlecht und viel zu dünn. Nach einem halben Jahr fängt er an, abzufallen."

Die gelben Laternen brennen. Die Menge sammelt sich am Tor. Wie das Lager, ist auch der Baukomplex rings von Stacheldraht umgeben. Wachttürme ragen empor, oben stehen die üblichen Posten. Auch eine Sperrzone gibt es.

"Aufstellen zu fünfen!"

Das Tor öffnet sich.

"Die ersten fünf, die zweiten, die dritten..."

Endlich sind alle 124 Fünferreihen abgezählt, 619 Menschen passieren das Tor. Ein fürchterliches Drängen und Schimpfen. Alle wollen nach vorn, wer zuerst in den Lagerbezirk gelangt, gewinnt eine halbe Stunde Zeit! Dann sind alle im freien Gelände, der Rückmarsch beginnt, die Schritte sind jetzt eiliger. Die Rufe der Begleitsoldaten, Hundegebell.

Der Wind weht einem ins Gesicht. Im Workutagebiet kommt er immer von vorn, nie von hinten. Jemand stürzt.

"He, Konvoi, was rennt ihr so? Langsamer! Einer ist hingefallen!"

Ich danke meinem Schöpfer, daß ich eine Wintermütze mit Ohrenschützern habe. Einige tragen noch ihre Sommermützen und frieren fürchterlich. Unentwegt reiben sie ihre lachsroten Ohren und verfluchen die Obrigkeit, das Sowjetsystem und sich selbst.

Wir marschieren durch Workuta, die Stadt der Tschekisten und der Lagermenschen. Unterwegs kommen uns Kolonnen von Männern und Frauen entgegen.

Tausende, gehüllt in schmutziges Blau, schleppen sich dahin.

An der Komsomolskaja, der Hauptstraße, liegen repräsentative Bauten, Behörden, Clubs, Wohngebäude für die Tscheka-Aristokratie. Einander gegenüber stehen zwei große Komplexe, die Verwaltungen Workutlag und Flußlag des MWD, die Zentralen der beiden Lagersysteme im Gebiet Workuta.

An der Peripherie der Stadt sind die Baracken der einfachen Werktätigen. Sie sind sogar schlechter als die Lagerunterkünfte, einstöckige, in sich zerfallende Särge. Im Frühjahr und Sommer versinken sie im Schmutz, im Winter tauchen sie in den Schneewehen unter. In der Nähe der Baracken liegen Haufen von Schlacke und Unrat, improvisierte Müllgruben, Brunnen mit eisernen Pumpen, die mit vereistem Stroh umwickelt sind, damit das Wasser nicht gefriert. Ein Bild erschütternder Armseligkeit! In diesen Baracken hausen die aus den Lagern entlassenen, aber nunmehr auf administrativem Wege als Verbannte an dieses Gebiet gefesselten Menschen, sowie die auf den Ruf der Partei und der Regierung hin hierher Übergesiedelten, die das Polargebiet erschließen sollen, jene Menschen der Arbeit, die vom Sowjetregime, *der Heimat aller Werktätigen*, wie das liebe Vieh behandelt werden.

Die Angehörigen der tschekistischen Oberschicht wohnen in Steinhäusern. Sie sind zwar ziemlich schlecht gebaut, aber immerhin haben sie Wasserleitungen und bieten einen gewissen Komfort. Die technische Spitzengruppe des Kombinats Workut-Ugolj ist in materieller Hinsicht den Olympiern der Tscheka angeglichen. Die Mittelschicht, gewöhnliche Ingenieure, kleinere Beamten, Buchhalter und unbedeutendere Tschekisten der verschiedensten Zweige, muß sich mit einem weit bescheidenerem Leben begnügen.

Diese Leute wohnen in Holzhäusern aus behauenen Balken. Und die übrigen hausen, wo und wie es Gott gefällt! Die meisten in den erwähnten Baracken...

Mit sowjetischen Maßstäben gemessen ist Workuta als Zentrum eines wichtigen Kohlegebietes immerhin eine reiche Stadt. Löhne und Gehälter sind hier hoch, viel höher als in den meisten anderen Gegenden der Sowjetunion. Dabei fallen das Polargebiet und der rüstungswichtige Rohstoff Kohle ins Gewicht, und außerdem kann jeder, der nicht gerade ein Don Quichotte ist, die Häftlinge zu seinem eigenen Nutzen *ausnehmen*. Die Stadt wird unentwegt ausgebaut und erweitert, die Bevölkerung wächst. Neue Stadtteile entstehen. Workuta ist eine Stadt, in der eine brutale, despotische Minderheit erbarmungslos eine Vielzahl gefangener Sklaven aussaugt.

Wir haben die Stadt durchschritten und marschieren eine ausgefahrene Straße entlang. In der Ferne leuchtet ein gigantischer Steinkegel in lilarotem Licht. Etwas tiefer brennen noch zwei etwas kleinere Kegel. Sie gehören zu den Gruben des 9. und 10. Lagerbezirks. In schwarzen Herbstnächten wirkt Workuta wie eine Hölle. Über den durchbrochenen Ketten der elektrischen Lampen schimmern die Fördertürme wie gigantische Foltermaschinen im purpurroten Licht des brennenden Gesteins. Unzählige Barackenfenster blicken wie orangefarbene Augen in die Finsternis. Und unter dem Sausen des Windes trotten in langen Zügen Jahr für Jahr die trübseligen, schmutzig grauen Kolonnen dahin...

"Warum brennt dieses Gestein?"

"Es ist sehr schwefelhaltig und fängt Feuer, sobald es mit der Luft in Berührung kommt."

"Ich habe da oben aber Arbeiter gesehen!"

"Das Gestein brennt nicht überall, nur von hier sieht das so aus. Es wird ihnen gesagt, wo sie gehen können, und wo nicht."

Wir ziehen an dem großen Kegel vorüber. Dröhnend entläd ein Kohlenwagen das Fördergut. Aus dem Bergkegel strömt ein Bach warmen, rauchigen Wassers. Es ist rein und trinkbar, schmeckt jedoch leicht nach Schwefel.

Die Kolonne hält. Die Aufseher treten heraus. Durchsuchung.

"Jacken aufknöpfen!"

In offenen Jacken müssen die Häftlinge warten, bis sie an der Reihe sind, durchsucht zu werden.

Dauer und Gründlichkeit der Durchsuchung hängen von den Aufsehern ab. Sie sind dafür verantwortlich, daß die Gefangenen nichts Verbotenes ins Lager mitnehmen. Es ist generell untersagt, etwas in die Lagerzone hineinzutragen. Die Durchsuchung wird zur zusätzlichen Verhöhnung. Aber die Begleitmannschaft ist ebenso müde und durchgefroren wie wir.

"Durchsucht schneller!" schreien die Konvoisoldaten.

Bei einem Rabotjaga wird ein Bleistiftstummel gefunden.

Triumphierend fuchtelt der Diensthabende damit vor seiner Nase herum.

"Denkst wohl, hast 'ne Kanone entdeckt!" stichelt ein Soldat.

Die Fünfergruppen geraten durcheinander, eine um die andere wird vom Tor verschluckt.

Endlich sind wir innerhalb des Lagers.

Ich bin so müde, daß es mich geradenwegs zur Baracke zieht. Aber ich muß ja noch *zu Mittag* essen. Nach dem Mahl habe ich nur noch Kraft, mich zu waschen und hinzulegen. Ich fühle mich wie gerädert.

"Sehen Sie, Georgij Andrejewitsch, Sie waren den ersten Tag beim Gorstroj, die Leute gehen aber Jahr um Jahr dorthin!"

"Wie halten sie das bloß aus?"

"Es muß eben gehen, so lange, bis sie irgendwann völlig kaputt in der Krankenstation verrecken."

Vier Tage bin ich beim Gorstroj gewesen. Ich weiß nicht, ob ich es vier Monate ausgehalten hätte.

DER KAPITALSCHACHT IM WINTER
Ewiger Frostboden

Unsere KETsch-Brigade führt die Generalreparatur einer Militär-
baracke durch, die sich an einer Seite gesenkt hat. Einige Pfähle,
auf denen sie ruht, haben sich verbogen. Sie müssen ausgegraben,
höher gelegt und wieder eingegraben werden.

Ich stehe da mit einer Spitzhacke.

Es ist ewiger Frostboden, den ich bearbeiten muß.

Es ist gar nicht so leicht, jemandem, den das Schicksal davor bewahrt hat, jemals mit ewigem Frostboden in Berührung zu kommen, begreiflich zu machen, was dieser eigentlich vorstellt.

Theoretisch handelt es sich um Sand und Lehm, von Feuchtigkeit
durchtränkt und ganz und gar gefroren.

So hat sich eine sehr feste und widerstandfähige Substanz gebildet,
die weder Stein noch Erde ist. Praktisch ist sie ein Mittelding zwischen Gummi und Beton. Den ewigen Frostboden kann man weder
aufstechen noch aufgraben, man kann ihn nur mit der Picke in kleinen Stückchen aufhauen.

Nach der Norm hat ein Häftling während eines zehnstündigen Ar-
beitstages annähernd einen Kubikmeter abzuhauen.

Diese Norm wird fast nirgends und von niemandem erfüllt.

Nun bedeutet Normerfüllung im Lager ja im wesentlichen, der
Obrigkeit gründlich Sand in die Augen zu streuen. Die vorgegebenen
Normen wirklich zu erfüllen, ist praktisch unmöglich. Darüber wird
erst gar nicht gesprochen, weil alle es wissen.

Zum Glück ist *ewiger Frostboden* ein relativer Begriff. Der Frostboden verläuft in Schichten, und manchmal hat der Erdarbeiter
das Glück, auf eine aufgetaute Ader zu stoßen, die im Sinne der
Lagerpfuscharbeit als *ewiger Frostboden* abgerechnet wird.

Stünde das ganze Workutagebiet durchgehend auf ewigem Frostboden, so wäre das für die Obrigkeit nur halb so schlimm.

Das Übel besteht darin, daß ewiger Frostboden streckenweise mit
aufgetautem Erdreich untermischt ist.

Eine Baracke wird errichtet. Ein Teil der Pfähle steht auf ewigem
Frostboden, ein anderer auf halb aufgetautem Grund. Zuerst sieht
die Baracke aus, wie aus dem Ei gepellt.

Drei Monate gehen dahin, da senken sich einige Pfähle, während andere nach oben streben. Die Baracke bekommt Schlagseite, die Fußböden, Türen und Decken verziehen sich, der Putz fällt herunter, oder vielmehr, jener Lehm-Sand-Mischmasch, mit dem die Wände beworfen worden sind. So bedarf die Baracke schon bald nach ihrer Errichtung einer gründlichen Überholung.

Zu meiner Zeit gab es im 1. Lagerbezirk ungefähr dreißig bis fünfunddreißig Wohn-, Wirtschafts- und Verwaltungsbaracken. Das Jahr über waren immer gleichzeitig einige in Reparatur. Kaum war die eine wiederhergestellt, begann die Arbeit an einer anderen. So wurden im Laufe etwa eines halben Jahres alle Baracken repariert, und dann begann der Kreislauf erneut.

Nicht nur die Gebäude senkten sich, sondern auch die Telegrafen- und Telefonposten sowie die Leitungsmasten. Alles, was im Workutagebiet von Menschenhand geschaffen wird, führt einen mörderischen Kampf gegen das Klima und den ewigen Frostboden. Hinzu kommt der Kampf gegen die unwirtschaftliche Verwaltung. Es scheint, als wolle die Natur des Nordens sich nicht damit abfinden, daß der Mensch dreist in ihr Reich eingedrungen ist, und obendrein erbarmungslos seinesgleichen quält...

Ein Oktobergeschenk

Der 33. Jahrestag der Oktoberrevolution. Wie in der ganzen Sowjetunion, so ist dieser Tag auch in den Lagern ein Feiertag. Aber die praktisch denkende Obrigkeit hat sich für die Häftlinge ein besonderes Geschenk ausgedacht. Der Tag ist zum Inventurtag erklärt worden, an dem der persönliche Besitz der Gefangenen sowie ihre dem Staat gehörenden Sachen überprüft werden.

Trifft ein Gefangener im Lager ein, wird für ihn ein sogenanntes Armaturenbüchlein angelegt. Darin werden alle Kleidungsstücke verzeichnet, seine eigenen und auch die, die er von der Verwaltung bekommt. Gemäß Lagervorschrift hat jeder nur das Recht, die persönlichen Dinge zu besitzen, mit denen er aus dem Untersuchungsgefängnis im Lager eingetroffen ist, und die amtlichen Gegenstände, mit denen die Lagerverwaltung ihn ausgestattet hat. Alles, das eine wie das andere, muß im Armaturenbüchlein festgehalten werden.

Bereits am ersten Tag muß der Lagerankömmling seine gesamte Zivilkleidung in der Sachenkammer abgeben. Behielte er sie, würde ihm dies die Flucht erleichtern. Mitunter werden in den Regimelagern kleine Ausnahmen gemacht, indem man dem Häftling eine warme Strickjacke, warme Unterwäsche und eigenes Schuhwerk beläßt. Die Obrigkeit drückt auch ein Auge zu, wenn der Häftling zum Beispiel eine eigene Wintermütze mit Ohrenklappen hat. Aber alles andere, etwa Anzüge und Mäntel, ist streng verboten.

Mitunter, wenn etwa mehrere Fluchtversuche vorgekommen sind, gerät die Obrigkeit in Panik und beginnt, alle Zivilsachen fortzunehmen. Dennoch bringen wendige Lagerinsassen es fertig, sich selbst Stiefel anzufertigen, Joppen und Hemden zivilen Schnitts zu nähen.

Aber auch der unglücklichste Rabotjaga hat irgendeinen Gegenstand aus seinem früheren Leben, der für ihn ein Symbol des Willens ist, ihn an seine Familie erinnert und an sein vielleicht für immer verlorenes Leben.

Ich habe das Taschentuch meiner Mutter herübergerettet, versehen mit Blutflecken von Protassow, meinem Zellengenossen in der Lubjanka. Außerdem besitze ich noch die warme Unterjacke, die mir ein Kamerad im Lefortowo-Gefängnis geschenkt hatte, und in der Kleiderkammer liegt meine amerikanische Militärhose, die ich nach der Affaire und Entlarvung von Roman Romanowitsch Gurta wieder zurückbekommen hatte.

Wenn die Diensthabenden auf *überzählige* Sachen stoßen, nehmen sie sie einem ohne Gewissensbisse weg. Deshalb muß man sie besonders sorgfältig verwahren. Gewöhnliche Durchsuchungen finden von Zeit zu Zeit in allen Baracken statt, für die Häftlinge sind sie eine wahre Plage. Der Inventurtag aber ist wie ein Gerichtstag.

Aus der Lageraristokratie, den verschiedenen Narjadtschiki, Arbeitsleitern, Buchhaltern und Rechnungsführern, werden Inventurkommissionen gebildet. Einer jeden solchen Kommission wird ein freier Verwaltungsmann beigegeben, und jede Kommission hat sich mit zwei oder drei Baracken zu befassen.

Sie hat in den Baracken anhand der Armaturenbüchlein bei jedem Häftling den Bestand seiner persönlichen sowie der ihm vom Staat gelieferten Gegenstände zu kontrollieren, fehlende Sachen zu notieren, über die festgelegte Norm hinaus gelieferte fortzunehmen und vorgefundene persönliche Dinge der Kammer zuzuleiten.

Vorbeugende Maßnahmen

Am Vorabend der Oktoberfestlichkeiten, morgen ist Inventur.

Der gesamte erste OLP ist wie ein aufgeregter Bienenstock. Die Rabotjagi haben bereits von irgendwoher Wind bekommen, daß die Inventur sehr grausam sein würde, und alle bereiten sich auf den Empfang des Feindes vor. Alles, was der Konfiskation unterliegt, wird natürlich versteckt. In der Baracke etwas zu verstecken, wäre unsinnig. Die überzähligen Strickjacken, plumpe Stiefel nach bourgeoiser Art, und sogar Jacketts, soweit sie vorhanden sind, werden im Schnee vergraben. Das ist eine Sache! Sich nach allen Seiten umschauend, laufen die Rabotjagi hinaus, wobei sie ein Bündel oder sonst etwas unter ihrem Mantel verstecken.

Leichter Schnee rieselt, das erleichtert die Kaschierung.

Ich besitze eine überzählige Strickjacke, Geschenk eines unbekannten Kriminellen auf dem Weg zur Verschickung, und ein Paar gute Filzstiefel, Geschenk von Valentina, die brauche ich nicht zu verstecken. Die Strickjacke vergrabe ich in einem Schneehaufen hinter der Trockenanlage. Meinen Brustbeutel werden sie eventuell nicht fortnehmen. Die Zivilhalbschuhe lasse ich ebenfalls in der Baracke. Während des Vergrabens ereignet sich ein erheiternder Zwischenfall. In etwa dreißig Zentimetern Tiefe lag bereits eine dunkle Moskwitschka (warme Joppe von besonderem Schnitt) verbuddelt. Ich gehe zwei Meter zur Seite. An der Nachbarbaracke wühlen zwei Gestalten, offenbar Kollegen, mit den gleichen Absichten im Schnee.

Der Gerichtstag

Der Gerichtstag bricht an...

Am Morgen treibt man uns mit der strengen Ermahnung, alle persönlichen Sachen mitzunehmen, in eine Sektion der Baracke zusammen. Dann beginnt unter der Teilnahme des Diensttuenden die Durchsuchung. Hinter dem Ofen werden unter allgemeinem Gelächter Kommißstiefel hervorgeholt. Im Vorraum setzt sich die Kommission an einen zu diesem Zweck aufgestellten Tisch.

Die Insassen der Baracke werden nach dem Alphabet aufgerufen.

"Abasow, Awerkijew, Astowenko..."

Die Aufgerufenen ergreifen alle ihre Sachen. Ein Mitglied der Kommisson zählt:

"Eine Matratze, eine Decke, ein Kissen, eine Strickjacke, ein Paar Unterwäsche..."

Alles wird ins Armaturenbüchlein eingetragen. Ein unglücklicher Rabotjaga zeigt anstelle der Decke ein zerfetztes Etwas.

"Halt, wo ist denn die Decke? Das ist doch keine Decke, das ist ja nur ein Fetzen!"

"Mehr habe ich nicht."

Mit gelangweilter Miene sieht sich der zur Kommission abkommandierte Offizier das Stück Stoff an.

"Wo ist die zweite Hälfte der Decke?"

"Das weiß ich nicht, vielleicht hat sie jemand an sich genommen."

"Wenn sie gestohlen worden ist, hätten Sie das dem Diensttuenden anzeigen und ein Protokoll verfassen müssen."

"Daran habe ich nicht gedacht, das habe ich vergessen."

"Warum lügen Sie? Sagen Sie lieber, wo die Decke geblieben ist!"

Der Rabotjaga versucht es mit phantastisch klingenden, unglaubwürdigen Ausreden. Alles schweigt.

"Man wird einen Vermerk machen müssen." sagt der Offizier.

"Bürger Vorgesetzter!" fleht der Rabotjaga.

"Nun, was kann ich machen? Im Armaturenbüchlein ist vermerkt, daß eine Decke vorhanden gewesen war, und jetzt ist sie nicht mehr da. Wenn ich nun angebe, daß sie *doch* da ist, wird man *mich* dafür bestrafen. Ich *muß* einen Vermerk machen!"

Der Rabotjaga läßt den Kopf hängen und geht.

Endlich ist die Inventur beendet. Die Kommission zieht sich zurück und nimmt die festgestellten *überflüssigen* Sachen gleich feindlichen Trophäen mit sich. In den Baracken und draußen, vor ihnen, laufen die Diensttuenden hin und her.

"Bei der siebten Baracke passiert ein Unglück!" sagt jemand.

Die Diensttuenden durchlöchern jetzt den Schnee mit langen Eisenstäben, wie sie sie benutzen, um die Ecken der Eisenbahnwaggons zu durchstöbern, damit sich niemand in ihnen verstecken kann. Mit begeisterten Mienen fischen sie bei der Baracke Nr. 7 Strickjacken, Mäntel und sogar eine Moskwitschka hervor. Auch ein Paar Stiefel kommt zutage, das sorgfältig in eine Bastmatte gehüllt ist.

"Wem gehören die Stiefel?" fragt der Diensthabende.

Alles schweigt.

"Petroff, nimm sie mit!" wendet er sich an seinen Kollegen.

Noch sorgfältiger als zuvor wird weiter im Schnee gewühlt. Immer neue und neue Gegenstände kommen zum Vorschein. Wie eine Mauer stehen finster die Bewohner der Baracke und schauen mit fiebrigen Augen zu.

"Gleich werden sie auch bei uns rumwühlen!" sagt einer.

In Gedanken verabschiede ich mich von meiner Strickjacke.

Die Kommission entfernt sich jedoch.

Es dunkelt, und die Rabotjagi bringen ihre nassen Sachen, die im Schnee gelegen haben, in ihre Baracken zurück.

Spät am Abend mache ich mich auf, um meine Strickjacke zu holen. Ich finde sie nicht. Dafür entdecke ich zu meinem größten Erstaunen dort, wo ich sie vermutet hatte, schöne Lederstiefel. Was hat das zu bedeuten? Ich bringe die Stiefel in die Sektion. Unzweifelhaft stellen sie einen größeren Wert dar als die Strickjacke.

Als ich den Vorraum betrete, höre ich zufällig, wie der Brigadier der Gorstroj-Brigade weinend jemandem erzählt, daß er seine Stiefel verloren hat. Nach einer Minute stehen vor dem sich wundernden Brigadier seine Stiefel, und mir wird meine Strickjacke zurückgegeben. Der Brigadier ist zufrieden. Wir hatten gegenseitig die Stellen verwechselt, an denen wir unsere Schätze vergraben hatten!

Sachenausgabe

In jeder Kleiderkammer hängt ein Verzeichnis, aus dem zu ersehen ist, daß ein Lagerinsasse, der einen Mantel erster Güte erhalten hat, verpflichtet ist, ihn zwei Jahre lang zu tragen. Eine Strickjacke wird für ein Jahr ausgegeben, Schuhe für eine Sommersaison, Filzstiefel für den Winter. Ein Paar Fausthandschuhe muß für den ganzen Winter reichen. Jeder erhält zwei Paar Fußlappen für ein Jahr. Gefütterte Hosen müssen ebenfalls einen Winter hindurch halten und nach Beendigung der Wintersaison zusammen mit den Filzstiefeln wieder abgegeben werden. Nach Ablauf von zwei Jahren hat man das Recht, seinen alten Mantel gegen einen neuen umzutauschen. Man hat zwar das *Recht* dazu, es glückt jedoch nicht immer, dieses Recht auch durchzusetzen.

Wenn jemand Staatseigentum verloren hat oder bestohlen wurde, so wird im Armaturenbüchlein ein *Promot* gemacht, ein Vermerk, der eine ganze Reihe unangenehmer Dinge nach sich zieht.

Der Schuldige erhält nur noch Kleidungsstücke zweiter Güte, das heißt, sie sind schmutzig und zerrissen. Wenn er persönliches Geld besitzt, darf die Obrigkeit davon für den verschwundenen Gegenstand den fünffachen Preis abziehen.

Gleich nach den Feiertagen beginnt die Ausgabe der Winterkleidung. Zuerst werden diejenigen Brigaden versorgt, die unter freiem Himmel arbeiten. Vom Morgen bis zum Abend herrscht in der Kleiderkammer ein Höllenlärm. Filzstiefel, Wintermützen, Fausthandschuhe, wattierte Hosen und Fußlappen werden ausgegeben. Einige erhalten unbeschreiblich zerrissene Sachen. Die Kammerbullen wollen vor allem die schlechteren Kleidungsstücke schnell loswerden.

Die Gorstroj-Brigade, die den ganzen Winter über unter freiem Himmel arbeitet, soll Filzstiefel erster Güte erhalten. Es gibt zwar derartige Walenki, aber nur in kleinen Größen.

"Gib uns größere!" schreien die Rabotjagi. "Warum so kleine?"

"Sind keine anderen da!" fährt der weißblonde Kammerbulle sie mit flackernden Augen an.

"Sicher sind noch welche da! Du versteckst sie bloß!"

"Nun, komm her und sieh selbst!" Tatsächlich, die Filzstiefel sind wie für Kinder, und nur wenige erhalten passendes Schuhwerk.

Unsere Brigade bekommt wattierte Hosen und Wintermützen erster Güte. Für große Menschen, so wie ich es bin, sind die Hosen viel zu kurz. Ich hatte aber Glück, zufällig fanden sich irgendwo Hosen erster Qualität, die zu meiner Figur paßten.

Zwei Rabotjagi wurden die Mäntel und gefütterten Hosen entwendet. Die Bestohlenen laufen in der Kammer umher, suchen in der Menge ihre Sachen, ergreifen fremde, rufen den Diensthabenden und appellieren an das Gewissen, an die Sowjetmacht, an Gott...

Jemand bemerkt phlegmatisch:

"Weißt du denn noch nicht, daß dort, wo früher das Gewissen gewesen war, heute etwas ganz anderes gewachsen ist?"

Die Lagerinsassen haben sich irgendwie verwandelt, nur ab und zu sind noch schmutzige oder zerrissene Kleidungsstücke zu sehen.

"In ein bis zwei Wochen ist alles wie zuvor." sagt jemand. "In den Baugruben nutzen sich die Mäntel schnell ab."

Der Koreakrieg im Winter

Das Jahr 1950 nähert sich seinem Ende.

Die Siegesberichte der nordkoreanischen Heere werden von Geheul über die amerikanischen Greueltaten abgelöst. Es stellt sich heraus, daß die amerikanischen Truppen auf Seoul vordringen. Es ist klar, daß die Amerikaner Erfolge haben.

Im Lager verbreitet sich das Gerücht, daß ganz Korea besetzt sei, und daß die Armeen der Vereinten Nationen an der chinesischen Grenze stehen. Die Optimisten flüstern in den Ecken:

"Korea ist besetzt. Jetzt ist die Reihe an China, dann kommen wir!"

"Woher wissen Sie das?" frage ich meinen Bekannten. Ehemals war er im Lager Wustrau gewesen. Dort hatten wir uns nur oberflächlich gekannt, hier aber wurden er, Jack und ich dicke Freunde.

"Das amerikanische Radio hat das berichtet." flüstert er. "Aber kein Wort darüber, Georgij Andrejewitsch, sonst gibt es ein Unglück!"

"Wer kann denn hier einen amerikanischen Sender abhören? Im Lager sind doch nur Lautsprecher angebracht!"

"Natürlich nicht im Lager! Aber glauben Sie, daß es in Workuta wenige Menschen gibt, die über einen guten Radioempfänger verfügen? Nun, die hören diese Sender! Die Grubenarbeiter besitzen unter den freien Arbeitern gute Freunde, sie arbeiten auf der gleichen Sohle, ihnen fallen die gleichen Steine auf die Köpfe, und sie erzählen ihren Freunden alles. Wie kann man das verhindern?"

Nach einigen amerikanischen Erfolgen beginnt eine Unglückssträhne. Auf der Bühne erscheinen chinesische Freiwillige. Die Vereinten Nationen beginnen mit dem Winterrückzug. Die Stimmung sinkt.

"Worauf warten die Amerikaner?" fragen sich die Rabotjagi. "Sollen sie nur damit beginnen, Waffen aufs Lager abzuwerfen!"

Es gibt aber keine Waffen.

Dafür beginnen die grimmigen Weihnachtsfröste. Hin und wieder leuchtet ein flammend roter Widerschein am Horizont, hinter dem die Sonne vollkommen verschwunden ist. Es ist nur drei bis vier Stunden am Tag etwas hell, ansonsten herrscht die undurchdringliche Polarnacht. Der Schneesturm heult.

"Gott allein weiß, was sich da tut! Man kann die Hand nicht vor den Augen sehen!" sagt der eintretende, völlig mit Schnee bedeckte Diensthabende.

In der Baracke ist es warm und gemütlich. Weißglühend brennt der Ofen. Unwillkürlich denkt man an all die Kameraden, die jetzt gezwungen sind, im Freien zu arbeiten.

Schneesturm

Plötzlich tritt der Narjadtschik ein. Er hat ein rotes, nasses Gesicht und klopft sich den Schnee vom Halbpelz und den Filzstiefeln.

"Ist die Brigade Klimow hier? Erhebt euch!"

"Was ist los?" läßt sich die Stimme Klimows vernehmen. "Wir sind eben erst von der Arbeit gekommen."

"Befehl vom Chef des OLP. Am Bahnhof Komsomolskaja muß der Schnee weggeschippt werden."

"Wir haben unsere Arbeit bereits erledigt."

"Ich weiß von nichts! Zieht euch schnell an und kommt heraus. In einer Viertelstunde müßt ihr alle auf der Wache sein. Euretwegen können die Züge nicht stehen bleiben!"

"Ja, ja!" sagt ruhig der Brigadier. Er wird von allen wegen seines ausgeglichenen Charakters und seines guten Umgangs mit den Rabotjagi gemocht, doch hier kann er nichts ausrichten.

Jeden und alles verfluchend ziehen wir uns an und holen die noch längst nicht trocken gewordenen Filzstiefel aus der Trockenkammer. Schimpfend gehen wir hinaus. Zögernd erklärt jemand:

"Ich gehe nicht! Sie haben kein Recht dazu!"

"Kommt nur, Leute, dadurch wird es auch nicht besser!" beruhigt ihn unser Brigadier Klimow. "Es steht nicht in eurer Macht, und auch nicht in meiner."

Das weiß-schwarze Meer eines Wirbelsturmes verschlingt uns. Die Holzschaufeln, mit denen der Schnee geschippt wird, liegen neben der Baracke. Hin und wieder droht ein Windstoß, einen umzuwerfen. Der Schnee setzt sich am Kragen fest und kriecht in die Ärmel. Kalte Tropfen laufen vom Hals den Rücken entlang über den nackten Körper. Wir ziehen unsere Köpfe in die Mantelkragen, wie Schildkröten die ihrigen in ihre Panzer.

Wir passieren die Wache. Bis zum Bahnhof Komsomolskaja sind es zwei Kilometer. Bis zu den Knien versinken wir im Schnee. Plötzlich verlöschen alle Laternen längs der Straße.

"Die Drähte sind gerissen." stellt jemand fest. "Morgen werden die Elektriker zu tun haben!"

Endlich erreichen wir völlig entkräftet den Bahnhof Komsomolskaja. An einigen Stellen ragen aus den Schneeverwehungen Schienenstränge hervor. Jemand wirft sich mit dem Bauch auf eine halbverschneite Weiche. Gestalten bewegen sich im Schneegestöber. Es stellt sich heraus, daß unsere Brigade nicht die einzige ist.

"Wo sollen wir schaufeln?"

"Die Gleise entlang!" sagt das uns einheizende Subjekt, das eine buschige Hasenmütze trägt und sich als der für die Bekämpfung von Schneeverwehungen verantwortliche Vorarbeiter entpuppt.

"Und wo sollen wir den Schnee hinwerfen?"

"Deiner Frau unter den Schwanz!" schreit er und läuft davon.

Undeutlich flimmern dunkel die halb verschütteten Waggons. Wir schaufeln und schaufeln, beginnen, die Gräben neben den Schienen frei zu machen. Nach einer halben Stunde ist die vom Schnee befreite Fläche wieder zugeweht. Wir arbeiten bis zur völligen Erschöpfung, klopfen uns gegenseitig mit den Schaufeln die Schneekrusten ab. Die Gesichter brennen, als ob sie von tausend Nadeln gestochen werden. Mühsam erkenne ich einen der Rabotjagi, Jack Guralski. Er merkt erst nach einigen Worten, daß ich vor ihm stehe.

"Ich kann nicht mehr!" sagt er. "Wenn sie in den Staaten wüßten, wie weit es mit uns Amerikanern gekommen ist? Ich bin nicht der einzige hier!" Und dann fügt er nachdenklich hinzu: "Oh, sie wissen es schon, aber sie begreifen es nicht! Ja, und wie sollten sie das auch verstehen? Die große, überseeische Republik, die erste Demokratie der Welt! Interessiert es sie überhaupt, daß da dreißig bis vierzig Millionen lebendig in den Lagern verfaulen, sich quälen und in der Sklavenarbeit versinken, wie in einem Sumpf? Sie aber können nicht kapieren, daß es *dreißig Millionen weiße Sklaven* sind!"

Der Wind heult. In den Schneewolken bewegt sich der verzerrte Mond. Der Schneesturm nimmt zu.

"Sie sollten hier sein!" ereifert sich Jack. "Ja, alle die Senatoren und Kongreßmitglieder sollten hier sein, selbst der Präsident! Das wäre nicht schade! Jedem eine Schneeschaufel in die Hand, und hinein in die Schneegruben, und hinter ihnen, wie bei uns, müßte der Brigadier stehen oder der Aufseher, der ihnen nicht erlaubt, den Rücken geradezubiegen.

Kaum richtet man sich auf, schon kriegt man seinen Stiefel ins Kreuz... Dann wird der Senator seinen Kongreß verfluchen, weil er derartige Abscheulichkeiten duldet! Gern würde ich sehen, wie sie ein friedliches Zusammengehen propagieren würden mit einem Stiefel, der nicht etwa irgendwelche Russen oder Deutsche tritt, sondern sie selbst, die Senatoren der Vereinigten Staaten! Ja, sie wollen friedlich zusammenleben, aber auf fremdem Buckel!

Ihr Sowjetmenschen, ihr Deutschen und Polen, haltet aus in den Lagern und Kolchosen, wir aber wollen abwarten. Wie können diejenigen, die über das Schicksal der Vereinigten Staaten bestimmen, begreifen, wie weit dieser Scherz bereits gegangen ist? Fürs erste werden sie niemals hierher gelangen, und wenn es doch so weit kommt, wird es zu spät sein. Mit Hilfe unserer Gangster werden die amerikanischen Kommunisten sehr schnell jede Konterrevolution unterdrücken. Und natürlich wird der einfache Amerikaner am meisten leiden, und um ihn ist es schade. Die Amerikaner kennen den Wert des Goldes, aber nicht den Wert des Blutes!"

Jack zieht seinen Fausthandschuh aus und ergreift meine Hand. Es scheint mir, als ob seine Hand sehr heiß ist.

"Ich weiß ja, wie sie dort leben! Diese sittsamen Bourgeois schlafen ruhig und träumen vom siebten Weltwunder, aber ein Bild wie dieses hier, das erscheint ihnen nicht."

Mit zitternder Hand zeigt er um sich.

Der Mond wirft gelbe, tanzende Flecken um die Laternenpfähle. Er ist von einem nebligen Kranz umgeben, wie von einem Heiligenschein, der auch die Köpfe der leidenden Arbeiter umleuchtet. Immer stärker wird der Schneesturm. Es ist, als ob sich ein Schlund geöffnet hätte, der bisher noch halb verdeckt war, nun aber mit voller Kraft zu blasen beginnt. Die Arbeitsfläche verwandelt sich in einen siedenden, heulenden, weißgelben Kessel, und über allem wälzt sich das Rad des Mondes.

Ich sitze neben Jack in einer Grube.

Plötzlich lehnt er sich ganz dicht an mich.

"Georg, hören Sie!" sagt er. "So wird einst der kommunistische Sturm über Amerika heulen. Ich muß dorthin, Georg, und Sie müssen mit mir kommen. Es ist ja sonst niemand da, der sie warnen könnte! Wem sonst könnte man denn die Rettung seiner Heimat anvertrauen?" fragt er und verstummt.

"Ich werde reden!" flüstert er nach einer Weile. "Ich werde verlangen, daß der Kongreß mich anhört. Wenn dort jedem Unsinn zugehört wird, kann man auch einmal über die Leiden der Menschen berichten. Ich... ich..."

Wir kriechen aus der Grube heraus und laufen über die Fläche. Im weißen Schneegestöber taucht eine verschwommene, dunkle Masse auf, das ist unsere Kolonne.

Jack hustet so heftig, daß er beinah erstickt.

"Wenn ich es nicht schaffe, Georg, dann müssen Sie sprechen!"

Ich habe gesunde Lungen, ich liebe es zu gehen, und verstehe es auch, doch diesmal wird jeder Schritt zur Qual. Die Reihen stellen sich auf, Menschen fallen um, und der dumme Wachthabende verlangt, daß wir uns an den Händen halten.

"Du, Vorgesetzter!" schreit jemand. "Schick die Leute nach Hause, sonst werden alle erfrieren! Was sollen wir da schon arbeiten?"

"Fragt den Vorarbeiter!" antwortet er.

Uns scheint es, daß die Arbeit beendet ist.

"Wir müssen einen Scheiterhaufen anzünden..."

"Was für einen Scheiterhaufen?"

Zwei Rabotjagi haben sich hinter zwei abgekoppelten Waggons versteckt und schützen sich mit ihren Schaufeln vor dem Wind. Die arbeitenden Brigaden haben sich miteinander verschmolzen.

Erneut erscheint der Vorarbeiter.

"Was ist das für eine Arbeit?" tobt er. "Nichts ist gemacht!"

"Was sollen sie denn tun?" brummt jemand. "Die Leute stecken mitten im Schneegestöber. Nach Hause müßte man sie führen, Dummkopf!"

Der Tag bricht an. Der Schneesturm hat nicht aufgehört. Längst arbeitet niemand mehr. Jemand wälzt sich im Schnee. Ein blasser, junger Mann atmet schwer und preßt seine Hand auf sein Herz.

"Brigadiere, sammelt eure Leute! Wir wollen uns absetzen!" schreit ein Aufseher aus dem Dunkel.

Ungeordnet laufen die Brigaden nach Hause. Die stärkeren Kameraden schleppen die schwächeren unter den Armen mit. In der Menge entdecke ich einige Bekannte aus dem Schwarzen Hundert, auch sie waren hinausgejagt worden.

"Wer hat bloß die Anordnung getroffen, mitten im Schneesturm draußen Schnee wegzuschaufeln?"

"Wer schon? Unser sommersprossiger Idiot, Hauptmann Ananskij. Dumm wie Bohnenstroh ist er!"

Wir drücken uns durch die vom Schneee halb zugewehte Pforte. Vor dem Eingang der Baracke liegen die Schneeverwehungen einen Meter hoch. Wir klopfen uns den Schnee von den Joppen und betreten die Baracke. Dort ist es warm...

Einige haben nicht einmal mehr die Kraft, sich auszuziehen.

Der Brigadier sagt, daß wir den nächsten Arbeitsgang erst nach dem Mittagessen anzutreten brauchen. Dennoch müssen wir bereits um zehn Uhr wieder aufstehen. Das ist Betrug!

Am Vorabend des Neuen Jahres

Das Jahr 1951 kommt heran. Ich arbeite noch immer mit meiner Brigade Klimow (KETsch) in der gleichen Militärabteilung an der *Gesamtrenovierung* der Baracken und blicke durch alle Schabenspalten der sogenannten sowjetischen Ausbesserungsarbeiten. Ich sehe, welch ununterbrochener Betrug vor sich geht, sehe die schlechte Arbeit und die zynische Beraubung des Staates. Ganz deutlich ist zu erkennen, daß das sowjetische System krank ist, krank und unfähig, mit seinen tödlichen Gebrechen fertig zu werden.

Gegen Jahresende habe ich bereits einige treue Freunde und fühle mich nicht mehr wie ein Marsbewohner auf der Erde. Ich habe einige frühere Insassen des Lagers Wustrau entdeckt, und andere, die über den NTS Bescheid wußten und potentielle Mitglieder dieser Organisation waren. (Anmerk. Insgesamt hatte ich in den Gefängnissen und Lagern 22 Mitglieder des NTS getroffen, beziehungsweise über Dritte von ihnen gehört, wie über General Truchin, ehemals Chef des Stabes der Wlassow-Armee, und Dimitrij Brunst, Mitglied des Rates des NTS.)

Am Silvesterabend treffen wir uns, trinken Tee und reden. Auch Jack Guralski ist da. Wir bemühen uns, die nebelhafte Zukunft zu durchdringen. Was wird uns das kommende Jahr bringen?

"Wir werden die Freiheit nicht mehr erleben, Kameraden." sagt einer. "Wir befinden uns hier zwischen eisernen Kiefern, die sich im Biß verkrampft haben, und ich weiß nicht, ob sie sich jemals lockern werden."

"Wie meinen Sie das?"

"Wie eine Bulldogge im Todesbiß wird auch die Sowjetmacht ihre Zähne erst dann lockern, wenn ihre letzte Stunde gekommen ist."

"Auch dann werden sie uns nicht freilassen, sie werden immer noch Zeit finden, uns umzubringen. Ja, wenn es zu einem Blitzkrieg käme, dann könnte es vielleicht klappen." meint ein Skeptiker.

"Ein Blitzkrieg gegen Sowjetrußland ist unmöglich, schließlich ist es kein Polen!"

"Worauf wollen wir denn hoffen?"

"Ja, darauf, daß die Amerikaner von der Luft aus alles so vernichten, daß die Sowjets nicht zur Besinnung kommen, und keine Zeit mehr finden, im Lager Exekutionen vorzunehmen. Natürlich hängt auch viel von uns ab, das heißt, wie wir Lagerinsassen uns verhalten werden."

"Wie sollen wir uns denn verhalten?"

"Jedenfalls nicht so wie die Lagerschäflein! Bei dem geringsten Anzeichen eines Aufruhrs ergreift den ersten, besten Stein und erschlagt die Tschekisten damit, und wenn die Amerikaner anfangen würden, Waffen abzuwerfen, könnten wir das ganze Geschlecht der Despoten zerschmettern."

"Wann könnten wir denn mit ihrem Eingreifen rechnen?"

"Niemals! Selbst müssen wir handeln!"

"Du scheinst übergeschnappt zu sein!"

"Ich sage ja nicht, jetzt gleich, aber später, wenn die Zeit reif ist."

"Sobald der Krebs pfeifen gelernt hat!?"

"Den richtigen Zeitpunkt kennt niemand im voraus."

"Vor allem müssen wir uns schonen. Wir dürfen nicht ins Lagertief herabsinken. Sie sehen doch, wie viele Lagerinsassen, selbst intelligente, vollkommen ihr Gesicht verlieren. Wie ein Beil versinken sie in der Tiefe. Sie verkommen vor Schmutz, ihr ganzes Denken dreht sich nur ums Essen und um den Schlaf, und nach ein, zwei Jahren sind sie schon keine Menschen mehr. Wieviele Leute gehen auf diese Weise verloren. Entsetzlich, daran zu denken! Das neue Jahr wird uns schon etwas bringen, ganz hoffnungslos kann es doch nicht sein!"

Schweigend trinken wir Tee zu Ehren des Jahres 1951, und den so wenig versprechenden Umständen zum Trotz hoffen wir alle, daß uns das neue Jahr die Freiheit bringen wird.

Der steile Steg

Der Januar bringt grimmige Kälte.

Die Arbeit wird immer schwerer. Ewiger Frostboden, hart wie Beton. Selbst in wattierten Fausthandschuhen frieren die Hände und schmerzen. Wir arbeiten im Freien und laufen umher, um uns warm zu machen.

Das einzig Gute: Einer der Öfen in der Baracke funktioniert.

Mir wird eine widerliche Arbeit aufgetragen: Ich muß Lehm auf den Boden einer Baracke tragen.

In der Brigade Klimow sind die meisten Rabotjagi nicht voll arbeitsfähig, sie sind schwach und krank, und diese Leute werden gezwungen, dicke Bretter und sechzig bis siebzig Kilo schwere Kisten mit Mörtel zu schleppen. Rjabtschinskij (1957: Burtschinski), der kleine und dunkle, an eine Schabe erinnernde Gehilfe des Brigadiers, ist auf seine Art kein schlechter Mensch.

"Was soll ich tun?" sagt er. "Ich muß diesen Lehm-Mörtel auf den Boden schaffen, Kapylowitsch und Iwanow, tragt ihr ihn."

"Wir können nicht."

"Das ist jetzt schon das dritte Paar, das sich weigert." sagt Rjabtschinskij. "Gewiß, ich weiß, daß die Arbeit schwer ist, dennoch muß sie gemacht werden. Hören Sie, Kapylowitsch, versuchen Sie es wenigstens, nehmen Sie nicht viel, nur einen halben Kasten."

Kapylowitsch wird bleich und geht zusammen mit dem alten Iwanow, um Lehm zu holen.

Der Boden ist in etwa sieben bis acht Metern Höhe, ein Laufsteg führt zu ihm hinauf. Der Steg ist sehr steil, etwa vierzig Grad, seine Breite beträgt sechzig Zentimeter. Er hat kein Geländer und ist obendrein vereist. Mangelhaft ins Erdreich eingegrabene Pfähle halten ihn. Auf primitive Weise eingeschlagene Querbalken dienen als Stufen. Außerdem wackelt er.

Zur Probe gehe ich ohne den Kasten auf den Boden und falle beinah herunter. Iwanow und Kapylowitsch, auf deren Gesichtern sich bereits der Tod abzeichnet, taumeln zum Steg.

Kapylowitsch schwankt wie ein Betrunkener, geht aber vorwärts. Hinter ihm Iwanow, gekrümmt wie ein Fragezeichen. Er fürchtet sich, in den Abgrund zu seinen Füßen zu sehen.

"Sieht aus, daß sie es schaffen." sagt jemand.

Doch drei Meter vor ihrem Ziel, der Bodentür, bleibt Kapylowitsch stehen. Der Kasten in seiner Hand schwankt, und er läßt
ihn auf den Steg fallen.

"Haltet den Kasten!" schreit Rjabtschinskij.

Doch da legt sich Iwanow flach auf den Steg, wobei er seinen
Mund weit aufsperrt.

"Ich kann nicht, ich falle!" kreischt er.

"Der Kasten, der Kasten!"

Krach! Der Kasten fliegt herab, und der flüssige Lehm verspritzt.
Iwanow rutscht auf dem Bauch nach unten, während der verstörte
Kapylowitsch auf allen Vieren auf den Boden kriecht.

"Kapylowitsch, kommen Sie sofort da runter!" schreit Rjabtschinskij.

"Was schreist du da?" ruft der Zimmermann vom Boden herab.
"Er liegt völlig benommen in der Ecke und läßt Blasen aus dem
Mund. Vor lauter Angst übergibt er sich."

"Was soll ich mit solch einem Volk machen?" klagt Rjabtschinskij.
"Schwache und Kranke!"

Um die Ecke kommt ein Offizier.

"Brigadier, wo ist der Prorab? Wieso arbeiten die Leute nicht?"

"Sie arbeiten, Bürger Vorgesetzter." verteidigt uns der Arbeitsleiter.
"Doch alle sind krank und schwach. Da, sehen Sie, den Lehm-
kasten haben sie runterfallen lassen."

"Wie sind ihre Namen? Schreiben Sie sie auf, zur Strafarbeit!" sagt
der Offizier.

"Iwanow, nehmen Sie doch noch einmal den Kasten." fleht der Prorab. "Oder wollen Sie ins Gefängnis?"

Iwanow sieht den wackligen Steg an. In seinen Augen spiegelt
sich eine fast mystische Angst. Ich blicke nach oben, der Steg
erscheint mir nicht besonders schreckhaft.

"Geben Sie mir einen etwas kräftigeren Mann mit, ich werde versuchen, ihn zu tragen." schlage ich vor.

"Ja, ja, Treguboff, vielleicht schaffen Sie es. Den Steg können wir
doch nicht umbauen!" meint der Prorab erfreut.

Man gibt mir einen jungen Litauer. Wir füllen den Kasten und
gehen hinauf. Die Füße rutschen, die Knie wanken.

"Sehen Sie nicht nach unten!" rät mir der Litauer.

Der schwere Kasten zieht uns hinab. Aus sieben Metern Höhe erscheint die Tiefe unter unseren Füßen wie ein bodenloser Abgrund.

"Was bin ich bloß für ein Dummkopf, daß ich mich freiwillig gemeldet habe!" denke ich.

Endlich gelangen wir auf den Boden.

Als wir oben ankommen, sehen wir Kapylowitsch in einer Ecke sitzen. Er weint und blickt uns an, als wären wir von einer anderen Welt kommende Helden.

Der Fußboden des Bodens dient den Wohnbaracken zugleich als Decke. Er besteht aus Brettern, die jedoch so schwach befestigt sind, daß es verboten ist, auf ihnen zu stehen, weil man durch sie hindurchbrechen könnte. Man darf nur auf speziellen Brettern laufen, die auf den Balken befestigt sind. Zwischen den Brettern klaffen unregelmäßige Spalten. Um die Wärme in den Baracken zu halten, müssen sie mit einer zwei Finger dicken Schicht Lehm beschmiert werden, über die später Schlacke gegossen wird. Eine Kiste Lehm reicht für einige Quadratmeter. Da der Lehm nur halbfingerdick aufgeschmiert wird, kann die Norm erfüllt werden. Wir bringen den zweiten Kasten hinauf, dann den dritten.

Wir gewöhnen uns daran, und die Arbeit geht vorwärts.

Kapylowitsch sitzt noch immer in der Ecke, eingeschüchtert und bemitleidenswert. Auf dem Boden erscheint der Prorab.

"Kapylowitsch, was soll der Unfug! Warum arbeiten Sie nicht?"

"Ich kann nicht, Genosse Druschin, der Tod wäre besser. Wie soll ich hier jemals wieder herunterkommen?"

Der schnurrbärtige Arbeitsleiter, der vor langer Zeit in der Kaiserlichen Garde bei den Sappeuren gedient hatte, zieht an demselben Strang wie wir, aber dennoch muß er Arbeit von seinen Leuten verlangen, und so auch von Kapylowitsch.

Er schaut in die hervorgequollenen, hysterischen Augen Kapylowitschs und weiß, daß ihm nicht zu helfen ist.

Endlich, nach etlichen Stunden, erhebt Kapylowitsch sich aus seiner Ecke, schiebt sich langsam auf den Steg und beginnt, mit fest zugekniffenen Augen und breit ausgestreckten Gliedern, an ihm herunterzurutschen.

"Soll man Ihnen nicht helfen, Kapylowitsch?"

Doch er sieht und hört nichts, sein Gesicht ist erdfarben.

Jemand läuft auf den Steg und zieht ihn nach unten, auf die Erde. Dort kommt er allmählich zu sich.

Diese Szene hat einen erschütternden Eindruck auf uns gemacht.

Der Januar war auch für Workuta äußerst streng, fünfunddreißig bis vierzig Grad Kälte jeden Tag.

Es wird Abend. Der Frost schneidet ins Gesicht. Alles nimmt eine trübe, lila Schattierung an. In den Baracken wird das Licht angezündet. Ganz Workuta wird vom kalten Licht der Laternen beleuchtet. Über dem Kapitalschacht flammt, wie eine rote Medusa, ein fünfzackiger Stern auf. Dieser Stern gilt als Auszeichnung für besonders erfolgreiche Planerfüllung.

Welch Ironie, daß ausgerechnet der Kapitalschacht, in dem viele Zuchthäusler arbeiten, als bestes Kollektiv gilt.

Mein Leben verläuft immer gleichmäßiger, das Leben eines liederlichen Rabotjaga, der in einen verschmierten Mantel gehüllt ist.

Plötzlich verbreitet sich das Gerücht:

Stalin ist im Lager!

Meine zwei Nachbarn und ich springen von den Pritschen. Die Filzstiefel anziehen, ist eine Sache von Minuten. Einer vergißt, seine Fußlappen ordnungsgemäß umzuwickeln, und läuft so aus der Baracke. Unterwegs zieht er sich die Hosen hoch, und hinter ihm schleift ein Fußlappen, wie ein Kometenschweif.

"Man müßte ein Gesuch einreichen!" sagt einer. "Wenn er schon *selbst* gekommen ist, man müßte ihm einen Bericht übergeben. Vielleicht begnadigt er einen?"

Wir alle laufen zu dem Platz, an dem sich die Uhr befindet.

Die Laternen schaukeln auf ihren Pfählen, und dort, unter den Laternen auf dem silbern glänzenden Schnee, spaziert - Stalin!

Ein guter Mantel, Chromlederstiefel, eine gut sitzende Mütze, auf der so etwas wie ein fünfzackiger Stern angebracht ist.

Die Gruppe Rabotjagi bleibt in ehrfürchtiger Entfernung stehen.

"Er ist es!"

"Nein, er ist es nicht."

"Sieh doch, wie sich sein Schnurrbart sträubt?"

"Und wo sind seine Wachen?"

"Dort hinten, sie tragen die gleichen Mäntel wie wir Lagerinsassen. Das sind wohl seine Tschekisten."

"Und wo sind die in Uniform?"

"Vielleicht will er mit uns reden?"

Plötzlich bleibt Jossif Wissarionowitsch stehen und beginnt, seinen Schnurrbart zu zwirbeln. Dann sagt er mit grusinischem Akzent: "Wer einen Bericht oder eine Klage hat, soll herkommen!"

Doch keiner nähert sich ihm. Alle betrachten dieses achte Weltwunder, diesen Menschen, der so viele Millionen zu unendlichen Qualen und langsamer Vernichtung verurteilt hat. Alle sind wie gelähmt. Wieviele Gedanken werden in den wenig mutigen Köpfen der Rabotjagi geboren, und wieviele verlöschen. Ich staune nur, daß bei niemandem der Gedanke an Lynchjustiz aufkommt.

"Sie kommen, sie kommen! Da sind sie ja!"

Eilig kommen drei Offiziere und zwei Aufseher von der Kommandantenbaracke angerannt.

"Da sind ja seine Begleiter!"

"Der rechte trägt Marschallsterne!" sagt erregt ein magerer, ganz junger Lagerinsasse. "Der linke hat Generalleutnantsabzeichen!"

Der Marschall und der General nähern sich recht formlos dem hohen Herrn und führen ihn in die Verwaltung.

"Auch Stalin wird vom MGB festgenommen!" meint einer.

"Die nehmen auch den Herrgott fest und sperren ihn ein!"

Plötzlich entspinnt sich eine Diskussion: Wer, was, weshalb?

Da kommt der Diensttuende des Chefs des OLP angelaufen:

"Der Chef des OLP befiehlt, unverzüglich auseinander zu gehen!"

"Was ist los?"

"Siehst du denn selbst nicht, was? Der Arzt wurde in den Isolator geschleift, dieser Grusinier aus Batum!"

"Ich habe keinen Grusinier gesehen!"

"Doch! Den, der sich als Stalin ausgegeben hat, Dummkopf! Hast etwa wirklich geglaubt, daß das Stalin war? Spitz deine Ohren besser! Drei Tage kriegt er, man soll das Volk nicht beunruhigen!"

"So ein Gezücht!" sagt einer. "Und ich dachte, daß das wirklich Stalin gewesen ist!"

Die Suche nach einem Ausweg

Bei uns hat sich eine kleine Freundschaftsgruppe gebildet. Zu ihr gehören einige, die früher in Wustrau und Ziethenhorst gewesen waren, den Lagern des Ostministeriums, und den NTS kennen.

Auch der sich zu den Amerikanern zählende Jack Guralski gehört dazu. Wir diskutieren über die verschiedensten Themen, doch Gespräche über unser Lagerleben dominieren. Beendet wird die Diskussion mit dem Gedanken an die Vernichtung der kommunistischen Herrschaft. Für uns ist der Sturz der kommunistischen Macht etwas ganz anderes als für diejenigen, die außerhalb der Grenzen dieser Macht leben. Für uns bedeutet jeder Tag ihres Bestehens ein Schwund an der Substanz unseres persönlichen Lebens.

Wie kann man sich aus diesen eisernen Klauen befreien?

Wie kann man diesem Mechanismus des Totschlags an so vielen Millionen Menschen Einhalt gebieten?

"Wie?" sagt der groß gewachsene Iwan Artamonowitsch, der mager wie eine Bohnenstange ist. "Ich will euch sagen, wie! Niemand muß woanders hingehen, das ist gar nicht nötig. Jeder Mensch muß seine Pflicht auf *dem* Platz erfüllen, auf den ihn das Schicksal gestellt hat."

"Wie kann man denn hier seiner Pflicht nachkommen? Etwa durch Normerfüllung?"

"Es ist keine Verpflichtung, wie ein Maulesel am Aufbau des Bolschewismus zu malochen, damit würden wir unserem Volk nur schaden. *Nein, sie müssen hier gebissen werden!*"

"Das ist gefährlich!"

"Gewiß, doch nicht allzu sehr! Ihre Idee muß, bis hin zu allen Epigonen, mit Stumpf und Stiel ausgerottet werden!"

Wir verstehen, worum es geht.

Die aktiveren Lagerelemente beginnen, sich um unser kleines Zentrum zu sammeln. Das ist natürlich keine Organisation, und auch keine Verschwörung, wohl aber werden gewisse Verbindungen geknüpft, die unter bestimmten Umständen sehr wichtig werden können. Wir alle fühlen, daß unsere kleine Gruppe das Schicksal unseres Lagers entscheiden könnte.

Wir gehen zum nächtlichen Schichtwechsel, strenger Frost herrscht. Der Sturm heult. Um das Gesicht vor Erfrierungen zu schützen, werden Masken verteilt. Ohne sie ins Freie zu gehen, ist gefährlich. Einige schmieren sich das Gesicht mit Fett ein. Als wir die Wache passieren, legen auch die Mutigsten von uns ihre Masken an. Der eisige Wind sucht sich in der Kleidung einen Zugang, und plötzlich scheint sich über den Körper eine Art Eisstrom zu ergießen.

In dem pfeifenden Wind auf der vereisten Straße stehen etwa hundertfünfzig Gespenster. Gekrümmt stemmen sie sich dem Wind entgegen und suchen aneinander Halt und Schutz. Die weißen, umheimlichen Masken verleihen ihnen das Aussehen von Toten, und ergeben zusammen mit den schmutzigen, zerrissenen Joppen ein phantastisches, grauenvolles Bild.

Die Kolonne beginnt, sich langsam zu bewegen. Wir treffen auf dem Arbeitsplatz ein. Der Schnee ist bereits fortgeschaufelt. Wir müssen Gräben in einer Breite von 1,20 m und einer Tiefe von 2,80 m freimachen und hacken auf die gummiartige Erde ein, niemand kann die Norm erfüllen. Nachdem wir zwei Stunden gearbeitet haben, beginne ich, zwischen den Gräben herumzuschlendern, aus denen gebeugte, mit Teer beschmutzte Rücken sichtbar werden. Dumpfe Rufe erklingen. Hin und wieder reckt sich ein Rücken, und ein mit Schweiß und Lehm beschmiertes Gesicht erscheint.

Das Zweite Therapeutische Lazarett

Im März 1951 hatte ich das Glück, ins Lazarett zu kommen.

Das Lazarett ist ein Ort, an dem es einem sehr gut, aber auch sehr schlecht ergehen kann.

Für die leicht Erkrankten, oder generell für alle Kranken, die, zu recht oder zu unrecht, ins Lazarett gekommen sind, ist es eine Erholung von der Zuchthausarbeit. Doch im Lazarett liegen auch solche, denen von der Lagerleitung bestimmt worden ist, langsam zu verlöschen, und vor unseren Augen geht das Leben der zum Lagertod Verurteilten dem Ende entgegen. Hier spielt sich der letzte Akt einer langen Tragödie ab, zu der die kommunistischen Machthaber Millionen Menschen verurteilt haben.

Völlig hoffnungslos Erkrankte werden gewöhnlich in die sogenannte Sanitätsstadt gebracht, oder, wie die Lagerinsassen sie nennen, in das Reich der lebendigen Toten, von wo es so gut wie niemals eine Rückkehr gibt.

Einige wehren sich verzweifelt gegen diesen Lagertod. Für jeden Menschen ist es schwer zu sterben, wenn er nicht sehr gläubig und sehr mutig ist. Aber im Lager zu sterben, bedeutet, noch in seiner letzten Stunde den Triumph des Feindes zu erleben.

"Wir alle sind Sünder!" sagte mir ein alter Mann. "Sünder vor Gott und den Menschen, aber es ist doch recht jammervoll, in den Klauen dieser grausamen Fanatiker zu sterben."

Es gibt aber auch Menschen, die nicht wissen oder nicht sehen, daß der Tod neben ihnen steht, sie sind vielleicht die allerglücklichsten. Hin und wieder findet man so einen tot in seinem Bett, mit einem Ausdruck von Frieden und Ruhe im Gesicht.

Andere bemühen sich, irgendein Werk zu vollenden, das das Geschick ihnen ihrer Ansicht nach auferlegt hat, gewöhnlich sind das die Intellektuellen.

Ich kannte einen Mathematiker. Dreimal wurde er an Magengeschwüren operiert. Er lag im Sterben, und wußte, daß sein Leben dem Ende zuging. Sein Verstand war jedoch völlig klar, und in einem dicken Heft aus grauem Einwickelpapier schrieb er irgendwelche Formeln auf. Einige Male wurde das Heft von Diensttuenden entdeckt, sie hatten jedoch nicht den Mut, dem Sterbenden die letzte Freude zu nehmen.

Das Pflegepersonal des Lazaretts bestand aus sehr fragwürdigen Personen. Da war zum Beispiel der Leiter der Krankenküche. Er bestahl die Kranken. Er mußte alle diejenigen Narjadtschiki ernähren, die ihn auf diesen Posten gebracht hatten und den Aufsehern Schmiergelder geben, denjenigen schmeicheln, die mit ihm zusammen stahlen, und es denen verbieten, die nicht stehlen sollten, und außerdem mußte er all jenen Kranken, die faktisch die Arbeit des Lazarettpersonals leisteten, zusätzlich Grütze verabreichen.

Als ich zu genesen begann, wurde ich dazu abkommandiert, den Sanitätern zu helfen.

"Treguboff, Sie werden vom Lazarett zur Grubenarbeit versetzt." erklärt mir eines Tages ein Sanitäterkollege.

Ich verspüre einen schlechten Geschmack im Mund und laufe schnell zum Oberfeldscher, meinem großen Freund. Er ist nicht da, doch an seiner Tür ist ein Papier angeheftet.

Auf ihm ist ein Förderturm gezeichnet, mit dem Vermerk:

"Georg, April, April!"

Nicht schlecht, dieser Scherz!

Im April komme ich als Sanitäter in die chirurgische Abteilung. Jeden Tag werden in meiner Gegenwart Furunkel geöffnet sowie unter der Haut liegende Geschwüre aufgeschnitten.

Hier zeigt sich die unterschiedliche Natur der Menschen. Einige erlauben, daß ohne Betäubung geschnitten wird, und ertragen diese Folter geduldig, wenn auch mit leidendem Gesicht. Andere verlangen hartnäckig Betäubungsspritzen. Doch es sind nur wenige Anästhesiemittel vorhanden, und die meisten Eiterherde müssen bei vollem Bewußtsein geöffnet werden.

Casanova - ein Pechvogel

Außer den allgemeinen Duschen gibt es auf der Krankenstation eine Badewanne, die theoretisch für solche Kranken bestimmt ist, die sich nicht bewegen können. In der Praxis werden jedoch alle Kranken unter die Dusche gejagt, die bereits völlig Unbeweglichen werden zu den Duschen getragen. In der Wanne dürfen nur die freien Arbeiter baden, wenn sie hierzu von der Leitung der Sanitätsabteilung gnädigst die Erlaubnis erhalten haben.

Heute ist ein feierlicher Tag. Die Leiterin der Sanitätsabteilung, die Boizowa, auch *Schöne Valentina* genannt, erklärt, daß sie sich um zwölf Uhr Moskauer Zeit erlauben wird, ein Wannenbad zu nehmen. Vom Morgen an wird das Badezimmer geschrubbt und gesäubert. Hierzu werden drei Kranke abkommandiert. Die Wasserhähne werden so blank geputzt, daß sie fast wie Sonnenschein strahlen. Gott verhüte, daß die grausame Dame unzufrieden ist! Sie könnte sonst jeden x-Beliebigen, vom Sanitäter bis hin zum ältesten Arzt, zur allgemeinen Arbeit abkommandieren. Ins Badezimmer werden ein halbes Dutzend reine, dem Staat gehörende Laken und ein schneeweißes Frottiertuch gebracht.

Endlich erscheint die Schöne Valentina. Majestätisch blickt sie sich um, die Diensttuenden springen umher. Ehrerbietig öffnet der Leiter des Lazaretts die Tür, und die Herrscherin über die Krankenstation schreitet ins Badezimmer.

"Leiser! Geht auseinander!" sagt der Leiter mit dünnem Baß. "Potapschuk, du bleibst in der Nähe, und geh nicht so nah heran. Sorg für Ordnung! Wenn sie etwas verlangt, dann ruf mich!"

Nach einigen Minuten erhebt sich Lärm. Aus dem Badezimmer ertönt Geschrei. Sudakow, der gerade ein Nickerchen machen wollte, springt entsetzt auf und läuft dem Spektakel nach.

"Sudakow! Pompobyt!" Die Tür zum Badezimmer steht offen. In hellem Dampf steht die in ein weißes Laken gehüllte Boizowa, wie die personifizierte Wut. "Schafft diesen Halunken fort!" kreischt sie. "In den Isolator mit ihm, ins Gefängnis, ohne Gnade!" Die Tür schlägt zu.

Zwei Schritte von ihr entfernt steht Potapschuk und reibt sich eine Beule an der Stirn.

"Was ist los?"

"Ja, ich, ich..."

Was war geschehen? Der unglückliche Wächter hatte sich seine Langeweile damit vertrieben, die strenge Vorgesetzte durch das Schlüsselloch zu beobachten. Als die Schöne Valentina einen Moment ruhig in der Wanne saß, vernahm ihr hellhöriges Ohr eine Bewegung hinter der Tür. Sie wickelte sich in ein Laken, schob unversehens den Riegel weg, und Potapschuk, der gebeugt vor dem Schlüsselloch stand, flog ins Badezimmer und schlug heftig mit dem Kopf auf die Wanne.

Die erzürnte Göttin verläßt das Krankenhaus.

Am Abend wird der arme Potapschuk, der Aphrodite eine so schwere Beleidigung zugefügt hatte, von zwei Aufsehern abgeführt.

"Sieben Tage!" bemerkt Sudakow vielsagend.

Kranke werden gesundgeschrieben

Die Tagung der Kommission in der Krankenstation beginnt. Die Chefärztin Tokarewa-Gurewitsch bereitet sich für ihren Sommerurlaub vor und beschließt, zuvor eine Generalreinigung des Lazaretts vorzunehmen. Die ehrwürdige Dame scheut sich nicht, auch diejenigen gesundzuschreiben, die sich noch auf dem Weg zur Genesung befinden. Vor allem liebt sie die Deutschen nicht.

Die Chefärztin prüft die Krankengeschichte selbst und schreibt auch selbst die Vermerke. Die Diensttuenden laufen in den Baracken umher. Achtzig Insassen des Lazaretts werden zu diesem schrecklichen Gericht kommandiert. Für die Leute ist es sehr wichtig, welcher Kategorie sie zugeteilt werden, davon hängt die Schwere der Arbeit ab. Schließlich ist für die Rabotjagi lebensentscheidend, ob sie im Bergwerk arbeiten müssen oder nicht.

Von der Grube fortzukommen und einer leichteren Arbeit zugeteilt zu werden, ist natürlich der Traum eines jeden Lagerinsassen.

Die auf die Kommission Wartenden stehen bereits in einer Reihe im Korridor. Der Sanitäter ruft einen Familiennamen auf, und mit unruhig flackernden Augen verschwindet irgendeine Figur in Unterwäsche hinter der Tür. Dort thront die Chefärztin an einem Tisch, der mit Blumen aus den Gewächshäusern geschmückt ist, an ihrer Seite die Gefangenenärzte.

"Worüber klagen Sie?" erklingt ihre schablonenhafte Frage.

Hin und wieder ist die Chefärztin so herablassend, den Kranken anzuhören und abzuklopfen. Auch der Blutdruck wird gemessen. Hypertonie ist die Geißel der Lagerinsassen. Die Temperatur wird ebenfalls festgestellt.

In den meisten Fällen werden die Kranken gesundgeschrieben.

Bevor sie den Raum verlassen, versuchen sie, mit einem Blick zu erhaschen, was in ihrer Krankengeschichte oder auf der Karteikarte vermerkt worden ist.

Für die Chefärztin besteht die Sorge um die Menschen und den sogenannten sanitären Zustand des Lagers hauptsächlich in der Beachtung des äußeren Eindrucks, um einen entsprechenden Bericht an die ihr vorgesetzte Dienststelle machen zu können. Was aber nun wirkliche Hilfe für die Eingesperrten angeht, so interessiert sie das recht wenig.

Leben und Gesundheit der Häftlinge sind der Leitung vollkommen gleichgültig, die Herrscher benötigen lediglich ihre Arbeitskraft, und dafür ist die Verwaltung zuständig.

Das Prinzip der Konzentrationslager besteht darin, einen Menschen bis zum letzten Blutstropfen auszusaugen, und sobald er zu keiner Arbeit mehr fähig ist, kann er ruhig totgeschlagen werden.

Eigenartig, ich werde nicht gesundgeschrieben.

Meine Freude ist jedoch verfrüht.

Zwei Tage später tagt die Kommission erneut. Diesmal werde ich meiner alten Brigade zukommandiert. Höflich danke ich der Chefärztin für ihre Güte und ihr nettes Verhalten mir gegenüber.

Mißtrauisch sieht sie mich an und nickt mir gnädig zu.

Immerhin hatte ich dreieinhalb Monate im Lazarett verbracht, das ist sehr viel. Beim grausigen Letzten Gericht werde ich die Tokarewa-Gurewitsch unweigerlich verteidigen müssen!

Im Lager treffen wir die unterschiedlichsten Typen von Menschen. Doch jeder, der seine Umgebung ergründen will, wird hierbei zugleich auch von den anderen abgeschätzt. Im Lager schärft sich der Blick und verfeinert sich das Gefühl, und der Charakter eines jeden wird sehr schnell von den übrigen durchschaut.

Gut, wenn anständige Menschen sich mit einem befassen!

Immer häufiger werde ich von mir unbekannten Leuten aufgesucht, die mich über die politische Lage und den Krieg in Korea befragen. Das gefällt mir gar nicht. Die meisten von ihnen rechnen damit, daß der Koreakonflikt lediglich das Präludium zu einem allgemeinen Krieg und zur Vernichtung der kommunistischen Herrschaft ist.

Ich bin nicht dieser Meinung, vielmehr glaube ich, daß ein Krieg zwar unvermeidbar ist, aber daß er noch in weiter Zukunft liegt.

Das darf ich aber nicht sagen.

Alle diese Menschen quält die Perspektive eines vieljährigen Aufenthalts in dieser Hölle, und der Ertrinkende klammert sich bekanntlich an einen Strohhalm. Im Lager werden phantasievolle Optimisten geliebt, ein nüchternes Wort dagegen hört man nur ungern.

Ich werde zu meinem früheren Chef Radelnieks gerufen. Irgendetwas hat ihn beunruhigt, und er bittet mich, ihm nach Möglichkeit eine Karte des Gebiets Workuta und seiner nördlichen Umgebung zu zeichnen. Ich bin kein Paganel, wie bei Jules Verne, erfülle seinen Wunsch jedoch, soweit mir das möglich ist.

Dabei denke ich nicht daran, welche Folgen diese Gefälligkeit nach sich ziehen könnte.

Unsere Kameradschaftsgruppe besteht noch immer, doch nicht jeder lebt gut. Jack Guralski ergeht es schlecht. Er hat eine Stelle als Türhüter. Das gilt als leichte Arbeit, doch er ist Jude und leidet sehr unter dem Antisemitismus der Galizier. Oft erzählt er mir von seinem Unglück.

Das dünne, unbemerkbare Spinnennetz, das unsere Gruppe umgibt, ist bisher noch nicht entdeckt und von der Leitung des Lagers zerrissen worden. Aber ist dieses Spinngewebe tatsächlich nicht zu bemerken? Oder glauben wir nur, daß es so ist?

Wir sind nicht die einzige Gruppe im Lager, es gibt verschiedene Organisationen, von denen die Lagerleitung nichts weiß.

Treue kameradschaftliche und stark zusammengeschweißte nationale Organisationen vereinen besonders die Esten, Letten und Litauer. Zweifellos haben sich im Lager auch die Anhänger von Bandera (Anmerk. ukrainischer Nationalist und Separatist) organisiert, sie haben die stärksten und zahlreichsten Gruppen. Es gibt auch einige marxistische Zellen, unter denen die Trotzkisten dominieren.

Die Lagerleitung vermutet wohl etwas, kann jedoch nichts feststellen und beweisen. Alle müssen sehr vorsichtig sein. Die Entdeckung einer antisowjetischen Verschwörung im Lager kann für jeden der Beteiligten nur mit Erschießung enden.

Die Leitung des Kapitalschachts wird aus Bequemlichkeitsgründen einfach Kombinat genannt. Den ganzen Sommer treibe ich mich hier auf verschiedenen Arbeitsstellen herum. Ende August werde ich in die Bildhauerwerkstatt abkommandiert.

Der Leiter des Kapitalschachts, ein furchtbarer Schuft, ist auf seine Weise eine Berühmtheit von Workuta, er heißt Priskoka. Leute, die ihn genau kennen, behaupten, daß dieser grausame Ingenieur-Hauptmann einfach ein Abenteurer ist, der wenig Ahnung vom Bergwerk hat. Er versteht es jedoch, die Leute zur Arbeit anzutreiben, und das ist für die Machthaber das Wichtigste. Die Grubenarbeiter klagen über seine völlige Erbarmungslosigkeit und die Mißachtung ihrer Nöte. Mit den Vorarbeitern, den Leitern der Baustellen und den Brigadieren, kurz, mit allen leitenden Persönlichkeiten, versteht er, gut umzugehen und ihnen angenehme Lebensbedingungen zu verschaffen. Er verlangt von ihnen nur Eines:

Unbedingte Erfüllung seiner Befehle, und die Fähigkeit, aus den Grubenarbeitern soviel wie möglich herauszupressen.

So wünschte dieser Priskoka einmal, daß die Treppe, die zu seinen Arbeitszimmern führt, mit Mosaikarbeiten verziert wird. Hierfür wurde ein litauischer Bildhauer herangezogen. Er ist ein wirklicher Künstler, ein Enthusiast seiner Arbeit, und faselt ständig über die Mosaiken von Ravenna. Für das Giebeldach des Gebäudes sind allegorische Figuren geplant, die das Aufblühen der sozialistischen Heimat symbolisieren sollen. Da gibt es Traktoren und Garben, Hammer und Sichel, und ein schönes, strahlendes Mädchengesicht, und über all diesen Figuren soll Stalin in Marschalluniform stehen, ein siegreiches Lächeln auf dem Gesicht. Bis zum Frühjahr muß diese Arbeit fertig sein, dann wird hoher Besuch erwartet.

"Treguboff, du wirst zur 14. Baracke versetzt, nimm deine Sachen, du kommst zur Brigade Barilow (1957: Gorlov)."

Das ist mir wenig angenehm. Die 14. Baracke gehört zu den schlimmsten. Sie ist feucht und dunkel, die obere Reihe der Pritschen ist eng zusammengestellt, die Ecken sind vereist, überall ist Schmutz, der Ofen ist zusammengefallen. Man sieht sofort, daß in Baracke 14 der Abschaum aller Lagerinsassen zusammengesteckt worden ist. Das sind Leute, die weder Fisch noch Fleisch sind, weder Intelligenzler noch Kriminelle.

Barilow selbst ist recht gut gekleidet. Er trägt eine Moskwitschka, Galliffet-Hosen, eine Ledermütze, Lederstiefel und bestickte Fausthandschuhe mit riesengroßen Stulpen. Mit einer Stimme, die keinen Widerspruch duldet, teilt er seine Leute zur Arbeit ein. Ich werde für einen Bau bestimmt, der durch eine getarnte Benennung gekennzeichnet wird.

Das Haus ist fast fertig, nur noch die Schornsteine müssen gesetzt werden. Wir müssen den Töpfern Lehm und Ziegelsteine bringen. Die mangelhaft zusammengeschlagene Treppe knirscht in ihren Fugen. Ein Eimer wiegt etwa zwanzig bis fünfundzwanzig Kilo. Es ist glatt, dazu kommt die grimmige Kälte.

Am ersten Tag geht alles gut. Am zweiten ist es neblig und kalt. Die Treppe ist vereist. Barilow beauftragt einen rotwangigen Esten, die Ziegel hinaufzuschleppen.

Gegen Abend begibt sich der Este vor mir mit vier Ziegelsteinen unter dem Arm die Treppe hinauf. Plötzlich stolpert er.

"Halt sie! Halt sie fest!" schreit von oben der Ofensetzer.

Der Este fuchtelt mit seinen Armen und ergreift dabei das Bein des brüllenden Ofensetzers. In seiner Hand verbleibt ein abgetragener Filzstiefel. Er klammert sich an ihn, wie an einen Rettungsring, und fällt auf mich. Ich lasse den Eimer aus der Hand fallen und stürze herab. Zum Glück befindet sich unter mir ein großer, lockerer Schneehaufen. Ich falle auf die Brust.

In dem warmen Schuppen, in dem Mörtel und Kalk gemischt werden, komme ich zu mir. Barilow schreit:

"Dieser verfluchte Este! Kann selbst nicht stehen und zieht auch noch einen Mann vom Dach herab. So eine verfluchte Frühgeburt!

Man müßte ihn zur Erneuerung in den Mutterleib zurückjagen! Wie, Treguboff, lebst du, du Hundeseele?"

Der Teil der Brigade Barilow, in der ich mich befinde, verwandelt sich in eine havarierte Brigade. Unser Auftrag ist es, die ganze, lange Straße bis zum Kombinat vom Schnee zu säubern. Niemand interessiert sich dafür, wieviel wir arbeiten, aber die Straße muß frei sein, so daß auch Autos passieren können. Besonders wichtig ist der sogenannte Korridor, ein enger Durchgang zwischen zwei Drahtzäunen, der vom Lager zum Bauplatz führt.

Wenn das Wetter ruhig ist und kein Schneegestöber tobt, haben wir manchmal bis zu drei Tagen nichts zu tun. Doch es wird schlimm, wenn der Schneesturm heult. Dann sind wir fast vierundzwanzig Stunden beschäftigt.

Heute ist gerade so ein Tag. Schneegestöber. Schon drei Stunden arbeiten wir mit den Holzschaufeln. Ein Lastwagen ist stecken geblieben und muß freigeschaufelt werden.

Endlich erscheint ein Offizier.

"Brigadier, was quälen Sie die Leute? Führen Sie sie zur Baracke. Was werden sie hier schon schaufeln können!"

Wir gehen in die Baracke und legen uns hin. Um zwei Uhr nachts müssen wir heraus. Der Sturm hat aufgehört. Es ist fürchterlich, die Straße anzuschauen. Die Pforte läßt sich nicht öffnen.

"Zuerst muß die Pforte freigemacht werden, damit man sie öffnen kann." schreit der Brigadier.

Den ganzen Tag schaufeln wir und schaufeln. Erst am Abend essen wir unser Mittagessen. Wir haben keine Kraft mehr.

Ein neuer Sturm würde unseren Tod bedeuten.

Jetzt wird unser Leben vom Schnee und von den Schaufeln bestimmt, Schaufeln und Schnee, Schnee und Schaufeln.

Der Frost ist so streng, daß unsere Mäntel nicht helfen. Ich besitze zwei Paar warme Fausthandschuhe, und dennoch frieren die Hände. Wir arbeiten auf dem Bahnhof Komsomolskaja.

Das hat seinen Vorteil.

Hin und wieder kann man einem Zug auflauern und einen Brief in den Postkasten werfen. Für so eine Tat ist dem Deliquenten der Isolator sicher, doch in der Nacht kann die Wachmannschaft nicht hinter allen her sein. Dafür sieht der Brigadier um so mehr. Sobald ein Personenzug eintrifft, stellt er sich vor den Postwagen.

Seine Rechnung ist einfach: Wenn du einen Brief einwerfen willst, so ist das ein Risiko für dich und für mich. Da ich der Brigadier bin, verlange ich von dir zweihundert Gramm Speck.

Alle schütteln sich zwar vor Wut, aber wer könnte, würde sogar noch mehr geben. Da die Rabotjagi nur das Recht haben, alle halbe Jahre ihren Verwandten zu schreiben, ist eine jede Nachricht von ihnen, die zu Hause eintrifft, eine große Freude.

"Ein schlechterer Brigadier als der unsere ist schwer zu finden!" mault einer. "Er spekuliert sogar mit unseren Briefen, die wir in die Heimat schreiben."

Flucht

Im Januar ergreift eine gewisse Unruhe den gesamten Lagerbezirk. Gerüchte über Häftlingstransporte gehen um, das eine ist schlimmer als das andere. Geredet wird über Kolyma, über den nördlichen Ural, wo sich nicht einmal mehr Polarfüchse aufhalten, und einen Ort an dem nördlichsten Punkt der Eisenbahnlinie von Workuta. Alle spitzen die Ohren. Sicher bekannt ist nur, daß in der Spezialabteilung Listen angelegt werden.

Da aber tritt wirklich ein Ereignis ein, und was für eines!

"Hören Sie, Georg!" sagt Jack eines Abends zu mir. "Ihr früherer Chef ist in den Isolator eingeliefert worden."

"Welcher Chef?"

"Der sympathische Lette aus dem Lebensmittelmagazin. Man sagt, er hätte seine Flucht vorbereitet. Vier Paar Schneeschuhe hat man gefunden, einen selbst gemachten Kompaß, selbst genähte Rucksäcke und ebenfalls selbst hergestellte Messer. Teufelskerle sind das! Radelnieks und ein anderer Lette sitzen bereits. Sie verhören sie, für wen die beiden anderen Schneeschuhe bestimmt waren."

"Und?"

"Anscheinend schweigen sie. Mordskerle sind das! Schade um sie, sie hatten doch schon alles vorbereitet!"

Zwei Tage vergehen, weitere Nachrichten erhalten wir nicht.

Ich bin soeben von der Arbeit zurückgekehrt. Plötzlich kommt der Diensttuende angelaufen.

"Ist Treguboff da? Kommen Sie zur Verwaltung!"

Ich werde in das Zimmer des Bevollmächtigten gebracht. Das Gesicht von Hauptmann Woronin zerfließt in einem breiten Lächeln. "Setzen Sie sich, Treguboff, wollen Sie vielleicht Tee trinken?" Das klingt unheilverkündend.

"Von wann bis wann waren Sie im Lebensmittelmagazin tätig?" Aha, jetzt verstehe ich, worum es geht!

"Etwa einen Monat, im Sommer 1950."

"Waren Sie mit Radelnieks befreundet?"

"Ja, er ist ein anständiger, ehrlicher Mann, und er arbeitet viel!"

"Wissen Sie, wo er sich im Augenblick befindet?"

"Ja, im Isolator."

"Wegen seiner Vorbereitungen zur Flucht! Wissen Sie auch das?"

"Ist das denn überhaupt wahr, Bürger Hauptmann? Es erscheint mir irgendwie nicht glaubhaft. Vielleicht hat ihn jemand angezeigt?"

"Sie glauben es nicht?" Der Hauptmann führt mich ins Nebenzimmer. "Sehen Sie das da!" Neben dem Schrank stehen vier Paar Schneeschuhe und eine runde Scheibe aus Furnierholz, die in 360 Grad eingeteilt ist. "Da sehen Sie, wie er sich vorbereitet hat, Treguboff. Mir scheint, daß Sie irgendetwas darüber wissen?"

"Davon weiß ich nichts. Ich kann mir auch gar nicht vorstellen, wie jemand, der nicht vollkommen verrückt ist, vorhaben kann, aus Workuta zu fliehen. Auch auf Skiern ist das der sichere Tod!"

Schlau lacht Hauptmann Woronin.

"Davon ist der größte Teil der Gefangenen zum Glück auch überzeugt. Und Sie, Treguboff, wie stehen Sie zu einer Flucht?"

"Ich kann nirgendshin fliehen, und vor sich selbst kann man eh nicht fliehen. Ich bin ein gläubiger Mensch, Bürger Hauptmann."

"Aber Sie haben doch Freunde?"

"Ich habe viele Arbeitskameraden, Freunde sind jedoch nicht darunter."

"So, so! Nun gut, gehen Sie. Ich wünsche Ihnen, daß Sie recht bald viele Freunde finden."

Mir ist klar, daß wir bei unseren Zusammenkünften und Gesprächen sehr vorsichtig sein müssen. Wahrscheinlich werde ich beobachtet. Angst hat große Augen! Mir scheint, daß wir, wenn nicht heute, so morgen, in andere Gefängnisse verlegt werden, und dennoch, auch dort wird erneut eine *antisowjetische Lagergruppierung* organisiert werden können!

Und nun erfolgt wirklich ein Fluchtversuch:

Zwei sind von der Ladearbeit aus geflohen. Alle im Lager zählen die Tage und Stunden. Gelingt es ihnen, oder gelingt es nicht? Die Gefangenen, und auch die Leitung, wissen genau, wenn einmal eine Flucht gelingt, ist jeden Tag mit einer Wiederholung zu rechnen.

Am dritten Tag geht ein Geflüster durch das Lager:

"Sie wurden gefaßt und wieder hergebracht!"

Unter Bewachung und mit Handschellen gefesselt werden die beiden Flüchtlinge in einer selbst nach sowjetischen Maßstäben recht eigenartigen Kleidung im Lager herumgeführt, damit sich alle vom Triumph des MWD überzeugen können.

An jeder Baracke sammeln sich kleine Gruppen von Menschen.

Vor Kälte sind die beiden Männer blau gefroren, mager und zittrig.

"Warum schauen wir sie an?" ist eine Stimme aus der Menge zu hören. "Die Tschekisten quälen sie, und wir stehen da und gaffen!"

Demonstrativ gehen alle auseinander.

Zehn Minuten später kommt so ein Bastard von Vorgesetzter aus der Verwaltung angelaufen:

"Der Chef des OLP befiehlt, daß sich alle ansehen sollen, wie sie herumgeführt werden!"

"Wir gehen nicht hin!" sagt einer. "Das ist keine Arbeit, dazu hat er kein Recht."

"Unsere Kameraden werden gequält, und wir sollen zugucken!"

Die Rabotjagi bleiben fest.

Etwas später treffe ich einen der Geflohenen. Er heißt Bosnitski, und ist ein Huzule aus den Karpaten. Er berichtet mir:

"Wir glaubten, wir hätten alles bedacht. Lebensmittel hatten wir. Beim Beladen des Waggons in der Nacht krochen wir in einen leeren Wagen. Bereits nach einer Stunde setzte sich der Zug in Bewegung. Im Lager wurden wir erst am zweiten Tag vermißt, und zwar hat das nicht unser Pompobyt, sondern der Diensttuende entdeckt. Selbstverständlich wurde unsere Flucht per Telegraph allen bekannt gegeben. Wir sitzen also im Waggon. Obwohl wir warm angezogen waren, wir trugen Zivilkleidung unter unseren Joppen, hat uns der Frost überwältigt. Sie wissen, was es heißt, bei dreißig Grad Kälte in einem leeren Waggon zu sitzen! Am zweiten Tag erschienen die Leitung der Eisenbahn und das MGB mit Hunden, begannen, alles zu durchsuchen, und so wurden wir gefaßt."

Unsere Schneeschippbrigade wird beinah vollständig abtransportiert, auch ich gehöre dazu.

Jeder nimmt seine Lebensmittel und seine persönlichen Sachen mit. Mir ist sehr schwer und traurig zumute. Ich habe noch zwei Tage zur Verfügung, an denen ich durch den gesamten Lagerbezirk laufe. Ich muß mich von meinen Freunden verabschieden, unsere Handlungsweise für den Fall unvorhergesehener Ereignisse abstimmen, Adressen austauschen und vereinbaren, wo wir uns im Falle des Freiwerdens finden können. Besonders herzlich verabschiede ich mich von Jack Guralski. Er ist der Mensch, der mir hier im Lager am nächsten steht. Ich weiß, daß unsere kleine Gruppe handeln wird, auch wenn ich nicht mehr da bin. Einige bringen mir als Wegzehrung Brot, etwas Zucker und sogar Konfekt. Das ist um so rührender, als einige Monate zuvor die Brotrationen gekürzt wurden. Früher blieb bei allen Brot übrig, jetzt aber ist es sehr schwer, ein Stück Brot mehr zu bekommen, als einem zusteht.

Alle, die zum Transport gehören, müssen sich in der Badestube versammeln. Es sind viele, etwa hundertachtzig Menschen. In der Badestube ist es eng. Vor ihrem Eingang steht der Diensttuende. Wie eine chinesische Mauer riegelt die Lagerverwaltung den Transport ab. Auch Essen und Brot erhalten wir in der Badestube.

Am zweiten Tag wird alles durchsucht, alles abgetastet. Besonders scharf ist man auf alles Geschriebene. Wie durch ein Wunder kann ich mein selbst verfaßtes Wörterbuch retten. Einem wird mit viel Gezeter ein persönliches Schachspiel weggenommen. Ein alter Mann weint und bittet darum, ihm die von ihm abgeschriebenen Auszüge aus dem Evangelium zu lassen.

Nach der Durchsuchung werden wir noch strenger bewacht.

Wir gehen. Auf ein Fuhrwerk wird verschiedenes Gepäck gelegt. Um uns der wachhabende Konvoi. Hunde.

Zu guter Letzt setzt noch ein Schneesturm ein.

Wir gehen hinunter zum Fluß, überschreiten eine Pontonbrücke, erklimmen das gegenüberliegende, steile Ufer.

Alle sind schrecklich müde und wanken.

Endlich erblicken wir in der Ferne irgendwelche Gebäude.

"Der 40. Schacht!" sagt jemand.

Eine Pforte, die gleiche, umständliche Prozedur der Empfangnahme wie immer. Wir betreten das neue Lager.

Nach alter Tradition wird der gesamte Transport wieder in die Badestube gesperrt. Dennoch gelingt es uns, Kontakte herzustellen, und sofort stellt sich heraus, daß es hier viel schlimmer ist als im Kapitalschacht, hier herrscht zweifellos echter Hunger.

Der Transport wird komplett in einer besonderen Baracke untergebracht. Es gibt keine Quarantäne. Bereits am zweiten Tag werden alle Ankömmlinge flüchtig von der Lagerkommission untersucht. Wir merken sofort, die Lagerleitung gaunert, das heißt, sie versucht, die Rabotjagi generell in höhere Arbeitskategorien einzustufen.

WORKUTA. DER 40. SCHACHT
Im Erdloch

Am 40. Schacht wird noch gebaut. Nach dem Plan soll diese Grube das ausgedehnteste Bergwerk in ganz Workuta werden. Es wird Millionka genannt, und soll eine Million Tonnen Kohle im Jahr bringen. Der Stamm ist bereits eingeschlagen, richtiger, zwei Stämme, ein kleinerer und ein großer. Gigantische Stahlkonstruktionen erheben sich im kalten Nebel. Am 1. Januar 1953 soll das Bergwerk in Betrieb genommen werden.

Ich werde zu Erdarbeiten abkommandiert, und sofort gerate ich in die Nachtschicht.

Der Februar ist in Workuta ruhig und kalt. Auf sämtlichen Plätzen um die Baugruben ist Baumaterial aufgehäuft, Bretter und Balken. Die Preßlufthämmer dröhnen. Für die Fundamente der Gebäude werden Gruben bis zu zehn Meter tief in die Erde gegraben. Am fünfstöckigen Haus für die Verwaltung des Kombinats wird beschleunigt gebaut. Zwischen den Brettern, den Stahlkonstruktionen, Kabeln und elektrischen Drähten, bewegen sich, Erdwürmern gleich, mit ihren Hacken und Spaten wühlend und grabend die Rabotjagi.

Am Rande der Baugrube sind nur unzureichend Bretter befestigt, über die, direkt über den Köpfen der Arbeiter in der Grube, Karren mit Zement gefahren werden. Die Bretter krachen. Die müden, ausgemergelten Männer schwanken. Jeden Augenblick kann eine Last von achtzig Kilo auf die unten Arbeitenden herabfallen.

Ich werde zu den Leuten gestellt, die einen schmalen Graben von etwa fünf Metern Tiefe schaufeln. Unter mir schlagen einige mit Abbauhämmern den ewigen Frostboden auf. Andere werfen die Erde nach oben, auf eine zwei Meter höher gelegene hölzerne Überdachung, auf der ich stehe und die gefrorenen Erdstücke sofort noch höher, auf den nächsten Absatz, befördern muß. Unter mir blitzen im kalten Schein der Lampen unablässig die Spaten auf. Geräuschvoll fallen die Klumpen auf meinen Platz. Meine Arme schmerzen, und mit Widerwillen blicke ich auf die blinkenden Spaten, die mir keine Atempause gönnen.

Hin und wieder ist die heisere Stimme eines Rabotjaga zu hören: "Wie spät ist es? Der Teufel hol's, erst elf Uhr!"

Es geht dem Morgen entgegen, alle sind todmüde. Die Abbauhämmer klingen nicht mehr so exakt und bösartig. Schmutzige Gestalten kriechen aus der Grube und taumeln irgendwohin. Die Brigadiere sind ebenfalls verstummt. Niemand ist in der Lage, zehn Stunden hindurch den Antreiber zu spielen.

Es ist zwei Uhr nachts, der zwölfstündige Arbeitstag ist beendet, unsere Schicht kann nach Hause gehen. Bei der Wache an der Grenze der Industriezone zur Lagerzone ist auch jetzt ein großes Menschengewirr. Dutzende von Brigaden drängen sich hungrig, müde und schmutzig nach vorn.

"Laßt uns herein!"

"Ist noch zu früh."

"Wie früh ist es denn? Wir haben die Norm erfüllt!"

"Wir lassen erst nach zwei Uhr durch."

"Es ist längst zwei Uhr!"

"Nein, noch nicht." behauptet der Wachhabende stur.

Niemand hat eine Uhr, wie kann man das Gegenteil beweisen?

Endlich werden wir hereingelassen. Dabei werden wir wieder durchsucht. Wer noch Kraft dazu hat, bricht sich mit Hilfe seiner Fäuste Bahn.

Gegen vier Uhr sind wir in unserer Baracke. Es ist zu spät, um sich schlafen zu legen. Gleich beginnt das Aufstehen, und damit die Unruhe. Wir haben gerade noch Zeit, um uns zu waschen und dann zum Frühstück zu gehen. Die durchnäßten Filzstiefel und die feuchten Joppen werden im Trockenraum abgegeben, der bei jeder Baracke vorhanden ist. Wenn sie jedoch sehr durchnäßt sind, können sie in zehn Stunden nicht austrocknen, und es ist sehr gefährlich, in feuchter Kleidung in den Frost zu gehen.

Im Speisesaal gibt es Fisch, rostbraun und übermäßig gesalzen, schlimm für solche, die über den ersten Hunger hinaus davon essen. Der Magen ist bereits befriedigt, aber sie essen und essen, und später werden sie alles und jedes verfluchen!

Endlich kommt die glückselige Minute, man kann sich ins Bett legen, rundum Lärm und Unruhe, die Tagesschicht geht zur Arbeit.

"Antreten zur Kontrolle!"

"Bürger Diensthabender! Selbst der Leiter des Lagerbezirks hat angeordnet, daß es den Leuten erlaubt ist zu schlafen. Sie müssen doch in der Nacht wieder zur Arbeit gehen!"

"Ich kann die Leute nicht zählen, wenn sie liegen! Los, steht auf!"
Schimpfend erheben sich die Rabotjagi von ihren Pritschen, wobei
sie ihre Augen reiben.

Je weiter die Arbeiten fortschreiten, um so schwerer werden sie.
In der letzten Zeit karre ich fast ausnahmslos Erde über die Bretter der Baugruben. Das ist eine schwierige Tätigkeit. Hierzu werden Kraft, Aufmerksamkeit und Fertigkeit benötigt. Unten graben
mir bekannte und unbekannte Rabotjagi. Eine Karre hinabfallen zu
lassen, bedeutet, jemanden totzuschlagen oder zu verstümmeln.

Immer mehr Rabotjagi legen sich völlig erschöpft ins Lazarett. Die
Sanitätsabteilung ist den ganzen Tag überfüllt, die Ärzte und Feldschere sinken fast um vor Müdigkeit. Sie behandeln all die An-
kommenden zwar, wissen aber sehr genau, daß ihre medizinische
Hilfe zwecklos ist. Langsam, aber sicher, geht der Personalbestand
der 5. Lagerabteilung der Dystrophie entgegen.

Erneut im Lazarett

Ich stehe am Fenster des Lazaretts.

Für heute ist die sogenannte WTeK vorgesehen, das heißt, ich muß
die Außerordentliche technische Kommission passieren, die festzustellen hat, ob ich Dystrophie habe oder nicht. Die WTeK erklärt
mich zu einem an Dystrophie Erkrankten einer bestimmten Stufe,
nach der Entscheidung des Arztes komme ich auf die Krankenstation. Hier, in dieser ruhigen Umgebung, erscheint mir die zuvor
ausgeführte Arbeit in den Baugruben schwer und unsinnig.

Etwas Neues liegt in der Luft, bestimmte Gerüchte nehmen feste
Formen an. Man spricht über die Einführung eines neuen Straf-
gesetzbuches, über die Überprüfung aller Fälle, die massenweise
Verkürzung der Strafzeit und über die Einführung einer Bezahlung
an die Gefangenen...

Und da erscheint die erste Schwalbe:

Ab Januar 1952 wird die Arbeit der Häftlinge vergütet.

Jubel erhebt sich im Lager: Es gibt Geld!

Dieses Gerücht geht von einem Ende des Lagers zum anderen. In
Gedanken stellen sich alle Lagerinsassen bereits die Möglichkeiten
vor, die sich durch den Besitz eigenen Geldes ergeben könnten.

Bisher war nämlich jeglicher Geldbesitz verboten!

Die hungrigen Rabotjagi denken an Zucker, Butter und Fett, diejenigen, deren Lagerträume sich nicht ausnahmslos auf das Essen konzentrieren, hoffen, sich besser kleiden zu können. Die Blatnojs und die ihnen ebenbürtigen Genossen aber denken an Wodka.

Ein Abgesandter der Buchhaltung erscheint. Alles drängt sich im Korridor um ihn. Er zählt die Namen der Kranken auf, die Geld bekommen können.

"Geht aber gleich zur Buchhaltung, um das Geld in Empfang zu nehmen. Jetzt sind gerade die Kranken dran. Los, eilt euch! Wenn es erst einmal auf euer Konto gekommen ist, werdet ihr warten müssen." sagt er warnend.

Die Prozession der in Lumpen gekleideten Kranken begibt sich zur Buchhaltung. Dort ist ein riesiger Menschenauflauf, einige stehen bereits drei Stunden. Alle haben erboste und erregte Gesichter.

"Das nennen sie Geld auszahlen! Sie machen sich lustig über uns!"

Hinter dem Schalter sitzt mit versteinertem Gesicht der Hauptbuchhalter. Langsam, und mit verbissenen Lippen seine Verachtung betonend, zahlt er nach den Listen das Geld aus.

"Also, wie ist denn das überhaupt?"

"Sehr einfach! Alle Lagerinsassen werden den frei angestellten Arbeitern gleichgestellt, das heißt, sie bekommen dieselbe Bezahlung. Da du jedoch kein freier Arbeiter bist und im Lager lebst, werden davon die Kosten für die Wohnfläche, für deine Bekleidung und die Ernährung abgezogen, und das, was danach übrig bleibt, erhältst du selbstverständlich nur, wenn du deine Norm erfüllt hast..."

Warenausteilung

Zwei Lastwagen mit Waren sind angekommen.

Das ist die letzte Neuigkeit. Wir alle gehen hin, um uns anzusehen, wie sie ausgeladen werden. Vor dem Ladeplatz stehen viele Menschen. Freiwillige schleppen von den Lastwagen Kisten mit Konfekt, Karamelbonbons und *Katzenzungen*. Dann folgen die Fässer mit Marmelade. Alle sind begeistert. Zucker und Fette sind allerdings nicht dabei. Vor dem Eingang des Verkaufsstandes steht bereits eine Schlange von zweihundert Mann.

Der Leiter des Lagerkiosks erscheint in seinem weißen Kittel.

"Nun, was steht ihr hier herum? Wir werden erst nach dem Mittagessen mit dem Verkauf anfangen."

Niemand bewegt sich von der Stelle, alle bleiben wie angewurzelt in den Reihen stehen. Sie denken:

"Wenn wir auch einige Stunden stehen müssen, so werden wir immerhin doch etwas bekommen!"

Alle wissen bereits, daß nur sehr wenige Lebensmittel hergebracht worden sind, nur zweihundert Gramm Konfekt für jeden werden verkauft.

"Weshalb stehen wir hier für zweihundert Gramm?"

"Auch für hundert Gramm würdest du dich anstellen!"

Das Wetter ist sehr schlecht. Ein alles durchdringender Wind, vermischt mit Schnee, fegt über die Menge. Die Rabotjagi hauchen auf ihre Hände, treten von einem Fuß auf den anderen, verfluchen den Verwalter des Kiosks, den Chef des Lagers und die vor ihnen stehenden Leidensgefährten.

Der Handel ist in vollem Gange. Die Reihen der Wartenden werden immer dichter. Alle drängen so sehr, daß die Knochen knacken. Bereits drei Kolonnen haben sich gebildet, die direkt vor der Eingangstür zu einer verschmelzen, die sich gegen die Tür preßt.

Wer sich im dunklen Korridor vordrängt, wird an seinen Kleidern zurückgerissen. Nähte krachen, *siebenstöckige Flüche* ertönen.

Ein Blatnoj haut mit einem Kochgeschirr um sich.

Die Tür zum Lagerraum ist abgesperrt. Hin und wieder wird sie geöffnet, um die nächsten etwa fünfzehn Menschen hereinzulassen. Im Laden arbeiten der Verwalter und seine Gehilfen. Sie sehen aus wie abgejagte Pferde. Ich kenne die Arbeit im Magazin und fühle mit ihnen.

Jeder erhält 200 Gramm Konfekt und 500 Gramm Marmelade.

Wer beides bekommen hat, muß zur Seite treten. Der Diensttuende wartet, bis etwa zehn Menschen abgefertigt sind, dann öffnet er vorsichtig die Tür und läßt die Glücklichen hinaus, die ihre Päckchen mit den Süßigkeiten fest an ihre Brust drücken.

Der Lärm im Korridor wird immer größer. Das Gerücht verbreitet sich, daß die Lebensmittel bald zur Neige gehen. Jemand wird aus der Reihe gestoßen, eine Keilerei entsteht. Einer wird gegen den Schrank geschubst, die Tür kracht...

Ich bin bereits seit einem Monat im Lazarett, und obwohl hier gehungert wird, ist es immer noch besser als in den Gruben. Eines Morgens, nach dem ersten Frühstück, kommt der Aufseher angelaufen.

"Doktor Prischtschepa soll in den Isolator kommen, schnell. Nehmen Sie Ihre Instrumente mit! Die Kriminellen treiben Unfug!"

Unruhig sieht Doktor Prischtschepa sich im Kreise um.

"Georgij Andrejewitsch, ich bitte Sie, mir zu helfen. Ich möchte den Feldscher nicht wecken."

Im Isolator brennen trübe Lampen. Zwei Offiziere unterhalten sich mit besorgten Gesichtern. Fünf Aufseher sind da.

"Hierher, Doktor!" sagt ein Offizier. "Da sind sie! Und wer ist da mit Ihnen gekommen?"

"Mein Gehilfe, anstelle des Feldschers."

"Nun gut, er soll nur nicht im Lager darüber schwatzen!"

Zelle Nr. 4. Dort ist es warm. Zwei Männer liegen auf den Pritschen. Der eine ist etwa zwanzig Jahre alt, in Galliffet-Hosen und ausgezeichneten Chromlederstiefeln, halbnackt. Der andere ist gänzlich unbekleidet. Beide beachten uns nicht. Bei dem einen sehe ich auf der Brust blutbeschmierte Flecken und etwas Rundes.

"Was haben Sie da gemacht?" fragt der gutmütige Doktor Prischtschepa und schlägt seine Hände über dem Kopf zusammen. "Haben sich Knöpfe auf den Leib genäht!"

"Ja, was ist denn, Doktor? Ich verlange den Staatsanwalt, es reicht mir. Lange genug haben sie mich gequält. Diese Hure Philippow hat mich in den Karzer geschleppt!"

"Daraus kann eine Blutvergiftung entstehen."

"Darauf spucke ich!"

Der muskulöse Körper ist völlig mit Blut beschmiert, ebenso die Knöpfe. Mit entgeistertem Entsetzen betrachtet der Arzt sie.

"Sie müssen entfernt werden, das ist gefährlich." sagt er schließlich. "Anscheinend beginnt der kalte Brand bereits."

"Rühren Sie sie nicht an, Doktor! Ich werde so sitzen bleiben, bis der Staatsanwalt gekommen ist!"

"Der Leiter des OLP." flüstert hinten jemand.

Philippow tritt ein, mißmutig blickt er auf die düstere Szene.

"Sie können gehen, ich rede selbst mit ihnen."

Nach der Rückkehr ins Lazarett räsoniert der Doktor:

"Was sind das für Menschen! Nähen sich fünf Knöpfe auf den lebendigen Leib und stöhnen nicht einmal. Es ist grausig, so etwas zu sehen. Starke, willensstarke Menschen sind diese Blatnojs. Aus ihnen hätte etwas werden können, wenn nicht die Sowjetmacht..."

Was nach meiner Festnahme geschah

Abendappell. Die Namen werden aufgerufen.

"Treguboff!"

"Georgij Andrejewitsch."

Ein großer, magerer, junger Mann nähert sich mir.

"Ihr Name ist Treguboff? Sie kamen mir gleich bekannt vor. Erkennen Sie mich nicht?"

Er nennt seinen Namen.

Wir hatten uns im Sommer 1947 in Berlin in der Familie des russischstämmigen Amerikaners Michail Schtscherbinin getroffen, der einer der wenigen war, die in jener Zeit die reale Gefahr des Bolschewismus erkannten. Selbstverständlich hatte er keine Möglichkeit, die unschlüssige, wankende und sich vor dem Bolschewismus verbeugende Politik der USA zu ändern. Den in West-Berlin lebenden russischen Emigranten half er viel. An diesen Menschen, einen der verdienstvollsten Repräsentanten des amerikanischen Volkes, habe ich die allerbesten Erinnerungen, und hier, in Workuta, treffe ich einen seiner Freunde.

Am Abend tauschen wir unsere Erlebnisse aus.

"Alle waren verwundert, weshalb Sie in den Ostsektor gegangen sind."

"Ich bin auch jetzt noch nicht davon überzeugt, daß es wirklich der Ostsektor war. Es war ein sehr kleines Theater im Bezirk der Friedrichstraße, in dem *Der Hauptmann von Köpenick* gegeben wurde. Ich *mußte* hingehen! Mit der Kljutschewskaja wollte ich mich nicht verzanken. Ich wußte, daß schlecht über sie gesprochen wurde, aber in jener Zeit wurde über sehr viele schlecht gesprochen. Ich wurde intensiv beobachtet und mußte Berlin unbedingt verlassen."

"Und inwiefern konnte Ihnen die Kljutschewskaja dabei helfen?"

"Sie war vorher der Ballerina Trofimowa behilflich gewesen, mit dem Alliierten-Zug in die Schweiz zu fahren. Nun, ich rechnete damit, daß sie auch mir auf diese Art helfen könnte. Ich kannte sie doch schon so viele Jahre, und daher glaubte ich nicht an die Möglichkeit eines Verrats."

(Anmerk.: Es hieß, K. sei eng befreundet mit dem britischen Kommandanten der Festung Spandau, wo Rudolf Heß inhaftiert war. Er hatte die Möglichkeit, Passierscheine und Fahrkarten für den Alliierten-Zug zu bekommen, mit dem meine Mutter und ich hätten Berlin verlassen und in die Westzonen Deutschlands einreisen können. Ohne die Einschaltung eines Angehörigen der westlichen Streitkräfte hätte dieser Passierschein alle vier Unterschriften der alliierten Kommandanten von Berlin enthalten müssen, somit auch die des sowjetischen Kommandanten mit Sitz im Ostteil Berlins.)

"Ja, das war fatal!"

"Und Sie?"

"Davon später! Zuerst möchte ich Ihnen berichten, was nach Ihrer Festnahme geschah. Die Kljutschewskaja tat, als ob nichts geschehen wäre, aber die Trofimowa gab unseren Bekannten zu verstehen, daß Sie verhaftet wurden. Die Reaktionen waren natürlich sehr verschieden. Im allgemeinen haben Ihre Freunde Sie sehr bedauert, beschimpften ein-, zweimal die Kljutschewskaja und die Trofimowa, und dann beruhigten sie sich. Wenn der politische Verbrecher Treguboff in einem Theater verhaftet wird, hätte man doch annehmen müssen, daß die ihn begleitenden Damen ebenfalls verhaftet werden, aber sie wurden nicht einmal angehalten! Natürlich hat man sich um Ihre Mutter gekümmert, vor allem Michail Schtscherbinin hat ihr sehr geholfen."

Ich fühlte eine tiefe Dankbarkeit für all diejenigen, die mich nicht vergessen hatten und meine Mutter unterstützt haben.

"Und meine Mutter? Lebt sie überhaupt noch?"

"Ich bin im Jahr 1950 verhaftet worden, da hat sie noch gelebt, und ich glaube, daß sie auch jetzt noch am Leben ist. Ihre Mutter hat sich nach Ihrem Verschwinden sehr um Sie gegrämt."

Wir schweigen beide. Ich denke an Millionen solcher Mütter wie die meine, die sich um ihre toten, gequälten und geraubten Söhne sorgen, und ich denke auch daran, wie wenig ihre Tränen jenen bedeuten, die das Leid nicht kennen.

Dann erzählt er mir die Geschichte seiner Entführung, und auch einiges über die Organisation. Seine Mitteilungen sind zwar recht unvollständig, dennoch geht aus ihnen hervor, daß der Bund auch weiterhin aktiv wirkt, und das flößt mir wieder Mut ein.

Auf dem Barackenbau

Endlich kommt wieder ein *Gerichtstag*.

Ich werde gesundgeschrieben, und diesmal, entsprechend meiner Kategorie, einer Brigade für leichte, individuelle Arbeiten zugeteilt.

Die Arbeiter dieser Brigade, sowie die völlig Invaliden, also des Lagerbruchs, mit dem man keine Umstände zu machen braucht, sind in der 29. Baracke untergebracht.

Die Pritschen sind eng zusammengestellt, weil der Platz nicht reicht, und es ist unglaublich schmutzig.

Ich komme zur Brigade Stepanow und werde beauftragt, die Innenwände einer Baracke mit Schalbrettern zu vernageln. Die Norm beträgt 28 qm in zehn Stunden, eventuell auch 38 qm. Das ist völlig unwichtig, denn die Norm ist sowieso nicht zu erfüllen.

Ein Haufen Schalbretter treibt sich im Schnee herum, sie sind angefroren und naß, brechen leicht.

Als Nägel dienen *Lapscha* (Lapscha: Nudeln!), das sind eigenartige Nachahmungen von Nägeln, die aus Blatteisen selbst hergestellt worden sind. Die Rabotjagi lachen und behaupten, daß ganz Workuta mit derartigen Lapscha befestigt worden ist, und das ist auch vollkommen richtig! Wenn wir in der Fabrik hergestellte Nägel hätten, könnte man vielleicht auch die Norm erfüllen. Diese Lapscha aber biegen sich beim Einschlagen in die Schalbretter in der Mitte und brechen in zwei Teile.

Die Arbeit raucht. Auf schwankenden Brettern stehe ich unter der Decke, unter mir liegen die Bretter für den Fußboden und ein Haufen Müll. Die Baracke hat noch keine Fenster und Türen. Ich muß mit bloßen Händen arbeiten, sonst kann ich die Nägel nicht halten. Der ganze, lange Arbeitstag steht unter dem Zeichen quälender Schmerzen in den Fingern, die vom Frost herrühren. Obwohl bereits Mai ist, friert es noch, und die Hände schmerzen vor Kälte so sehr, daß mir die Augen zu tränen beginnen.

Der Brigadier klettert nach oben und prüft skeptisch die viel zu weit auseinander liegenden und schlecht angeschlagenen Bretter. Er steht recht unsicher auf dem Gerüst.

"Das ist ein Stümper, ein Lodrian! Wer wird denn so eine Arbeit abnehmen? Wie bei unseren *ehrlichen* Pionieren!" spottet er.

"Hör mal, Bogdan!" sagt jemand zu dem Brigadier. "Wie kann man denn bei dieser Kälte Schalbretter anschlagen? Man kann ja nicht mal die Finger krumm biegen!"

"Ich weiß selbst, daß es kalt ist! Aber was kann ich machen? Ich bin schließlich der Arbeitsleiter! Wartet, ich werde Anordnung geben, daß ein Kohlenbecken gebracht wird."

Der Winter ist zu Ende gegangen, es ist Anfang Juni. Der Frühling ist in voller Entfaltung, und das bedeutet ein neues Unglück: Überschwemmungen.

Es taut, und die Gruben stehen in ungeheurem Ausmaße unter Wasser. Die Baracken, das Baumaterial, alles schwimmt irgendwohin, die Baustellen verwandeln sich in unpassierbare Sümpfe. Wir werden zur Drainagearbeit eingesetzt. Um die neuen Baracken graben die Gefangenen, inmitten der rieselnden Frühlingswässer. Alle haben nasse Füße. Wie im Winter arbeiten wir in den Gruben in Gummistiefeln, und auch jetzt reißen die Stiefel, wie im Winter.

Im Juli wird es endlich warm, und unserer Brigade lächelt ein bißchen Glück. Wir werden in eine gute Baracke überführt.

Der ewige Tag beginnt, um zwölf Uhr nachts scheint die Sonne. Es ist schwer, sich daran zu gewöhnen.

Die Bauarbeiten an den Baracken gehen ordnungsgemäß vor sich.

Der August ist verhältnismäßig warm in Workuta. Tagelang werden die ausgegrabenen Gruben mit Schalbrettern gedeckt. Die Norm beträgt 16 qm für jeden Mann.

In der Kantine begegne ich unerwartet Basowski, einem Bekannten aus Wustrau. Er fragt, was ich im Lager mache. Stumm zeige ich ihm meine schmutzigen, lehmigen Hände und Stiefel.

"Ich werde Sie aus den Gruben herausholen!" sagt er.

Ich glaube ihm nicht so ganz.

Aber drei Tage später steht er wieder vor mir.

"Jurij Andrejewitsch, können Sie in der Wäscherei arbeiten? Gerade ist einer von dort fortgekommen. Die Bezahlung beträgt 167 Rubel. Die Arbeit ist nicht einfach, dafür aber sauber."

Die Badestubenbrigade. Einführung von Nummern

Am nächsten Tag werde ich zur Brigade der Badestubenwäscherei überführt. Die Arbeit dauert täglich zwölf bis vierzehn Stunden. Natürlich ist es keine Zuchthäuslerarbeit, wie in den Gruben, aber man muß jeden Tag in der schweren, stickigen Luft der Baderäume tätig sein, ohne Sauerstoff schnappen zu können. Außerdem kann man sich in der Wäscherei leicht Feinde machen. Alle, ob Freund oder Feind, glauben, daß man für sie etwas tun muß, genauer, daß man ihnen ein paar Wäschestücke besorgt. Alle wissen, daß ich ihnen nichts geben kann, weil ich nichts habe, und dennoch bitten sie mich *um Christi willen*.

Ich komme von der Nachtschicht. Dieser und jener in der Baracke ist bereits aufgestanden. Sie flüstern miteinander.

"Haben Sie schon gehört? Nummern werden eingeführt!"

"Was für Nummern?"

"Solche, wie bisher nur von Zuchthäuslern getragen wurden, Nummern auf dem rechten Knie, dem Rücken und an der Mütze."

Obwohl wir todmüde sind, kann niemand einschlafen.

Vor dem Essen gehen wir, um unsere Nummern zu holen. Sie werden von der KEA ausgegeben, das ist die Kulturerzieherische Abteilung. Man muß einen weißen Lappen von 20 x 10 cm Größe auf dem rechten Knie aufnähen, auf den kommt die Nummer.

"Ich werde euch das zeigen." sagt der Maler der KEA bereitwillig. "Schreib auf den Lappen mit roter Farbe: 1-L-718. Dann macht ihr die gleichen Lappen für den Rücken und für den linken Ärmel."

"Und was ist mit der Mütze?"

"Eine Nummer auf der Mütze ist euch nicht erlaubt, ihr seid keine Zuchthäusler." lacht der Maler. Finster gehen wir zurück.

"Seit dem vorigen Frühjahr werden wir nach der Arbeit in unseren Baracken eingeschlossen, und jetzt bekommen wir Nummern. Da hast du das neue Strafgesetzbuch! So sieht sie aus, die Amnestie!"

Mord

"Treguboff, haben Sie schon die fürchterliche Neuigkeit gehört? Der erste Narjadtschik und der Kommandant sind ermordet worden!"

"Von wem? Von Blatnojs?"

"Aber nein, das waren zwei Jungens, Halbwüchsige, Charkowzew und Kowschilo, sie waren oft bei Ihnen in der Badestube."

Dunkel kann ich mich an sie erinnern.

"Sie hatten sich in der Werkstatt des Bergwerks Dolche gemacht." fährt der Pompobyt in seiner Erzählung fort.

"Um drei Uhr morgens ging's los. Dieser Narjadtschik Orlow hat in der Baracke eine glänzende Stellung, schläft unter einem richtigen Pfühl, und neben ihm der Prorab Gubtschenko.

Nun, Kowschilo näherte sich Orlow. Kaum hatte er die Decke berührt, als der jedoch aufwachte und ihn mit den Füßen fortstieß. Da kam Charkowzew von der anderen Seite angelaufen und versetzte ihm einen Stoß. Orlow sprang über Gubtschenko hinweg, um sich zu retten, fiel im Durchgang aber zu Boden.

Gubtschenko aber lief barfuß, nur in Unterwäsche, durch den Schnee zur Wachstube. Er hatte ja auch kein reines Gewissen!

Die zwei warfen sich auf Orlow und machten ihn fertig.

Ich habe gesehen, wir er später weggetragen wurde. Ein grauenhafter Anblick, über dreißig Wunden hatte er.

Dann gingen sie zu Lichoput. Der lebte in einer anderen Baracke, und war schon aufgestanden. Einer packte ihn, und der andere griff gleich nach seiner Gurgel. Nicht mal schreien konnte er.

Und dann gingen sie zur Wache und gaben brav ihre Dolche ab.

Nun, und jetzt sitzen sie. Es heißt, daß eine Kommission erwartet wird. Um die Ermordeten ist es nicht schade." schließt der Pompobyt seinen Bericht. "Sie haben es verdient, beide, der Narjadtschik und der Kommandant. Gemeine Hunde waren sie!"

Die Reaktionen auf diese Morde waren sehr verschieden. Die Lageraristokraten, die den Sowjets hörig waren und das Lied der Vorgesetzten sangen, ließen die Köpfe hängen. Überall witterten sie Messer. Die Rabotjagi aber wirkten irgendwie belebt. Alle bedauerten die Mörder, keiner trauerte den Ermordeten nach.

Die Gruppe des NTS im 40. Schacht

Wieder einmal ist es Winter. Der Sturm heult. Am ruhigen und sternenklaren Himmel spielt das Nordlicht.

Mein Berliner Bekannter kommt zu mir und erzählt, daß er zufällig ein weiteres Mitglied des NTS entdeckt habe. Er nennt mir seinen Namen, jetzt sind wir bereits zu viert. Am Abend, nachdem das Personal der Badestube nach Hause gegangen ist, treffen wir uns im Umkleideraum. Dort ist es still und warm. Nur in den Ofenrohren bläst es.

Wir sitzen und unterhalten uns leise.

Mein neuer Bekannter hatte schon früher von mir gehört, und jetzt erzählt er alles, was er über die Organisation weiß.

Zum ersten Male höre ich den Namen der Zeitschrift *Possev.*

Jahre der Arbeit der Organisation, die mir gänzlich unbekannt sind, ziehen an mir vorüber, und aus den Berichten meiner Leidensgefährten erkenne ich die Konturen der umfassenden Geheimarbeit des Bundes.

Am meisten interessiert mich, wer von den leitenden Männern noch dabei ist. Ich höre bekannte Namen. Die Organisation hat die Waffen nicht niedergelegt, vernehme ich freudig. Sie kämpft, und sie hat diejenigen nicht vergessen, die aus dem Spiel herausgefallen sind.

Stundenlang reden wir.

Dann frage ich ihn über die allgemeine politische Lage aus, und wie der Westen die Chancen eines Krieges beurteilt.

"Sie begreifen nicht, was auf dem Spiel steht." sagt er. "Sie glauben es nicht, genau, wie vor der Sintflut!"

Auch am folgenden Tag treffen wir uns und stecken die Verbindungswege zu unseren Freunden ab.

Das ist die Geburtsstunde der NTS-Gruppe im 40. Schacht.

AUF ETAPPE INS UNGEWISSE
Lebwohl, Workuta!

Der 15. Dezember. Der Narjadtschik kommt gelaufen.

"Treguboff, du sollst zur Verwaltung kommen!"

Was hat das zu bedeuten? Werde ich womöglich abkommandiert? Ich gehe hin.

"Treguboff, hier hast du deine Umlaufliste, morgen kommst du zum Transport."

Es ist schon spät in der Nacht, ich laufe alle Dienststellen ab.

Dann will ich zu meinen Freunden gehen, alle Baracken sind jedoch abgeschlossen.

"Bürger Diensttuender, öffnen Sie die Baracke!"

"Was wollen Sie? Wer hat Ihnen das erlaubt?"

"Morgen komme ich zum Transport, ich muß mich verabschieden!"

Wir unterhalten uns die halbe Nacht, beschließen, uns zu bemühen, auf irgendeine Weise miteinander in Verbindung zu bleiben und nach Kräften neue Männer zu werben. Nachdem die Baracken am Morgen wieder aufgeschlossen wurden, besuche ich die übrigen.

Aus der Umlaufliste ist nur zu erkennen, daß ich über den Bezirk Workuta hinaus transportiert werde, Gott allein weiß, wohin.

Ich bin jedoch ganz ruhig.

Ich weiß, daß die Mitglieder des Bundes im 40. Schacht unsere kleine, aber sehr wichtige Sache weiterführen werden.

Die Pforten knirschen, der Drahtverhau ist bereift. Meine persönlichen Begleitpapiere werden der Begleitmannschaft übergeben. Mir wird bewußt, daß heute der 16. Dezember des Jahres 1952 ist. Der Frost ist sehr streng. Hinter dem Kapitalschacht liegt die Sonne in ihrem gelben Schein versteckt am Horizont.

Bekannte Orte, bekannte Tore, selbst mein alter Feind, der Diensttuende, lächelt mir freundlich zu, und die Kasakowa, die Gehilfin des Leiters der Spezialabteilung, benimmt sich mir gegenüber, als sei sie mit mir verwandt.

Wiederum das Transportgefängnis des 1. Lagers, die gleiche BUR, in der ich bereits ein Jahr zuvor einen Monat gesessen hatte.

Ich treffe Bekannte.

Der Aufseher erlaubt mir, mich mit Jack Guralski zu unterhalten.

Ich weiß nicht, ob mein amerikanischer Freund Jack Guralski noch lebt, doch das Versprechen, das ich ihm gegeben habe, ist mir heilig, und daß ich alles niederschreibe, tue ich vielleicht nur für dich, Jack. Du hast nicht glauben wollen, daß die Stimme eines aus dem Lager Befreiten der Stimme eines Rufers in der Wüste gleicht!

Früh am nächsten Morgen werden wir durch das Zentralgefängnis des Flußlags geschleust. Hinter dem Tor, auf dem Weg, steht ein *Schwarzer Rabe*. Wir sind sechs Mann.

Der Bahnhof Predschachtnaja, ein einsamer Stolypinwaggon.

Wieder vergitterte Fenster vor dem Coupé.

Am Abend setzt sich der Zug in Bewegung.

"Wir sind an einen Passagierzug angehängt worden." sagt ein finster blickender, bärtiger Mann.

"Woher wissen Sie das?"

"Ich bin Eisenbahner, ich merke das an unserer Geschwindigkeit."

Wir fahren gen Süden. Hin und wieder hält der Zug. Jemand wird aus dem Coupé herausgeholt, andere dafür hineingebracht.

Einige haben ihre Zeit bereits abgesessen. Das sind vor allem solche *Zehnjährigen*, die in Lagern mit vermindertem Regime gewesen waren. Sie werden zu ihren Verbannungsorten gebracht. Einer behauptet, daß sie in ihre Heimatorte zurückkehren. Auf ihn blicken alle wie auf das achte Weltwunder.

Ein junger Blatnoj bemerkt jedoch schlicht: "Er lügt!"

Kirow - Gorkij - Potma

Wir fahren schon den vierten Tag. Endlich werden wir ausgeladen. Die Stadt Kirow, früher Wjatka. Wir kriechen unter den Waggons hindurch, setzen uns in die *Schwarzen Raben*. Dabei werden wir sehr genau eingeteilt. Die *Ehrlichen Diebe* kommen in den einen Transportwagen, die *gewöhnlichen Sterblichen* und die ehemals die Lagerverwaltung unterstützenden Häftlinge in einen anderen. Dort ist jedoch zu wenig Platz, aber niemand will zu den Kriminellen.

"Ich gehe in den anderen Wagen." sage ich dem Begleitmann.

Die Blatnojs lachen.

"Das ist richtig, Kamerad, kriech her zu uns, wir werden dich schon nicht beleidigen!"

"Hast du denn keine Angst, daß wir dich erwürgen?" fragt ein anderer aus der Dunkelheit.

"Einen Deutschen darf man nicht erwürgen, wer würde denn sonst gegen die Kommunisten kämpfen?" entgegne ich.

Alle lachen, und einer fragt:

"Willst du einen Quarkpfannekuchen haben?"

Das hatte ich nun gar nicht erwartet.

"Hast du Geld bei dir?"

"Ja."

"So ein Mordskerl! Er lügt nicht! Da sieht man gleich, daß du ein SS-Mann gewesen bist. Wir nehmen dir auch nichts weg!"

Das Durchgangslager in Kirow gleicht einem Lagergefängnis. Die Baracken sind mit Gittern versehen. Durchsuchungen. Sogar unsere Marmeladengläser werden weggenommen.

"Das ist nicht gestattet." erklärt der Diensttuende. "Mit so einem Glas kann man sich den Hals durchschneiden. Hier im Lager ist es schlecht."

Einer der Blatnojs schreit im Barackenkorridor:

"Ihr Verfolger, ihr Scheusale! Ihr da, mit den blauen Achselstücken, ich werde euch..."

Von der Tür her hört man wildes Geschimpfe.

Am nächsten Tag fahren wir weiter. Diesmal fährt eine Gruppe von vier Frauen mit uns, eine Rumänin, eine Deutsche, und die beiden anderen gehören sichtlich zur Kategorie der Blatnojs. Eine ist mittelgroß, sie hat kastanienbraunes Haar, trägt eine Pelzjacke und elegante Stiefelchen. Ihr Spitzname ist Schenka Spirocheta.

Ich fühle mich sehr schlecht. Offenbar habe ich mich erkältet, ich habe Fieber und Kopfschmerzen.

"Bist du krank?" fragt der Begleitmann besorgt.

"Ja, ich habe Kopfweh und Fieber."

"Kannst du mitfahren?"

"Ja."

"Nun, dann kriech hinein!"

Beim Einsteigen gibt es wieder einen Skandal. Einen mir bekannten Mann will man zu den Blatnojs stecken. Er lehnt ab.

"Da sind acht oder zehn Scheusale, sie werden mich erwürgen!"

Aus dem Wagen der Kriminellen sind wüstes Fluchen und ein schriller Pfiff zu hören.

"Ihr Teufel! Aufseher!"

Der Begleitmann läuft dorthin, die Maschinenpistole im Anschlag. Ein junger Mann, dessen Nase durch einen wohlgezielten Hieb flach geschlagen worden ist, wird ohne Hosen hervorgezogen.

"Kriech nicht dahin, wohin zu kriechen dir nicht erlaubt ist!" läßt sich eine drohende Stimme aus Richtung der Lokomotive hören.

Es endet damit, daß ich wieder zu den Blatnojs komme, und der verprügelte Jüngling an meine Stelle.

Puffer, Lichter, Gestoße, das Pfeifen des Dampfes.

Ich werde von Fieberwahn ergriffen. Der Begleitmann steckt mir durch das Gitter einige Tabletten zu.

"Von Schenka!" sagt er leise. "Du bist doch krank." Und geht fort.

Wir passieren Tscheboksari.

Am zweiten Tag sind die Fenster bereift. Der zugefrorene Riesenfluß ist kaum zu erkennen.

"Die Wolga." sagt jemand. "Gorkij."

Wieder werden wir ausgeladen. Das Gefängnis in Gorkij ist technisch recht gut ausgestattet. Als unsere Kolonne herankommt, schieben sich die eisernen Tore automatisch auseinander.

Im Korridor trete ich zu den Frauen.

"Danke, Schenja!"

"Hast sie bekommen? Gut!"

"Schenka, hast du in Workuta die Valentina gekannt?"

"Was für eine Valentina? Die lederne Valka?"

"Ja, die Blatnoj-Königin."

"Wir haben wie Schwestern zusammen gelebt! Wieso? Wie kommst du darauf?"

"Ich bin eine Woche lang ihr Lagerehemann gewesen." sage ich mit gesenktem Blick.

Zweifelnd sieht Schenka Spirocheta mich an.

"Glaubst du mir nicht?" frage ich.

"Doch, ich glaube dir, Valentina hat einen eigenartigen Geschmack."

"Paßt auf, der Aufseher kommt!" zischt jemand warnend.

"Da hast du ein Weißbrötchen." sagt Schenka Spirocheta. "Ich würde dich nicht zum Mann nehmen, du bist mir zu dünn."

In der Nacht wird von irgendwo ein neuer Transport in unsere Zelle gebracht. Wir kommen an einem dafür nicht vorgesehenen Tag ins Bad, demnach ist klar, daß wir noch weiter fahren.

Erneut kommen wir in einen Stolypinwaggon. In jedem Coupé befinden sich sieben bis acht Mann. Im letzten Abteil lärmen die Blatnojs. Plötzlich fragt mich der Begleitmann:

"Willst du in ein Einzelcoupé?"

Alle schlafen. Er führt mich in ein kleines Sonderabteil, das für drei Personen bestimmt ist. Dort bin ich allein und kann mich ausstrecken. Er bringt ein Schachbrett herbei, und wir beginnen, durch das Gitter miteinander Schach zu spielen.

"Tja!" meint er. "Mit Ihnen kann man reden, aber die anderen... Vorgestern hatte ein Konvoi nur Kriminelle. Die hatten in ihren Koffern Dolche bereitgelegt. Sämtliche Konvoisoldaten haben sie erstochen und sind auf einem kleinen Bahnhof geflüchtet. Bis jetzt wurde noch keiner gefaßt, sechzig Mann sind entkommen."

"Das kann doch nicht wahr sein?"

"Doch, das ist wirklich passiert!"

Der Zug fährt und fährt. Gegen Morgen schlafe ich ein, und ich schlafe lange. Um zehn Uhr weckt mich der Begleitmann.

"Nimm deine Sachen, in zehn Minuten mußt du aussteigen."

Ein großer Bahnhof mit unendlich vielen Waggons. Es riecht nach bitterem Rauch, Fetten und Öl. Gepfeife, Weichen, Dampf, schmutziger Schnee, graue Eisenbahner. Eine Aufschrift: *Rusajewka*.

Wir werden ausgeladen. Schenka hat zwei riesige Pakete. Ich helfe ihr, sie zu schleppen, und stecke dabei eine Büchse mit Konfitüre in eine Tasche ihrer Pelzjacke.

"Danke! Ziehen wir los, Jurka, bei mir bist du nicht verloren!"

Das ist schlecht, denke ich, sie beginnt bereits, mich zu kommandieren. Wir gehen die Gleise entlang.

"Nicht zurückbleiben!" schreit ein Wachmann.

"Jag uns doch nicht so! Siehst du denn nicht, daß das ein schwacher Mann ist, beladen mit Gepäck!" sagt Schenka bissig.

"Was ist denn das für ein Gepäck? Du selbst hast den Deutschen wie einen Maulesel beladen. Deine Sachen schleppt er, und da soll ich ihn noch bemitleiden? Rühr mit deiner Zunge keinen Gogel-Mogel (Anmerk. Süßspeise aus Eigelb und Zucker)!"

"Genug mit diesen schönen Redereien!" erklärt Schenka.

Das Gefängnis von Rusajewsk liegt auf einem Berg. Es ist drei Stockwerke hoch und von einer steilen Mauer umgeben. Die übliche Prozedur. Endlich werden wir in die Zelle Nr. 2 geführt.

Ich sehe gleich, daß es eine Zelle für Kriminelle ist.

Ich habe jedoch so gut wie gar kein Gepäck, und gekleidet bin ich, wie es den Umständen entspricht. Mein einziges anständiges Kleidungsstück ist der Mantel.

Ich komme mit einem jungen Blatnoj ins Gespräch und erinnere mich halb vergessener Märchen von Grimm, Andersen und Hauff. Auf seine Bitte hin beginne ich zu improvisieren.

Mein Auditorium aus Kriminellen ist zufrieden.

Besonders hat ihnen das Märchen von der *Schneekönigin* gefallen, einer hat sogar Tränen vergossen; und Hauffs Erzählung *Das kalte Herz* rief helle Begeisterung hervor.

"Sieh mal an!" sagte einer. "Selbst den Teufel hat er betrogen!"

Am nächsten Morgen geht es weiter. Ich erhalte kein Brot mit auf den Weg, demnach ist nicht weit zu fahren.

Wieder ein Stolypinwaggon, diesmal ist er jedoch brechend voll. Die unterschiedlichsten Leute werden nach Moskau gebracht, zu einer erneuten Untersuchung ihres Falls. Wir fahren etwa vier Stunden.

Jemand schreit:

"Potma!"

Daraufhin erfolgt der Befehl:

"Treguboff, hinaus!"

DAS EICHENHAINLAGER DES MWD
Potma. Quarantäne im Durchgangslager

Die Lagereinheit, bei der ich eingetroffen bin, heißt *Dubrawlag*, oder übersetzt, *Eichenhainlager* des MWD in Mordowien.

Dieses Lagersystem unterliegt dem gleichen Regime wie meine bisherigen Lager. Früher hieß es: Temnikowskije Lager. Die Rabotjagi sehen nicht schlecht aus. Ich befinde mich im 18. Lagerbezirk, im Durchgangslager. Mir stehen vier Wochen Quarantäne in einer Einzelzelle bevor, jedenfalls ist das in diesem Lager so vorgesehen.

Alle Neuankömmlinge sind sehr neugierig, was hinter diesem Lager mit einem so poetischen Namen steckt.

In Mordowien gibt es keine Bergwerke. Die Wälder sind ziemlich ausgehauen. Dagegen befindet sich viel Torf in der Umgegend, und um diesen Torf wird diskutiert. Wasser und Sumpf, das bedeutet schwere Arbeit, und die Norm sei so hoch, daß sie auf ehrliche Weise nicht erfüllt werden kann.

Ein Rabotjaga erzählt:

"Wasser und Schmutz! Es gibt allerdings auch trockenen Torf. Wenn im Wasser gearbeitet werden muß, werden Gummistiefel ausgegeben. Allen ist bekannt, daß sie wie Siebe sind, und daß man in ihnen geht, als sei man barfuß. Da stehst du nun im Wasser und arbeitest! Hier sind viele Mücken und Schnaken. Wenn ein gutes Erntejahr ist, gibt es so viele, daß du mit der einen Hand den Torf stichst, und dir mit der anderen unentwegt den mit Schweiß vermischten Mückenbrei vom Gesicht wischen mußt."

Eine ägyptische Plage!

Das Durchgangsgefängnis befindet sich im Zentrum von Potma.

Ich teile meine *Einzelzelle* mit zwei anderen, dem Esten Tuurlarwi, der früher deutscher Offizier gewesen war, und einem Russen namens Bogdanow (1957: Stepanow). Er ist Mathematiker, hatte an der Leningrader Universität studiert, geriet in deutsche Gefangenschaft und wurde als Spezialist in Jena eingesetzt. Nach Rückkehr in die Heimat erhielt er fünfundzwanzig Jahre. In diesem Mathematiker lernte ich einen recht ungewöhnlichen Typ der sowjetischen Intelligenz kennen. Ich bezeichne ihn so, weil er die Höhere Schule und die Universität unter sowjetischer Herrschaft beendet hatte.

Er hatte nichts Überspanntes an sich, nüchtern betrachtete er das Leben, eben wie ein Mathematiker, ohne seinen Emotionen freien Lauf zu lassen.

Mit Bogdanow wurde ich bald Freund. Feinfühlig spürte er alle Krankheitserscheinungen der sowjetischen Gesellschaft. Nach seiner Meinung sei das Volk an sich zu gar nichts fähig, es könne höchstens aus sich heraus bedeutende Persönlichkeiten hervorbringen, die letztendlich alles entscheiden. Er liebte es, die Worte des Neoplatonikers Jamblik zu zitieren, und zwar vor allem seine Meinung, wonach der Geist der Massen der dümmste aller Geister sei.

"Und mit dem Bolschewismus, Treguboff, wird es nicht etwa zu Ende gehen, wenn das Volk auf die Barrikaden stürmt, sondern erst dann, wenn eine neugeborene kulturelle Elite ihn überwunden hat."

"Und wenn eine derartige Elite nicht geboren wird?"

"Dann wird Rußland als kulturelle und politische Erscheinung untergehen, so, wie alles Zurückgebliebene untergeht."

Jeden Tag werden wir eine halbe, und manchmal auch eine ganze Stunde lang spazierengeführt. In einem Fenster des Frauentrakts erscheint Schenkas attraktives Antlitz.

"Guten Tag, Schenja!" schreie ich.

Der Diensthabende schaut gerade nicht zu meiner Seite hin, und schon fliegt ein winziger Zettel in einer Streichholzschachtel zu ihr ins kleine Fenster. Am nächsten Tag erhalte ich Antwort. Es stellt sich heraus, daß Schenka Mathematiklehrerin ist. Sie fragt mich, ob ich mich an die kardanische Formel (zur Lösung kubischer Gleichungen) erinnern könne. Die habe ich natürlich längst vergessen, aber Bogdanow rettet mich, und mein Prestige bleibt gewahrt. Jetzt befände ich mich voll in seiner Hand, neckt er mich, früher oder später werde er die hochverehrte Jewgenija Trifonowna über meine mathematischen Kenntnisse informieren.

Einige Worte über die Blatnojs

Dauernd werden Neuankömmlinge in unsere Zelle eingeliefert. In der Nachbarzelle lärmen die Kriminellen.

Plötzlich wird mitten in der Nacht aufgeschlossen. Zehn Personen treten ein.

"Stellt euch ans Fenster oder bleibt auf den Pritschen liegen!" befiehlt der Offizier. Die Aufseher kriechen unter die Pritschen und versuchen, die Fußbodenbretter aufzuhebeln. Mit dünnen Eisenstäben durchstoßen sie alle kleinen Löcher.

Erneut wird aufgeschlossen, noch zwei Leute erscheinen.

"Bürger Hauptmann! Ein Gang ist wohl vorhanden, er führt jedoch nicht hierher, sondern in die Nachbarzelle."

"Dann muß sie sofort geräumt werden! Zelle Nr. 7 ist frei, alle dorthin! Sofort muß nachgeforscht werden, wohin der Gang führt, vielleicht sogar ins Freie."

Aus der Nachbarzelle der Kriminellen sind Lärm, Gepfeife, Gesang und Geschrei zu hören. Auf dem Korridor brüllt ein Blatnoj:

"Die Leitung hat einen unterirdischen Gang gefunden, direkt zum Kreml, unter das Bett Stalins!"

Am Abend erzählt man sich:

"Es stimmt, den unterirdischen Gang haben die Blatnojs zu den Weibern gegraben, aber nicht die jetzigen, sondern die, die vor ihnen da waren, und keiner hat ihn verpetzt, weder die Blatnojs, noch jemand aus dem Frauentrakt. Durch Zufall wurde er jetzt gefunden!"

Allmählich verwandelt sich unsere Zelle in ein freundschaftliches Kollektiv. Das kriminelle Element wird von zwei recht harmlosen Typen repräsentiert, Mischa und einem Mann aus Mordowien. Sie benehmen sich durchaus anständig. Tiefsinnig näht Mischa sich einen Rucksack, und er näht ihn sehr kunstfertig.

"Wieviele Jahre haben Sie bekommen?" frage ich ihn.

"Fünfundzwanzig Jahre, Georgij Andrejewitsch. Ich habe in einer deutschen Abteilung als Fallschirmjäger gedient. Lange genug sitze ich schon, und jetzt nähe ich mir einen Rucksack."

"Das ist gefährlich, Mischa. Sie wissen doch, wenn man Sie faßt, werden Sie sofort erschossen."

"Ja, das weiß ich alles, Georgij Andrejewitsch. Doch auch hier bei uns, in der Sowjetunion, leben irgendwo in den Wäldern unzufriedene Elemente, zu denen möchte ich mich durchschlagen."

"Wie? Gibt es denn jetzt noch antisowjetische Partisanen?"

"Oh ja, die gibt es, Georgij Andrejewitsch!"

Im übrigen spricht Mischa nicht viel. Ich sehe auch so, was vor sich geht, er wird fliehen. Das Eichenhainlager ist ein Sumpf, es ist noch schlimmer als Workuta. Er möchte dort nicht versinken.

Zu einer ungewöhnlichen Zeit wird aufgeschlossen. Wir stehen alle auf. Da erscheinen ein Major und ein kräftiger Onkel in einem Ledermantel.

"Die Sowjetregierung ist fest entschlossen, mit dem Banditentum im Lager Schluß zu machen!" sagt er. "Aus diesem Grunde wird nach Bekanntmachung des Ukas des Obersten Sowjet jeder Totschlag im Gefangenenlager mit dem Tod bestraft. Ich bin der Staatsanwalt des Eichenhainlagers." bemerkt er vielsagend. "Hört jetzt den Ukas!"

Langsam liest er den Ukas vor, ohne sich zu beeilen. Dann werden wir namentlich aufgerufen, und jeder muß auf einem Schriftstück unterzeichnen, daß ihm dieser Ukas mit der Nummer Soundso bekannt gegeben worden ist. Dann folgt das Datum, Januar 1953.

"Ja, jetzt wird man sich nicht mehr herauswinden können." meint Mischa. "Und dennoch gibt es weiterhin Mord und Totschlag, besonders an den Ssukas."

"Ich glaube, die Ursache für den Erlaß dieses Ukas liegt darin, daß der Terror von unten gegen die Repräsentanten der Staatsgewalt ständig anwächst, gegen all die Normenfestsetzer, Kommandanten, Buchhalter und die ganze Bande der korrupten Vorgesetzten und unentwegt *Los, los, schneller!* Schreienden, und auch gegen unsere Häftlinge aus der Kategorie der Speichellecker und Spitzel." sagt Bogdanow. Dem stimmen alle zu.

In der 9. Lagerabteilung

Erneut auf dem Transport. Diesmal endet er im 9. Lagerbezirk des Eichenhainlagers in Mordowien. Das ist das Zentralkrankenhaus, die meisten Baracken sind Krankengebäude. Wie in allen Lagern, gibt es auch hier Gefängnisse, die gewöhnlich in den besten und stabilsten Gebäuden untergebracht sind. An der Grenze zwischen der männlichen und der weiblichen Lagerzone steht ein besonderes Gebäude, die Psychiatrische Heilanstalt des 9. Lagerbezirks.

Die Zahl der insgesamt im 9. OLP Inhaftierten beläuft sich auf etwa 800 Kranke sowie 400 Gesunde und halbwegs Gesunde, die in der Lage sind, irgendeine Arbeit zu verrichten.

Zum ersten Mal bin ich in eine sogenannte Sanitätsstadt geraten. Das ist gewöhnlich die letzte Etappe im Leben eines Häftlings. Für jemanden, der nicht schwer krank ist, ist es jedoch ein großes Glück, ins Lazarett zu geraten. Die Krankenatmosphäre ist überall zu spüren. Auch, wenn man in eine Arbeitsbrigade kommt, ist das Leben leichter. Das Regime ist weicher, die Ernährung besser.

Als ich am ersten Tag auf meiner Pritsche erwachte, stand neben ihr mein Mittagessen auf einem kleinen Hocker. Selbst nach den Lazarettbegriffen war es nicht schlecht: eine fette Suppe, Grütze, ein mikroskopisch kleines Fleischkotelett und eine kleine Pirogge.

Außerdem hat die 9. Lagerabteilung noch einen besonderen Anziehungspunkt, der einen unwiderstehlichen Einfluß auf die Blatnojs und die junge, lebensfrohe Jugend ausübt: Nebenan liegt die Frauenzone, die administrativ zwar zum 9. OLP gehört, jedoch von einem Drahtzaun umgeben ist und eine besondere Wache hat.

Ein Mitglied des Bundes aus Deutschland

Ich liege in meiner Zelle. Es wird Abend. Einer liest, einige spielen Schach. Hinter den Fenstern wirbeln Schneeflocken.

"Treguboff, da ist jemand zu Ihnen gekommen. Treten Sie heraus!" Ich gehe auf den Korridor. Vor mir steht ein großer, junger Mann. "Ich kenne Sie von Berlin her." sagt er. "Sie erinnern sich bestimmt an Doktor Nikolaj Mitrofanowitsch Sergejew, der 1944 im deutschen Konzentrationslager umgekommen ist."

(Anmerk. S., von Beruf Arzt, war ein aktives Mitglied des Bundes von hoher Intelligenz und unbedingter Anständigkeit. Während des Krieges gerieten mehrere führende und auch einfache Mitglieder des NTS in deutsche Gefängnisse und KZs, da unsere politischen Ziele und Ideale nicht mit den Plänen der Nationalsozialisten hinsichtlich Rußlands übereinstimmten. Auch nach mir war gesucht worden.)

Er erinnert mich an den Fall Buschmanow (Major der Wlassow-Armee, der wegen angeblicher prosowjetischer Tätigkeit von den Deutschen verfolgt wurde), und nennt mir die Namen anderer NTS-Mitglieder. Ihm war es noch schlechter ergangen als mir, bereits 1944 lernte er sowjetische Gefängnisse kennen. Jetzt arbeitet er als Feldscher in der Psychiatrie, über die ich viel von ihm erfahre.

Auch in der 9. wird nach sowjetischem Muster gearbeitet

"Treguboff, wie fühlen Sie sich?" fragt mich der Vorgesetzte.

"Danke, ganz gut."

"Wollen Sie ein wenig arbeiten?"

"Etwas werde ich schon können."

"Wir haben kein Recht, viel Arbeit von Ihnen zu verlangen, Sie sind krank. Aber da muß Holz geschlagen, und dort die Wasserleitung freigegraben werden."

Bei dem Wort *Wasserleitung* muß auf meinem Gesicht etwas zu lesen gewesen sein, was beide, den Arzt und den Kommandanten, veranlaßte, schief zu lächeln. Ich hatte bereits von meinem Kameraden Hans Schakert (1957: Hans Sch.) gehört, daß das Freigraben der eingefrorenen Wasserleitung im Januar beginnt und erst im Juli beendet wird, wenn sie von allein auftaut.

"So, Sie kennen bereits die Geschichte unserer Wasserleitung! Die Lagerleitung besteht aus Idioten, aber wir müssen halt so tun, als ob wir graben. Der Sanitätsinstrukteur verlangt das, und ebenso der Leiter des Lagers."

Am nächsten Tag hacke ich zusammen mit einigen kräftigeren Kranken auf die gefrorene Erde ein.

Zu Beginn erscheint der Leiter der Wirtschaftsabteilung.

"Hier muß gegraben werden!" sagt er nachdrücklich und zeichnet mit dem Stock kabbalistische Zeichen in den Schnee. "Hier verläuft die Leitung!"

Wir beginnen, an der angegebenen Stelle zu arbeiten.

Da erscheint der Leiter der für die Sicherheit im Lager zuständigen Sonderabteilung.

"Sie, Rabotjagi, wer hat Ihnen befohlen, dort die Wasserleitung freizugraben?"

"Der Hauptmann, der Leiter der Wirtschaftsabteilung."

"Ja, woher weiß er das denn? Er war ja überhaupt nicht hier, als die Wasserleitung gelegt wurde. Seht, *da* muß gegraben werden!"

Auf dem Schnee erscheinen neue, krumme Vorgesetztenzeichen.

Brav trotten wir zu dem neuen Verlauf der Wasserleitung und stellen uns dort auf.

"Wartet noch mit dem Graben, gleich kommt ein Dritter!" meint der Brigadier, nachdem der Leiter der Sonderabteilung fort ist.

Tatsächlich, er hat richtig prophezeit!

Wild mit seinen Händen fuchtelnd, nähert sich im aufgeknöpften Pelz Oberleutnant Pugowizyn, der Leiter der TchIS (Intendantur).

"Dieser Gottesknecht hat heute getrunken!" bemerkt jemand.

Pugowizyn gleitet im Schnee aus und hält nur mühsam mit den Armen die Balance.

"Was steht ihr da? Wißt ihr nicht, wo ihr graben müßt? Hier ist das Rohr gelegt worden! Und nun los, wollen wir graben!"

Und plötzlich brüllt er: "Ruckzuck!"

Nachdem Pugowizyn gegangen ist, beginnen wir, uns zu zanken. Wo endlich soll gegraben werden?

"Wollen wir noch etwas warten. Bestimmt kommt gleich jemand, der uns eine neue Stelle zeigt."

Und wirklich, der Sanitätsinstrukteur Rybkin erscheint und blickt sich prüfend um.

"Alles falsch!" erklärt er. "Hier muß gegraben werden!"

Nach der Linie, die Rybkin in den Schnee gezeichnet hat, müssen die Rohre der Wasserleitung aus einem sehr biegsamen Material bestehen, jedenfalls nicht aus Eisen, da sie sich wie eine Schlange winden können.

"Es ist fünf Uhr!" läßt sich die Stimme des Brigadiers vernehmen. "Beendet die Arbeit. Genug, bis morgen!"

Ein Mann, der etwas zu sagen hat, kommt angelaufen.

"Was ist denn das? Sechzehn Männer haben den ganzen Tag über nichts geschafft! Wenn sie wenigstens den Schnee weggeschaufelt hätten! Du da, wohin gehst du?"

"Nach Hause, ich bin krank." antwortet phlegmatisch der Rabotjaga und geht ab.

Die Psychiatrische Heilanstalt

Wie in den vorhergehenden Notizen bereits mehrfach erwähnt, sind die Lager Einrichtungen, in denen Menschen zum Vorteil des Staates langsam ermordet werden.

"Du krepierst, und bringst uns dabei noch Nutzen!" sagen die Tschekisten in ihrem unendlichem Zynismus und in völliger Übereinstimmung mit der sowjetischen Wirklichkeit.

Vom Augenblick seiner Verhaftung an geht das Leben des Gefangenen unentwegt dem Grab entgegen. Das Lager zerstört den menschlichen Körper schnell oder langsam, jedoch stets folgerichtig und gnadenlos.

Das sowjetische Strafsystem zerstört aber auch die Seele.

Der menschliche Geist, Antlitz und Ebenbild Gottes, war den Kommunisten von Anfang an verhaßt.

Der Feind hat kein Recht, eine Seele zu haben.

Der Feind hat kein Recht, geistige Unabhängigkeit zu besitzen.

Nachdem der Feind in die Gewalt der Sowjetorgane geraten ist, verliert er nicht nur seine Freiheit, er muß auch seine Individualität und seine Seele aufgeben und zu einem sprechenden, nur noch menschenähnlichen Wesen auf zwei Beinen werden, dem nur das Recht der völligen Unterwerfung und das Recht, für die Sowjetmacht zu arbeiten, verbleiben, sowie das Recht, dann zu sterben, wenn es den sowjetischen Machthabern paßt, wobei sein Tod keine Mühen bereiten darf.

Der Mensch kämpft jedoch gegen diese Tatsachen an, und infolgedessen entsteht für die Gefangenen ununterbrochen ein anormales seelisches und geistiges Leben.

Man kann sagen, daß alle Gefangenen mehr oder weniger seelisch krank sind.

Das Lagersystem erkennt das Recht auf den Luxus einer seelischen Erkrankung jedoch nicht an. Man wird erst dann *für krank erklärt,* wenn man nicht nur unnütz und arbeitsunfähig geworden ist, sondern zusätzlich gefährlich und schädlich.

Dann beginnt man, die Gefangenen zu *heilen.*

Zu Beginn einer jeden Behandlung wird diese jedoch nicht etwa von Ärzten vorgenommen, sondern von den verschiedenen Arbeitsleitern, den Brigadieren und so weiter. Auf einen bereits gänzlich Unzurechnungsfähigen wird eingeschrien, man macht sich über ihn lustig und versucht, die Kameraden gegen ihn aufzuhetzen. Es heißt, er simuliere und lungere nur herum, doch all das hilft nichts, er bleibt untauglich. Die Frage entsteht, wohin mit ihm?

Und dann wird ein salomonisches Urteil gefällt:

Er wird in eine andere Brigade gesteckt!

Doch auch dort kann er nicht leben, das Ganze wiederholt sich, und als letzte Etappe landet er in der Psychiatrischen Heilanstalt.

In der 9. Lagerabteilung befindet sich ein besonderes Gebäude für seelisch Kranke. Wenn man dieses Haus von außen betrachtet, fällt sofort auf, daß die Fenster vergittert sind. Innen ist ein Korridor, rechts und links von ihm liegen die Räume, oder besser, die Zellen, wie sie in den Gefängnissen üblich sind. Sie bleiben den ganzen Tag über verschlossen. In den Zellen liegen die Kranken, einige besonders gefährliche sind in Einzelzellen untergebracht. Für Frauen besteht eine besondere Abteilung.

Als ich später in der Waschküche arbeitete, in unmittelbarer Nähe der Heilanstalt, habe ich oftmals unvergessliche Szenen erlebt.

Die Kranken werden in die Badestube geführt. Aus dem Gebäude kommt eine Prozession, wie man sie sich schrecklicher und trauriger nicht vorstellen kann. Männer jeden Alters, in der Regel abgemagert und spindeldürr, in Unterwäsche, über die eine Decke geworfen ist, in abgetragenem Schuhwerk. Der kaum zu beschreibende Gesichtsausdruck der seelisch Kranken ist jedem bekannt, der je mit ihnen zu tun gehabt hat.

Hin und wieder unternimmt ein Häftling den verzweifelten Versuch zu fliehen. Doch die Heilanstalt liegt inmitten des Lagers, und der nur halb bekleidete, schwache und eingeschüchterte Kranke hat keine Möglichkeit, auch nur für kurze Zeit ins Freie zu gelangen.

Die seelisch Kranken werden im Lager natürlich irgendwie behandelt. Aber auf welche Weise, das ist die Frage! Von der Verwaltung werden Medikamente und medizinische Geräte nur sehr knapp ausgegeben. Das Schlimmste ist, daß es an ausgebildetem Personal mangelt. Es sind nicht genügend Ärzte, Psychiater und Nervenärzte, vorhanden. Der Etat für Feldschere, Schwestern und Sanitäter ist aufs äußerste beschränkt. Das ganze Lager wird nur von eigenen Kräften bedient, die selbst Gefangene sind.

Der Hausmeister ist nur für den materiellen Teil zuständig.

In den Gebäuden sind so wenige Sanitäter, daß sie ohne die Hilfe anderer nicht mit den laufenden Arbeiten fertig werden, und so müssen die Kranken sich selber pflegen.

Die laut Plan vorgesehenen Arbeiten werden in allen Gebäuden in der Regel durch freie Angestellte erledigt. Das sind zum größten Teil Krankenschwestern, die mit mehr oder weniger Geschick die Aufgaben der Ärzte und Feldschere erfüllen. In medizinischer Hinsicht sind sie schlecht ausgebildet.

Die medizinischen Aufgaben werden von verhafteten Spezialisten erfüllt, die nicht bezahlt werden. Ihr einziges Privileg besteht darin, daß sie vom Krankenhaus nicht zur allgemeinen Arbeit geschickt werden. Die Psychiatrische Heilanstalt verfügt über zwei außeretatmäßige Feldschere, der eine arbeitet am Tag, der andere in der Nacht. Beide zählen zu den Kranken. Es gibt auch einige Sanitäter, die ebenfalls krankgeschrieben sind.

Wenn ein Außenstehender sich die Patienten in der Heilanstalt angesehen und ihre richtige Lage nicht erkannt hätte, müßte er zu dem Schluß kommen, daß es ein Irrenhaus ist, in dem die eine Gruppe Verrückte eine andere Gruppe Verrückte kuriert, wie sich ein Tschekist einmal mit bissigem Humor ausgedrückt hatte.

Verantwortlich für die Behandlung der seelisch Kranken war eine Frau, eine Nervenärztin. Sie war kein schlechter Mensch, und es hieß, daß sie auf ihrem Gebiet äußerst fähig war. Sie tat alles, was sie tun konnte! Aber konnte sie viel tun? Sie war doch selbst ein rechtloser Häftling!

Mit Ekel hielt sich die Leitung abseits von dieser Heilanstalt, diesem Sumpf der Lagerhölle.

Selbstverständlich wären die meisten Insassen der Heilanstalt niemals krank geworden, wenn sie nicht erst die Gefängnisse und dann die Lager passiert hätten.

Von vielen Ärzten habe ich gehört, daß die unmenschlichen Methoden der Tschekisten und ihre stets von Folterungen begleiteten Verhöre fast immer einen unauslöschlichen Eindruck in den Seelen ihrer Opfer hinterlassen.

Und dann das Lagerleben, mit seiner völligen Hoffnungslosigkeit für irgendeine Zukunftsperspektive!

Es wäre nicht schwer, die seelisch Kranken zu heilen:

Man müßte ihnen die Freiheit geben, sie in ein normales Leben zurückführen, wenn auch unter den Verhältnissen, unter denen die sowjetischen Durchschnittsbürger leben. Aber in seelisch Kranken politische Verbrecher zu sehen, ist völlig sinnlos, selbst vom Standpunkt der unendlich mißtrauischen Machthaber. Die kommunistischen Herrscher ziehen es jedoch vor, diese Unglücklichsten aller Unglücklichen hinter Schloß und Riegel zu halten.

Hauptanziehungspunkt für die *Gesunden* der Sanitätsstadt war der Zaun, der die Psychiatrie an drei Seiten von der Frauenzone trennte.

An den meisten Stellen war der Zaun zur Frauenzone ziemlich hoch und wies oben und unten zusätzlich Stacheldraht auf. Der Zaun aber, der den Hof der Heilanstalt von den Frauen trennte, hatte nur oben Draht, und, wie vor der verbotenen Zone, war es kein Stacheldraht. Ein Zaun ist kein Hindernis, ihn kann man leicht übersteigen, oder man kann ein Brett der Verschalung zur Seite schieben und ein Schlupfloch machen!

Stalins Tod

März 1953. In der Nacht wehen feuchte Winde über die Baracken, Frühlingsstürme. Der Schnee wird schwarz.

Wir nähern uns der Tagundnachtgleiche.

Am Badetag gehen die Rabotjagi gut gewaschen in ihre Baracken zurück. Plötzliche Stille. Alle Räume sind leer. Schweigend stehen die Kranken vor dem Lautsprecher.

"Stalin ist erkrankt." sagt jemand.

Bei allen blitzt der gleiche Gedanke auf: Soll das wirklich das Ende von allem sein?

Ein Tag vergeht, eine Nacht, um zehn Uhr morgens heißt es:

"Der Genosse Stalin ist gestorben."

Alle schweigen.

"Das bedeutet Krieg." meint jemand.

"Im Gegenteil, das bedeutet Frieden! Jetzt ist es mit der Sowjetmacht zu Ende!"

"Nichts ist zu Ende, alles wird nur noch schlimmer! Er war doch ein schlauer Bauer und hat den Krieg gewonnen!"

"Was können wir noch erwarten?"

"Es wird besser. Schlimmer, als es unter Stalin war, kann es doch gar nicht werden!"

"Die Sowjetmacht ist zu allem fähig. Wer wird seinen Platz einnehmen?"

Im Radio wird düster und feierlich der Trauermarsch von Chopin gespielt, dann erklingt Musik von Beethoven und Tschaikowskij.

Eine halbe Stunde nach der Mitteilung über den Tod Stalins ging ich in die Waschküche.

Niemand arbeitete, alle diskutierten lebhaft.

In einem fernen Winkel betet inbrünstig ein Bauer mit Namen Stasuekow. Er ist ein tiefgläubiger Mann, ein Fischer alten Schlags aus einer Waldgegend.

"Gottseidank!" flüstert er. "Der Herrgott hat den Unreinen von uns genommen. Verzeih, Herr, aber vor so einem wird man auch in der Hölle Angst bekommen! Unzählige Teufel werden rund um sein Grab sein!"

Das Radio überträgt die Reden von der Beerdigung Stalins.

"Es gibt keine ungelösten Fragen!" sagt Malenkow, sich an den Westen wendend.

"Es gibt keine ungelösten Fragen!" wiederholt Molotow.

"Es gibt keine ungelösten Fragen!" lautet die Resolution Berijas.

"Ihr lügt, ihr Schufte!" denken die Lagerinsassen. "Es gibt ungelöste Fragen, zwischen Sklavenhaltern und freien Menschen kann es nur ungelöste Fragen geben."

Tage und Wochen vergehen. Klebrige, wie Leukoplast nicht loszuwerdende Gerüchte hören nicht auf.

"Kinder, die Lager sollen aufgelöst werden! Die Gefangenen werden in drei Kategorien eingeteilt. Die erste, die allerschwerste, kommt in ein geschlossenes Gefängnis, die zweite, auch schwere, bleibt im Lager, die übrigen aber werden irgendwo angesiedelt!"

In der Waschküche

Mai 1953. Frühling. Der Schnee ist geschmolzen. Alles rundherum glänzt in einem durchsichtigen, reinen Licht und wirkt wie ein scharf gestochenes Relief. Nach dem waldlosen Workuta erfreue ich mich besonders an den jetzt ausschlagenden Bäumen, und es ist, als ob im Frühling auch im Lager alle neuen Mut fassen.

Ich werde vom Lazarett abgeschrieben. Der Leiter, ein tüchtiger und guter Mensch, fragt: "Treguboff, willst du nicht hier bleiben?"

"Ja, ich würde sehr gern, aber..."

"In deinen Papieren steht, daß du in der Badestuben- und Waschküchenbrigade gearbeitet hast, und wir benötigen Waschmänner. Geh zur Spezialabteilung und red mit ihnen. Wenn du diese Tätigkeit ablehnst, vergeht keine Woche, und du wirst in einen anderen Lagerbezirk zum Torfstechen abtransportiert."

Mißtrauisch sieht der Leiter des Badestuben- und Waschküchen-
kombinats mich an.

"Ihr Beruf, Treguboff?"

"Ich bin Fremdsprachlehrer."

"Um Gotteswillen! Na, ja, können Sie waschen? Das ist ja keine
Grammatik!" Er benötigt unbedingt Männer, die waschen können.
"Na, gut, ich werde mich erkundigen. Wo wohnen Sie?"

Nach einer Woche teilt mir der Leiter des Lazaretts mit, daß ich
zur Waschküchenbrigade abkommandiert bin.

"Freue dich!" sagt er. "Eigentlich ist das eine Arbeit für Blatnojs.
Sokolenko ist kein schlechter Kerl. Du wirst immer satt sein, und
außerdem bekommst du Lohn, allerdings nicht viel, etwa zwischen
zwanzig und dreißig Rubel."

Die Waschküchenbaracke ist eine Ruine. Sie ist etwa zwanzig
Jahre alt, durch und durch verfault. Die Wände haben sich gesenkt, die Dachsparren sind ebenfalls morsch und halten die
Decke und das Dach nicht mehr. Zwischen den Waschkübeln sind
fünf Pfähle als Stützen aufgestellt worden, ohne sie würde das
Dach unweigerlich einstürzen. Offiziell existiert diese Baracke überhaupt nicht mehr. Sie ist als zusammengebrochen längst abgeschrieben worden, worauf die Leitung verpflichtet war, Mittel zum
Bau einer neuen Baracke zu bewilligen, da nach dem Gesetz verboten ist, in einer vollkommen untauglichen und zum Abbruch bestimmten Baracke zu leben und zu arbeiten.

Doch die Leitung legt die Gesetze sehr willkürlich aus.

Unter der verfaulten, halb eingestürzten Decke befinden sich zehn
Waschkübel und zwei Kessel, in denen das Wasser gekocht wird.
In einer Ecke ist ein Wasserhahn, der zu der eingefrorenen Wasser-
leitung gehört.

Wie alle Lagerarbeiten besteht auch die Arbeit in der Wäscherei
aus zwei unausweichlichen Elementen.

Das erste bedeutet Arbeit nach den Normen, Regeln, Vorschriften,
Bestimmungen und Forderungen der Obrigkeit. Dies kann aber beim
besten Willen und bei allen Anstrengungen nicht erfüllt werden.
Die Vorschriften und Normen können von niemandem und niemals
eingehalten werden.

Was das zweite Element betrifft, so versucht ein jeder, stets nur
ein Minimum an Arbeit zu verrichten.

Je mehr man sich dem Lagerideal nähert, das heißt, dem Nichtstun, um so besser lebt man. Man kann ruhig wenig arbeiten, muß aber stets den Schein wahren und so tun, als krieche man vor Eifer beinah aus seiner Haut und erfülle jede Norm.

Die Normen sind jedoch so, daß sie auf ehrliche Weise niemals erfüllt werden können. Eine Schicht dauert zehn Stunden. In ihr soll man fünfzig Hemden und fünfzig Unterhosen waschen, also hundert Teile. Bei Laken beträgt die Norm hundert, bei Handtüchern hundertzwanzig, bei weißen Kissenbezügen ebenfalls hundert Stück.

Das sind entsetzliche Zahlen!

"Erschrecken Sie nicht! Alle kommen zurecht, und auch Sie werden mit den Dingen fertig. Ihnen stehen für eine Schicht vierhundert Gramm Seife zur Verfügung, also ein Stück. Wie Sie damit auskommen, ist Ihre Sache." sagt der Leiter der Waschküche. "Wie Sie arbeiten, ist vollkommen uninteressant. Mich interessiert nur, daß Sie am Ende des Tages alles ordnungsgemäß abgeben, alles, was Sie am Morgen von mir in Empfang genommen haben, und es muß sauber sein. Genauer, wenn ein Stück vielleicht noch irgendwo schmutzig sein sollte, so darf das niemand bemerken. Dann werden alle zufrieden sein. Irgendwelche Entschuldigungen interessieren mich nicht. Und dann merken Sie sich noch etwas: Sie sind mir für jeden einzelnen Gegenstand verantwortlich, und wenn nur *ein* Hemd bei Ihnen verloren geht, tragen Sie die ganze Verantwortung. Ich habe keine Reserven! Ist das klar?"

Und so bin ich Wäscher geworden. In meinem Lagerschicksal ist eine Wende eingetreten, ich habe eine professionelle Arbeit übernommen. Wahrscheinlich wird meine zukünftige Frau über diese Tatsache sehr erfreut sein.

Wir waschen jedoch ohne Lust. Die Arme, und vor allem das Rückgrat, werden schwer wie Blei und schmerzen. Infolge der anormalen Stellung des Kopfes wird der Hals steif wie Holz. Die übel riechenden Ausdünstungen der Waschkübel reizen die Atmungsorgane. Die Augen tränen. Mißmutig blickt man auf den Haufen schmutziger, abgetragener Wäschestücke, der einfach nicht kleiner werden will.

Am Morgen arbeiten alle sehr intensiv. Jeder ist bestrebt, die erste Partie schnell auszuwaschen und draußen aufzuhängen. Je früher, um so besser, da man die Sommersonne ausnutzen kann.

Wenn es aber regnerisch ist, wird der Trockenraum geheizt. Das ist ein niedriges Zimmer, durch das Ofenrohre geleitet werden, die an den Wänden befestigt sind und direkt unter der Decke liegen. Unterhalb der Rohre sind Stangen angebracht, auf denen die Wäsche getrocknet wird.

Es ist nicht empfehlenswert, sich für längere Zeit im Trockenraum aufzuhalten.

Im übrigen genießt die Waschküche der Sanitätsstadt einen ziemlich schlechten Ruf, in gewissen Zeitabständen geraten die dort arbeitenden Rabotjagi in die Tuberkulose-Abteilung.

Aus dem Trockenraum führt eine Tür in einen hellen, verhältnismäßig sauberen Raum, das ist die Wäschekammer. Dort wird die saubere Wäsche abgegeben, geplättet und aufbewahrt.

Die erste Schwalbe

Die Deutschen laufen aus der Waschküche.

"Alle im Lager erzählen, daß besondere Listen für Deutsche angefertigt werden. Das Eis ist in Bewegung geraten! Der Abtransport in die Heimat beginnt!" ruft mir mein Kollege zu, der Arzt.

"Aber noch ist nichts Genaues bekannt. Wenn auch Listen angelegt werden, deswegen werden wir noch lange nicht nach Hause geschickt." entgegnet skeptisch ein anderer.

Ich rechne nicht mit meiner Befreiung. Ich bin Mitglied des NTS, und obwohl ich die deutsche Staatsangehörigkeit besitze und als Deutscher geführt werde, bin ich meiner Herkunft nach ein Russe. Ich bin überzeugt, daß die Sowjetmacht mich niemals freilassen wird, aber dennoch regt sich im Innersten meines Herzens etwas wie eine Art Hoffnung.

Die Tage schleichen dahin. Alle im Lager warten darauf, was die neue Regierung mit den ausländischen Gefangenen anfangen wird. Einigen Deutschen wird erklärt, daß sie sich zum Transport bereithalten sollen. Im ganzen sind es sechs Mann.

Mein Kamerad Hans Schakert und ich sind nicht dabei.

Unter den zum Abtransport kommenden Leuten herrscht eine freudige Hast. Das ganze Lager begleitet sie. Gehässigkeit oder Zorn auf die Deutschen sind nicht zu bemerken.

"Da hast du die neue Regierung nach Stalin! Zuerst werden die Ausländer befreit, und wir Sowjetleute können weiterhin sitzen."

"So muß es auch sein, der Sowjetmensch ist immer der Dumme. Hinter den Deutschen steht wenigstens die deutsche Regierung, wer aber steht hinter uns?"

"Hast du denn noch immer nicht verlernt, dich von der Sowjetregierung beleidigen zu lassen?"

Der Sturz Berijas

Ich hänge die Wäsche auf.

Ein junger Litauer, der früher der litauischen antikommunistischen Partisanenbewegung angehört hatte, kommt angelaufen.

"Was ist denn mit Ihnen, Matuschko?" frage ich. "Sie sind ja ganz außer Atem!"

"Ja, haben Sie denn noch nichts gehört, Georgij? Halten Sie sich fest: Berija ist zum Volksfeind erklärt worden!"

"Was?"

"Alles ist wie elektrisiert. Soeben hat das Radio mitgeteilt:

'Berija ist ein Volksfeind. Er ist den Weg eines verbrecherischen Abenteurers gegangen, hat sich selbst über die Partei und die Regierung gestellt...'

Ich war eben auf der Wache, als die Posten abgelöst wurden. Dort war vielleicht ein Lärm!

Die Rabotjagi hatten die Neuigkeit bereits gehört, der Diensttuende wußte aber noch nichts. Die Kolonne tritt zur Arbeit an. Der Wachmann zählt die Leute ab und stellt fest, daß einer fehlt.

'Nun, füllt die Lücke auf, was schläft ihr?'

Einer der Rabotjagi antwortet:

'Wir haben diesen Platz für Berija freigehalten!'

Dem Wachmann treten die Augen aus dem Kopf:

'Was hast du da gesagt? Wiederhole es!'

'Ich wiederhole: Hier ist ein freier Platz für Berija, sollen die Hunde ihn zerfleischen!'

Bei dieser Lästerung verlor der Wachmann fast die Herrschaft über sich und lief eiligst zur Wache, um sich zu beschweren. Dort aber wurde gerade im Radio der Bericht über Berijas Sturz wiederholt.

Komm mit mir zur Wache, Georgij, es ist direkt interessant, die Tschekisten zu beobachten. Sie haben ihre Schwänze eingezogen, und ihr Gesicht verloren!"

Die Stimmung im Lager hebt sich mit einem Schlage, genau, wie in den ersten Tagen des Korea-Kriegs.

In dieser Nacht schläft niemand in der 9. Lagerabteilung. Der Sturm heult. Alle Fenster sind erleuchtet, und drinnen sitzen die Kranken in Unterwäsche auf den Pritschen und diskutieren. Sie streiten, hoffen und überlegen ihre Chancen für ihr weiteres Leben.

"Zwei Blutsauger sind weg, schlimmer kann es nicht werden!"

Die verschiedenen Versionen werden besprochen.

Klar ist nur eines: Das Ränkespiel im Kreml hat begonnen, und es ist wichtig, eine richtige Antwort auf die Frage zu finden, ob dadurch in nächster Zukunft der Sturz der Sowjetmacht hervorgerufen wird, oder nicht, und was mit den Lagern und uns allen geschieht. Alle aber sind sich darüber einig:

Es hat begonnen! Und verspüren eine schadenfrohe Befriedigung.

In den Augen der Lagerinsassen war Berija gar kein Mensch, sondern ein Lebewesen, für den *ein Tod* zu wenig wäre. Alle wissen, daß durch Stalin und Berija viele Millionen umgekommen sind, und weitere Millionen ein elendes Leben in den Lagern fristen. Jeder würde viel darum geben, bei einem Verhör Berijas zugegen zu sein, oder eine Zeitlang mit ihm in einer Zelle zu verbringen.

"Jetzt singt die Drossel in ihrer Zelle! Es ist natürlich ein großer Unterschied, Leute einzusperren, oder selbst zu sitzen!"

Einige Tage vergehen.

Unklar beginnen sich die Umrisse des politischen Kurses der neuen Regierung abzuzeichnen. Die Zügel werden lockerer, man geht von den ehernen Bestimmungen des Stalin-Regimes ab.

"Stalin wollte mit dem Kopf durch die Wand, die hier aber wollen alles auf Leisetretermanier durchsetzen, das heißt, durch Betrug." sagen die Lagerinsassen. "Die Visage von Malenkow ist so, daß sie in keinen Rahmen paßt!"

Der Aufstand des 17. Juni in Deutschland

Es ist Ende Juni, soeben sind neue Zeitungen eingetroffen.

Hans Schakert kommt angelaufen.

"Georg, du verstehst doch gut russisch. In Berlin ist Revolution ausgebrochen, wieder fließt deutsches Blut!"

Vor dem Kasten, in dem die *Prawda* und die *Iswestija* aushängen, drängt sich die Menge der Rabotjagi und diskutiert.

Voller Aufregung und Ärger lesen wir die offiziellen Berichte.

Unruhen in der Deutschen Demokratischen Republik.

Natürlich sind Provokateure und Agenten aus Westdeutschland sowie faschistische Spionageorganisationen daran schuld, und ebenso das amerikanische Geld, durch das diese Untergrundbewegungen finanziert werden. Faschistische Elemente haben Verbrecher aus den Gefängnissen befreit...

Es ist klar, in Ostdeutschland gehen große Dinge vor sich.

Jetzt hängt alles davon ab, wie der Westen reagieren wird.

Am nächsten Tag berichten alle Zeitungen, daß die Welle des Aufruhrs zu verebben beginnt, und daß die *Regierung der DDR* sich entschlossen habe, die Mängel zu beseitigen, die der Erhöhung des Lebensstandards im Wege standen.

"Das heißt, irgendetwas haben sie erreicht!"

"Mordskerle, diese Deutschen!" erklärt ein Rabotjaga, und die übrigen schließen sich seiner Meinung an.

"Aber was können sie schon allein tun? Die Amerikaner und Engländer haben ihre Schwänze eingezogen und sitzen still da: Rührt uns nicht an, dann werden auch wir euch nicht anrühren!"

Fürs erste hat jedoch niemand die Absicht, sie anzurühren...

Es ist nicht bekannt, auf welchem Wege das Gerücht ins Lager gelangt ist, daß der Aufstand in Ostdeutschland von sowjetischen Truppen niedergeschlagen wurde.

"Da hast du unsere Volksregierung!" sagen die Rabotjagi erbost, und wenden sich sarkastisch ab.

Die Macht der Liebe

Aus der Frauenzone erhalte ich einen Zettel:

"Jurka, warum schläfst du? Ich bin hier! Deine Schenka."

Demnach ist Schenka Spirocheta mit dem gestrigen Frauentransport eingetroffen. Ich muß mit ihr Verbindung aufnehmen.

Entlang der verbotenen Zone geht ein Zaun, der die Frauenabteilung des Lagers von der unseren trennt. Den ganzen Tag über spazieren die im Lagerjargon als *Herzleidenden* bezeichneten Liebhaber des weiblichen Geschlechts an ihm entlang, ungeachtet der Aufseher, der Mücken und des Operativen Bevollmächtigten.

Die Eingeschlossenen verlieben sich, sind aufeinander eifersüchtig und leiden. Ernst zu nehmende Romanzen entspinnen sich. Einige verlieren vollkommen den Kopf und tun all das, was man in der Freiheit zwischen dem 15. und 18. Lebensjahr tut. Die meisten Romanzen beginnen und enden mit Spaziergängen längs des Zaunes, wobei versucht wird, eine mystische Verbindung zu einander herzustellen, indem man sich gegenseitig anblickt. Andere sind mutiger und beginnen mit dem Austausch von Zetteln. Das ist von der Lagerleitung strengstens verboten, dafür kann man in den Isolator kommen oder gar in ein anderes Lager abtransportiert werden.

Wer zu allem bereit ist, riskiert, in die Frauenzone einzudringen. Es gibt auch Frauen, die diesen Schritt unternehmen, und zu den Männern hinüberwechseln. Es ist sehr schwer, in eine fremde Zone zu gelangen. Dazu gehören große Entschlossenheit, Kaltblütigkeit und Gewandtheit. Zuerst müssen die Bretter der Verschalung und dann der Stacheldraht entfernt werden. Für Expeditionen, die mit einem Mißerfolg enden, ist einem Bestrafung durch längeres oder kürzeres Absitzen im Isolator sicher, oder auch der Transport in ein Straflager mit verschärftem Regime.

Der Briefwechsel wird auf verschiedene Arten organisiert. Die einfachste ist, den Zettel an einen Stein zu binden und ihn über den Zaun zu werfen. Bei gutem Sommerwetter findet eine regelrechte Bombardierung mit Steinen statt. Dann nimm dich in acht!

Vor meinen Augen landete ein von einer Frau ungeschickt geworfener Stein auf der Schulter des buckligen Aufsehers Fedorow, der durchdringend aufschrie. Sofort war die Fläche diesseits und jenseits des Zaunes verödet, doch aus allen Ecken beobachteten die neugierigen Rabotjagi den weiteren Verlauf.

Einer wurde festgenommen und zur Kommandantur gebracht.

Gewandtere übergeben ihre Post denjenigen, die freien Zugang zur Frauenzone haben. Doch nur wenige haben dieses Recht, und man muß schon sehr gute Beziehungen haben.

Ich hatte dieses Glück.

Mein Freund, der Feldscher, arbeitete in der Psychiatrischen Heilanstalt. Ich konnte mich unbedingt auf ihn verlassen, und er verfügte über eine gewisse Portion Selbstlosigkeit. So riskierte er seine Stellung, und brachte fast jeden Tag ein Paket Briefe in die Frauenzone, darunter auch die von mir.

Aus den Briefen Schenkas erfuhr ich viel Interessantes über die Frauenzone. Sie selbst hatte es zu einer Narjadtschiza gebracht, was mir allerdings überhaupt nicht gefiel. In der Regel genießen diese Arbeitsanweiser einen schlechten Ruf. Ich versuchte sofort, Informationen über sie einzuholen. Niemand sprach schlecht über sie. Es hieß nur, daß sie leicht heftig wird, und daß es sich nicht empfiehlt, sie zu verärgern, doch keiner beschuldigte sie einer der für diese Antreiber klassischen Niederträchtigkeiten.

Sie nahm keine Bestechungen an, gab sich nicht überheblich, denunzierte niemanden und half nach Möglichkeit allen.

Eines Tages sitzen meine Kameraden und ich auf den Stufen, die zum Gebäude der Chirurgie führen, und beobachten, wie sich die Pärchen durch den Zaun unterhalten.

Plötzlich erscheint von hinten, von einem unbebauten Platz her, der freie Aufseher. Mit einem Male sind alle verschwunden. Ein unglücklicher Don Juan stolpert auf der Flucht jedoch über einen Wasserkübel und fällt dem Aufseher direkt vor die Füße.

"Ist es nicht genug, daß du am Zaun stehst? Jetzt willst du mich auch noch umwerfen!" sagt der Aufseher ruhig und lächelt.

Ein anderer, ein junger Tatare, war vor Schreck wie angewurzelt stehen geblieben. Auch die Frau auf der anderen Seite des Zaunes hatte ihren Platz nicht verlassen.

Schweigend sieht der Aufseher sie an.

"Soll ich mich vielleicht auch mit einem Fräulein an den Zaun stellen?" fragt er schließlich. "Ihr könnt wirklich auseinanderlaufen, wenn ihr seht, daß ein Vorgesetzter kommt. Ziemlich frech seid ihr geworden! Auch von mir wird doch Dienst verlangt! Ist das klar?" fragt er mit vollem Verständnis für die Probleme der Rabotjagi.

"Und ihr da!" wendet er sich an uns. "Fungiert ihr etwa als Aufpasser?"

"Nein, wir sitzen nur an der Sonne und wärmen uns."

"Nun, so laßt euch weiterhin von der Sonne bescheinen! Teufel noch mal!" Und damit geht der freie Aufseher von dannen.

Ein Bekannter kommt vorbei.

"Jetzt ist es so weit, heute werden die Kinder abtransportiert."

"Was für Kinder?" frage ich.

"Die Kinder der verhafteten Frauen. Nach den Vorschriften muß der Staat die im Gefängnis oder im Lager geborenen Kinder zwei Jahre lang bei ihren Müttern lassen. Sobald jedoch diese Frist um ist, werden die Kinder ihren Müttern fortgerissen und entweder zu Verwandten geschickt oder in einem Kinderheim untergebracht.

Stell dir vor, was es für eine gefangene Frau bedeutet, von ihrem Kind getrennt zu werden, es ist doch ihre einzige Freude! Sie hat ja bereits alles im Leben verloren, ihr Haus, ihre Familie und die Freunde, ihre Freiheit, obendrein stehen ihr noch viele Jahre im Lager bevor. Entsetzlich! Alle fürchten diesen Tag, selbst die Leitung mag ihn nicht. All ihren Vorsichtsmaßnahmen zum Trotz erfährt man dennoch stets vorzeitig, wann der Abtransport stattfindet.

Wenn die Mütter ihre Kleinen zum letzten Mal aus der Kinderkrippe in Empfang nehmen, setzen sie sich mit ihnen in abgelegene Ecken, vergießen Tränen und zählen die noch verbleibenden Stunden und Minuten bis zum Transport. In beiden Lagern wächst eine drohende Stimmung. Das ist auch der Grund dafür, daß die Leitung diesen Tag nicht liebt."

Wir treten ins Freie. Vor der Wache hat sich eine große Menge versammelt. Auf der einen Seite stehen die Männer, auf der anderen die Frauen. Die Aufseher schwirren hin und her. Da sind auch die frei angestellten Schwestern, die die Kinder begleiten sollen. Die Leiterin der Spezialabteilung mit den Begleitdokumenten erscheint.

Intuitiv fühlen die Kinder, daß ihnen ein Unglück droht. Traurig und erschrocken sehen sie ihre Mütter an. Einige weinen. Die seelischen Leiden und die Unruhe der Mütter übertragen sich auch auf die Kleinen. Die Aufseher drängen die Rabotjagi von der Wache ab. Gezänk beginnt.

"Geht auseinander, sage ich euch, geht in eure Baracken und setzt euch dorthin!"

"Ich habe meine Norm erfüllt." erklärt drohend ein Rabotjaga. "Ich habe das Recht, in der Zone spazieren zu gehen!"

Die Männer gehen etwa zehn Schritte zur Seite.

Die Aufseher fühlen, daß es besser ist, jetzt niemanden zu verärgern, und lassen sie in Ruhe.

Die Mütter haben verweinte und irre Augen. Mit zittrigen Händen binden sie den Kindern irgendwelche kleine Lappen an. Die Begleitschwestern beginnen, die Kinder nach den Listen in Empfang zu nehmen. Einer Frau hat man ihr Kind bereits fortgenommen.

"Wowa, Wowa!" weint sie, und drückt ihr Gesicht an das Tor.

"Das sind Tiere!" sagt eine rauhe Stimme.

"Wowa, wo bist du?"

Die Mütter drücken sich an das Tor und an den Drahtzaun. Wie versteinert sehen sie zu, wie ihre Kinder fortgebracht werden. Man sieht, wie sehr sie sich anstrengen, ihre kleinen Gesichter für immer im Gedächtnis zu behalten.

Ich habe die Augen von Menschen einige Minuten vor ihrem Tode gesehen. Auch auf mich hat immer wieder der Tod geschaut. Entsetzlich ist es, die Augen eines Menschen zu sehen, wenn er ins Jenseits hinübergeht. Doch viel fürchterlicher sind die Augen einer Mutter, der man das Kind fortnimmt. In ihnen spiegelt sich eine unbeschreibliche Hoffnungslosigkeit.

Nach außen hin geht alles glatt. Die letzten Kinder werden übergeben. Die Leitung ist zufrieden, es scheint, als ob dieser Tag ohne Spektakel vorübergeht. Aber dennoch entsteht ein Skandal.

Eine der frei angestellten Schwestern, offenbar eine wilde Parteigenossin, schreit plötzlich:

"Was klebt ihr da am Zaun? Das sind nicht eure Kinder, sie gehören dem Staat!"

Das bringt das Faß zum Überlaufen.

"Du bist selbst eine staatliche Hure, eine Hündin!" ertönt es aus den Reihen der Männer.

"Mein Kolja, wo bist du?" schreit eine Frau verzweifelt.

Ich sehe, wie sie sich an den Drahtzaun klammert.

Einige zerren sie von dort fort. Eine bleich gewordene Aufseherin läuft hinter ihr her, dann eine zweite.

Neben mir steht ein gewisser Perwuchin, mit verwegen auf den Hinterkopf geschobener Kosakenmütze. Er genießt einen schlechten Ruf im Lager, vielleicht ist er ein Blatnoj, womöglich ein gefährlicher Bandit mit einer soliden Portion Lagermorde auf dem Gewissen. Doch jetzt ist sein Gesicht völlig verzerrt.

"Komm, Kamerad!" sagt er zu mir, obwohl wir uns kaum kennen. "Ich kann mir so etwas nicht ansehen! Wer, außer der Sowjetmacht, kann Müttern ihre Kinder wegnehmen? Schlimmer als Banditen sind sie!"

Die Menge geht auseinander.

Vorsichtig werden die Frauen vom Drahtzaun weggeführt.

Wiederum ist es Winter

Starker Frost hat eingesetzt. Das ganze Lager friert.

Es mangelt an Heizmaterial. Nicht einmal für die Gebäude der Kranken ist genügend Holz vorhanden. Die Ärzte sind empört.

Die freien Angestellten aber wälzen die Schuld von einem auf den anderen.

Wir, die Rabotjagi in der Waschküche, müssen für uns selbst Stangenholz zersägen. Das Holz ist feucht und brennt schlecht.

Die Waschküche ist eine wahre Hölle.

Das Dach hält sich kaum über unseren Köpfen. Von ihm tröpfelt es, der Fußboden ist verfault und voller Löcher. Von oben ist es heiß, unten erstarren die Füße vor Kälte. Das Wasser friert auf dem Fußboden an. Durch alle Ritzen dringt der Frost, die Tür ist vereist. Die Gummistiefel haben sich in Lumpen verwandelt.

Die *Wäscherinnen* werden gelb im Gesicht, nehmen an Gewicht ab, und eine nach der anderen kommt ins Lazarett.

Ich muß eine unangenehme Wascharbeit auf mich nehmen, und zwar die Reinigung der Wäsche aus dem Gebäude für Haut- und Geschlechtskranke.

Doch ich habe mir zur Regel gemacht, mich vor keiner Arbeit zu drücken, was es auch sei.

"Lehnen Sie diese Arbeit doch ab, Treguboff!" wird mir geraten. "Es ist besser, Sie verlassen die Waschküche, sonst können Sie sich noch mit allerlei gräßlichem Zeug anstecken, und das für Ihr ganzes Leben."

"Nun, das liegt in Gottes Hand!"

Viele Monate lang wasche ich die Wäsche aus der Baracke für Haut- und Geschlechtskranke.

Angesteckt habe ich mich nicht.

Alle Gerüchte über irgendwelche Erleichterungen sind verstummt. Auch über eine Amnestie wird nicht mehr gesprochen.

Anfang Oktober gibt es eine Überraschung:

Der Leiter der Waschküche erscheint.

"Treguboff, Sie werden zu einer Brigade versetzt, die Kasernen zu bauen hat. Dort wirst du arbeiten. Ich habe schon geschimpft, aber es ist nichts dabei herausgekommen."

Mit mir zusammen ist viel Volk versetzt worden. Kranke, Greise aus den Krankenstationen, einige Schwachsinnige und zwei völlig Verrückte. Am nächsten Tag versammeln wir uns an der Pforte.

Der Vorgesetzte erscheint, zusammen mit einem Offizier, dem Platzkommandanten. Mißtrauisch begutachtet er die erbärmlich aussehenden Rabotjagi.

"Was ist denn das?" empört er sich. "Zwei ohne Arme, drei ohne Beine und zehn Greise! Was soll ich denn mit denen anfangen? Was sind Sie von Beruf?" wendet er sich an einen alten Mann.

Verwirrt blinzelt der Greis und stottert:

"Bis 1925 bin ich Diakon gewesen."

Dieser *Diakon* gibt ihm den Rest, aufgebracht geht er fort.

Die meisten der zur allgemeinen Arbeit bestimmten Invaliden verziehen sich wieder in ihre Ecken.

Nicht weit vom Lager entfernt wird eine einstöckige Kaserne aus Holz gebaut.

"Weshalb kommt denn eine Kaserne hierhin?" fragt jemand.

"Hier, in den Wäldern von Mordowien, entstehen militärische Objekte, Munitionslager und so. Auch einen Flugplatz soll es geben."

Den ganzen Tag über schleppe ich Balken für die Kaserne.

Ich möchte allerdings wieder zurück in die Waschküche, und deshalb bleibe ich immer in Verbindung mit ihr. Ihr Leiter ist mir wohlgesinnt, daher lasse ich die Hoffnung nicht fahren.

Unerwartet wird mein Berliner Freund, der Feldscher, zusammen mit einem anderen Mitglied des Bundes zum Transport bestimmt. Sie kommen in die 11. Lagerabteilung. Das ist mir sehr unangenehm und bitter. Er war der einzige, dem gegenüber ich grenzenlos offen sein konnte, und der mir bei meinem Gezänk mit den Marxisten und ihren Handlangern stets geholfen hatte.

Permanent und in allen Tonarten wiederholen diese Leute sämtliche Versprechungen der Regierung Malenkow, wie zum Beispiel ihre Nachsicht gegenüber den Kolchosbauern und die Bereitschaft, auch private Viehhaltung zuzulassen.

"Bald werden wir so leben, wie es uns zusteht!" frohlocken sie. "Georgij Maximilianowitsch, der ist nicht Stalin! Das ist ein Mann von Gemüt!"

Die einfachen Lagerinsassen aber lachen bei diesen Worten boshaft und spucken aus.

Lausbubenstreiche

Ich möchte eine dauerhafte Verbindung zu Schenja aufnehmen. Nach dem Abtransport meines Freundes ist der Briefwechsel über die Psychiatrische Heilanstalt unterbrochen. Erneut bin ich in die Waschküche gekommen, das erleichtert mein Vorhaben.

Es ist November, alles ist weiß. In trüber Stimmung gehe ich in der Allee spazieren. Die gewaschene Wäsche hängt im Trockenraum. Hinter mir knirschen Schlittenkufen.

Tiefsinnig zieht ein Ochse einen mit Kohlen beladenen Schlitten.

"He, Treguboff, führ den Ochsen zur Frauenzone hin!" schreit der Narjadtschik.

Es ist ein vorzüglicher Ochse, und er kennt selbst den Weg.

Aus der Frauenzone kommt die Aufseherin:

"Wie, Treguboff? Sind Sie Fuhrmann geworden? Arbeiten Sie denn nicht mehr in der Waschküche?"

"Doch, Bürgerin, ich arbeite da noch. Der Narjadtschik bat mich, die Fuhre in die Frauenzone zu lenken."

Die Tore öffnen sich.

"Ruft die Manschinskaja her!" schreit die Aufseherin. "Sie soll die Kohlen entgegennehmen. Warten Sie, Treguboff, bis die Frauen da sind, sonst läuft der Ochse womöglich fort!"

Ich sehe, wie das Tier verständnisvoll mit seinen langen Ohren wackelt, und klopfe zärtlich seinen Hals.

Schenja kommt angelaufen, sie ist rot vor Frost. Hinter ihr hetzt eine ganze Meute Frauen.

"Wohin sollen wir mit den Kohlen, Jura?"

"Ich weiß nicht, vermutlich in die Küche!" sage ich, und flüstere ihr leise zu. "Paß morgen auf! Im linken Ohr des Ochsen!"

Die Tore schlagen zu. Als letztes sehe ich die leicht erstaunten Augen Schenjas. Mir wird lustig zumute.

Am nächsten Tag warte ich schon an der Lagerwache auf den Ochsen mit Kohlen für die Frauenzone und stecke ein Briefchen in sein linkes Ohr. Mit einer Wäscheklammer aus der Waschanstalt wird es an seinen Haaren festgesteckt.

Er zuckt ein wenig zusammen, geht aber brav durch das Tor.

Um keinen Verdacht zu erregen, halte ich mich der Frauenzone fern. Vier Stunden später fällt vor dem Fenster der Waschküche ein kleiner Zettel in den Schnee.

"Deine Post habe ich erhalten. So ein schlauer Deutscher! Was er sich da ausgedacht hat? Morgen werde ich antworten."

Lange Zeit erfüllt der Ochse die Aufgaben eines Postboten.

Mein ist die Rache

Das Frühjahr 1954 nähert sich. Bereits ein Jahr ist seit dem Tod Stalins vergangen, und man kann einige Schlußfolgerungen ziehen. Ernsthafte Veränderungen in der Innenpolitik, was freiheitliches Denken und die Lager angeht, sind nicht eingetreten. Im Prinzip ist alles beim Alten geblieben, das Regime ist lediglich etwas elastischer geworden.

"Jetzt machen sie ihre Gemeinheiten auf leise, hinterlistige Weise!" sagen die Rabotjagi.

Aber einige werden *doch* entlassen!

Bei vielen werden die Akten durchgesehen, ab und zu fährt einer nach Hause, oder er wird in die Verbannung geschickt.

Es ist früh am Morgen. Frost. Das Radio berichtet:

"Das Militärkollegium des Obersten Gerichts der UdSSR hat die ehemaligen Minister für Staatssicherheit Abakumow, Goglidse und andere zu der höchstzulässigen Strafe verurteilt!"

Ich sitze allein, an meinem geistigen Auge ziehen vorüber:

Die Lubjanka, die weißen Hände des Ministers unter dem grünen Lampenschirm, sein müdes, im Schatten liegendes Gesicht, und ich höre seine Frage:

'Wissen Sie auch, Treguboff, daß der Feind vernichtet wird, wenn er sich nicht ergibt?'

In der völligen Stille danke ich Gott aus ganzem Herzen dafür, daß er mich beschützt und den selbstbewußten Herren im Kreml gezeigt hat, wie wahr seine ewigen, unerschütterlichen Worte sind: "Mein ist die Rache!" sagt der Herr.

Die Sonne brennt, der Schnee schmilzt.

Offiziell wird mitgeteilt, daß alle, die bei ihrer Festnahme jünger als 21 Jahre alt waren, amnestiert werden, und auch, daß alle anerkannten Invaliden ihrer Befreiung entgegensehen.

Eine Kommission kommt, die Überprüfung der Invaliden beginnt.

Dann entsteht das Gerücht: Alle Schwangeren und Frauen mit Kindern unter zwei Jahren werden ebenfalls freigelassen, und wirklich, kurz darauf wird uns mitgeteilt, daß ein derartiger Befehl tatsächlich ergangen ist.

Doch in der Praxis gehen die Dinge sehr langsam vor sich.

Hinter den Kulissen des MWD und des GULAG beginnen Kämpfe. Von *oben* wird die Freimachung der Lager von den *Zerlumpten* und Invaliden, sowie die Überprüfung und Rehabilitierung eines Teiles der Verurteilten verlangt, die unteren Organe jedoch, angefangen bei den Lagerleitern, sträuben sich gegen all diese Anordnungen mit Händen und Füßen. Diese Leute haben sich an den Lagern festgesogen, und sie fühlen sich in ihnen wie kleine Zaren.

Sie wissen genau, daß die Auflösung eines Teiles der Lager auch zur Verringerung des dort arbeitenden Personals führen wird. Daher widersetzen sich diese Unterorgane der Durchführung der von der Regierung erlassenen Ukase über die Amnestie und Durchsicht aller Akten, und versuchen, sie zu unterlaufen.

So gibt es zum Beispiel einen Ukas über Jugendliche, die nach Paragraph 58 verurteilt worden sind. Alles wird getan, um die Durchführung dieser Anordnung in die Länge zu ziehen und sie auf möglichst wenige Menschen auszudehnen.

Noch leichter ist es, die sich auf die Invaliden beziehenden Bestimmungen zu hintertreiben. Die Lagerinsassen sagen giftig:

"Beim MWD ist auch der Tote nur zu 75 % invalide!"

Jetzt, ein halbes Jahr nach der Hinrichtung Berijas, wird klar, daß die Säuberungen nicht nur die obersten Schichten des MWD/MGB erfassen werden.

Im Eichenhainlager ist der Leiter unserer Lagerabteilung, ein ausgekochter Schuft mit Namen Kizajew, der das Lager viele Jahre lang terrorisiert hat, abgelöst worden.

"Er hat den Berija-Orden bekommen!" sagen die Lagerinsassen böse.

Beseitigung von Hindernissen

Mai 1954. Die Kranken kriechen in die Sonne hinaus. Sie sitzen auf den Treppen. Die Ernährung ist besser geworden. Leuchtende Sonnentage erhellen das Lager. Mai und Juni, das sind die Monate, in denen die Frauenzone der Leitung die größten Sorgen bereitet.

In einer warmen Nacht trete ich hinaus. Im allgemeinen ist das Spazierengehen im Lager während der Nacht nicht erlaubt, doch ich kann nicht schlafen. Außerdem interessiert mich, wohin meine Katze aus der Baracke verschwunden ist. Das schlaue Tier liebt es, seinen Herrn an der Nase herumzuführen.

Die Nacht ist ungewöhnlich dunkel.

"He, Landsmann!" werde ich leise von jemandem angerufen.

Mühsam erkenne ich, daß rittlings auf dem Zaun, direkt auf dem Stacheldraht, eine dunkle, männliche Gestalt sitzt.

"Was? Du erkennst mich nicht? Du, hilf mir, ich bin Petjajew."

"Was machen Sie denn da? Kommen Sie schnell herunter, gleich können die Aufseher kommen!"

Petjajew hat sich am Zaun festgehakt. Das Reißen von Stoff ist zu hören.

"Oh, Georgij, ich habe mich im Stacheldraht verheddert!"

Auf der anderen Seite des Zaunes erscheint eine dunkle Gestalt.

"Semelja, wohin willst du?" fragt eine Frauenstimme.

"Zur weißen Maruska will ich! Ich bin hängen geblieben, gleich falle ich herunter. Ich habe keine Kraft mehr, mich zu halten!"

Gedämpftes Frauenlachen ist zu hören.

"Ruft die Narjadtschiza, sie wird sofort Ordnung schaffen! Weshalb kletterst du denn da hoch, wenn du ein halber Invalide bist? Nun, dann häng eben da, wie ein Hund auf dem Zaun!"

Die Silhouette von Schenka Spirocheta erscheint.

"Sieh mal an, du Dummkopf, du verhinderter Casanova." flüstert sie. "Gleich kommen die Aufseher! In den Isolator stecken sie dich!"

"Guten Abend, Schenja, wie geht es dir?" frage ich aus der tiefen Dunkelheit, damit sie mich nicht für einen Aufseher hält.

"Jura, bist du das? Ist das etwa ein Freund von dir?"

"Nein, ich bin nur zufällig auf ihn gestoßen."

"Rechtfertigen wirst du dich auf dem Polizeirevier!" entgegnet sie und winkt einige Frauen herbei.

Zwei dunkle Gestalten mit langen Stangen erscheinen auf der anderen Seite und versuchen, Petjajew damit vom Zaun herunterzustoßen.

"Wieder ein Märchenprinz, der zu seiner schlafenden Prinzessin über den Stacheldraht klettert!" sagt Schenja verärgert, und plötzlich, ganz schnell: "Die Aufseher kommen!"

Petjajew springt herab und fällt dabei auf ein Stück Stacheldraht.

"Au, au, meine Hand!" zischt er.

Aus einem Riß seiner wattierten Hose leuchtet in der Dunkelheit hell sein Körper. Schnell verschwindet er.

Niemand ist da.

Nach einer Weile erscheint ein kaum wahrnehmbarer Schatten auf der anderen Seite des Zaunes.

"Jura, ist er weg?" ist die Stimme Schenjas zu hören.

"Vorsicht, die Aufseher!" warne ich sie leise.

"Sind gar keine da! Ich habe diesen Dummkopf absichtlich erschreckt. Alles ist ruhig."

"Wenn du schon mal hier bist, Schenja, dann krieche ich zu dir hinüber." schlage ich vor.

"Wage es bloß nicht! Ich weiß, was für ein Turner du bist, du wirst bestimmt auf dem Zaun hängen bleiben, zum Gaudium fürs ganze Lager. Gleich komme ich selbst zu dir!"

Wie eine Katze klettert Schenja am Zaun hoch, überwindet geschickt den Stacheldraht, und springt auf meine Seite.

Sie trägt Reithosen und Stiefel.

"Und jetzt? Wohin?"

"In die Räucherkammer, nach oben, auf den Dachboden!"

Kaum sind wir dort angelangt und haben die kleine Tür hinter uns geschlossen, als der Aufseher erscheint.

"Er findet uns nicht!" erklärt Schenja und lacht spitzbübisch. "Dieser Hundesohn! Wie zwei Diebe sitzen wir hier zusammen, Jura, so weit haben sie uns gebracht!"

Barmherzigkeit unter blauen Achselstücken

Auch unter den Tschekisten gibt es Menschen mit Herz.
Zu ihnen gehört Major Andrejew, der Chefchirurg der 9. Lagerabteilung. Ungeachtet seiner silbernen, blau eingefaßten Achselstücke lieben ihn alle. Den Kranken gegenüber gibt er sich keineswegs militärisch.

Er ist ein gewissenhafter Chirurg und kümmert sich auch nach der Operation um die Kranken, besucht sie zu ungewohnten Zeiten, selbst in der Nacht, tröstet und beruhigt sie. Streng achtet er darauf, daß die Kranken nicht bestohlen werden. Hin und wieder kauft er den frisch Operierten Lebensmittel, wie Eier und Butter, zur Herstellung ihrer Gesundheit, und zwar von seinem eigenen Geld. Alle im Lager kennen seine Menschenliebe und wissen von seinem Verhalten gegenüber den kranken Häftlingen, und alle schätzen ihn sehr hoch.

Man behauptet, daß ihm auf Parteiversammlungen sein *kameradschaftliches Verhalten gegenüber den Verhafteten* und *Mangel an Aufsicht* zum Vorwurf gemacht werden.

Es wurde auch bereits versucht, ihn abzukommandieren, und das wäre sicherlich auch gelungen, wenn die Lagerleitung in letzter Zeit nicht zu einem liberalerem Kurs gezwungen worden wäre.

In seinem Privatleben soll er einsam und unglücklich sein. Seine Kameraden, ebenfalls Tschekisten, haben sich von ihm zurückgezogen, und seine Frau hat ihn verlassen.

Der Kiosk blüht

In unserer verfaulten Waschküchenbaracke befindet sich gegenüber dem Plättraum ein kleines Zimmer.
Das ist der populärste Raum im ganzen Lager: der Kiosk.
Anfangs wurde er von üblen Lagerinsassen geleitet. Bei einer Überprüfung stellte sich heraus, daß dauernd Betrügereien vorgekommen waren. Daraufhin wurden diese finsteren Subjekte durch eine frei angestellte Leiterin ersetzt, Marie Eskin, oder besser, Maschka. Den Rabotjagi erwuchsen durch diesen Wechsel keine Nachteile, und im Kiosk wurde eifrig Handel getrieben.

Die Genossin Eskin erwies sich als fleißige Person, die es verstand, von den verschiedenen Behörden Waren und Lebensmittel für das Lager zu erhalten.

Dabei half ihr sicherlich ihre enge Bekanntschaft mit dem Leiter der TschIS (Intendantur), die ihm viel Ärger durch seine Frau eintrug. Auch die arme Maschka mußte sich lange vor der wild erzürnten Hauptmannsfrau verbergen.

Der Kiosk war jedoch immer gut gefüllt.

Das Gehalt der Genossin Eskin betrug 225 Rubel im Monat, das heißt, soviel, wie man braucht, um in der Sowjetunion notdürftig eine Woche leben zu können, dabei war sie nicht verheiratet und hatte ein Kind. Doch Maschka lebte recht gut.

Sie beleidigte die Lagerinsassen nicht und ging sogar höflich mit ihnen um, dafür aber betrog sie unweigerlich beim Abwiegen. Wenn man 500 Gramm Butter verlangte, so waren das bei ihr lediglich 450 Gramm, fünfzig Gramm rechnete sie für sich.

Wer den Wunsch dazu hatte, konnte zwar protestieren, aber sie hatte ein gutes Personengedächtnis. Maschka erinnerte sich an alle, die es je gewagt hatten, ihre Abstriche beim Wiegen zu kritisieren, und wenn diese Leute bei einem späteren Besuch im Kiosk nach etwas fragten, erhielten sie prompt zur Antwort:

"Das ist nicht vorhanden."

"Wieso?" schimpft ein schnurrbärtiger Rabotjaga. "Sie haben doch soeben dem Bürger vor mir 500 Gramm Konfekt gegeben, Bürgerin Eskin. Warum soll ich denn keins bekommen?"

Worauf die Bürgerin Eskin liebenswürdig lächelnd bedauert:

"Heute ist alles verkauft! Aber in der nächsten Woche gibt es bestimmt eine neue Lieferung."

Nach den Bestimmungen sollten die Waren aus dem Kiosk ausschließlich für die Bedürfnisse der Gefangenen verwendet werden.

Wenn es auch wie ein Witz klingt:

In unserer Zweigstelle des Magazins befanden sich weniger Lebensmittelvorräte als im Lagerkiosk, und so kam jeder, der den Eingang kannte, in den Kiosk.

Diesen Eingang erreichte man nur über den Trockenraum, den zu betreten eigentlich verboten war.

Dennoch kaufte die gesamte Lagerleitung für sich selbst und ihre Freunde im Kiosk ein.

Das geschah jedoch heimlich, wenn keine Rabotjagi in der Nähe waren. Maschka verkaufte zwar an jeden, nahm von den Nicht-Häftlingen jedoch zusätzlich Bestechungsgelder an.

Maschka und wir *Wäscherinnen* lebten als Nachbarn ganz gut zusammen und unterhielten sogar freundschaftliche Kontakte.

Wir halfen ihr, ihre Waren auszuladen, wuschen für sie mit und liehen ihr gelegentlich unsere Katze, damit sie die Mäuse im Kiosk fängt, und sie ließ uns dafür insgeheim nur selten gelieferte *Sonderkontingente* ab.

Die Nummern werden abgenommen

Die Stimmung im Lager ist abwartend und unruhig.

Alle erwarten etwas, und selbst diejenigen, die unter die Amnestie fallen, werden nervös und boshaft.

Jeden Tag werden neue Gerüchte geboren und sterben wieder, und das eine ist phantastischer als das andere.

Lagerauswüchse werden sie genannt.

Im April 1954 wurden in der 9. Lagerabteilung die Nummern abgenommen. Noch heute erinnere ich mich an meine Nummer im Eichenhainlager: Schtsch 936.

Wie immer, begann es mit Gerüchten.

Dann wurde Kleidung erster Kategorie ohne die weißen Lappen auf dem Rücken ausgegeben.

Einige Zeit später wurden wir alle auf einem freien Platz zusammengetrieben, wo der Befehl vorgelesen wurde, daß die Nummern abzunehmen seien.

"Was mag das wohl für einen Grund haben?" wendet sich mein Nachbar an mich.

"Das kann ich Ihnen sagen!" antwortet ein anderer. "Durch die Deutschen ist ein Skandal entstanden. Sie haben Pakete vom Roten Kreuz erhalten, und als Anschrift stehen neben ihren Vor- und Familiennamen auch die Nummern. Und um im Westen nicht in Verruf zu geraten, werden die Nummern abgeschafft."

Damals wußten wir noch nicht, daß unsere Kameraden aus den nördlichen Lagern mit ihrem Blut die Abschaffung der Nummern erkämpft hatten.

Die Ausländer - zum Transport

Der Narjadtschik kommt zu mir:

"Nun, Treguboff, machen Sie sich zum Transport bereit!"

Mein Herz will stehen bleiben. Soll ich wirklich wieder zurück nach Workuta? Das Nordlicht, die Polarstürme!

Verwundert blickt der Narjadtschik mich an.

"Ja, was ist denn mit Ihnen, Treguboff? Sie sehen ja aus wie ein Ertrunkener! Schreien Sie Hurra! Alle Ausländer werden ins elfte Lager gebracht, und von dort nach Hause geschickt. Die Listen sind bereits fertiggestellt."

In meinem Kopf dreht sich alles.

Ich trete in die frische Luft hinaus.

Und ich wage es nicht, seinen Worten zu glauben.

Allein, es ist richtig: Bis auf die Sowjetuntertanen werden alle ins 11. Lager transportiert.

Ich muß meine Sachen zusammensuchen, mich von allen verabschieden.

Der Abschied von meiner Lagerfreundin Schenka wird etwas dramatisch. Der Haken saß tiefer, als ich gedacht hatte. Wir arbeiten einen schlauen Plan aus, wie wir trotz der verschiedenen Lager weiterhin in Briefwechsel bleiben können. Schenja wird bald freigelassen, sie hat ihre zehn Jahre beinah abgesessen. Ich erhalte die Adresse ihrer Eltern.

Endlich stehe ich mit meinen Sachen am Tor.

Unser Transport umfaßt zwanzig Mann, alle sind Ausländer oder Staatenlose.

Am 7. Februar 1953 habe ich das Eichenhainlager durch dieses Tor betreten, jetzt ist es Juli 1954.

Siebzehn Monate sind vergangen.

Es wäre Sünde, wenn ich klagen würde.

Nach Lagerbegriffen habe ich nicht schlecht gelebt, ich war satt und bekleidet, ich hatte Freunde, und die schwere Arbeit in der Waschküche hat mich nicht gebrochen.

In einer *Kukuschka*, einem wie ein Kuckuck unentwegt tutenden und dabei weißen Dampf ausstoßenden Bummelzug, fahren wir über schadhafte Eisenbahnschienen ins 11. Lager.

DIE 11. ABTEILUNG - SAMMELPUNKT FÜR AUSLÄNDER
Das 11. Lager

Wir sind angekommen. Am Bahnhof sitzen Rabotjagi am Weg. Sie werden in die Waggons verladen, mit denen wir eingetroffen sind.

"Wohin fahrt ihr?" fragen wir.

"Alle Sowjetbürger werden aus dem elften Lager fortgeschafft, während zugleich Ausländer hergebracht werden."

Genau wie die neunte Lagerabteilung, ist auch die elfte von einem Zaun aus Schalbrettern umgeben. Das elfte Lager besteht aus zwei Abteilungen. Die zweite ist auf der anderen Seite der Straße, in der sogenannten Industriezone, wo eine Möbelfabrik ist, in der die meisten Lagerinsassen arbeiten.

Wir werden direkt in die Industriezone gebracht.

Wiederum die unausweichliche Durchsuchung.

Meinen Notizen droht Unheil, aber die Gefahr geht vorüber...

Gleich stoße ich auf Bekannte:

Einen Klassenkameraden aus Berlin, einen Filmoperateur und den ehemals in Berlin lebenden britischen Untertan Wladimir Sergejewitsch Slepjan (1957: nicht namentlich genannt), der als Leiter der Berliner Russischen Pfadfinder-Kameradschaft fungiert hatte. Auch das Mitglied des Bundes aus dem 9. Lager, den Feldscher aus der Psychiatrischen Heilanstalt, treffe ich hier wieder.

Ich werde zur Waschküche abkommandiert.

Wieder Waschkübel! Hier herrscht jedoch ein ungeheurer technischer Komfort: Das Wasser wird durch Dampf erwärmt, und somit entfällt das Sägen von Holz und das Heizen der Kessel.

Das 11. Lager ist rundum von Blumenbeeten umgeben, überall sind Blumen. Ein Fußballplatz. Die meisten Baracken sind zweistöckig und in einem sehr viel besseren Zustand als im 9. Lager.

Die Kantine ist ein großer Saal mit einer umfangreichen Bühne, vor ihr ein tiefer liegender Orchestergraben.

Die Kultur- und Erziehungsabteilung ist ein großer, heller Raum. Die zahlreiche Bücher enthaltene Bibliothek wird von dem Sohn des längst verstorbenen, weltberühmten Tenors Sobinow verwaltet. Vermutlich wurde er nach dem Ende des Krieges aus Berlin gen Osten verschleppt.

Die Kulturabteilung ist zu meiner großen Verwunderung in der Hand von Professor Pjotr Nikolajewitsch Sawizkij aus Prag, der ehemals einer der Führer der Eurasier-Bewegung (nach deren Ansicht Rußland nicht zu Europa, sondern zu Asien gehörte) gewesen war. Seine Hauptbeschäftigung besteht darin, die dem Lager aus der Zentrale zugesandten Zeitungen in den Baracken und Sektionen zu verteilen. Der Professor ist von der *Wichtigkeit und Verantwortung* der ihm von der Lageradministration übertragenen Tätigkeit vollkommen überzeugt.

Armer Professor, anscheinend glaubt er ernsthaft, ein Sowjetmensch zu sein. Von der Sowjetmacht spricht er nur in ehrfürchtigem Flüsterton. Einen besonders traurigen Eindruck erweckte er, als er von den amerikanischen Kriegsbrandstiftern sprach und die Vorzüge der Sowjets hervorhob. Gott wird sein Richter sein!

Die Stimmung unserer NTS-Gruppe

Im 11. Lager gibt es drei Mitglieder unserer Organisation. In unserer Freizeit gehen wir in den dunklen, bereits frühlingshaften Alleen spazieren und unterhalten uns. Stundenlang besprechen wir unsere Lage, tauschen unser Wissen über den Bund aus und erwägen die Möglichkeit, zusammen mit den Ausländern heimzufahren, kommen aber zu dem Schluß, daß diese Chance nicht sehr groß ist.

Wir haben keinen Grund, uns aufzuregen, müssen ein Kreuz über unsere Träume machen, uns bemühen, uns selbst treu zu bleiben, und allmählich die ideologischen Festungen des Marxismus unterhöhlen. Steter Tropfen höhlt den Stein!

Sobald es aber im Lager losgehen sollte, so gibt es hier Steine genug! Wie die meisten Häftlinge, sind auch wir unruhig, wie vor einem Gewitter oder einem Erdbeben. Damals wußten wir noch nichts von den Aufständen in den nördlichen Lagern.

Die Lagerpresse

Wir erhalten die *Prawda*, die *Iswestija*, die *Komsomolskaja Prawda*, die sowjetische *Mordowia*, *Kultur und Leben*, *Ogonjok* und *Krokodil*.

Auch Zeitungen aus der *Deutschen Demokratischen Republik* werden ausgelegt, auf die sich alle stürzen.

Im Frühjahr 1954 lesen wir in einer dieser Zeitungen einen Bericht über den Übertritt des antisowjetischen Emigrantenführers A. R. Truschnowitsch in die Sowjetunion. (Bekanntlich wurde die Entführung von Dr. Truschnowitsch durch Agenten des KGB in der ostdeutschen Presse als freiwilliger Übertritt auf die sowjetische Seite dargestellt. T. war damals Vorsitzender des Berliner Komitees für russische Flüchtlinge und Leiter des NTS in Berlin.) Wir versuchen zu erraten, wer dieser Dr. Truschnowitsch ist, sein Name ist uns unbekannt. Aus welchem Grunde sollte er übergetreten sein?

Und dann entdecken wir in einer der alten Zeitungen einen Bericht, wonach sich zwei Diversanten, die seitens des amerikanischen Nachrichtendienstes mit Hilfe einer Emigrantenorganisation in die Sowjetunion eingeschleust wurden, freiwillig in die Obhut der sowjetischen Sicherheitsorgane begeben haben.

Erwähnt werden die uns bekannten Namen Baidalakow, Poremskij, Okolowitsch und Redlich (Anmerk. Führende Persönlichkeiten des NTS). Uns ist klar, daß der Bund arbeitet, und zwar erfolgreich, wenn er die Möglichkeit hat, Menschen in die Sowjetunion einzuschleusen.

Immer wieder lesen wir diesen Bericht.

Schade, daß zwei Menschen umgekommen sind.

Aber wir wissen jetzt, der Bund existiert, und er kämpft!

"Die zwei wurden gefaßt." sagt einer der Unsrigen. "Andere aber werden sie nicht kriegen!"

Wir beschließen, die Zeitungen von nun an sehr aufmerksam zu studieren, damit wir keine Nachricht übersehen, die uns interessieren könnte.

Sowjetische Propaganda

Unerwartet wird ein Vortrag angesagt mit dem Thema:
Die Partei und das Sowjetvolk im Kampf für den Frieden.
Viele kommen zu dem Vortrag. Alle sind gespannt darauf, wie ein Offizier des MWD, mit goldenen Schulterstücken, dieses Thema vor den Häftlingen behandelt. Sogar Fragen dürfen gestellt werden.

"Wir dürfen den Tschekisten Fragen stellen!" sagt einer. "Das bedeutet das Ende der Welt und das Erscheinen des Antichristen!"
Alle sind von dem Vortrag enttäuscht.

Nichts Neues, alles alte, bekannte Dinge, längst ausgeschlachtet.

Trotz des Angebots, diskutieren zu können, wurde die Zahl der Zuhörer dieser Vorträge immer geringer, bis die Leitung schließlich zu dem erprobten Mittel griff und nach dem Vortrag eine Filmvorstellung anbot. Danach stieg der Prozentsatz der Zuhörer wieder.

Eines Tages kam ein Oberstleutnant, um einen Vortrag über das Thema *Der Sowjethumanismus* zu halten.

Dieses Thema war für die Lagerinsassen besonders interessant.

Der Oberstleutnant begann bei Adam, sprach über die hohe Mission des Sowjetvolkes, und so weiter. Wie ein trüber Strom floß seine Hymne auf den sowjetischen Aufbau. Schließlich rief er pathetisch:

"Die Sowjetmacht sperrt euch nicht nur ein, sie begnadigt auch! Laut Befehl des Präsidiums des Obersten Sowjet der UdSSR wird eine Anzahl Leute infolge einer Amnestie freigelassen, und dies nach Durchsicht aller Akten. Wo habt ihr solch eine Mildtätigkeit bereits gesehen? Millionen sind schon befreit, und das ist nur ein geringer Prozentsatz all derjenigen, die ihre Freiheit noch erhalten werden. So ist es..."

Er verstummt. Totenstille im Saal.

"Dem Redner können Fragen gestellt werden!" ermuntert uns der stellvertretende Lagerleiter, der mit am Präsidiumstisch thront. "Doch muß alles wohlorganisiert vor sich gehen. Sie zuerst." wandte er sich an einen Rumänen, der seine Hand gehoben hatte.

Der Rumäne steht auf.

"Bürger Vorgesetzter, Sie sagten uns, daß die Sowjetmacht bereits Millionen befreit hat, und daß dies nur ein kleiner Prozentsatz all derer sei, die noch befreit werden sollen. Wenn aber Millionen einen kleinen Prozentsatz darstellen, wieviele sitzen dann in den Lagern? Das halbe Land?"

Im Saal bricht Lachen aus. Jemand schreit:

"Sicherlich vierzig Millionen! Das ist wirklicher Humanismus!"

"Trag deinen Kopf fort, Rumäne!" ruft jemand aus dem Saal dem Rumänen zu, der sich bereits zum Ausgang drängt.

Da springt ein italienischer Priester auf, Padre Leone, *der Löwe*, wie ihn alle nennen, und schreit in recht gutem Russisch:

"Glaubt den Betrügern, den Tschekisten nicht! Glaubt dieser gott-losen Macht nicht! Die Tschekisten betrügen euch! Bekämpft sie!"
Alle sind wie versteinert.
Der Vorsitzende springt auf, fuchtelt mit den Händen und schreit: "Was führen Sie hier für Reden? Wenn Sie in Ihrer Heimat sind, können Sie auf den Meetings sprechen!"
Ein Heidenlärm entsteht.
Mit großer Mühe gelingt es, den heißblütigen *Löwen* zu beruhigen. Im übrigen wird er, ungeachtet des sowjetischen Humanismus, nach seinem Auftritt in den Isolator gesteckt.
Alle fühlen, und dies nicht nur in unserem privilegierten Lager für Ausländer, daß das Selbstbewußtsein der Sowjetmacht Risse bekommen hat, die nur schwer zu kitten sind.
Ähnliche Propagandavorträge, oder genauer, der Austausch von Meinungen zwischen der Lagerleitung und den Gefangenen, finden zu dieser Zeit bereits recht häufig statt, etwa einmal im Monat. Hin und wieder nimmt die Diskussion einen scharfen Charakter an. Ungeachtet ihres äußeren Liberalismus versucht die Leitung natür-lich mit Hilfe ihrer Spione, die zuviel Fragenden herauszufischen.
Jene rebellische Stimmung, die in anderen Lagern zu Aufständen führte, spiegelte sich in unserem privilegierten Lager für nichtsowje-tische Bürger noch vergleichsweise friedlich wider.

Die schwierige Ernährungslage. Rettende Pakete

Als es auf den Winter zuging, begannen neue Unannehmlichkeiten. Die Ernährung verschlechterte sich radikal. Der Kiosk ist leer, und weil seine zusätzlichen Lebensmittel fehlen, kommt es wieder zu einem Mangel an Brot.
"Es gibt Brot genug!" erklären die Vorgesetzten lautstark. "Aber ver-antwortungslose Elemente füttern ihr Vieh damit!"
"Malenkow hatte versprochen, sich mit der Landwirtschaft zu befassen, und wie man sieht, hat er das auch getan!" spotten die Lagerinsassen. "Überall ist Leerlauf!"
Leute, die aus anderen Lagern zu uns kommen, berichten, daß in der ganzen Gegend die Magazine leer sind, nicht nur in den Lagern, sondern auch in den umliegenden Ortschaften.

Dafür erhalten die Deutschen wundervolle Pakete aus Westdeutschland, in denen sich nicht nur Lebensmittel, sondern auch Kleidungsstücke befinden. Viele Deutsche gehen in schönen Trainingshosen umher. Im Lager wird es bunt durch die Cowboyhemden und guten Pullover. Einige haben sogar Zivilanzüge erhalten. November 1954. Alles ist weiß. Die Lagerinsassen lassen ihre Köpfe hängen. Die Leute sind müde geworden, von phantastischen Gerüchten zu leben. Keiner hofft mehr auf irgendetwas, besonders nicht auf die Realität der Amnestien und die Überprüfung aller Akten. Selbst die hartnäckigsten aller Gerüchte, über Linderungen des Kriminalkodexes, hören auf zu zirkulieren.

Nur die Pakete aus Deutschland halten die Stimmung einigermaßen hoch und erinnern an die freie, westliche Welt.

Gänzlich unerwartet habe auch ich ein Paket erhalten.

Es enthielt Kakao, Schokolade, Konfekt und Fette. Für mich war nicht das Paket an sich so wichtig, sondern die Tatsache, daß man im Westen etwas von mir weiß, daß ich 1947 nicht einfach in die Vergessenheit und ins Nichtsein versunken bin.

Das Geheimnis des *Schädlingsunwesens*

Nach der Lagerordnung müssen die Gefangenen heile Wäsche erhalten; sobald sie zerrissen ist, wird sie zur Ausbesserung gegeben. Wenn sie jedoch so stark zerschlissen ist, daß sich die Arbeit nicht mehr lohnt, wird sie zur Abschreibung übergeben, die etwa alle drei Monate erfolgt. Wenn der Leiter der Waschbrigade zum Beispiel 500 Teile zur Abschreibung abgibt, so erhält er dafür 500 neue Wäschestücke, um seinen Bestand wieder aufzufüllen, und damit wäre eigentlich alles in Ordnung.

Im Laufe der Zeit merkten wir jedoch, daß nur sehr selten neue Wäschestücke zum Austausch kamen. Es stellte sich heraus, daß die für die Rabotjagi bestimmte neue Wäsche von den freien Angestellten verschachert wurde und außerhalb des Stacheldrahts spurlos verschwand, während von dort getragene Wäschestücke in verhältnismäßig gutem Zustand zurückkamen, so daß sie die Rabotjagi noch verwenden konnten. Den Gewinn teilte sich der Leiter der Waschküche mit den Freien außerhalb des Zauns.

Wie überall, wo sich Wertgegenstände befinden, war auch unsere Waschküche ein Ort des Diebstahls, mit dem Resultat, daß sich die Leitung auf Kosten der geplünderten Massen bereicherte.

Und die *Wäscherinnen?* Sie sollten in erster Linie ihre Norm erfüllen, und zweitens die Wäsche so waschen, daß sie wirklich rein wurde. Meinen Sie? Oh nein, keineswegs!

Die Wäscherinnen müssen so waschen, daß es keine Klagen gibt!

Wie die Arbeit eines jeden Unternehmens in der Sowjetunion, ist auch die Arbeit in der Waschküche dann gut, wenn die Leitung zufrieden mit ihr ist. Ob die Arbeiten tatsächlich korrekt ausgeführt werden, interessiert niemanden.

Der Rabotjaga kann seine Wäsche schmutzig wie einen Scheuerlappen abgeben. Ihm ist das einerlei, er sieht sie eh nicht mehr.

Jede Wäscherin muß in einer Schicht etwa hundert Stück Wäsche waschen. Für jeden Häftling sind fünfzig Gramm Seife monatlich vorgesehen, von denen er jede Woche, wenn er obligatorisch ins Bad geführt wird und anschließend saubere Wäsche erhält, einen winzigen Klecks bekommt, um sich selbst waschen zu können, das übrige ist für die Reinigung seiner Kleidung bestimmt.

Gewöhnlich wird die Wäsche irgendwie oberflächlich gewaschen. Was aber geschieht mit den stark verschmutzten und ölgetränkten Wäschestücken? Es besteht keine Möglichkeit, sie so zu reinigen, daß sie wenigstens einigermaßen sauber werden. Diese Mühe würde sich auch nicht lohnen, denn niemand würde sie abnehmen.

Doch auch hier gibt es einen Ausweg. Es existiert eine Verordnung, nach der zerrissene Wäschestücke nicht gewaschen werden müssen, sie werden nur durchgespült, getrocknet und dann zur Abschreibung abgegeben. Das ist die Rettung! Eine schnelle Bewegung, das Geräusch des Zerreißens, und das Problem ist gelöst.

Im Verlauf der vierzehn Monate meiner Arbeit in der Waschküche des 11. Lagers habe ich ungefähr fünfhundert durchaus noch brauchbare Hemden und Unterhosen zerrissen, und das war keineswegs der Rekord.

Wenn man berechnet, daß in der Sowjetunion zehntausend Lager bestehen, und in jedem etwa zehn Waschküchen, und daß jede Wäscherin im Jahr fünfhundert Teile zerreißt, um sie nicht waschen zu müssen, so bedeutet dies, daß jährlich fünfzig Millionen Wäschestücke mutwillig vernichtet werden.

Jedes Paar Lagerwäsche, bestehend aus Unterhemd und Unterhose von gröbster Qualität, kostet etwa 80 Rubel.

Somit zerreißen die Wäscherinnen im Jahr Wäsche im Wert von zwei Milliarden Rubel!

Wenn man in Betracht zieht, daß auch die abgeschriebene Wäsche noch einen gewissen Wert darstellt, und nicht alle Stücke als untauglich vernichtet werden, und diesen Betrag deshalb halbiert, entsteht immer noch ein Schaden von einer Milliarde Rubel.

Mit bewußter Schadenszufügung und Sabotage antwortet der geknechtete Mensch auf die mit dem Stock erzwungene Arbeit.

Der Aktivistensowjet

Im Herbst wurde auf Anordnung der Leitung ein Aktivistensowjet gegründet.

"Was ist das für ein Tier?" fragen die Lagerinsassen.

Sehr bald stellte sich heraus, daß dieses Aktiv wirklich ein Tier war, und zwar eine Katzenart mit weichen, zarten Pfoten, unter denen sich scharfe Krallen verbargen.

Großspurig erklärt die Leitung, daß die Mitglieder dieses Sowjets erstens aus den besonders Aktiven bestehen, die sich bei der Erfüllung ihrer Norm ausgezeichnet haben und zudem eine makellose Lebensweise führen, und zweitens aus Personen, die von den Häftlingen aus einer Reihe ihnen von der Lagerleitung vorgeschlagener Kandidaten ausgewählt werden, jedoch könnten auch eigene Kandidaten aufgestellt werden.

Drittens, dieser Sowjet soll die Interessen der Häftlinge gegenüber der Lagerleitung vertreten, und ihr gegenüber auch die volle Verantwortung hinsichtlich der Arbeitsprozesse und der Ordnung im Lager tragen.

Und viertens soll er zuständig sein für die Lösung sämtlicher Konflikte, sowohl unter den Häftlingen selbst als auch zwischen den Häftlingen und der Lagerleitung.

Die Rabotjagi verhalten sich gegenüber dieser so vielfältigen neuen Instanz äußerst skeptisch. Für sie ist in erster Linie von Interesse, daß ein Wiedersehen mit ihren Verwandten jetzt von diesem Aktivistensowjet abhängt.

Das Haus der Begegnung

Neben der Wache steht ein Haus, das von einem hohen Zaun umgeben ist, das ist das sogenannte Haus der Begegnung. Es ist eine gewöhnliche Baracke, eingeteilt in einige einzelne Kammern, in denen jeweils eine zweistöckige Pritsche steht. Die Einrichtung ist äußerst primitiv.

Lagerinsassen, gegen die kein Strafverfahren schwebt und die ihre Norm erfüllen, können ein Gesuch an die Leitung einreichen, ihnen eine Begegnung mit ihrer Frau zu genehmigen. Die Leitung erteilt diese Genehmigung aber nur, wenn der Gefangene

1. fleißig arbeitet und sich gut führt,

2. seiner Einstellung nach nicht als Feind der Sowjetmacht bekannt ist und in gutem Ansehen bei der Lagerverwaltung steht,

3. amtlich getraut ist, und

4. er und seine Frau in der Lage sind, die Fahrt ins Lager zu bezahlen.

Diese Begegnungen werden stets auf drei Tage befristet, höchstens auf eine Woche, sehr selten auf längere Zeit.

Leute, die die Politik der Machthaber gut kennen, und zwar vor allem hinsichtlich der Lager, meinen, daß dieses Haus der Begegnung weniger humanistischen Zielen dient.

Es hatte sich nämlich herausgestellt, daß sich die Verhaftung von Millionen Menschen ungünstig auf das Familienleben ausgewirkt hat, vor allem auf den Bevölkerungszuwachs. Außerdem bietet dieses Haus der Begegnung der Lagerleitung eine weitere Möglichkeit, hinsichtlich der Produktionskraft und Lebensweise der Häftlinge zusätzlichen Druck auszuüben.

Solch ein Haus der Begegnung gibt es überall, bis auf die Strafanstalten und die Sonderlager. In der letzten Zeit hat es jedoch den Anschein, daß diese Häuser auch in den Lagern für Kriminelle eingeführt werden sollen.

Die Lagerleitung geht nicht besonders höflich mit den Besuchern dieser Häuser um.

Oftmals werden *mehrere* Paare in *einem* Zimmer untergebracht. Unter diesen Umständen bedeutet das Wiedersehen mit der Frau eine besondere Herabwürdigung.

Das kümmert die Sowjetmacht aber überhaupt nicht.

"Eine Stätte zur Erhöhung der Geburtenziffern haben sie eingerichtet, anscheinend mangelt es ihnen an Soldaten." erklärte mir ein älterer Buchhalter brummig. "Nicht einmal in der Antike ist man so mit seinen Sklaven umgegangen! Man sperrt dich in einen Käfig, dort kannst du mit deiner Frau zusammen sein und die von der Macht benötigte Nachkommenschaft zeugen!"

Wenn sich jemand im Haus der Begegnung befindet, ist es stets verschlossen. Im allgemeinen hat die Frau nicht das Recht, das Lager zu verlassen, und sie hat auch in der Zone nichts zu suchen. Der Häftling wird jedoch zeitweise in die Zone gelassen, wo er spazieren gehen oder im Kiosk etwas einkaufen kann. Ist auch die Ehefrau verhaftet, kann sie ebenfalls zu ihrem Mann gebracht werden, wenn das Lager, in dem sie sich befindet, nicht zu weit entfernt ist. In den Frauenlagern gibt es ähnliche Häuser, dort besuchen die Ehemänner ihre verurteilten Frauen.

Es ist eigenartig, am Haus der Begegnung vorüberzugehen, und am Zaun die Gesichter der Frauen zu sehen, die auf das ihnen unbekannte Lagerleben schauen.

Die Sowjetunion als Land der unbegrenzten Unmöglichkeiten!

Weihnachten und Neujahr

Weihnachten. Viele Katholiken und Protestanten befinden sich im Lager, Deutsche, Ungarn, Rumänen, Tschechen, Finnen. In beinah jeder Sektion brennt ein kleiner Weihnachtsbaum. Trotz unseres abweichenden Kirchenkalenders feiern wir Orthodoxen die Geburt des Herrn gemeinsam mit den Katholiken und Protestanten, und dank der Pakete sieht der Feiertag auch wirklich wie ein Festtag aus. Es ist, als ob wir uns für einen Abend aus der Gewalt des MWD herausgerissen hätten und uns wieder als Menschen fühlen.

Silvester 1954, das Jahr 1955 beginnt, was wird es uns bringen?

Ich erinnere mich an alle Silvesterabenden in den Gefängnissen und Lagern. Jedes Mal erschien es mir an diesem Tag, als ob mir das kommende Jahr die Freiheit bringen würde, und immer wieder wurde ich enttäuscht.

Am Vorabend dieses neuen Jahres denke ich schon nicht mehr an die Freiheit.

Vergessen habe ich sie nicht, aber ich habe mich an das Lagerleben gewöhnt.

An diesem Abend stelle ich keine Bedingungen an das Schicksal.

Ich bitte Gott, der mich bis zu diesem Tage so wunderbar beschützt hat, lediglich, mich auch weiterhin nicht zu verlassen, und mir Kraft und Mut zu geben, mein Kreuz zu tragen.

Erste Gerüchte über Aufstände in den Lagern

Ein kleiner Transport trifft ein.

"Ja, Brüder!" erzählt ein Invalide. "Wie sind aus Itschiga, und er kommt aus der Nogajew Bucht. Unruhig ist es in den nördlichen Lagern. In Workuta waren Aufstände, zweihundert Mann wurden erschlagen, viele erschossen. Sogar der berühmte General Derewjanko, dieser Dieb, ist festgenommen worden. Rudenko selbst kam angefahren." (Anmerk. Rudenko war sowjetischer Generalstaatsanwalt, Ankläger in den Nürnberger Prozessen gegen führende Köpfe des nationalsozialistischen Deutschlands.)

"Weshalb kam es zum Aufstand?"

"Aus vielen Gründen! Die Lagerinsassen verlangten die Abschaffung der Nummern, die Entfernung der Vorhängeschlösser von den Baracken, und vor allem, daß die Amnestie endlich durchgeführt wird."

"Und wann fing es an?"

"Etwa 1953, an der Inta und in Workuta zugleich."

"Und was ist dabei herausgekommen?"

"Nun, die Nummern wurden abgeschafft und die Schlösser abgenommen, sonst ist nichts Rechtes bekannt. Wir müssen abwarten."

Ein großer Transport aus dem Norden kommt an. Die Häftlinge werden einen Monat lang in einer besonderen Quarantäne-Baracke untergebracht. Offiziell wird verboten, dorthin zu gehen. Das Tor im Drahtverhau ist verschlossen, aber neben ihm hat jemand eine Öffnung durch den Drahtzaun gemacht.

Ich krieche zu einer Erkundigung hindurch, und treffe gleich einen Bekannten, einen russischen Ingenieur. Er und sein Sohn sind nach Kriegsende verhaftet worden.

Er ist Mitglied des Bundes, und somit sind wir bereits vier. Wir tauschen unsere Informationen aus.

Die Neuankömmlinge wissen weit mehr Neuigkeiten als wir, sie sind direkt mit den Aufständen im Lager in Berührung gekommen. Ein klares Bild kann man jedoch noch nicht gewinnen. Sicher ist nur eines, diese Unruhen sind in den meisten nördlichen Lagern ausgebrochen, und besonders heftig waren sie in Workuta, in Norilsk und in Ostsibirien. Sie begannen mit Streiks.

Die Häftlinge verlangten eine generelle Milderung des Regimes.

"Und wie haben sich die verschiedenen Kriminellen gegenüber den Aufständischen verhalten?" fragt einer.

"Ganz unterschiedlich. An einigen Orten haben sie mitgemacht, an anderen hielten sie sich abseits, und in einigen waren sie sogar dagegen. An einer Stelle lag ihre Zone neben der unsrigen. In dieses Lager brachen bewaffnete Soldaten ein, wenn auch noch ohne Patronen, und begannen damit, die Häftlinge niederzumetzeln. Bei den Kriminellen hatten sich etwa tausend Männer versammelt und schauten durch die Ritzen im Zaun zu.

Da erhoben unsere 58er ein Geschrei:

'Ihr Judasknechte! Wir werden geprügelt, und ihr guckt ruhig zu!'

Da hielten sie es nicht mehr aus.

Sie warfen den Zaun um, drangen in unsere Zone ein und stürzten sich mit ihren Messern auf die Soldaten."

"Und was kam dann?"

"Dann? Ja, dann wurde die Ordnung wiederhergestellt!"

Unsere Gruppe

Jetzt erhalte nicht nur ich Pakete aus Deutschland, sondern auch mein Freund, der Feldscher, und wir teilen alle Schätze mit den übrigen Mitgliedern des Bundes. Oft sitzen wir zusammen und trinken Tee oder Kakao, was als ungeheurer Luxus gilt.

Ob wir es wollen oder nicht, immer wieder kehren unsere Gespräche zu unseren Zukunftsperspektiven zurück.

Die Ausländer streben nach Hause.

Unter den Massen der Häftlinge mit sowjetischer Staatsangehörigkeit glühen jedoch sehr radikale Stimmungen.

"Wartet nur, bis die Westlichen abgefahren sind!" sagen sie. "Dann werden wir Lärm erheben!"

Unserer Gruppe sind diese Stimmungen bekannt, und wir überlegen, wie wir darauf reagieren sollen. Zunächst aber führen wir,
wie früher, Wortgefechte mit den Anhängern der Machthaber.

Einer von uns erhält ein Paket von einem Mitglied der Organisation aus München. Das ist wieder ein Schritt vorwärts. Demnach
weiß auch der Bund von uns.

Wir lesen in der Zeitung, daß die Sowjetregierung bei den West-
mächten dagegen protestiert hat, daß Luftballons mit Hetzschriften
in den Luftraum der UdSSR eingedrungen sind.

Wir blicken uns an.

"Sind die von uns, oder nicht?"

"Bestimmt nicht von uns! Solche Luftballons sind sehr kostspielig,
und woher soll der NTS die Mittel dafür nehmen? Er hat nie Geld
gehabt, und wird auch niemals viel Geld haben!"

"Meiner Meinung nach wurden die Luftballons von uns geschickt,
und von sonst niemandem! Wer, außer uns, würde sich mit solch
einer Aktion befassen?"

"Was sollen wir da aus dem Kaffeesatz raten?" meint schließlich der
Älteste von uns. "Wenn wir weiterleben, werden wir es erfahren!"

DAS EIS SETZT SICH IN BEWEGUNG
Reisestimmung

Endlich wird es Sommer. Die Gefangenen atmen freier, alles wird einfacher. Auch wir *Wäscherinnen* haben es leichter, unsere Wäsche trocknet draußen. Wieder können wir uns an der Sonne wärmen.

Wie auf ein Signal beginnen alle Lagerinsassen damit, Koffer zu bestellen, die aus Abfällen in der Möbelfabrik hergestellt werden. Auf Wunsch erteilt die Lagerleitung die Genehmigung, sich einen Koffer zu bestellen, und verlangt fünfzig Rubel dafür. Selbstverständlich ist niemand bereit, der Leitung Geld zu geben. Gegen eine geringere Bezahlung werden die Koffer auch so angefertigt, doch wie kann man sie in die Zone schaffen? Unter der Weste kann man sie nicht verstecken, und ohne Genehmigung läßt die Wache sie nicht durch.

Aber Not macht erfinderisch!

Die Leitung versucht zwar, Gegenmaßnahmen zu ergreifen, dennoch wird die Zone von Koffern überschwemmt. Härtere Schritte einzuleiten, scheint die Leitung sich zu fürchten, offenbar schämt sie sich vor den Ausländern.

Ein Bekannter kommt zu mir gelaufen.

"Georgij, das Eis hat sich in Bewegung gesetzt. Übermorgen fahren die Finnen, ihre Papiere sind bereits eingetroffen!"

Das Lager gleicht einem Bienenschwarm.

Und tatsächlich, die Finnen fahren ab.

Eine Woche vergeht. Die nächste Sensation:

"Die Deutschen werden registriert! Die Registrierung wird in der Kultur- und Erziehungsabteilung vorgenommen."

Die Kommission besteht aus dem Leiter der Spezialabteilung des 11. Lagerpunkts, einem Offizier und der Leiterin der Spezialabteilung für das gesamte Eichenhainlager.

Jeder, der beansprucht, Deutscher zu sein, betritt das Zimmer und nennt seinen Familiennamen.

Zuerst wird anhand der Listen des 11. Lagers und der Zentralkartei überprüft, ob seine Behauptung, deutscher Staatsangehöriger zu sein, richtig ist. Wenn diese Frage geklärt ist, wird er gefragt, wo seine Verwandten wohnen.

Der Wohnort der Verwandten wird auf einem Formular vermerkt, der Häftling unterschreibt, und damit ist die Prozedur beendet.

Ich trete ein, nenne meinen Namen.

Erstaunt blickt der Leiter der Spezialabteilung mich an:

"Wie? Auch ein Deutscher?"

"Jawohl, aus Berlin!"

"So, so? Interessant!" Er nickt der Leiterin der Spezialabteilung des Eichenhainlagers zu.

Sie sucht in der Kartei. Mir bleibt das Herz stehen.

"Ja, Treguboff ist da!"

"Interessant!" sagt der Lagerleiter enttäuscht.

Ich trete ab.

Die nach mir herauskommen, berichten mir, daß er nach meinem Weggang noch einmal sagte:

"Interessant! Das muß überprüft werden!"

Mir wird klar, daß ich niemals fortkomme.

Adenauer in Moskau

Zwei Wochen vergehen. Wieder eine Sensation:

Adenauer fährt nach Moskau.

Alle Deutschen sind wie belebt und fassen neuen Mut. Vielleicht gelingt es ihm, etwas zu erreichen?

Und wirklich, bald darauf erscheint eine Mitteilung, wonach die Sowjetregierung versprochen habe, die noch zurückgehaltenen *deutschen Kriegsverbrecher* aus ihren Lagern und Gefängnissen zu entlassen, etwa zehntausend Mann.

Alle stellen sich vor, wie schwer es Adenauer gewesen sein mag, den Sowjets dieses Versprechen abzutrotzen, und in den Augen aller Deutschen verwandelt er sich in einen strahlenden Retter. Ich bin davon überzeugt, daß noch nie in der Geschichte so begeistert von einem Staatsoberhaupt gesprochen wurde, wie an diesem Tag. Alle Deutschen ersticken beinah vor Freude, wenn sie über Adenauer reden, ganz gleich, ob sie aus der West- oder der Ostzone stammen, Kommunisten oder Nichtkommunisten sind.

In dieser Nacht schlafen nur wenige. Allein, bis Deutschland ist es noch weit.

Wie zuvor, fürchte ich jedoch, daß die eisernen Klammern des MWD mich nicht freilassen werden.

Dennoch war dieser Tag der schönste, in all den Jahren meines Gefängnis- und Lagerlebens.

Ein Trauertag

Der erste August.

Es wurde beschlossen, diesen Tag im Gedenken an die bei den Lageraufständen umgekommenen Kameraden als Trauertag zu begehen. Fast alle binden sich schwarze Schleifen an.

Einige Rabotjagi werden von der Leitung angehalten und gefragt, was die schwarzen Bänder zu bedeuten haben, und jeder antwortet, was ihm gerade einfällt.

Die Vorgesetzten wirken angespannt und böse, ergreifen jedoch keine Repressalien.

Die Verschwörung

Eines Tages ruft mich ein Bekannter zu sich. Er ist halbwegs ein Blatnoj, wir kennen uns noch aus Workuta.

"Wissen Sie, Treguboff, alle Ausländer werden abtransportiert, du wirst aber sicher hier bleiben müssen. Wir haben hier insgeheim eine bestimmte Absicht. Die Freiheit läßt sich nur durch Blut erkaufen! Willst du mitmachen?"

"Wenn ich hier bin, werde ich dabei sein."

Und so habe ich statt der Aussicht, in den Westen zu gelangen, die auf einen Lageraufstand, an dem ich aktiv teilnehmen werde, mit der Perspektive, dabei den Tod zu finden.

September. Die Rumänen und anschließend die Ungarn verlassen das Lager. Es wird immer öder.

Einige Rumänen aus der Bukowina (die 1945 an die Sowjetunion gefallen ist) bleiben jedoch hier.

"Ihr seid sowjetische Staatsangehörige!" wird ihnen erklärt.

Ich sehe ihre erschrockenen, leichenblassen Gesichter, und in jedem erkenne ich mich selbst.

Als Einziger zum Transport?

Der Diensttuende aus der Kommandantenbaracke kommt angerannt. "Ist Treguboff hier?" Ich erhebe mich von meiner Pritsche. "Sie werden in der Spezialabteilung verlangt?"

Ich ziehe mich an und gehe dorthin.

Ein mir bekannter Untersuchungsrichter.

Er fragt nach dem Teilnehmer eines Kursus des Ministeriums Ost und zeigt überhaupt kein Erstaunen, als ich ihm erkläre, daß ich diesen Mann nicht kenne. Dann tritt ein kleiner Mann ein. Er hat einen wilden Haarschopf und trägt einen Regenmantel.

"Kommen Sie, Treguboff, auf einige Minuten!" Er führt mich aus der Baracke und stellt mich an eine Wand. "Bleiben Sie für eine Minute still stehen, Treguboff!" In der Hand hält er einen Photoapparat, das Knipsgeräusch ertönt.

Ich weiß, das bedeutet zu neunzig Prozent, daß ich allein zum Transport komme. Also, wieder Gefängnisse...

Einige Tage später muß ich in der Dienststube die Listen für die Brigade abholen. In ihnen sind alle Namen verzeichnet, meiner fehlt jedoch. Der Angestellte im Dienstgebäude ist verwirrt:

"Wir haben Sie ausgestrichen." sagt er schließlich, wobei er sich zu winden scheint. "Sie sollten zum Transport kommen!"

Die Wende

Anfang Oktober. Wie ein Feuer in der Steppe läuft das Gerücht durch die Baracken:

Die Listen für die Deutschen sind eingetroffen, 486 Mann, sie sind in der Spezialabteilung. Einen Tag später heißt es, die Listen sind in der Kleiderkammer. Demnach werden die zum Transport kommenden Männer neu eingekleidet.

Ihre Namen sind bereits bekannt. Jemand hat sie von den Arbeitern in der Kleiderkammer erfahren, die selbst Häftlinge sind.

Unsicher kommt ein Mitglied des Bundes zu mir.

"Weißt du, Jura, ich stehe in den Listen, das habe ich überhaupt nicht erwartet. Vielleicht, weil ich einen deutschen Namen habe, meine Staatsangehörigkeit ist doch strittig."

Ich freue mich mit ihm. Dann sagt er stockend:

"Du scheinst jedoch nicht in den Listen verzeichnet zu sein."

Verständnisvoll nicke ich mit dem Kopf, da ich längst verlernt habe, mit den Schicksalsschlägen zu hadern.

In der Nacht liege ich auf meiner Pritsche, und, wie immer in diesen schicksalsschweren Tagen, denke ich an Gott und wende mich an ihn. Ich klage nicht, und ich verlange auch nichts, nachdem Gott mir die Kraft gegeben hat, acht Jahre Gefängnis und Lagerhaft zu ertragen. Gott weiß besser, was ich benötige! Ich bitte ihn nur, mich nicht zu verlassen, und mir die Kraft zu geben, bis zuletzt meine Pflicht zu erfüllen.

Ruhig schlafe ich ein.

Im Traum höre ich die rufende Stimme meiner Mutter.

Ich erwache, weil jemand mich am Arm zerrt. Vor mir steht ein bekannter deutscher Fußballer.

"Georg, wach auf! Wir fahren nach Hause! Ich habe deinen Namen selbst in den Listen gesehen!" Er lacht.

"Hör mal, solche Scherze sind nicht am Platze!"

"Ich scherze nicht!"

Am nächsten Tag müssen sich alle Deutschen im Speiseraum versammeln. Alle offiziell in den Listen stehenden Namen werden aufgerufen. Endlich:

"Treguboff, Georg!"

Die Abfahrenden werden in zwei Gruppen eingeteilt, die zweite Gruppe kommt vorerst nicht zum Transport. Alle sind sehr nervös. Diese Folter, noch zum Schluß! Ich gehöre zur ersten Gruppe.

Am nächsten Morgen trifft die Begleitmannschaft des Transports unter der Führung eines Obersten ein. Er ist ein gutmütiger, dicker Mann in einer blauen Uniform mit roter Binde. Fröhlich erklärt er, daß sich am nächsten Morgen alle auf den Listen Verzeichneten mit ihren Sachen am Tor einzufinden hätten.

Der Tag vergeht mit der Entgegennahme von Sommerkleidung erster Güte und Abgabe der Kleidungsstücke, die dem Staat gehören. Wir verabschieden uns von unseren Freunden, und sogar von den Feinden. Alle wünschen uns, daß wir wohlbehalten im Westen eintreffen.

"Vergeßt uns nicht!" sagen sie. "Sagt, daß man dort auch an uns denken soll. Wie lange sollen wir uns noch quälen?"

Und ich glaube noch immer nicht, daß ich durchkomme.

Der 5. Oktober 1955. Es ist dunkel und feucht. Die zum Abtransport Bestimmten stehen in einem Haufen vor dem Tor. Alle haben Bündel und Koffer bei sich, die sie, rechtmäßig oder auch nicht, von der Möbelfabrik erhalten haben.

Die Namen werden aufgerufen.

Wie hypnotisiert blicken alle auf das verwunschene Tor, das in die Freiheit führt, die Aufgerufenen gehen hindurch.

Der Vorgesetzte schlägt ihnen vor, ihre Strafakten durchzusehen.

Der Haufen wird immer kleiner. Endlich kommt der Buchstabe T, einer nach dem anderen wird aufgerufen.

"Treguboff, Georgij Andrejewitsch!" klingt es wie eine Dissonanz unter den deutschen Namen.

Ich nehme meine Sachen. Das Tor!

"Ihre Akte, Treguboff!"

Ich sehe sie flüchtig durch. Es ist die gleiche Akte wie in der Lubjanka, allerdings ziemlich zerschlissen. Offenbar wurde sie sehr oft durchgeblättert.

Ein junger, sympathischer Offizier zeigt mir den Weg zum Bahnhof.

"Treguboff!" sagt er. "Sie beherrschen doch die russische Sprache. Wollen Sie uns nicht helfen und Ältester des Waggons werden?"

Stumm nicke ich mit dem Kopf.

Ein Pullmann-Güterwagen, zweistöckige Betten, heugefüllte Matratzen. Wir beginnen, uns einzurichten.

Am Bahnhof gibt es ein Buffet, Wodka der Marke *Subrowka*. Als Ältester des Waggons habe ich gleich einen Haufen Dinge zu erledigen, stelle Listen zusammen, nehme Decken und Bettlaken in Empfang, und schleppe die Betrunkenen in den Waggon.

Die Puffer stoßen aufeinander, der Zug setzt sich in Bewegung.

Gen Westen

Zum ersten Mal fahre ich durch die Sowjetunion, ohne von einem Konvoi begleitet zu werden.

Ununterbrochen rumort es in meinem Kopf:

Ob sie mich noch aus dem Zug holen, oder nicht? Oder vielleicht stellen sie irgendwelche Bedingungen und wollen mich anwerben?

Und wie soll ich reagieren, wenn so etwas geschieht?

Wir fahren über Rjasan nach Moskau.

Moskau, endlich! Der Zug fährt eine Umgehungsstrecke. Es ist Abend. Überall sind Neubauten zu sehen. Moskau ist beleuchtet. Als Wahrzeichen einer vergangenen Zeit ist im Dunkeln die Silhouette des früheren Neuen Jungfrauen-Klosters zu erkennen. Die ehemals um das Kloster liegenden Teiche sind zugeschüttet worden. Dumpf, dunkel und tot erscheint es mir.

Wie oft habe ich als Kind an seinen Zyklopenmauern gespielt!

Gegen Morgen halten wir etwa zwei Kilometer vor dem Weißrussischen Bahnhof. Der Leiter des Transport bittet uns, nicht allein in die Stadt zu gehen. Eine Partie wird von einem Begleitoffizier geführt, ich gehe mit ihr. Wir haben vier Stunden Zeit.

Der Weißrussische Bahnhof wird von grellem Neonlicht angestrahlt. Wir werden durch die Kontrolle gelassen. Alle wissen, daß ein Transport mit Deutschen eingetroffen ist. Die Bevölkerung versucht, Gespräche mit uns anzuknüpfen, alle sind sehr freundlich. Am Bufett trinken wir Bier.

Ich sondere mich von der Gruppe ab und fahre mit einem Trolleybus in die Gorki-Straße. Der Rote Platz, wenig schön. Ich versuche, den Kreml zu betreten. Höflich werde ich abgewiesen. Das Mausoleum ist geschlossen. Nachdem ich ausgiebig herumspaziert bin, kehre ich zu unserem Transport zurück.

Es ist Nacht. Der Zug setzt sich in Bewegung, Richtung Westen.

Wjasma, Smolensk...

Die Strecken sind schwer beschädigt. Die Bevölkerung macht einen armen, zerlumpten Eindruck. In Gesprächen unter vier Augen klagt sie offen. Die Leute fragen, ob wir Kleidungsstücke haben, die wir nicht mehr benötigen. Je mehr wir uns dem Westen nähern, um so dankbarer sind sie, wenn man ihnen Brot schenkt.

Nachdem eine alte Frau ein Stück Brot erhalten hatte, bekreuzigte sie erst sich selbst, und dann den ganzen Transportzug.

In Brest-Litowsk erwartet uns ein Zug aus Deutschland. Die Waggons sind plombiert und werden für uns geöffnet. In ihnen herrscht ideale Ordnung. In jedem befindet sich ein Ofen mit Kohlen und Holz, auch eine neue Kohlenschippe ist da.

Wir passieren die polnische Grenze, müssen die Waggons verlassen und werden abgezählt. Die Polen sind sehr höflich.

Wieder geht es in die Waggons. Es dunkelt schnell. Wir fahren los. In der Nacht bleiben wir oft stehen. Leute kommen an die Waggons heran, in gebrochenem Deutsch fragen die Polen, ob wir etwas zu verkaufen hätten.

"Kleidung." sagt jemand aus der Dunkelheit.

Für einige Zloty verkaufe ich einem jungen Mann meine warme Weste, und gebe ihm dazu mein zweites Paar wattierte Hosen.

Wir werden um Warschau herum geleitet. Unbestellte Felder sind zu sehen. Endlich Frankfurt an der Oder, die Grenze zu Deutschland. Der Transport wird aufgeteilt. Die einen fahren in die DDR, die übrigen nach Westdeutschland.

Ich hatte die Adresse meiner Mutter in West-Berlin genannt.

Spät am Abend sind wir in Leipzig.

Plötzlich erhebt sich im Nachbarwagen Lärm, zuerst aufgebrachte Stimmen, dann Geschrei und schließlich eine Prügelei.

"Kommt alle aus euren Coupés heraus, Kameraden! Aktivisten von der SED schlagen unsere Leute!" Sich schnell entfernende Schritte sind zu hören, würgende Töne und dumpfe Schläge. "Haut die Agitatoren! Zehn Jahre lang haben wir gelitten, sie aber haben sich mit Hilfe der Sowjetmacht auf unsere Kosten gelabt!"

"Ich bin kein Feind des russischen Volkes!" schreit einer in schrillem Falsett. "Ich habe mein Brot mit den Russen geteilt, und obwohl du ein Deutscher bist, wünsche ich dir, daß du dich an der Lagersuppe verschluckst, und daß sie nicht durch deine Agitatorenkehle geht!"

Allmählich hört der Lärm auf. Als Waggon-Ältester muß ich die Leute besänftigen. Unbeweglich, wie Wachttürme, stehen die DDR-Polizisten am Bahnsteig. Beunruhigt schauen sich die sowjetischen Offiziere die Sache an.

Der Rest der Nacht verläuft ruhig.

Der Tag des 11. Oktober 1955 bricht an.

"Da ist die Grenze zu Westdeutschland!" flüstert man insgeheim. Langsam fährt der Zug weiter. "Wir sind durch!"

Zollbeamte in grünen Uniformen und Käppis. Im Morgengrauen ist die Aufschrift *Herleshausen* zu erkennen.

Wir sind im Westen. Die Macht der Lubjanka hat ein Ende.

Für die anderen gab es immer eine Chance. Ich konnte nur auf ein Wunder hoffen, und dieses Wunder ist geschehen...

EPILOG

Was soll ich noch schreiben?

Meine Augen sind müde geworden.

Acht Jahre lang war ich in der Macht der Lubjanka, und diese Macht endete auf dem Bahnhof *Herleshausen*.

Ich möchte nur noch hinzufügen, wieviele rührenden Szenen sich bei unserem Empfang durch die Bevölkerung in Westdeutschland abgespielt haben, als wir in schönen Autobussen ins Lager Friedland fuhren, wo alles zu unserem Empfang bereit war. Jeder hat sich nach Kräften bemüht, alles so zu gestalten, daß wir die erduldeten Leiden schnell vergessen konnten.

Und hier, in Friedland, wurde mir mein weiterer Lebensweg klar.

Acht Jahre Gefängnisse und Lager konnten mich nicht zerbrechen. Sie haben nur meinen Willen gestählt zum Kampf gegen diejenigen, die all das erfunden haben, gestählt für den Kampf um den Tag, an dem Hunderte von Millionen Menschen, von Magdeburg bis Vietnam, in den Ruf ausbrechen können:

Die Macht der Lubjanka hat ein Ende!

Die Freiheit!

J. A. Treguboff nach seiner Ankunft in Deutschland
in Winterkleidung, ohne Mantel,
in Sommerkleidung, die Wintermütze in der Hand.

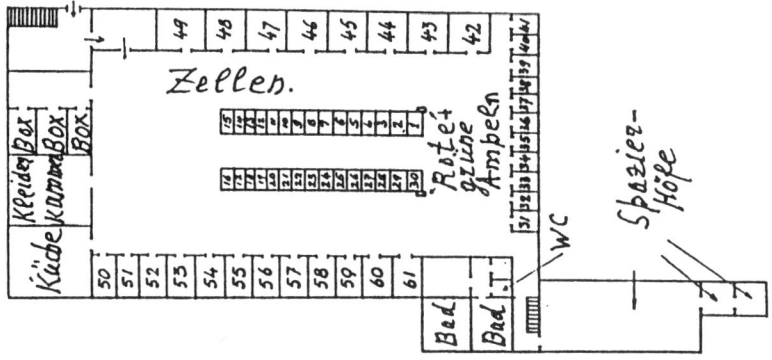

Gefängnis Hohenschönhausen im Ostsektor Berlins
im Oktober 1947, 61 bis 66 Zellen, alle Zellen sind fensterlos.

Das Gebäude des ehemaligen Ministeriums für Staatssicherheit, Moskau
Hinten links sind die späteren Anbauten zu erkennen. Der gesamte Komplex der
Lubjanka bildet ein unregelmäßiges Viereck. Die Fassade und das Haupt-
gebäude, das vor der Revolution der Versicherungsgesellschaft Rossija gehörte,
gehen auf den Dserschinskij-Platz. Links ist die Dserschinskij-Straße, rechts die
Kirowstraße, die hintere Reihe grenzt an die Sretinskij-Quergasse.

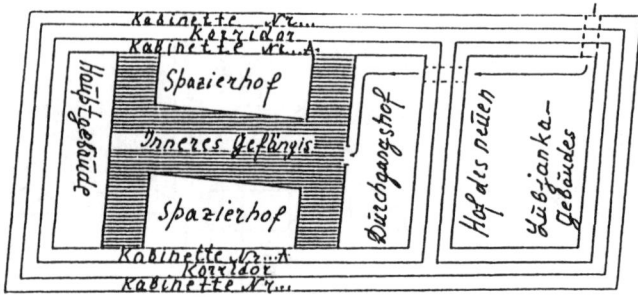

Das Ministerium für Staatssicherheit

Im Erdgeschoß des Inneren Gefängnisses liegen die Badestuben, die Lagerräume, das Brotschneidezimmer und Zellen. Im Keller sind der Aufenthaltsraum für die Aufseher, die das Gefängnis bewachen, und die Gefängnisküche.

Die einzelnen Etagen des Inneren Gefängnisses

Diese Skizzen stimmen nur ungefähr, da ich sie sechs Jahre nach meinem dortigen Aufenthalt aus dem Gedächtnis aufgezeichnet habe. Römische Ziffern kennzeichnen besondere Zellen.

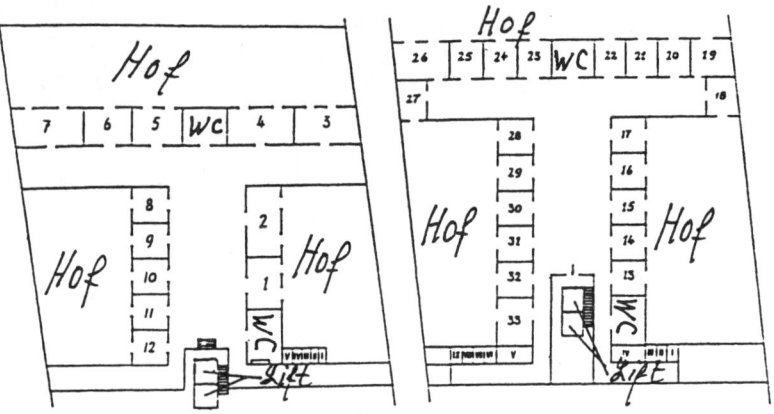

1. Stock Zellen Nr. 1-12   2. Stock Zellen Nr. 13-33

3. Stock Zellen Nr. 34 (29)-56   4. Stock Zellen Nr. 57-78

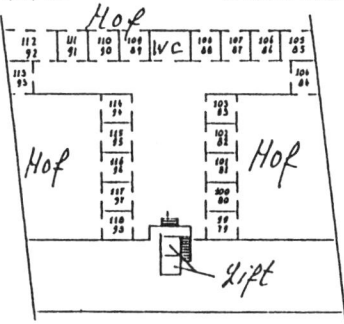

5. Stock Zellen Nr. 79-98 und 6. Stock Zellen Nr. 99-118

Diese Stockwerke sind gleich. Zwischen ihnen, über dem Hauptdurchgang, befindet sich statt der Decke nur ein Stacheldrahtgeflecht.

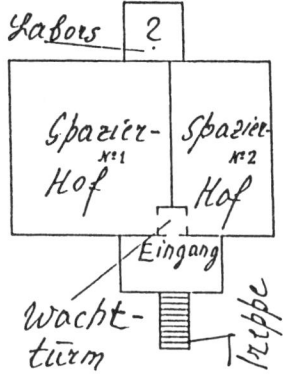

Die Spazierhöfe auf dem Dach des Lubjanka-Gebäudes.

417

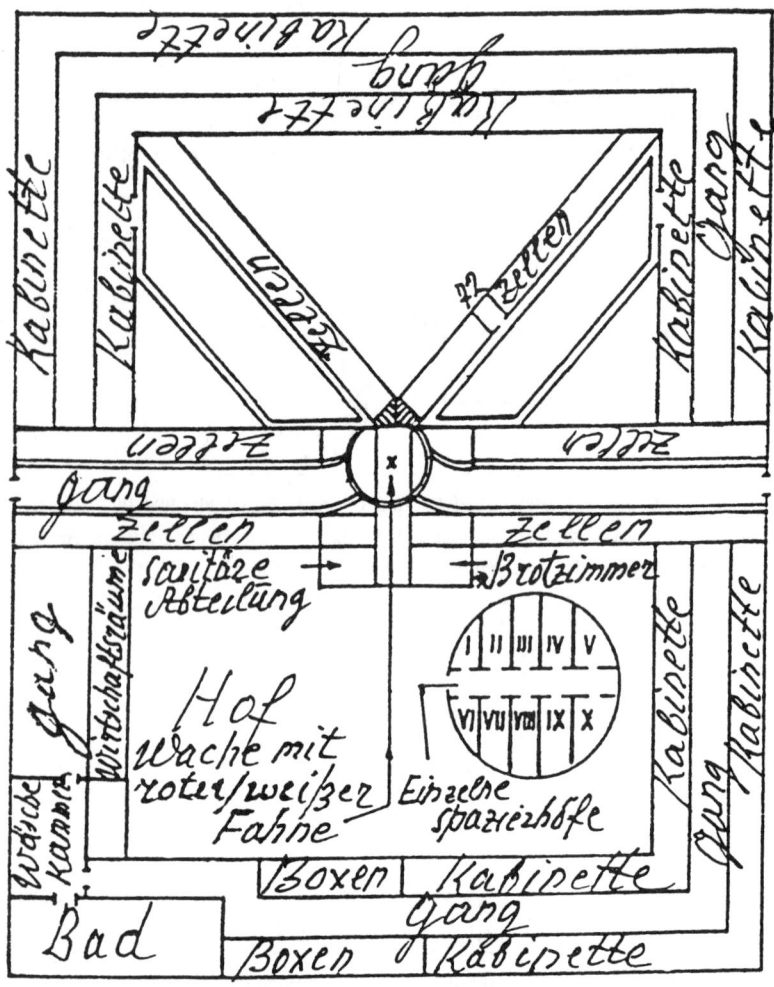

Das unter Zarin Katharina II. erbaute Hauptgebäude des Lefortowo-Gefängnisses hat die Form eines K. Zu Beginn dieses Jahrhunderts wurde es durch zweistöckige Gebäude ergänzt, die es von allen Seiten umgeben. Dort sind die Büros der Untersuchungsrichter, die Zellen und Wirtschaftsräume. Das Gefängnis ist drei Stockwerke hoch, zwischen den Stockwerken sind anstelle der Decken eiserne Netze gespannt, vor den Zellen statt der Korridore eiserne Stege. Es umfaßt etwa 260 Zellen.

Die unterschiedlichen Lagergattungen
beginnend mit dem für die Häftlinge am leichtesten zu ertragenden
Regime (Strafvollzug)

Erleichterung
I
- Verbesserte Sonderhaft (Gefängnis) für Häftlinge mit einem speziellen Fachwissen, die dort auf ihrem Gebiet arbeiten dürfen.
- Besserungs- und Arbeitslager (ITL Isprowitjelno Trudowoj Lager) mit vermindertem Regime
Beispiel: Die Häftlinge dürfen öfter als nur zweimal jährlich Briefe an ihre Familien schreiben.
- Besserungs- und Arbeitslager (ITL), vorherrschende Lagergattung
- Besserungs- und Arbeitslager (ITL) mit verschärftem Regime
Beispiel: Morgens und abends Appell (Zählung) in den Baracken, statt, wie sonst üblich, nur einmal täglich Appell am Abend.
- Besserungs- und Arbeitslager (ITL) mit Sonder-Regime
Hauptsächlich für Zuchthäusler (besonders gefährliche politische Häftlinge, die etwa als Partisanen gegen die Sowjetmacht gekämpft und Blut vergossen haben), ihre Kleidungsstücke sind mit Nummern auf dem Rücken, dem rechten Knie und an der Mütze versehen.
- Straflager (Strafnoj Lagpunkt). Die Lagerinsassen tragen Ketten.
- Speziallager X, Sonderlager mit mir unbekannten Bedingungen. Von ihnen habe ich lediglich gehört, daß es sie gibt.
- Haft-Isolator, Gefängnis zumeist für straffällig gewordene prominente Mitglieder der kommunistischen Partei.
I
Erschwernis

Lager Nr. 1, Kapitalschacht, Flußlag des MWD, Workuta

Die Lage der Gebäude und Numerierungen der Baracken sind im allgemeinen richtig, es könnten sich jedoch Fehler im Maßstab eingeschlichen haben.

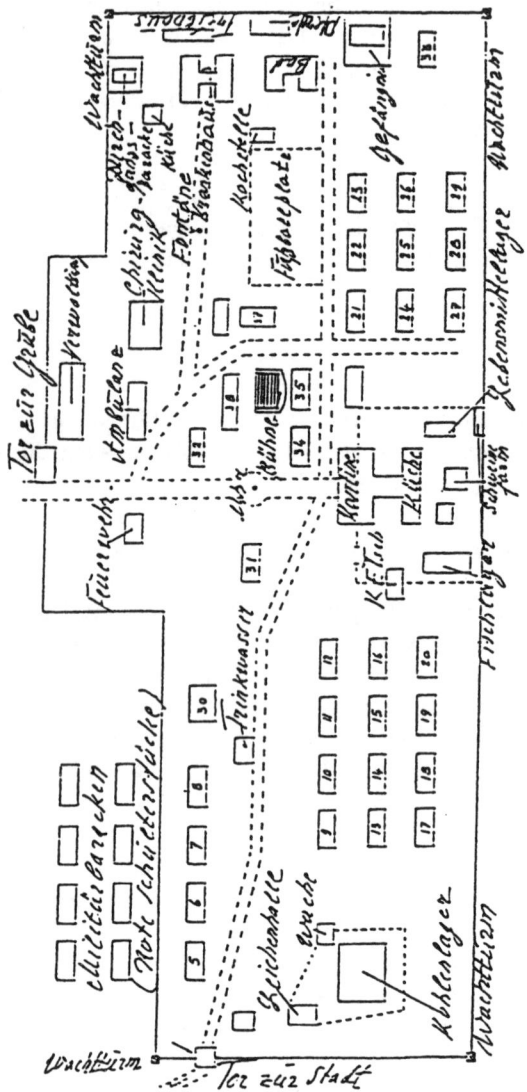

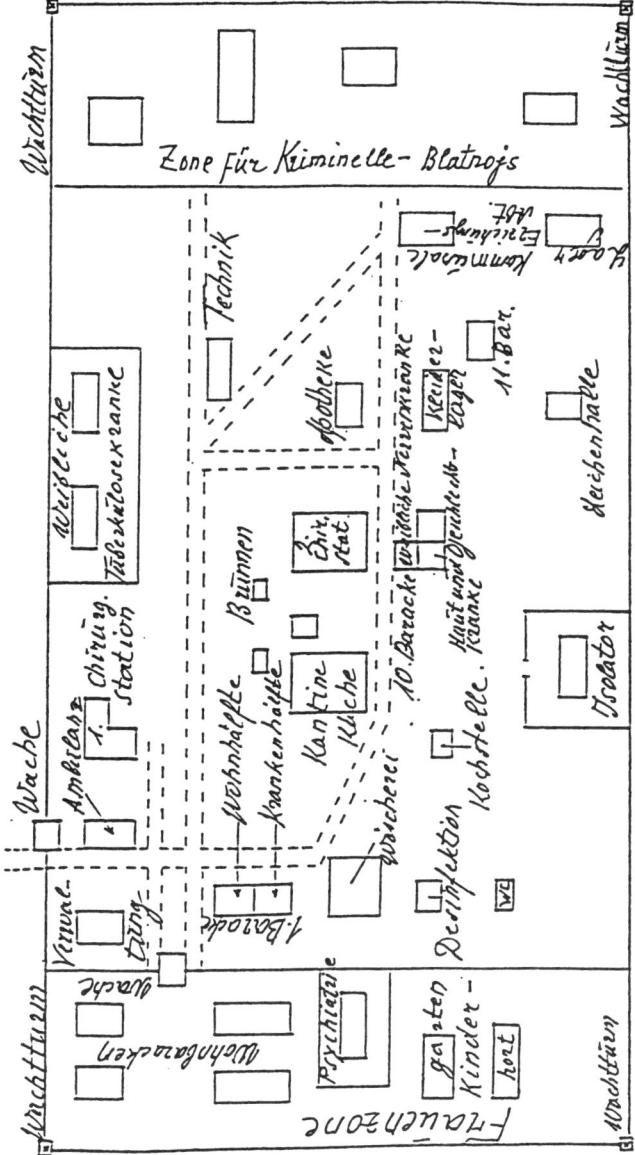

Der Bund russischer Solidaristen (NTS)

Nach dem Ende des vierjährigen russischen Bürgerkrieges zwischen der revolutionären Roten Armee und den Verteidigern der vorherigen Staatsform entstand außerhalb der Grenzen der Sowjetunion die russische Emigration.

Zahlreiche namhafte Politiker aus dem vorbolschewistischen Rußland gingen ins Exil. Es stellte sich jedoch schnell heraus, daß sie unfähig waren, aktiv und zielstrebig die bolschewistische Diktatur in Rußland zu bekämpfen. Ihre Leistungen lagen in der Vergangenheit, im Exil aber wurden ihre politischen Vorstellungen paralysiert durch die Ohnmacht, sie praktisch durchzusetzen.

Damit wollte sich die nächste Generation der russischen Jugend in der Emigration jedoch nicht abfinden.

Aus vier kleineren antikommunistischen Gruppen entstand im Jahr 1930 in Belgrad eine neue, einheitliche Organisation, der Nationale Bund der Schaffenden der neuen Generation (Nationalno Trudowoj Sojus Novogo Pokolenija), dessen Mitglieder hauptsächlich junge Emigranten aus dem Balkan, aus Frankreich, der Tschechoslowakei und dem Fernen Osten waren, und sie beschlossen, den Kommunismus in ihrem Heimatland aktiv zu bekämpfen.

Um zu verhindern, daß Emigranten mit rückwärts gerichteten Vorstellungen in den neu geschaffenen Bund eindringen, wurde ein Höchsteintrittsalter von fünfunddreißig Jahren festgesetzt, damit war allen, die zu Beginn der Emigration im Jahr 1920 älter als fünfundzwanzig Jahre waren, der Weg in den neuen Bund versperrt. Später wurde der Name der Organisation geändert in Narodno Trudowoj Sojus (NTS), Bund russischer Solidaristen.

Professor Georgijewskij, einer der Gründer des NTS und anfangs Generalsekretär des Bundes, erklärte:

"Es reicht nicht aus, den Bolschewismus zu hassen, wir müssen ihm eigene Ideale entgegenstellen. Seiner Doktrin muß unsere Doktrin entgegengesetzt werden, seiner Ideologie unsere Ideologie, seiner Organisation unsere eigene Organisation."

Als grundlegende geistige Basis galt die informell als Idealo-Realismus bezeichnete philosophische Schule der im Jahr 1922 von den Sowjets ausgewiesenen Philosophen N. O. Losskij, N. A. Berdjajew, L. P. Karsawin, S. L. Frank, B. P. Wescheslawzew und I. A. Iljin, von denen einige in ihrer Jugend selbst Marxisten gewesen waren. Sie vertraten die Ansicht, daß idealistische philosophische Konstruktionen zur Bekämpfung des Marxismus nicht ausreichten, Idealismus müsse stets realistisch fundiert sein.

Dem klassenkämpferischen Marxismus, dessen Hauptkraft der Haß der Ausgebeuteten gegen ihre Ausbeuter war, stellte der NTS die Idee des Solidarismus entgegen. Nach dieser Idee können Unternehmer und Arbeiter durchaus friedlich miteinander auskommen, wenn jede Partei ihren materiellen Forderungen im Interesse der gesamten Nation Vernunftsgrenzen setzt und nicht in rücksichtslose Maßlosigkeit abgleitet.

Das politische System Rußlands nach dem Sturz der kommunistischen Diktatur, ob es die Staatsform einer Monarchie, einer konstitutionellen Monarchie oder Demokratie annimmt, sollte in freier Wahl durch den freien Willen des Volkes bestimmt werden. Dieser Gedanke brachte uns die Feindschaft der monarchistischen Kreise im Exil ein, die der Ansicht waren, daß ein Rußland ohne Zar undenkbar sei, und das Mißtrauen der in der Provisorischen Regierung Kerenskijs kläglichst gescheiterten russischen liberalen Intelligenz.

Auf einer der ersten NTS-Versammlungen erklärte ein junges Mädchen mit dünner Stimme:

"So, wie die Bolschewisten durch ihr Bestreben, eine Weltrevolution herbeizuführen, die Plage der Völker sind, werden wir zur Plage der Bolschewisten werden!"

Das konnte nur durch aktiven politischen Kampf geschehen.

Die entschlossensten Mitglieder des Bundes nahmen es unter höchster Gefahr für ihr eigenes Leben auf sich, illegal in die Sowjetunion einzudringen, um die dortige Bevölkerung mit unseren Ideen und Zielen vertraut zu machen.

Der Bund war von Anfang an in einer sehr schwierigen Lage.

Mit einer Unterstützung durch andere Exilorganisationen konnten wir nicht rechnen. Außerdem waren unentwegt Versuche sowjetischer Agenten abzuwehren, die den NTS unterwandern wollten.

Wir konnten uns nur auf den Idealismus und den Opferwillen unserer Mitglieder stützen, druckten Flugblätter, auf denen unsere Ansichten dargelegt wurden, und schmuggelten sie über die grüne Grenze in die Sowjetunion. Außerdem nahmen wir Kontakte zu im Ausland lebenden Sowjetbürgern auf.

Wir informierten sie über uns und sammelten zugleich Kenntnisse jeglicher Art über das Leben in der Sowjetunion, um stets auf dem Laufenden zu sein und zu wissen, in welchem Zustand sich der feindliche Machtblock befand.

Vom Exil aus unterstützten wir alle geistigen Kräfte, die, wie wir, das kommunistische Unrechtsystem der Sowjetunion bekämpften.

Hierzu gehörten antikommunistische revolutionäre Gruppen im Untergrund, oppositionelle Künstler, Schriftsteller und Journalisten, über deren Tätigkeit und persönliches Schicksal wir die Weltöffentlichkeit in Kenntnis setzten, damit allen Menschen im Westen klar wurde, daß die Völker Rußlands niemals aufgehört haben, die gesetzlos errichtete Diktatur der Bolschewisten zu bekämpfen.

Bei Ausbruch des deutsch-sowjetischen Krieges zog sich der Bund das Mißtrauen der deutschen Regierung zu, weil wir die Pläne der Nationalsozialisten über die Zukunft des russischen Reiches nicht billigten und nicht unterstützen wollten. Es gelang uns jedoch, zahlreiche Mitglieder in die von deutschen Truppen besetzten Gebiete der UdSSR einzuschleusen. Außerdem bemühten wir uns, die in den Kriegsgefangenenlagern festgehaltenen sowjetischen Militärangehörigen über unsere Ideen und Vorstellungen eines nichtkommunistischen Rußlands zu informieren. Zu dieser Zeit hatten wir bereits unsere Parole eines *Dritten Weges* entwickelt:

"Rußland ohne kommunistische Diktatur, aber auch ohne deutsche Besatzung!"

Im weiteren Verlauf des Krieges wurde die Einstellung der Reichsregierung, vor allem des Ministeriums für die besetzten Ostgebiete unter Alfred Rosenberg, uns gegenüber immer feindseliger. Im Jahr 1942 wurde unsere Tätigkeit in den besetzten Gebieten verboten, und dennoch wurde sie fortgesetzt. Verhaftungen begannen, und gegen Kriegsende waren die meisten führenden Köpfe des NTS in deutscher Haft. Befreit wurden sie erst kurz vor der Kapitulation Deutschlands, und zwar auf Verlangen von General Wlassow.

Mehrere unserer Mitglieder, die sich in die von den Deutschen besetzten Gebiete Rußlands begeben hatten, blieben auch nach dem Rückzug der Deutschen weiterhin dort.

Gegen Ende des Jahres 1944 entstand die Russische Befreiungsarmee (ROA), dem breiten Publikum als Armee des Generals Wlassow bekannt.

Wlassow war sowjetischer Generalleutnant, der von Stalin zum Kommandeur der Zweiten Stoßarmee ernannt wurde und den Auftrag erhielt, von Südosten aus den deutschen Ring um die belagerte Stadt Leningrad aufzubrechen.

Dabei geriet er am Wolchow-Fluß, in sumpfigem, unübersichtlichem Gelände, in die deutsche Umklammerung. Seine Hilferufe an Stalin blieben ohne Resonanz. Seine Armee wurde aufgerieben, er selbst geriet als einer der Letzten im Herbst 1942 in deutsche Gefangenschaft. Er fühlte sich und seine Truppen von Stalin verraten.

Daher faßte er den Plan, aus russischen Emigranten und in deutsche Kriegsgefangenschaft geratenen Militärs eine Armee zum Kampf gegen Stalin und das von ihm vertretene kommunistische Regime aufzubauen. Leider wurde seine Initiative seitens der Deutschen völlig falsch beurteilt. Bis zuletzt standen die Reichsregierung und die Führer der nationalsozialistischen Partei der ROA feindlich gegenüber und versuchten, die Aktionen Wlassows zu hintertreiben.

Erst Ende des Jahres 1944 gelang es ihm, einige Formationen aufzustellen, etwa 50.000 bis 70.000 Mann.

Die politischen Vorstellungen des NTS bildeten den ideologischen Hintergrund der Wlassow-Armee. Eine Reihe unserer Mitglieder traten in die ROA ein. Generalmajor Truchin, der Chef des Stabes der Wlassow-Armee, war Mitglied unserer Organisation.

Wie die Deutschen, so waren auch die westlichen Alliierten von Blindheit geschlagen.

Nach Kriegsende lieferten sie sämtliche Angehörigen der Wlassow-Armee, derer sie habhaft werden konnten, trotz gegenteiliger Versprechungen an Stalin aus. Wlassow selbst und seine engsten Mitarbeiter wurden in Moskau hingerichtet.

Heute werden die Persönlichkeit und die Pläne Wlassows in Rußland völlig neu bewertet. Bereits während des Zweiten Weltkrieges hatte er den tollkühnen und leider vergeblichen Versuch unternommen, den Sturz der Diktatur herbeizuführen, der erst im Jahr 1991 geschehen ist.

Nach Beendigung des Krieges sammelte der Bund erneut seine Kräfte und begann nach dem Tod Stalins, als ein etwas liberalerer Wind in der Sowjetunion wehte, wieder damit, alle diejenigen zu unterstützen, die die kommunistische Diktatur auf irgendeine Weise bekämpften, vor allem die Schriftsteller und Publizisten.

So entstanden im Exil die politischen Zeitschriften *Possev* (Aussaat) und *Nasche Dni* (Unsere Tage), die für die Mitglieder des Bundes bestimmte Zeitschrift *Sa Rossiju* (Für Rußland), der deutschsprachige *Russische Brief*, sowie die politisch-literarische Zeitschrift *Grani* (Grenzen), die zum Sprachrohr für verbotene oder verfemte Literaten wurde, und für solche, deren Werke in der Sowjetunion aus den unterschiedlichsten Gründen niemals hätten veröffentlicht werden können.

Neben diesen Periodika wurden zahlreiche Bücher und Broschüren in allen wichtigen Sprachen der Erde herausgegeben.

Hinzu kam ein eigener mobiler Radiosender.

Die Zeitschriften und Bücher fanden internationale Verbreitung, außerdem wurden sie illegal über die Grenzen in die Sowjetunion geschmuggelt.

Über diese Publikationen erfuhr die Weltöffentlichkeit von Ereignissen, die seitens der offiziellen sowjetischen Medien verschwiegen oder verfälscht dargestellt wurden, und nach und nach wurden sie zu zuverlässigen Partnern der westlichen Medien, wenn es um aktuelle Informationen über Entwicklungen innerhalb der Sowjetunion ging.

Diesen zähneknirschenden Kampf stand der NTS durch bis zum Sturz der kommunistischen Diktatur im Jahr 1991.

Danach kehrten, zum Teil vorübergehend, für jeweils bestimmte Zeitabschnitte, aber auch längerfristig, viele Mitglieder des Bundes, vor allem die jüngeren, in die Heimat ihrer Eltern und Großeltern zurück, um in Rußland und den unterdessen unabhängig gewordenen Staaten der ehemaligen Sowjetunion am Aufbau einer neuen Ordnung mitzuwirken.

DIE ENTFÜHRUNG

Vor einem Jahr war ich aus tschechischer Gefangenschaft nach Berlin zurückgekehrt. Erst jetzt merkte ich, wie schwach und ausgemergelt ich war. Nachts hatte ich Albträume, dauernd stand mir der Schweiß auf der Stirn. Ich schaffte es, bei den Amerikanern Privatlehrer zu werden, erhielt Zigaretten und fand einflussreiche alliierte Freunde.

Eines Nachmittags überraschte meine Wirtin mich mit den Worten:

„Die Polizei ist hinter Ihnen her, da steht wieder so ein komischer Kerl vor unserem Haus."

Tatsächlich, vom Balkon aus konnte ich eine schäbige Gestalt erkennen, die vor dem Haus patrouillierte, und ich begriff:

Die Treibjagd hat begonnen!

Ich verließ das Haus, jemand in Grau folgte mir, ein „Hundeschwanz", wie es in der Fachsprache hieß. In der Dunkelheit gelang es mir, ihn abzuschütteln. Ich kletterte über Trümmer. Diese kleine Anstrengung brachte mich fast außer Atem. Schließlich erreichte ich das riesige Quadrat des Hauses in der Bingerstraße, in dem meine Mutter wohnte. Es war dunkel, ich klopfte an ihr Fenster, sie wohnt zum Glück parterre. Durch den Hintereingang ging ich zu ihr.

Traurig sieht die Mutter mich an. Durch einen Schlitz in der Jalousie überblicke ich die Bingerstraße. Die einst so schmucken Häuser sind durchlöchert. Erst kann ich im triefenden Regen nichts erkennen, doch dann sehe ich eine Gestalt neben der Kirche.

Spät am Abend verlasse ich auf die gleiche Weise das Haus, rutsche auf den glitschigen Steinen aus. Da steht noch einer.

Wochen vergehen. Es besteht kein Zweifel, die Hundeschwänze erwarten mich überall: vor meiner eigenen Wohnung, vor den Häusern meiner Schüler, meiner Freunde, meiner Mutter. Der Sommer 1947 ist heiß und schwül. Ein junger Amerikaner russischer Abstammung beschafft mir eine Pistole. Das Magazin passt allerdings nicht ganz gut, und die alliierten Behörden dürfen nichts davon wissen.

Ich bin auf einer einsamen Straße in Dahlem, dem Iltisweg. Hinter mir stapfen zwei stämmige Männer. Ich ziehe meinen Kopf ein. Plötzlich habe ich ein unangenehmes Gefühl. Auf der anderen Straßenseite kommen mir zwei weitere Boten des Unheils entgegen. Einer in kurzer Joppe und hohen Schaftstiefeln überkreuzt langsam die Straße, um mir den Weg abzuschneiden. Weiter hinten höre ich die Geräusche eines herannahenden Wagens.

Einer der beiden hinter mir springt vor und ruft auf deutsch: „Halt!"

Ich ziehe die Pistole – Ladehemmung.

Die zwei stürzen sich auf mich, ich falle sofort zu Boden und spüre den schmerzenden Kratzer von etwas Metallischem im Gesicht. Ein dritter springt über mich. Ich krieche zwischen ihnen hindurch, bin im Nu wieder auf den Beinen und laufe die Iltisstraße zurück, an dem langsam fahrenden Auto vorbei.

Von hinten erschallt es „Halt!" und nochmals „Halt!"

Von der Wange fließt Blut. Ich komme an eine hell erleuchtete amerikanische Baracke. Verfolgt werde ich nicht mehr.

Offenbar war ich ihnen so wichtig, dass sie sogar versuchten, mich aus dem amerikanischen Sektor Berlins zu entführen, was übrigens gar kein Risiko für sie bedeutete. Gerettet hatte mich meine Schwäche: bei dem Zusammenprall war mein Widerstand so gering gewesen, dass die Verfolger über mir zusammenstießen.

Am nächsten Tag erzähle ich diesen Vorfall einem bekannten Engländer, der mich an einen äußerst misstrauischen Kollegen weitergibt. Das Gespräch gleicht einem Verhör. Schließlich fragt er, wo ich wohne.

„Ebersstraße 86!"

Das liegt im amerikanischen Sektor, und ich werde zu einer amerikanischen Behörde geschickt. Den Sachbearbeiter kenne ich flüchtig, er stammt aus Russland, wie ich, und ist genau solch ein Amerikaner wie ich ein Deutscher bin.

„Tja, mein Lieber, Sie wollen aus Berlin heraus. Dafür gibt es legale Wege."

„Ich weiß, man muss einen Reisepass haben, und den erhält man nur, wenn alle vier Alliierten Mächte in Berlin nichts dagegen haben, dass man die Stadt verlässt. Das kommt für mich nicht in Frage. Wenn die Sowjets hinter mir her sind, werden sie schon dafür sorgen, dass ich die von ihnen besetzte Zone nicht unbehelligt passieren kann."

„Was wollen Sie denn konkret?"

„Konkret will ich, dass mir amerikanische Behörden die Erlaubnis erteilen, Berlin mit einem Alliiertenzug zu verlassen."

„Das ist unmöglich. Deutsche dürfen so gut wie nie mitfahren. Dazu müssten triftige Gründe vorliegen, und zusätzlich brauchen Sie eine Bombenprotektion. Ich kann nichts für Sie tun. Sie sind nur einer von den vielen Deutschen, die gern ungefährdet nach dem Westen wollen."

„Ich bin doch ein Sonderfall! Man hat versucht, mich zu kidnappen. Soll ich etwa ruhig abwarten, bis das gelingt!"

„Ich möchte Ihnen gern helfen, aber können Sie beweisen, dass man Sie entführen wollte? Vielleicht waren das Betrunkene oder Banditen? Oder haben Sie etwa einen besonderen Grund, auf der Hut zu sein? Sie sind doch kein Kriegsverbrecher, oder doch?"

„Natürlich nicht, aber ich bin gebürtiger Russe und Antikommunist."

„Ich nehme an, mit Politik haben Sie direkt nichts zu tun?"

Einen Augenblick überlege ich, ob ich meine Zugehörigkeit zum NTS preisgeben soll, zögere jedoch und sage nichts.

Einige Tage später sitze ich bei einer Frau, die ich seit meinen ersten Berliner Tagen kenne. Wir gingen in die gleiche Schule, beteten gemeinsam in der russisch-orthodoxen Kirche, oft standen unsere Kerzen vor demselben Heiligenbild, flackerten zusammen vor Gottes Antlitz. Jetzt wurde schlecht über sie gesprochen, denn sie verstand es, in Saus und Braus zu leben, wenn alle ehrlichen Menschen hungerten.

Sie war Malerin und hatte vor einiger Zeit einen Holländer geheiratet. Ich berichte ihr von dem Vorfall.

„Du bist sehr gerissen und hast Glück gehabt. Natürlich waren das unsere Landsleute."

„Manche sagen, dass du mit ihnen in Verbindung stehst?"

„Sicher, auf die gleiche Weise, wie du deine Protektion unter den Amerikanern hast, anders kann man heutzutage nicht leben."

„Freundschaft hat viele Gesichter, und mit wem man schiebt, ist völlig einerlei. Für mich sind die Privatstunden bei den Amerikanern wichtig, weil ich Zigaretten für sie erhalte, die ich auf dem Schwarzen Markt gegen Lebensmittel tausche. Ich fürchte jedoch, dass die Sowjets andere Dienste von ihren Freunden verlangen."

Sie schweigt.

Schließlich sagt sie: „Wieso hast du solch eine Angst vor den Unseren? Willst du dich nicht mit dem Vaterland aussöhnen?"

„Ich stand nie mit Volk und Vaterland auf Kriegsfuß, wohl aber mit der Sowjetregierung."

„Du bist dumm!"

„Vielleicht, aber ich versuche wenigstens, ehrlich zu sein."

Sie stellt eine Flasche Whiskey auf den Tisch. „Trinkst du mit?"

„Du weiß doch, dass ich nicht trinke." Mein Blick gleitet über die Wände, an denen fertige und unfertige Portraits hängen. Unter ihnen das feiste Gesicht eines kahlköpfigen Mannes in britischer Uniform. „Den habe ich noch nicht gesehen. Wer ist das?"

„Mein großer Freund!" Sie weist auf die Chaiselongue an der Wand. „Der englische Kommandant von Spandau. Du weißt doch, dort sind vier Kommandanten, von jeder Alliierten Macht eine, und sie versehen ihren Dienst abwechselnd. Viel Interessantes hört man da von dem Leben der hohen Nazigewaltigen." Ihre Augen glänzen, sie berichtet Einzelheiten aus dem Sträflingsleben von Rudolf Heß, Dönitz und anderen.

Am nächsten Tag treffe ich bei ihr eine Freundin, eine Primaballerina, die mir ebenfalls seit vielen Jahren bekannt ist.

„Ich fahre nach der Schweiz!" verkündet sie.

„Hast du denn keine Angst, durch die Zone zu fahren?"

„Ich tanze doch im Admiralitätspalast im sowjetischen Sektor, da können sie mich sowieso jederzeit haben. Außerdem fahre ich im Alliiertenzug. Das hat Lilja für mich organisiert."

Ich traue meinen Ohren nicht.

Einige Tage später berichtet mir die Mutter, dass ihr Haus beobachtet wird. „Alle hier bei uns haben Angst! Ist das wegen dir?" fügt sie verlegen hinzu.

Einige meiner Freunde fahren fort. Ein starkes Nervenfieber überfällt mich. Dringend müsste ich aus Berlin verschwinden, und ich muss schnell handeln, aber ich kann die Mutter nicht allein und verzweifelt zurück lassen. Von offizieller Seite war nichts zu erwarten, meine Freunde konnten oder wollten mir nicht helfen.

Welcher Weg blieb mir offen – die Malerin! Vielleicht war alles Unsinn, was man über sie erzählte, und sie besorgt mir tatsächlich zwei Plätze im Alliiertenzug. Etwas Geld hatte ich.

Als ich ihr bei meinem nächsten Besuch vorsichtig mein Anliegen vortrage, sagt sie plötzlich: „Übrigens, unsere Ballerina ist aus der Schweiz zurück, fett wie ein Wiesel, heil und unversehrt."

In mir bohrt die Frage, ob sie womöglich doch eine Verräterin ist. Wovon lebt sie, woher hat sie so viel Geld? Ich will das böse Gerede nicht glauben. Sie ist vielleicht die letzte Chance für meine Mutter und mich, Berlin zu verlassen. Allein könnte ich fliehen, nicht aber Mutter.

Spät am Abend komme ich nach Hause. Besorgt schaut mich die Wirtin an. „Das wurde eben für Sie abgegeben." Sie überreicht mir einen Briefumschlag mit meinem Namen. „Wer hat ihn gebracht?" „Ein Bote."

Der Brief ist auf russisch, mein Leben lang werde ich seinen Wortlaut nicht vergessen:

„Genosse Treguboff, wir sprechen Sie so an, weil wir Sie trotz allem für einen der Unseren halten. Wir wissen, dass Sie eine führende Persönlichkeit im NTS sind, und dass Sie nach Berlin gekommen sind, um die konterrevolutionäre Tätigkeit gegen Ihr Vaterland zu organisieren. Wir wollen aber nicht schlecht von Ihnen denken und hoffen, dass Sie soviel Anstand aufbringen, um mit dem amerikanischen Nachrichtendienst zu brechen. Wir wissen, dass Sie ein ehrlicher Mensch sind. Brechen Sie mit den Amerikanern und kommen Sie zu uns. Alles wird Ihnen vergeben. Das ist ganz offiziell. Denken Sie an Ihre Mutter, die auch ohne Sie in ihre Heimat zurückkehren wird. Also kommen Sie und bringen Sie auch Ihre Mutter mit. Wir wollen Ihnen gern dabei behilflich sein. Das Vaterland ist bereit, Ihnen zu verzeihen. Ihre Freunde."

Für mich ist nur ein Satz wichtig:

„Ihre Mutter wird auch ohne Sie in Ihre Heimat zurückkehren."

Ich kenne die Sprache dieser Herren, man droht mir mit der Entführung meiner Mutter, und es ist wirklich nicht schwer, eine fast 70jährige Dame in einen Wagen zu stoßen. Alt und schutzlos ist sie, außer mir hat sie niemanden. Es gilt, keine Zeit zu verlieren.

Am nächsten Tag besuche ich meine Mutter und flehe sie an, das Haus nicht zu verlassen. Traurig und ergeben nickt sie. In ihren Augen steht ein unsagbares Leid. Dann eile ich zu der Malerin, zeige ihr den Brief.

„Du musst schleunigst verschwinden, es wird brenzlig."

„Kannst du nicht irgendwie zwei Plätze im Alliiertenzug besorgen?"

„Willst du die Mutter denn unbedingt mitnehmen?"

„Ja, ohne sie kann ich nicht fortgehen."

„Ich möchte dir gern helfen, um unserer langen Freundschaft willen, und vielleicht auch aus einem anderen Grund. Vergiss aber nicht, dass ich genau so gefährdet bin wie du. Formell habe ich zwar die niederländische Staatsangehörigkeit, aber diese Herrschaften machen vor nichts halt. Du musst mir aber auch helfen."

„Gern, wenn ich das kann." Sie sieht Zweifel in meinem Gesicht.

„Kennst du den ‚Hauptmann von Köpenick'? Das Theaterstück, inszeniert von Ernst Legal im Deutschen Theater? Ich muss unbedingt dort hin und mir dieses Stück ansehen."

„Liegt das Theater nicht im sowjetischen Sektor?"

„Nein, aber an der Grenze, nicht weit vom Bahnhof Friedrichstraße. Ich muss es unbedingt sehen, davon hängt viel für mich ab. Ich habe aber Angst, allein dorthin zu gehen und dachte, ob ich nicht jemanden zu meinem Schutz mitnehmen soll?"

„Meinst du mich? Ich bin doch kein Schutz! Wenn sie dich festnehmen, kann ich doch keinen Widerstand leisten. Das ist doch lächerlich!"

„Auch die Primaballerina würde mitkommen. Bei zwei Begleitern werden sie es nicht wagen, mich festzunehmen. Immerhin bist du Lehrer bei den Amerikanern und kennst viele von ihnen. Sie werden doch Krach schlagen, wenn dir etwas passiert!" Denkste, dachte ich still. „Und die Primaballerina an der Berliner Staatsoper im Admiralitätspalast ist auch eine genügend prominente Person, so dass sie nicht wagen, Hand an sie zu legen. Sieh, es ist natürlich ein bisschen gefährlich, aber ich muss unbedingt dorthin, und du bist mein Freund und die Prima auch."

„Morgen sage ich dir Bescheid, Lilja. Wann sollen wir denn gehen?"

„Am neunzehnten, das ist in vier Tagen. Ich besorge die Karten."

Die nächsten Tage waren mit fieberhafter Hast ausgefüllt. Ich ging zu einem Amerikaner russischer Abstammung, Michail Schtscherbinin. Er war einer der Wenigen, die sich über das wirkliche Wesen des Kommunismus im klaren waren und half vielen Verfolgten. Ich war ihm jedoch so gut wie unbekannt, und einem Wildfremden hilft man nicht gleich in einer mehr als dunklen Angelegenheit. Es ist Nacht, der Septemberwind heult. Dennoch ist es recht warm. Im flackernden Schein der Laternen wirbeln einzelne Blätter. Hilflos werden sie umhergerissen, genau wie mein Leben, und das Leben vieler Millionen.

Wieder folgt man mir. Ich habe Fieber, meine Haare auf dem Kopf scheinen zu brennen. Heute habe ich Bescheid gesagt, dass ich mit ins Theater gehe. Es ist gefährlich, aber wenn ich ablehne, bin ich meinen letzten Freund los, meine einzige Chance, Berlin zu verlassen.

Allein kann ich fliehen, aber dann holen sie meine Mutter. Sie kann nicht über Zäune klettern und querfeldein marschieren. Nein, ich kann sie nicht allein in Berlin zurück lassen, ich muss es morgen riskieren.

Der 19. September 1947. Es ist warm wie im Hochsommer. Um fünf Uhr muss ich bei der Malerin sein. Morgens besuche ich meine Freunde, sage ihnen, dass ich mit den beiden prominenten Damen ins Theater gehe. Sie raten mir nicht ab, demnach ist es eine Fügung des Schicksals. Gegen Mittag sehe ich meine Mutter zum letzten Mal im Leben, ihre unendlich traurigen Augen mit dem Ausdruck eines ewigen Schreckens, Schrecken vor der Grausamkeit und Sinnlosigkeit dieser Welt. Sie bekreuzigt mich. Erst später wurde mir bewusst, dass dieser mütterliche Segen das war, was mir über alles hinweghalf.

Ich mache mich auf den Weg, spreche still ein kurzes Gebet: „Dein Wille geschehe!" Die beiden Damen warten schon auf mich. Sie trinken Likör. Beide haben sich fein gemacht und sind auffallend fröhlich. Dann kommt der Wagen des englischen Kommandanten von Spandau. Wir fahren bis zum nächsten Stadtbahn-Bahnhof Savigny-Platz, steigen an der Friedrichstraße aus. Es ist schon ziemlich dunkel. Rechts, wie ein Ungetüm, ein Bunker. Wir betreten das Theater. Der Kassenraum ist recht klein. Die Primaballerina gibt an der Garderobe ihren Umhang ab. Ich zahle, stecke den Garderobenschein ein. Der Theatersaal ist auch klein. Eine nervöse Platzanweiserin zeigt uns unsere Plätze.

Da fällt es mir wie Schuppen von den Augen!

Wir sitzen in der ersten Reihe, mein Platz ist rechts, gleich am Durchgang, die Damen sitzen ganz links. In der Mitte Leere. Neben mir nehmen zwei sowjetische Offiziere Platz. An ihren Schulterstücken erkenne ich, dass sie zur Panzerwaffe gehören.

Eine Falle! Ich muss mich eisern zusammennehmen und warten. Wenn nach Vorstellungsschluss das Publikum hinausströmt, habe ich vielleicht eine Chance. In der Pause sehen die beiden Damen mich neugierig an.

„Eine unglaubliche Geschichte!" endet der ‚Hauptmann von Köpenick' auf der Bühne. Alle klatschen, die Schauspieler verbeugen sich.

Im elenden Vestibül hole ich aus der Garderobe den Umhang der Ballerina und gebe ihn ihr. Sie ist sichtlich aufgeregt. Der Ausgang, der Hof. Die beiden Sowjets sind neben mir. Rundherum Galgengesichter mit Schiebermützen. Die beiden Damen lösen sich von mir, sind schon ein paar Schritte voraus – und da geschieht das Unerwartete.

Die Primaballerina wirft mir ihren Umhang zu, automatisch fange ich ihn auf – und somit sind meine Hände gefesselt.

Untergehakt flitzen die Frauen durch die Menge schnell davon. Einer der Offiziere ruft ihnen nach: „Hallo, hallo!" Sie blicken sich um.

Eine Hand greift nach meinem Kragen, zwei Hände klammern sich an meinen rechten Arm. Sie wissen nicht, dass ich Linkshänder bin. Ich reiße die Hand am Kragen herum, ein gellender Schrei, ein dumpfer Schlag. Die Häuser, die orangefarbenen Laternen, alles steht Kopf und dreht sich. Ich stürze in einen endlosen Abgrund.

Ich liege auf einer Pritsche in dem Bunker neben dem Theater. Der Kopf schmerzt. Ich werde abgetastet. Ich bin so schwach, dass sie mich zum Wagen tragen müssen. Über die Spree geht es nach Weißensee, in die Kommandantur der sowjetischen Grenzschutztruppen.

Aber in einem sollten sie sich irren, ich habe mich noch lange nicht aufgegeben. Arme Mutter...

Anmerkung: Dieser Bericht fiel mir bei der Durchsicht von Jurijs Papieren im Januar 2005 in die Hände, und so füge ich ihn dieser zweiten Auflage bei. Nach seiner Rückkehr strengte Jurij ein Strafverfahren gegen die beiden Damen an, aber Aussage stand gegen Aussage. Die Malerin wurde ausgewiesen und in die Sowjetunion abgeschoben, die Tänzerin verübte 1979 Selbstmord. *A. Treguboff*